SINDICATOS NA UNIÃO EUROPEIA E NO BRASIL

estímulos para uma reflexão comparativa

GIANCARLO PERONE
Professor Ordinário de Direito do Trabalho
na Universidade de Roma II — Tor Vergata.

LUÍS FELIPE LOPES BOSON
Professor Adjunto de Direito Social
na Universidade Fumec.

SINDICATOS NA UNIÃO EUROPEIA E NO BRASIL

estímulos para uma reflexão comparativa

EDITORA LTDA.

© Todos os direitos reservados

Rua Jaguaribe, 571
CEP 01224-001
São Paulo, SP — Brasil
Fone (11) 2167-1101
www.ltr.com.br

Fevereiro, 2015

Produção Gráfica e Editoração Eletrônica: GRAPHIEN DIAGRAMAÇÃO E ARTE
Projeto de Capa: FABIO GIGLIO
Impressão: PAYM GRÁFICA E EDITORA

versão impressa — LTr 5104.3 — ISBN 978-85-361-8275-9
versão E-book — LTr 8587.2 — ISBN 978-85-361-8308-4

Dados Internacionais de Catalogação na Publicação (CIP)
(Câmara Brasileira do Livro, SP, Brasil)

Perone, Giancarlo

Sindicatos na União Europeia e no Brasil: estímulos para uma reflexão comparativa / Giancarlo Perone, Luís Felipe Lopes Boson. — São Paulo : LTr, 2015.

Bibliografia.

1. Sindicatos — Brasil 2. Sindicatos — Europa I. Boson, Luís Felipe Lopes. II. Título.

14-12569   CDU-34:331.88

Índices para catálogo sistemático:
1. Sindicatos : Direito sindical : Direito do trabalho   34:331.88

Este livro está sendo publicado quando não mais está conosco uma personalidade ilustre e um afetuoso amigo, do que foi uma influente inspiração: Professor Amauri Mascaro Nascimento. Os autores desejam expressar a gratidão pela guia que dele receberam no estudo do direito do trabalho, e para o estímulo à pesquisa comparativa e, ainda em particular, para o carinhoso prefácio que, ainda nos últimos dias da doença, não quis deixar de oferecer.

Os autores gostariam de registrar seus agradecimentos a pessoas que, com sua preciosa colaboração, contribuíram para a publicação desta obra.

Em primeiro lugar, Marta Boson, inclusive pelo encorajamento para que nossa iniciativa se concretizasse.

E, ainda, a doutorandas de Belo Horizonte, inscritas no doutorado em "Autonomia Individuale e Autonomia Colettiva", oferecido pela Universidade de Roma II (Tor Vergata): Raquel Betty de Castro Pimenta, Margarida Barreto de Almeida, Flávia Souza Máximo Pereira e Adriana Letícia Saraiva Lamounier Rodrigues.

Um agradecimento particular cumpre ser dado ao Capes que, concedendo uma bolsa de estudos ao professor Perone, estabeleceu as premissas para que a correspondente pesquisa pudesse se desenvolver, com o sustento e o apoio da Faculdade de Direito da UFMG.

Sumário

Prefácio — Amauri Mascaro Nascimento 13

Capítulo I — O DIREITO DO TRABALHO COMPARADO

1. As razões do estudo do direito do trabalho comparado 15
2. Definição do direito do trabalho comparado 16
3. A perspectiva do comparatista 18
4. O direito comparado e o direito internacional privado do trabalho................................ 19
5. A comparação entre convergência e divergência dos sistemas justrabalhistas nacionais.............. 20
6. Modelos utilizáveis para a reconstituição e o confronto dos sistemas sindicais............. 21
7. Utilidade do estudo comparatístico 23
8. Exame das normas em seu contexto pela comparação 25
9. A migração das normas e instituições jurídicas e a reação de rejeição ao transplante ... 26
10. Comparação e tradução de normas jurídicas 28
11. Comparação de funções mais do que de institutos 29
12. Historicidade do direito do trabalho comparado 31

Capítulo II — OS SINDICATOS

1. Organização para o atendimento aos interesses coletivos profissionais na Europa 33
2. Autonomia e autoproteção coletivas 34
3. Multiplicidade das formas de organização dos interesses profissionais......................... 35
4. Os sindicatos entre direito privado e direito público 36
5. Afinidade e heterogeneidade dos ordenamentos europeus em matéria sindical............. 37
6. A disciplina sindical nos sistemas de *common law* e de direito escrito.......................... 38
7. Unidade sindical livre e fortemente estruturada e colaboração entre as partes sociais na Alemanha e Áustria 39
8. O modelo sindical escandinavo 46
9. A "mãe de todos os sindicatos" e as particularidades dos sistemas de relações industriais na Inglaterra e Irlanda 52
10. Ligames e influências de natureza política e suas consequências sobre a organização e ação sindicais: a experiência francesa 60
11. Pluralismo e anomia da organização sindical pós-corporativa na Itália......................... 64

12. A recuperação da liberdade de organização sindical depois de regimes autoritários: Espanha, Portugal e Grécia 72
13. As várias matrizes do pluralismo sindical no Benelux 78
14. A organização sindical nos novos Estados-membros da União Europeia 79
15. O sindicato brasileiro diante dos modelos europeus de organização sindical: aspectos socioeconômicos e jurídicos-formais 84
16. Relações entre sindicato e Estado brasileiro. Evolução da liberdade sindical e herança corporativista. A organização por categoria profissional e a unicidade sindical. Relações entre entidades sindicais e com as forças políticas 87

Capítulo III — A negociação coletiva

1. Abordagem comparativa vertical e horizontal 93
2. Contrato coletivo: função normativa; parte normativa e parte obrigatória 93
3. Autonomia coletiva entre direito privado e direito público; contrato e negociação coletiva 95
4. Negociação coletiva para os empregados públicos 97
5. Definição legislativa e institucionalização do contrato coletivo 98
6. Disciplina legal do direito dos contratos coletivos: lei e contrato coletivo 102
7. Disciplina legislativa sistemática e intervenções legislativas particulares em matéria de contratos coletivos 105
8. Contrato coletivo e direito comum dos contratos 107
9. Sujeitos da negociação coletiva: as organizações dos trabalhadores 108
10. Organismos não sindicais de representação do pessoal empresarial 111
11. Organizações de trabalhadores nos locais de trabalho espontâneas ou não oficiais; tendência ao reforço dos agentes contratuais empresariais com a crescente "empresarialização" da negociação coletiva 112
12. Sujeitos da negociação coletiva: os empregadores 116
13. Natureza jurídica dos sujeitos do contrato coletivo 118
14. Representatividade dos sindicatos convenentes 120
15. Investidura do poder de representar a organização na negociação 126
16. Procedimentos para renovação do contrato coletivo: fases sucessivas. Democracia sindical interna 127
17. Negociações sindicais: formas de institucionalização e de controle público 129
18. Obrigação de negociar 133
19. Adesão ao contrato coletivo 139
20. Forma do contrato coletivo 140
21. Publicidade do contrato coletivo 141
22. Conteúdo do contrato coletivo. Cláusulas obrigatórias e facultativas 142
23. Repartição de competência entre autonomia coletiva, lei e procedimento administrativo em relação ao conteúdo da normativa trabalhista 145
24. Efeitos do contrato coletivo. Inderrogabilidade e substituição automática 149
25. Remissão do contrato individual às cláusulas do contrato coletivo de trabalho. Tratamentos melhorativos para os trabalhadores: limites 153
26. Campo de aplicação profissional e territorial do contrato coletivo e coordenação dos diversos níveis de negociação 155
27. Eficácia no tempo do contrato coletivo 159
28. Obrigação de paz sindical 164
29. Extensão da eficácia do contrato coletivo 166

30. Legitimação para negociar contratos coletivos suscetíveis de extensão generalizada; multiplicidade de itinerários tendentes à extensão e tutela da autonomia coletiva como fonte preferencial de disciplina do contrato de trabalho 171
31. O caso brasileiro: organização sindical e ação sindical; papel marginal do contrato coletivo no Brasil; influência da tradição na debilidade ou força na negociação coletiva 174
32. Contrato coletivo nos setores privado e público; definição legislativa do contrato coletivo; disciplina legislativa do contrato coletivo: efeitos; campo de aplicação, renovação e prorrogação, coordenação dos níveis de negociação 176
33. A autonomia coletiva no conjunto das fontes do direito brasileiro; lei e contrato coletivo: prevalência e convergência no direito brasileiro; dever de paz sindical 177

Capítulo IV — MEIOS DE LUTA: GREVES E *LOCKOUTS*

1. Homogeneidade substancial da disciplina de conflito coletivo nos Estados-membros da União Europeia como resultado de uma complexa evolução histórica 179
2. Fontes de disciplina da greve: Constituição e leis constitucionais... 183
3. A disciplina da greve sancionada pelas leis ordinárias 187
4. Jurisprudência em matéria de greve: relevância como fonte atécnica... 191
5. A ausência da atuação legislativa perante os dispositivos constitucionais: as consequentes elaborações da doutrina e da jurisprudência na experiência francesa 193
6. Elaborações da doutrina e da jurisprudência na experiência italiana 195
7. Previsões constitucionais do direito de greve e disposições legais concernentes aos procedimentos de conciliação e de arbitragem... 200
8. Ainda sobre a ausência ou escassez das normas regulamentadoras em matéria de greve, mas com a atuação substitutiva de doutrina e jurisprudência concordantes: a experiência alemã............. 203
9. Outros exemplos da insuficiência de normas legislativas que são compensadas pela doutrina e pela jurisprudência: as experiências belga e holandesa 207
10. A intervenção legislativa na contraposição entre formas de luta sindical e a repressão judicial: a denominada tutela negativa do legislador britânico 209
11. A autodisciplina sindical da ação direta: o sistema escandinavo... 212
12. Legislações regulamentadoras do direito de greve após um prolongado regime da sua proibição 215
13. O modelo de autotutela coletiva: fisionomia, fontes e efeitos do exercício do direito de greve nos Estados-membros da União Europeia; tendências gerais 217
14. Noções e modalidades de execução da greve: concertação e proclamação; sindicalidade da greve e participação da base à decisão de entrar na luta, numa lógica de "enxerto" de democracia direta na democracia representativa sindical... 220
15. O pré-aviso da greve.. 227
16. Interferência entre modalidades de implementação e noção de greve legítima. Recaídas de formas particulares de abstenção na organização produtiva e no funcionamento dos serviços de utilidade pública 228
17. Ainda sobre os limites internos do direito de greve: delicadas técnicas de individualização; limites relacionados à finalidade 231
18. Limites atinentes à titularidade do direito de greve 236
19. A greve nos serviços públicos: da perspectiva da proibição da greve àquela da conciliação com os direitos dos usuários 238
20. A disciplina legislativa da greve nos serviços públicos: o objetivo da conciliação entre direito de greve e direitos dos usuários; o concurso de lei e autonomia coletiva na persecução de tal propósito.. 240

21. Restrições impostas à greve nos serviços públicos com base em medidas de autoridades administrativas e limites formais introduzidos pelas normas legislativas; regulamentações contratuais 246
22. Limites ao exercício do direito de greve conexos a peculiaridades técnicas da organização produtiva. A disciplina em matéria de danos 248
23. Estrutura e natureza do direito de greve 250
24. A prevenção da greve 253
25. Formas de luta sindical diferentes da greve 255
26. *Lockout* 257
27. Greve e outros meios de luta sindical no Brasil 262

PREFÁCIO

Um dos maiores especialistas em Direito Sindical, nacional ou internacional, é o caríssimo prof. Dr. Giancarlo Perone, da Universidade de Roma Tor Vergata. Seus conhecimentos ultrapassaram as fronteiras do seu Estado-Nação, repercutindo fortemente no Direito brasileiro sobre o qual tem várias obras consagradas. É um estímulo para nossos estudos sobre uma área que requer tantas análises qualificadas, como a do Direito Coletivo do Trabalho.

Carecemos de melhores informações a respeito desse tema na União Europeia, de modo que este livro vem preencher uma lacuna e certamente será bem-sucedido na tarefa de informar o público interessado nessa área em nosso país.

Li atenciosamente todas as páginas deste livro e me sinto enriquecido com os conhecimentos que me foram transferidos através da palavra fácil e clara do meu amigo Perone. Recomendo, portanto, esta obra como indispensável na biblioteca de quantos se dedicam a essa área de conhecimento.

Estou certo do sucesso do livro e cumprimento a LTr Editora pela iniciativa da sua publicação, o que vem permitir uma transferência de noções do Direito peninsular para o Direito brasileiro. Hoje, são muitos os estudiosos aqui que se valem das lições do Direito Italiano, especialmente no que se refere às teses mais delicadas como a autonomia privada coletiva e a liberdade sindical. Dessa forma, torna-se indispensável acrescentar na biblioteca uma obra dessa natureza, que preencherá um espaço que estava aberto na bibliografia brasileira. Assim, desejo ao autor sucesso em mais esta obra e tenho a certeza de que o empreendimento terá a maior repercussão possível e a maior aceitação por parte dos estudiosos brasileiros, não só em cursos de pós-graduação, mas também em nível de graduação elevada.

AMAURI MASCARO NASCIMENTO

CAPÍTULO I

O Direito do Trabalho Comparado

1. AS RAZÕES DO ESTUDO DO DIREITO DO TRABALHO COMPARADO

Parece-nos razoável e útil expediente, para orientar a leitura dessas páginas que se passam em exame, confrontando os ordenamentos sindicais dos Estados da União Europeia com o brasileiro, recordar algumas ideias fundamentais, partindo de uma indagação preliminar: por que, hoje em particular, se justifica dedicar-se a tal exame, ou seja, ao estudo do direito do trabalho comparado? A resposta deve ter em conta o papel atual da comparação jurídica concernente, isto é, precisando-se o direito individual do trabalho e, particularmente, as relações industriais, ou, melhor dizendo, as relações sindicais ou coletivas de trabalho.

A pesquisa comparativa não é mais atividade que diga respeito somente a restritos círculos acadêmicos de apaixonados. A crescente importância do estudo do direito do trabalho comparado é conexa com a internacionalização econômica e comercial e com a correspondente caracterização transnacional da atividade profissional: trata-se de fenômenos que requerem aprofundamento dos conhecimentos comparatísticos, antes não imaginados como indispensáveis.

No plano puramente científico, o direito do trabalho comparado já gozava, com justiça, da consideração dos estudiosos, que sempre perceberam a insuficiência de um horizonte de pesquisa restrito aos limites nacionais. O estudo do direito do trabalho nunca pretendeu não contextualizar o modelo nacional, como se o considerasse o único suficientemente válido. Uma sã curiosidade sempre aconselhou não ignorar as realidades estrangeiras. Agora, porém, os conhecimentos comparatísticos parecem necessários inclusive para aqueles que se ocupam da matéria justrabalhista com finalidades práticas e operacionais. A comparação, de fato, faz compreender melhor o direito de outros países a quem deve prestar assistência profissional a empresas em atividade, através das fronteiras desses países.

Surgem, não obstante, outras indagações nesse ponto: não se trata talvez apenas de conhecer melhor e em um cenário mais amplo o direito do trabalho estrangeiro? E qual é, nesse caso, a diferença com a autêntica comparação jurídica?

Para responder, é oportuno recordar o ensinamento da doutrina mais autorizada, dos especialistas do direito comparado, assim como de ilustres justrabalhistas que frequentaram o terreno da comparação.

A comparação jurídica permite conhecer melhor, em primeiro lugar, o próprio direito nacional, confrontando-o com outros ordenamentos. Do confronto surgem, de fato, mais claramente, os contornos das normas nacionais. Essa essencial razão de ser da pesquisa comparatística é hoje tanto mais importante quando o confronto é provocado pelos fenômenos de globalização acima mencionados, que estão colocando em crise os sistemas justrabalhistas nacionais e estimulando-os a examinar se conservam a fisionomia que até esse momento os identificava.

A crescente importância prática do conhecimento de experiências justrabalhistas que surgem fora das fronteiras nacionais pode, mas não deveria, levar a negligenciar os requisitos essenciais das pesquisas comparatísticas. A adoção do método comparado, como advertia O. Kahn-Freund — autor que, em decorrência da sua história pessoal de perseguido por razões raciais, forçado a reconstruir em terras inglesas a sua posição de jurista, abandonada na Alemanha pelo motivo já dito, nutria uma particular sensibilidade pela variedade das experiências jurídicas, e do qual se referirá abaixo e mais extensamente seu pensamento —, exige um conhecimento da legislação estrangeira que não seja limitado, mas, ao contrário, alargado em seu contexto social e político. O uso do direito comparado com propósitos práticos faz correr o risco de empobrecer e adulterar a natureza da pesquisa comparatística, na medida em que impeça um olhar que vá além das normas positivas dos ordenamentos estrangeiros.

Atualmente uma outra motivação pode ser suscitada, pressionando a orientação dos interesses dos estudiosos à abertura ao exame de experiências justrabalhistas estrangeiras. Essa motivação pode agir particularmente no que diga respeito aos justrabalhistas que pertençam a países envolvidos em processos de integração nacional, como aqueles da União Europeia ou do Mercosul, ou seja, processos que se relacionem aos campos geográficos e políticos nos quais se situem os ordenamentos sindicais objetos de nossa pesquisa.

Que fique claro, entretanto, que o estudo do direito sindical comparado não se confunde com o exame do complexo de normas jurídicas que digam respeito — quando tais normas existirem — ao fenômeno sindical originário das fontes de que advêm o direito das organizações sindicais supranacionais acima mencionadas. As pesquisas do direito comparado apenas podem receber impulso do entusiasmo, suscitado em estudiosos do direito do trabalho, pelo nascimento e evolução de tais processos de integração regional e de seu propósito de apresentar uma contribuição nesse sentido, com suas análises orientadas ao aprofundamento das realidades jurídicas concernentes ao próprio processo de formação de um direito comunitário do trabalho, individual e coletivo.

Porém, ainda que seja compreensível que isso aconteça — e isso ocorreu particularmente na doutrina justrabalhista italiana, como ressalta B. Veneziani *(Stato e autonomia collettiva. Diritto sindacale comparato,* Bari, 9*)* —, um semelhante objetivo prático não esgota as razões pelas quais se cultive a comparação em matéria de direito sindical.

Impõe-se, por isso, esclarecer, da maneira mais exauriente possível, como possa se definir o direito do trabalho, individual e coletivo, comparado.

2. DEFINIÇÃO DO DIREITO DO TRABALHO COMPARADO

Um dos mais prestigiados estudiosos do direito do trabalho e, em particular, do direito do trabalho comparado, define a comparação nesse ramo jurídico como o estudo das legislações do trabalho e dos sistemas de relações industriais de diversos países (R. Blanpain *[et alii], Comparative labour law and industrial relations in industrialized market economies,* v. 1, *Labour law,* Kluwer, 1990), de cujo ensaio aqui se verá citada a tradução italiana publicada como capítulo primeiro do volume organizado por ele mesmo e por M. Biagi, *Rimini.*

A definição, porém, sem um necessário aclaramento, pode ser tida como insatisfatória porque, ao mesmo tempo, excessiva e incompleta.

Excessiva porque pode abranger inclusive o estudo do direito estrangeiro e do direito internacional privado do trabalho. Como se verá brevemente, o mesmo autor parece dar-se conta disso em uma página seguinte do seu citado ensaio.

Incompleta porque é objeto do estudo do direito do trabalho comparado não somente a legislação. A pesquisa comparatística deve necessariamente estender-se também às outras fontes do direito do trabalho diversas da lei, inclusive as fontes de direito que em vários ordenamentos são consideradas somente fontes informais, como a jurisprudência e a doutrina. E isso seja nos ordenamentos que não as incluem na hierarquia das fontes positivamente reconhecidas, seja, e tanto mais, nos ordenamentos que, ao contrário, incluem jurisprudência e doutrina entre as fontes formais. O estudo deve estender-se, outrossim, àquela fonte importantíssima representada pelos contratos coletivos (no Brasil, convenções e acordos coletivos de trabalho), inclusive nos ordenamentos nos quais aos contratos coletivos não seja reconhecida a natureza de atos normativos, constituindo direito objetivo, sendo eles, ao invés, considerados simples atos privados, com força, porém, para regular de modo vinculante as relações individuais de trabalho. Enfim, o estudo se estende às fontes materiais, ou seja, àqueles fatos e fenômenos privados de sua própria força jurídica, que não produzem diretamente norma jurídica, mas influem de maneira decisiva sobre o conteúdo das normas produzidas pelas fontes formais e informais, ditas *extra ordinem*, porque não compreendidas entre as fontes genericamente sistematizadas pelo direito positivo do trabalho.

A definição acima referida, então, se não se submete ao aclaramento cuja necessidade se mencionou, deve ser dito que ignora elementos essenciais da pesquisa comparatística e não menciona a peculiar metodologia de estudo requerida pelo direito comparado.

A uma diversa valoração da definição examinada se pode chegar aprofundando o significado da expressão "sistemas de relações industriais" nela contida. Se à tal expressão não se atribua qualquer significado se não aquele simplesmente sinônimo de "sistemas de relações sindicais" ou mesmo o de "sistemas de relações coletivas de trabalho", assim como frequentemente se a entende, tendo em mente que o sindicato é originário da Revolução Industrial, então devem prevalecer as reservas manifestadas a respeito. Ela, de fato, limitar-se-ia a reconhecer que as normas de direito sindical a comparar consistem não só de leis, mas também de disposições de fonte sindical. Outro discurso impor-se-ia se à expressão for emprestado o significado, bem mais rico de conteúdo, empregado por parte da doutrina, tendo, em relação ao primeiro significado, um manifesto e particular ângulo de observação: um ângulo de observação não reservado ao aspecto estrita e positivamente jurídico da realidade social (J. T. Dunlop, *Industrial Relations System*, London, 1970).

O propósito é o de compreender a trama de relações entre sindicatos de trabalhadores e de empregadores, além dos poderes públicos, em toda a sua complexidade, graças à sustentação alcançada pelo jurista pela abertura de outros campos de pesquisa e pela utilização de metodologias de investigação próprias de outras ciências sociais, ou seja, metodologias econômicas, sociológicas, históricas, politicológicas e estatísticas (G. Pirzio Ammassari, *Teoria del sindacalismo e delle relazioni industriali*, Napoli, 1979).

As relações coletivas de trabalho, mais do que qualquer outro sistema de relações sociais, dependem não somente da regulação ditada por uma multiplicidade de fontes de produção normativa de diversa natureza, mas se ressentem, com imediatidade e intensidade peculiares, das variações verificadas naqueles que constituem os pressupostos econômicos, sociais e políticos do nascimento daquelas relações e de seu desenvolvimento. É necessário, porém, que o intérprete saiba destrinchar normas legais e negociais, escritas e não escritas, ciente de que não se alcança o ponto nodal de um sistema sindical com o mero exame do dado normativo positivo. E que, sendo as normas, qualquer que seja sua natureza, expostas ao risco de acelerada obsolescência, esse exame deve ser confirmado pela medida de sua efetividade e, assim, de sua capacidade concreta de ordenar a realidade a qual foram destinadas (G. Giugni, *Diritto del lavoro (voce per una enciclopedia)*, in *Giorn. Dir. Lav. Rel. Ind.*, 1979, I, p. 27).

A partir de uma aproximação feita dessa maneira, compreendida na expressão "relações industriais", as normas de direito sindical, estudadas em sua força não apenas jurídico-formal, mas também efetiva, e, assim, pela concreta função de sua atuação na dinâmica social, pode ser admitida como adequada à substância da pesquisa comparatística a definição que foi referida, superando as mencionadas perplexidades.

Mais aceitável, em qualquer caso, se demonstra a observação de J. Schregle, contida no ensaio *Comparative Industrial Relations. Pittfalls and Potential*, in *International Labour Review*, 1981, p. 27 — segundo quem, em todo país, trabalhadores, empresários e governos têm interesses comuns ou divergentes, que devem ser harmonizados e recompostos — o objeto da comparação, inclusive no âmbito justrabalhista, consiste em evidenciar e explicar diferenças e analogias entre os vários sistemas nacionais.

3. A PERSPECTIVA DO COMPARATISTA

A perspectiva utilizada pelo direito do trabalho comparado constitui um importante elemento da noção a qual se alcança seguindo a direção acima exposta. A perspectiva, no nosso caso, não é — ou não é essencialmente — aquela que podemos chamar de interpretação do ponto de vista normativo: ou seja, não é a perspectiva voltada exclusivamente ao exame das normas de direito positivo, das quais se quer compreender o exato significado, a fim de alcançar a resolução de eventuais conflitos interpretativos, válida também em sede de controvérsias judiciais.

O direito comparado não se propõe a oferecer um tal gênero de respostas. Seu objetivo é muito mais aquele de ajudar a compreender o sentido, podemos dizer, histórico, de um sistema justrabalhista, ou de suas importantes e significativas partes.

T. Ascarelli, um grande estudioso italiano, que inclusive lecionou longamente no Brasil, onde se refugiou para escapar das perseguições raciais nos anos da Segunda Guerra Mundial, e que escreveu páginas fundamentais dedicadas à comparação jurídica, reputava a perspectiva do estudioso do direito comparado mais próxima àquela do historiador do direito do que a do intérprete da norma de um ordenamento nacional. Enfim, a do comparatista se apresenta como a perspectiva de indagações de um historiador do presente (T. Ascarelli, *Studi diritto comparato e in tema di interpretazione*, Milano, 1952).

Para um outro grande comparatista (G. Gorla, *Il diritto comparato in Italia e nel "mondo occidentale" e una introduzione al "Dialogo civil law-common law"*, Milano, 1983, p. 602 e 612), a explicação das regras jurídicas é encontrada fazendo referência aos substratos que as produziram. Torna-se assim possível não só constatar e demonstrar a existência de normas, institutos e princípios jurídicos nos ordenamentos examinados, mas também encontrar os motivos que lhes tenham dado origem e que tenham encorajado sua afirmação e consolidação. E se pode verificar se e quanto as semelhanças e diversidades de normas e institutos nos ordenamentos confrontados dependam do fato de que sejam semelhantes ou diversas as respectivas razões históricas.

Retomando as palavras de um outro dos grandes mestres do direito do trabalho, que dedicou atenção particular à comparação jurídica — referimo-nos a O. Kahn-Freund, *On Uses and Misuses of Comparative Law*, in *Modern Law Review*, 1979 —, deve ser eliminado, da direção que deve assumir quem se aproxima do direito do trabalho comparado, o espírito legalístico. Vale dizer, deve ser eliminado o espírito preocupado somente em explicitar o conteúdo da norma, e deve, ao invés, ser cultivada a atenção para os precedentes, jurídicos e metajurídicos, da mesma norma, por suas inter-relações e por seus reflexos, pelas coordenadas econômicas, sociais, políticas e culturais que orientaram o processo de formação e ainda orientam os sucessivos acontecimentos relativos à aplicação da norma. Da qual, então, interessará seja a reconstrução jurídica do sistema considerado, seja a efetiva força aplicativa, que uma análise atenta a todas essas nuances da realidade obriga a considerar.

Posto que o estudo acurado do direito sindical requer que se estenda à análise da efetividade das normas, compreende-se que a comparação dos respectivos sistemas normativos inclua a comparação dos sistemas econômicos, sociais e políticos que lhes façam pano de fundo.

De resto, T. Ascarelli, em suas *Premesse allo studio di diritto comparato* in *Studi*, cit., observa, de uma maneira geral, que esse estudo põe em evidência máxima as relações entre as premissas econômicas, sociais, históricas e morais de uma parte, e as soluções jurídicas de outra. Surge, assim, a possibilidade de apreender o direito em seu ambiente social e observar-lhes as recíprocas influências. Seguindo-se a dinâmica das inter-relações entre direito e ambiente, é dado seguir, atenta e exaustivamente, a tradução, em termos jurídicos, de problemas econômicos e sociais, como também é dado apreender o caráter econômico e social dos problemas que se deparam frente ao direito.

A perspectiva assim indicada é ampla e sugestiva. Não se pode, todavia, esconder o perigo que ela contém em si mesma. Vale dizer, o da mecânica remissão pelo jurista a análises de caráter sociológico, histórico e econômico, ou mesmo — com ainda maior risco para o prestígio do estudo e utilidade de seus resultados — o perigo da mistura de metodologias heterogêneas. O senso crítico do justrabalhista que proceda a pesquisas de direito sindical comparado deve conduzi-lo a evitar confusas sobreposições de planos. Mas, em qualquer caso, é bom que ele tenha sempre claro aquilo que o mesmo T. Ascarelli ressaltava em seus citados *Studi*, cit., p. 131: na comparação, as soluções jurídicas importam pelo modo pelo qual são alcançadas não menos pelo tipo de solução a que se chegou; e o elemento quantitativo não é menos relevador das soluções jurídicas. Em última análise, a abertura a outras ciências sociais pela perspectiva do jurista pode servir de eco à melhor compreensão crítica do próprio ordenamento, iluminando o sentido propriamente jurídico de que é consistido.

Em virtude da adoção da perspectiva enunciada — que coloca a pesquisa a um nível mais alto e problemático do que aquele que se exaure na imediata aplicação da norma, pretendendo, ao contrário, estar aberto a exigências culturais mais vastas —, a comparação foi, justamente, assinalada como um instrumento de grande relevo para a formação do jurista. Seu ponto de observação elevado e a solicitação de não restringir a indagação ao enunciado das regras jurídicas, inserindo-a, ao invés, sobre elementos gerais e profundos dos sistemas exaurientes, encerram uma tal carga renovativa em relação à metodologia tradicionalmente praticada no estudo do direito que faz qualificar como subversiva a função do direito comparado (H. M. Watt, *La fonction subversive du droit comparè*, in *Revue int. dr. comp.*, 2000, p. 503).

4. O DIREITO COMPARADO E O DIREITO INTERNACIONAL PRIVADO DO TRABALHO

Como ressaltado, no atual momento histórico o conhecimento de ordenamentos estrangeiros é exigido não só do estudioso, mas também de quem se ocupa, por um objetivo prático, do direito do trabalho, com frequência e intensidade desconhecidas no passado. A globalização e a maior liberdade de movimento dos trabalhadores além dos limites nacionais, consentida pela realização de formas de integração econômica e jurídica regionais, do tipo da União Europeia, na qual um dos princípios fundamentais é aquele da livre circulação no território da mesma União, além dos bens, dos capitais e das empresas, também dos trabalhadores, ampliam o fenômeno de relações de trabalho suscetíveis de se inserir na esfera de aplicação de diversos ordenamentos jurídicos.

Compete ao direito internacional do trabalho indicar a escolha das normas do ordenamento jurídico competente a regular o caso, quando a relação de trabalho apresente tais elementos de estranheza em relação ao direito nacional e de contato com outros ordenamentos jurídicos.

Se bem pensado, o ponto de vista do direito internacional privado do trabalho, de toda forma, acaba sendo aquele do direito interno. Pertencem ao direito nacional as normas que, com base em um articulado sistema de remissões e de exclusões, estabelecem quais sejam as leis e as jurisdições, nacionais ou estrangeiras, aplicáveis a relações jurídicas caracterizadas por elementos de estranheza no que diz respeito ao direito interno.

Estamos, então, em um terreno diverso daquele do direito do trabalho comparado, ainda que em ambas as situações se exija, hoje de maneira mais profunda, ao justrabalhista, o conhecimento de sistemas e de dispositivos diferentes, com relação ao próprio ordenamento jurídico.

A diversidade está na finalidade de tal conhecimento e nas consequentes modalidades segundo as quais o conhecimento se aperfeiçoa. Trechos de percurso em comum subsistem, mas a direção e as destinações finais divergem.

Não se deve excluir — ao contrário, pode-se corretamente reconhecer que seja aconselhável — a sustentação de uma pesquisa voltada para o plano do direito internacional privado do trabalho com valorações de natureza comparatística. A análise das controversas normas aplicáveis torna-se mais acurada e clara quando seja secundada por sua melhor colocação no seu natural contexto. Resta, ainda, a diversidade de aproximação e de resultado já acenados.

Para colocar em evidência o ponto de vista do comparatista, convém dar o exemplo dos consultores jurídicos de uma empresa multinacional com atividade em países diversos, os quais têm a necessidade de estudar e comparar as normas justrabalhistas do país de origem da empresa e dos países nos quais essa se implantou ou tem a intenção de fazê-lo. Um interesse análogo tem os advogados dos sindicatos dos vários países que recebem ou poderiam receber a multinacional. A pesquisa sobre o significado das normas deve, depois, ser integrada à valoração de sua efetividade e à resposta que as normas possam dar à atuação da empresa: obviamente, resposta dada por meio das instituições a quem compete aplicá-las.

As escolhas de investir ou retirar os investimentos em um dado país dependem também dessas valorações, pelo que a comparação jurídica, ao menos indiretamente, constitui um elemento que não se deve, em absoluto, negligenciar.

5. A COMPARAÇÃO ENTRE CONVERGÊNCIA E DIVERGÊNCIA DOS SISTEMAS JUSTRABALHISTAS NACIONAIS

Estabelecida a premissa de que a comparação é chamada a pôr em evidência e a explicar o modo pelo qual, nos vários ordenamentos nacionais, os interesses conflitantes e comuns dos trabalhadores, empresários e governos são regulados, ao direito do trabalho comparado são abertas duas estradas: aquela de focar a convergência entre os mesmos ordenamentos, em seguida à difusão de um modelo homogêneo de industrialização (e, podemos também dizer, de sociedade pós-industrial), e aquela de sinalizar, pelo contrário, as especificidades de cada sistema justrabalhista, estreitamente conectados com os sistemas políticos nacionais e deles dependentes.

As duas estradas foram seguidas por correspondentes correntes de pensamento que, por sua vez, remetem-se a duas concepções gerais do objeto da pesquisa comparatística. Uma se põe em sintonia com as mais antigas visões da comparação, nas quais era apontado o objetivo de estabelecer os pontos de contato capazes de iluminar a unidade fundamental da vida jurídica universal (R. SALEILLES, *Conception et objet de la science du droit comparè*, relatório apresentado no Primeiro Congresso da Sociedade de Legislação Comparada, em 1890). Essa visão frisou a progressiva aproximação dos vários sistemas trabalhistas nacionais sob a pressão unificadora do progresso tecnológico. A outra chamou a atenção para o fato de que os sistemas refletem, sobretudo, peculiares situações nacionais e valores culturais lá prevalecentes.

Na lógica, mais da primeira do que dessa segunda escola de pensamento, da qual, por outro lado, se recolhe a sinalização acerca das variantes nacionais, chegou-se até mesmo a pôr em dúvida a possibilidade de que subsista um autêntico direito do trabalho comparado, dada as inelimináveis peculiaridades e diversidades da fisionomia dos vários sistemas nacionais. A lógica é aquela indicada, porque a acepção de uma pesquisa comparatística que seria incompatível com o direito do trabalho não pode ser senão aquela que a destina às grandes construções na evolução dos sistemas nacionais. Quem identifica a comparação com a demonstração da unidade das experiências jurídicas é induzido a entender não suscetíveis de comparação soluções excessivamente diferentes nos vários ordenamentos.

Um tal tipo de aproximação foi criticado por R. RAVÀ, *Introduzione al diritto del lavoro*, Milano, 1958, p. 65. A observação, em todo caso, deve ser levada em conta na medida em que serve para redimensionar a expectativa de que a pressão unificadora da evolução tecnológica elimine as diferenças nacionais. E serve, então, a conter os entusiasmos dos expoentes da escola de pensamento da convergência, a começar do prognóstico, no sentido de uma próxima geral homogeneização dos sistemas de relações industriais, exemplificado principalmente por uma semelhante indicação doutrinária florescente nos Estados Unidos da América (J. T. DUNLOP, cit.).

Todavia, se na natureza da comparação jurídica registramos inclinações a frisar, sejam as analogias entre os sistemas comparados, sejam as diferenças, a existência — inegável — de diversidades, inclusive muito claras, entre os sistemas, não impede de colocá-las em comparação (R. SACCO, *La comparazione giuridica*, cap. I, do volume *Sistemi giuridici comparati*, organizada por A. GAMBARO e R. SACCO, 2. ed., UTET, Torino,

2002, p. 2-3). De resto, à incidência de particulares fatores políticos e de tradições nacionais faz contrapeso a difusão de homogêneas tecnologias de produção e semelhantes esquemas de organização empresarial.

Com objetivo de ressaltar a importância das especificidades nacionais e da influência dos sistemas políticos sobre os subsistemas de relações de trabalho, fez-se referência aos esforços realizados pelos países em desenvolvimento para distanciar-se dos modelos herdados da época colonial e para criar um sistema próprio de relações de trabalho inspirado em específicas exigências de desenvolvimento. Dessa maneira, pode ser acentuada a tendência de alguns observadores, que justificam a escolha por um sindicato único feita por numerosos países recém-independentes, em correspondência com a escolha política pelo partido único, com o argumento de que tal escolha responderia à exigência de privilegiar as forças centrípetas em relação às centrífugas. Isso em sociedades ameaçadas de desagregação, em razão dos contrastes tribais e de uma escassa tendência à coesão, no contexto de uma consciência nacional não ainda suficientemente amadurecida.

Esses argumentos mereceriam ser submetidos a uma atenta análise crítica. Por ora, é possível somente lançar a atenção sobre a circunstância (sintomática da presença simultânea de pressões pela divergência e convergência) de que, mesmo nos países nos quais as características especificamente nacionais são protegidas, por assim dizer, por uma rígida couraça ideológica, atualmente veem-na perfurada pela intrusão de sistemas de produção e de organização provenientes, com violenta força, do exterior. E então não se pode excluir que esses países estejam destinados — em um futuro que, no entanto, é difícil datar — a uma espécie de homogeneização dos seus sistemas trabalhistas.

É dado, por isso, concluir que a utilidade e a praticabilidade do método comparatístico no campo justrabalhista permanecem, seja quando se trate de discernir as linhas de aproximação dos diferentes sistemas, seja quando se trate de iluminar as peculiaridades derivantes das estratégias políticas e tradições culturais originais, além das singulares situações econômicas.

Deve-se deixar bem claro, em todo caso, que esse método não serve à valoração de profecias ou a auspícios que digam respeito à sorte dos sistemas justrabalhistas. Mais simplesmente, o objetivo do direito do trabalho comparado é de natureza científica, enquanto endereçado a alcançar um mais vasto conhecimento das legislações do trabalho nacionais (N. Valticos, *Comparative Law and the International Labour Organization*, in *Comparative Labour Law,* 1977, p. 274). Um conhecimento, criticamente amadurecido, mais vasto e melhor, porque voltado exatamente aos contextos nos quais se colocam tais legislações. Trata-se, pois, de submeter à análise científica normas e contextos (e, portanto, exige-se uma aproximação que saiba ser, quando seja necessário, interdisciplinar), de cotejar a fim de catalogar semelhanças e diferenças. É necessário, portanto, cuidar de explicar as razões das semelhanças e diferenças e, por fim, se possível, individualizar as eventuais linhas gerais de orientação (R. Blanpain, cit.).

6. MODELOS UTILIZÁVEIS PARA A RECONSTITUIÇÃO E O CONFRONTO DOS SISTEMAS SINDICAIS

É de ser ressaltado, retomando as considerações de B. Veneziani, cit., p. 16, que a comparação oferece uma contribuição significativa à ciência jurídica, e dessa maneira lhe ocupa um espaço específico, quando recolhe e interpreta dados peculiares de vários ordenamentos — no caso de que nos ocupamos, os dados são os relativos à organização e à ação sindical —, dando-lhes sistematização jurídica segundo vários modelos. E procurando, por outro lado, dilucidar, com a ajuda de outras disciplinas, as razões que determinam semelhanças e diversidades entre esses modelos.

Essa posição das normas, encontrada pela comparação sindical, sem dúvida põe a própria comparação no âmbito pertencente à ciência jurídica na medida em que acarreta a reconstituição, com dados normativos dos modelos jurídicos, por meio dos quais se pode delinear os sistemas sindicais a pôr em confronto. Por outro ângulo, o âmbito jurídico não é abandonado pelo fato de que a compreensão se volte às ciências sociais e políticas, de cuja contribuição se vale para identificar as causas que sustentem o modo de aproximar-se dos modelos colocados sob exame. Trata-se, muito mais, de um esforço mais intenso de compreensão do próprio e dos outros ordenamentos, graças à sua inserção nos respectivos contextos.

Quanto aos referidos modelos, para sua determinação é útil o critério baseado na distribuição do poder, jurídico-formal, mas também só social, dentro e fora da organização sindical cujo modelo se procura reconstituir.

Um primeiro critério reconstitutivo atua sobre como, dentro da estrutura sindical, distribua-se o poder entre as cúpulas confederativas e das federações sindicais. O critério tem valor quando o sindicato em questão for de categoria, mas é também aplicável quando se esbarrar com um sindicato de profissões. O critério diz respeito, por outro lado, à distribuição de poder entre tais cúpulas e as estruturas sindicais locais. Antes de mais nada, porém, a tipificação do modelo requer seja apurada uma eventual unicidade, por livre escolha dos interessados ou por imposição legal, das federações de categoria (ou de profissões) e da respectiva agregação confederativa, ou mesmo uma eventual articulação pluralista.

Mais além que aquele da extensão do peso e da autoridade das cúpulas confederativas e federativas sobre as estruturas de base ou na distribuição do poder dentro do sindicato se apoia o critério que considera a relação da entidade com a respectiva categoria. Tal critério verifica aquilo que se pode chamar de substância social, e a legitimação, no terreno da efetividade, do poder representativo da entidade, dotado de eficácia geral sobre todos os pertencentes àquele setor, ou mesmo sobre os inscritos no sindicato.

O critério de individuação de um modelo não significa que se deva utilizá-lo de modo exclusivo para delinear-se um determinado sistema sindical, podendo-se alcançar um desenho mais nítido quando se obtiver o concurso de mais modelos.

Por isso, a individuação do segundo dos mencionados modelos leva-nos necessariamente a considerar a transferência de poder à entidade sindical, tendo em vista a estipulação de contratos coletivos com eficácia *erga omnes*; e leva-nos, assim, a considerar a distribuição externa de poderes. Isso enquanto a força jurídica geral dos atos praticados por uma entidade sindical que represente toda a categoria decorra da concessão de representação *ex lege*.

À distribuição de poder externo ao sindicato (e precisamente de poder jurídico-formal, mesmo nessa hipótese) se conecta o modelo de entidade sindical beneficiada por uma apropriada legislação de sustento; modelo que, por sua vez, introduz um outro de sindicato privilegiado por um semelhante sustento em virtude de uma maior representatividade em sentido absoluto, e por isso respeitante a vários sujeitos sindicais, dotados de um tal requisito substancial, ou no sentido comparativo, e por isso exclusiva daquele que poderemos chamar de "primeiro classificado" entre os maiores sindicatos.

O modelo do privilégio conferido pela lei ao sindicato em razão de sua maior representatividade, de um lado, pela escolha de índices de representatividade ligados a históricas aproximações com estruturas políticas, evoca riscos de utilização do sindicato como instrumento de estratégias políticas daquelas estruturas e das instituições por elas governadas (riscos inevitáveis pela garantia da coesão social e industrial: Lord Wedderburn of Charlton, *Il diritto del lavoro in Europa negli anni 80*, in *Giorn. Dir. Lav. Rel. Ind.*, 1983, p. 531), não menos que de enfraquecimento do mesmo sindicato que, saciado com a dependência do legislativo, perca conexões e adesões de base. Por outro lado, sendo a sustentação legal voltada a se contrapor ao poder patronal, particularmente nos lugares de trabalho, remete a uma outra direção da distribuição de poder: não em relação à autoridade pública, mas das empresas.

E nesse ponto os modelos podem articular-se em forma de democracia industrial do tipo participativo, mais ou menos institucionalizada, que às vezes alcança níveis de participação na gestão, ou seja, de participação nas decisões empresariais; ou mesmo podem se articular em forma da assim chamada participação conflitiva, na qual o sujeito e o instrumento do conflito industrial, vale dizer, o sindicato e o contrato coletivo, até se fundem, para além de formas legais, em instâncias participativas, na alternância de momentos de confronto e de colaboração, sem, porém, a assunção de responsabilidades diretas pelo sindicato. Por fim, convém pôr em evidência como, a caracterizar o sistema de relações sindicais e o modelo de democracia industrial, além de sua rigorosa institucionalização ou não, influencie o clima — como é assim chamado — de *partnership* social que os sujeitos de um sistema sindical tenham querido e sabido querer e manter.

7. UTILIDADE DO ESTUDO COMPARATÍSTICO

Constatando quanto diferem as soluções que as normas de outros ordenamentos preveem para os problemas que são enfrentados e resolvidos inclusive dentro do próprio sistema justrabalhista nacional, ou mesmo quanto tais espécies de solução concordem com aquelas nacionais, em todo caso, chega-se a uma compreensão mais aprofundada da própria realidade.

Como se antecipou, o direito comparado é um excelente instrumento de conhecimento, não somente de experiências justrabalhistas estrangeiras, mas também e sobretudo da nacional. Quando a norma é examinada dentro de uma perspectiva comparatística, esse conhecimento chega-nos como uma radiografia. Da norma é-nos permitida uma outra imagem: pode-se observá-la com precisão, por meio do confronto, permitindo-se a compreensão em modo mais exaustivo e essencial, principalmente do direito nacional, mas também permitindo enriquecer a compreensão da totalidade da matéria justrabalhista, descobrindo analogias e divergências nos outros sistemas postos sob observação (J. Schregle, cit., p. 24; R. Sacco, cit., p. 2).

As conclusões e as correspondentes indicações argumentativas seguidas pela doutrina e pela jurisprudência, inferíveis do exame daqueles sistemas, estimulam a ver, sob novas angulações, questões que no campo nacional estão sujeitas a valorações consolidadas e às vezes precipitadas.

Quando o ordenamento justrabalhista nacional está amadurecido e então, pode-se dizer, substancialmente completo, certamente que não é premente para os operadores do direito e nem mesmo para os juristas teóricos aproximarem-se de outros cenários. Pelo contrário, o estímulo é mais agudo onde o sistema jurídico nacional apresente lacunas ou dificuldades para adequar-se a novidades já acolhidas e elaboradas em outros países.

Em casos especiais, o método comparativo adquire uma importância que, ao contrário, justrabalhistas práticos e teóricos custam a reconhecer. Refiro-me aos casos de consistente migração de normas de um ordenamento a outro, depois de guerras, revoluções ou fortes sugestões exercidas pela experiência do país de onde provêem.

Às vezes a migração diz respeito a todo, ou quase todo, modelo justrabalhista. Exemplos disso são a implantação do modelo vigente nas potências coloniais nos territórios por elas dominados e também a imposição de seu modelo, pela União Soviética em seu auge, às assim chamadas democracias populares entradas em sua órbita.

A propósito das (agora ex) democracias populares, é interessante observar (R. Blanpain, cit., p. 16, o faz especialmente quanto à Polônia) como seja lógico considerar útil a aplicação de um método de caráter comparatístico para finalidades puramente práticas, que geralmente nas situações nacionais não se emprega. Nos específicos contextos acima referidos, por outro lado, a coexistência, ainda que temporária, de normas e conceitos próprios de ordenamentos precedentes e sucessivos à Segunda Guerra Mundial, e do ordenamento que depois da queda do regime soviético e em vista do ingresso na União Europeia naqueles Estados se edificou, sugere enfrentar as dificuldades de coordenação das normas com auxílio do flexível e realístico método comparatístico.

Atualmente, as migrações gerais de ordenamentos justrabalhistas parecem improváveis. Por outro lado, devem ser recordados os episódios, não recentíssimos, de parcial, mas maciça, migração normativa ocorrida na Espanha pós-franquista, com a adoção, em 1980, do *Estatuto de los Trabajadores*, elaborado tomando-se como modelo, em muitos aspectos, o assim chamado *Statuto dei lavoratori* italiano, ou seja, a lei italiana n. 300, de 1970; e, antes ainda, o que aconteceu no Brasil de Getúlio Vargas, cujo Estado Novo quis transplantar a *Carta del lavoro* da Itália mussoliniana. Mais próximo no tempo é o caso, não propriamente de migração normativa de um Estado a outro, mas mais particularmente de preço de adesão pago pelos Estados candidatos à entrada na União Europeia, qual seja o de adoção de um modelo justrabalhista, por outro lado genérico e ainda incompleto, que se quer aplicado em todos os Estados-membros da União.

Não muito diverso daquilo que se verifica nas hipóteses de migração normativa de um a outro ordenamento é o papel que o método comparatístico é chamado a desenvolver quando, por causa de vários fatores, dentre os quais sobressaem a comunhão de língua e de tradições culturais e também a homogeneidade das condições socioeconômicas, as elaborações doutrinárias e jurisprudenciais, firmadas em um país que alcançou uma posição de relevo e de liderança, inspiram soluções, além da fronteira, graças ao prestígio científico dos autores dessas elaborações. R. Blanpain, cit., p. 16, cita o caso da influência alemã sobre a Áustria e a Suíça. Mas se não há nada a objetar quanto à primeira das mencionadas linhas de influência, consideradas as afinidades legislativas entre os ordenamentos alemão e austríaco e o intercâmbio doutrinário, com justrabalhistas que ensinam a correspondente disciplina em universidades de outro país, alguma perplexidade pode nascer quanto à segunda das linhas de influência, uma vez que a Confederação Helvética não é toda de língua e cultura alemã.

A comparação jurídica, de qualquer modo, nas situações de influência doutrinária e jurisprudencial, tem um papel voltado à explicação, com mais clareza, dos conteúdos e motivações das orientações estrangeiras que se deseja que inspirem as soluções nacionais.

Até agora levou-se em consideração aquele que se pode chamar de aspecto estático da comparação justrabalhista, o qual, pelos motivos acima expostos, permite compreender mais profundamente o próprio sistema nacional como é atualmente.

Existe, porém, uma outra aproximação, definível como dinâmica, que visa a descobrir em que medida o próprio sistema nacional esteja sincronizado com tendências e desenvolvimentos inferíveis da pesquisa sobre aquilo que acontece em outros sistemas. J. Schregle, cit., p. 24, ressalta o fascínio de uma tal perspectiva que possibilita a verificação de antecipações e atrasos, ou até desvios nos ritmos e nas direções de desenvolvimento dos sistemas justrabalhistas.

Em um mundo no qual a globalização significa também circulação, com velocidade impensável no passado, de conhecimentos e projetos além dos confins nacionais, não é dado fechar os olhos e continuar insensível ao que acontece lá fora. A utilidade do estudo comparado é então propriamente aquela de medir, por meio do confronto com experiências estrangeiras, tempos e direções do desenvolvimento do sistema nacional, a fim de que se possam prevenir prontamente anacronismos e erros de direção.

Quando o objetivo da indagação comparatística consiste não somente no conhecimento e confronto dos ordenamentos atuais, mas se estenda à pesquisa e descrição das tendências expressas pelos vários sistemas sindicais nacionais, a atenção é particularmente concentrada sobre as variáveis sociais subjacentes ao dado jurídico formal e às projeções às quais essas variações se demonstrem suscetíveis.

A utilidade do método de estudo sugerido revela-se de particular relevo nos momentos de crise econômica, quando os equilíbrios do sistema jurídico, construídos nos anos de tranquilidade e prosperidade, são ameaçados pelas transformações impostas pela crise, mesmo no que diga respeito às relações industriais, premidas por pressões de grupos sociais e submetidos a reiteradas intervenções legislativas, muitas vezes caracterizados por casuísmos. Segundo B. Veneziani, cit., p. 20, em tais circunstâncias a pesquisa comparada pode servir à indicação de como estejam destinados a comporem-se os equilíbrios em crise, antecipando modificações e mudanças a se fazerem atuar.

A consciência dessa utilidade não deve induzir a que se atribua à comparação jurídica uma espécie de genérica missão profética, que certamente exorbita das suas possibilidades, nem a justificar inclinações de xenofilia. Com os pés bem plantados na terra, o estudo comparado pode contribuir para promover, nos vários países, aquelas mudanças experimentadas em outro lugar (O. Khan-Freund, cit., p. 2) e que, tomando-se em conta a natureza dos respectivos contextos, se pense, com fundadas razões, adotáveis, sem que o transplante sofra reações de rejeição.

8. EXAME DAS NORMAS EM SEU CONTEXTO PELA COMPARAÇÃO

A análise comparística — isso já foi ressaltado — não pode limitar-se a examinar as normas, mas deve tomar em consideração também seu contexto. Há, por outro lado, risco de erros na identificação do contexto das normas justrabalhistas.

O erro pode residir no considerar, injustificadamente, como elementos constitutivos somente aqueles que tenham caráter econômico ou técnico-organizativo.

Não há dúvida de que se revela deformada a comparação que ponha os textos de leis trabalhistas uns ao lado dos outros, sem preocupação com o quadro econômico-social do qual se originem, nem das forças sociais que em tal quadro ajam ou do tipo de organização e ação das mesmas forças.

A visão interdisciplinar postulada pelo estudo do direito coletivo do trabalho comparado exige que sejam desenvolvidas as devidas consequências de uma tal ordem de circunstâncias: se o sistema examinado pertence ou não à categoria daqueles de economia de mercado; se nele predomine um ou outro setor econômico; se as empresas tenham dimensões grandes ou pequenas e sejam de exclusiva propriedade privada ou também pública; se o desenvolvimento econômico seja distribuído igualmente em todo o território nacional ou concentrado em algumas áreas; se a organização sindical adota o modelo de sindicato de categoria ou aquele de sindicato de profissões; se a negociação coletiva se desenvolve sobre o terreno nacional de categoria ou sobre aquele de empresas; se existe um duplo canal de representação do pessoal ou um único, de caráter sindical; se sejam ou não institucionalizadas formas de colaboração entre empregadores e trabalhadores; se a lei seja verdadeiramente fonte de principal relevância e desdobrada na regulamentação de todos os contornos do sistema justrabalhista, ou amplamente confiada à autodisciplina das forças sociais organizadas.

Os modelos que, como já frisamos acima, caracterizam os vários sistemas sindicais nacionais e facilitam seu confronto, com efeito, ressentem-se da influência das mencionadas circunstâncias. Tais circunstâncias conferem ao modelo uma concreta fisionomia, de modo que se pode dizer que o modelo não se repete, de maneira invariável, nos diversos países examinados e não é vantajosamente utilizável como um esquema puramente abstrato. As particularidades típicas e genéricas de um dado modelo, de fato, são precisadas de maneira diversa pela história das diferentes realidades nacionais; e essa observação coloca em evidência a necessidade de que a pesquisa comparatística alargue o quanto possível seu horizonte, além dos confins da indagação jurídica.

As ditas ordens de circunstâncias podem ser indicadas como os principais componentes do contexto, que não podem ser ignorados, mas não são todos eles. Entre um e outro propriamente pertencentes ao âmbito econômico e àquele técnico-organizativo das relações de trabalho, o substrato das normas — que coloca bem claramente seu sentido e importância — é formado também por elementos políticos e culturais.

Em período de fundamentalismos religiosos (mas não era necessário considerar seu ímpeto) e, de toda forma, da volta do fator religioso na vida social, quem pode esquecer a sua relevância para um sistema justrabalhista?

Tendo presente como a história ensina ao jurista quantos e quão intensos ligames existam entre o poder espiritual e o mundano, ressalta-se que, mesmo hoje, as correlações entre a dimensão religiosa e a jurídica não são necessariamente tão tênues e racionalizadas quanto possa sugerir o exame do moderno direito eclesiástico dos países ocidentais. O fator religioso pode penetrar na esfera do direito, condicionando suas fontes ou as legitimando, abertamente ou por meio dos passos seguidos pelos crentes (R. Sacco, cit., p. 34).

Para alcançar o terreno da nossa matéria, em sociedades multiculturais e, por isso mesmo, multirreligiosas, a disciplina das relações de trabalho ressente-se, com recaídas em progressivo crescimento, da variedade das seitas religiosas dos trabalhadores. E não só quanto a repousos semanais, férias, práticas alimentares ou igualdade de gênero. A própria organização sindical não se afasta desses ligames, seja — e é fácil constatá-lo — em sociedades teocráticas, seja em sociedades inspiradas pelo caráter laico, nas quais se registram organizações sindicais fundadas, entre outros critérios, sobre aquele religioso, isto é, onde ocorra o esquema organizativo do pluralismo sindical (por exemplo, na Bélgica).

Existem, portanto, confederações sindicais de inspiração religiosa, em níveis nacional e internacional. Observar-se-á, por outro lado, como em países onde esteja radicada na história sindical a unidade, espontânea e tendencial, de todos os trabalhadores, não obstante persistem ou ressurgem pequenas formações separatistas em virtude do critério de agregação religiosa, que desenvolvem ações de perturbação no que diz respeito ao sindicato oficial unitário (assim na Alemanha). Em outros contextos nacionais, essas formações são decisivamente hostilizadas para, por todos os meios, impedir-lhes a sobrevivência (assim nos países escandinavos).

Centralismo estatal ou descentralismo nos terrenos político e administrativo fazem contraponto ao maior ou menor espaço concedido à autonomia das forças sociais pelo ordenamento jurídico — ou, em todo caso, da autonomia por elas alcançáveis — em paralelo com as atribuições e o papel das entidades autônomas locais. Pluralismo político e descentralização propiciam, por si mesmos, o crescimento e o desenvolvimento da autonomia sindical.

A fisionomia cultural de um povo inclui-se entre os elementos caracterizadores de um sistema justrabalhista, cuja compreensão depende, portanto, não somente de economistas, sociólogos, estatísticos, mas também de historiadores (e não somente de história econômica), antropólogos culturais e (por que não?) escritores e artistas.

9. A MIGRAÇÃO DAS NORMAS E INSTITUIÇÕES JURÍDICAS E A REAÇÃO DE REJEIÇÃO AO TRANSPLANTE

A completude da visão do contexto satisfaz não somente exigências de aprofundamento científico, mas também finalidades de ordem prática. Ela está, na realidade, em condições de contribuir para a solução de dificuldades que se encontrem na migração de normas e institutos jurídicos de um a outro sistema trabalhista e não menos do problema, sempre presente, de uma reação de rejeição ao transplante.

Um estudioso da estatura de O. KHAN-FREUND, cit., p. 27, pôs-se em guarda contra o perigo de reações de rejeição, sempre possíveis nas tentativas de utilizar um modelo legislativo estranho ao ambiente no qual tenha sido exprimido. Aduz um outro interessante estudioso (F. MEYERS, *The Study of Foreign Labour and Industrial Relations,* in S. BARKIN (Org.), *International Labour,* New York, 1967) que, enquanto o direito do trabalho é parte de um ordenamento, as consequências que decorrem da modificação de um só aspecto do sistema dependem das relações entre todos os seus elementos. Essa relação não é a mesma nas diferentes sociedades. Nesse caso, as modificações aparentemente similares podem se revelar significativamente diferentes.

Obstaculizam a migração dos institutos jurídicos do trabalho fatores de variável natureza, que vão da diversidade das formas de Estado e de governo àquelas de política econômica, liberal ou dirigida, ao papel e à influência da magistratura, ao peso dos grupos organizados de interesse, ao grau de enraizamento de hábitos mentais e de costumes sociais. A esses fatores estão particularmente expostos os institutos de direito coletivo de trabalho, plasticamente modelados sob as condições existentes nos países de onde tenham tomado vida (B. VENEZIANI, cit., p. 22-23).

Um antídoto eficaz contra a reação de rejeição pode ser obtido pela exaustiva análise dos dados do problema, alcançada pela consideração de todos os aspectos de natureza econômica, social, política e cultural. A modalidade, e mesmo a conveniência, da operação de transplante do modelo legislativo se fazem dilucidadas, com maior probabilidade de que o transplante tenha bom êxito.

Compreende-se, assim, como o sucesso de formas institucionalizadas de colaboração entre trabalhadores e direção da empresa dependa, mais do que da eficiência do mecanismo cogitado pelo legislador alemão, de uma disponibilidade para o consenso entre as partes sociais, que não constitui um aspecto secundário, meramente técnico, mas resultado de uma tradição que tem raízes profundas na sociedade e na cultura.

Evocando as tradições jurídicas, faz-se referência não a um mero conjunto de regras, mas a um universo de atitudes. Vale dizer, um complexo de modos segundo os quais o direito é pensado, aplicado e ensinado e que estejam historicamente condicionados e profundamente radicados na mentalidade jurídica dos operadores de cada sistema jurídico (J. H. MERRYMAN, *La tradizione di civil law nell'analisi di un giurista di common law*, tradução italiana, Milão, 1973). Pensar-se em enxertar uma experiência sem verificar se o humo destinado a acolhê-la seja análogo ao da origem significa condenar a experiência ao fracasso.

Querendo dedicar-se a projetos, por assim dizer, de engenharia institucional, é mais prudente e suscetível a um resultado mais feliz cuidar-se de transferir não tanto mecanismos jurídicos e normas que lhe regulem, mas funções que possam encontrar resultado em diversos contextos, segundo formas que não são as originais, mas que respondam melhor às características específicas do terreno de novo plantio.

Já se sustentou que a migração de normas de direito coletivo do trabalho a um outro ordenamento jurídico depara-se com um grau diferente de dificuldade, em comparação com a migração das normas de direito individual do trabalho (O. KAHN-FREUND, cit., p. 22).

De resto, os exemplos de normas trabalhistas de ordenamentos estrangeiros, cuja aplicação no ordenamento nacional aconteceu na medida em que sustentadas por análises comparadas, dizem respeito exatamente a institutos de direito individual do trabalho e não de direito sindical.

A maior dificuldade de migração de normas que digam respeito à organização e à liberdade sindical, à contratação coletiva, à greve e ao *lockout*, os procedimentos de composição dos conflitos coletivos, a participação dos representantes dos trabalhadores na gestão empresarial — segundo a opinião mencionada — depende da diversidade das estruturas políticas e socioeconômicas nas quais estejam inseridos os sistemas trabalhistas entre os quais deveria acontecer a migração (assim em R. BLANPAIN, cit.).

O diferente grau de concentração do poder político e econômico determina as correspondentes margens de autonomia do sindicato. Por isso, não são adaptáveis a regimes políticos ou econômicos nos quais a distribuição do poder seja fortemente concentrada, legislações sindicais, ao contrário, apoiadas sobre a independência e pluralismo das forças sociais e liberdade da ação sindical.

Deve ser chamada a atenção para o fato de que o obstáculo não diz respeito unicamente à distribuição do poder político. A concentração que marca regimes políticos totalitários ou autoritários, certamente, torna evidente, de forma imediata, a incompatibilidade com a liberdade e o pluralismo sindical. De menor visibilidade, mas de toda forma consistente, revela-se a incompatibilidade interposta por meio de estruturas econômicas dominadas por pequenas oligarquias, não dispostas a dividir com ninguém seus privilégios.

O direito do trabalho comparado, atento — como se supõe — ao contexto no qual se inserem as normas e pelo qual elas são caracterizadas, e portanto atento à história, às tradições políticas, aos valores da sociedade na qual as normas vigoram, permite distinguir todos os elementos da problemática.

Seu auxílio se demonstra particularmente útil quando a implantação das normativas trabalhistas não diga respeito a simples ordenamentos nacionais, mas é promovido, com relação a uma série de países destinatários, por uma organização internacional, como a OIT, ou supranacional, como a União Europeia. A natureza internacional ou supranacional e não nacional, das normas trabalhistas objeto da implantação não altera a abordagem da questão.

A contribuição iluminante do direito do trabalho comparado tem como evidenciar todos os pressupostos, a começar dos políticos, de que depende o efetivo sucesso da difusão da normativa internacional. Compreende-se, por isso, que a elaboração dessas normas inicie-se sempre de indagações sobre legislações e costumes nacionais sobre o assunto.

No que diz respeito à normativa trabalhista supranacional, que emana no quadro de organizações cujos Estados-membros apresentam aspectos políticos claramente homogêneos, o papel da comparação, não obstante, resta delicado. Deve, de fato, orientar o ingresso da normativa comum, exorcizando reações de rejeição, expressas ou tácitas, nos países nos quais, dentro de um contexto de homogeneidades constitucionais e políticas, possam variar os equilíbrios de poder (e, correspondentemente, as margens de autonomia sindical) entre as forças políticas e econômicas, setores e categorias profissionais e grupos de pressão de diversa natureza.

Compreende-se, então, como analogamente ao que ocorre para as normas internacionais, que o direito do trabalho comunitário europeu preveja que a elaboração de suas normas se principie por acuradas análises comparadas.

10. COMPARAÇÃO E TRADUÇÃO DE NORMAS JURÍDICAS

Contribui para tornar mais dificultosa a migração de normas de um sistema justrabalhista a outro a diversidade dos idiomas falados. A dificuldade, por outro lado, coloca em evidência a utilidade da aplicação do método comparatístico.

Ocorre de um sistema jurídico utilizar palavras sem correspondência na terminologia usada em outro sistema, assim como não tenham correspondência as noções jurídicas expressas com aquelas palavras. Falta, excesso e ambiguidade: registram-se não somente a mencionada falta de correspondência, mas também diversidade de estruturas linguísticas que provocam variação de significado, nos idiomas usados em diferentes sistemas, de palavras idênticas ou muito parecidas; e registram-se palavras que, em certos ordenamentos, a diferença do que pode se dizer de expressões em uso junto a outros ordenamentos, contém uma pluralidade de significados. Ou, de modo ainda mais delicado, façam alusão a um determinado significado numa forma que, em outras terminologias jurídicas, revelar-se-ia incompleta e insuficiente.

A polissemia, ou seja, a multiplicidade de significados compreendidos em uma mesma palavra, não é excepcional na linguagem comum, mas se encontra também na linguagem do direito, e a ambiguidade semântica resolve-se fazendo-se referência ao contexto no qual a expressão é adotada (cf. R. Sacco, cit., p. 9-13).

A atenção do intérprete deve ser particularmente aguda quando com as normas venham expressões que contenham seu significado. Não é raro que, com a passagem para um diverso ordenamento jurídico, o significado de expressões cujo teor literal permaneça não modificado torne-se, todavia, algo completamente diferente.

Palavras articuladas de modo idêntico, em idiomas diversos e, especificamente, nas correspondentes linguagens jurídicas, podem assumir significados que abarquem realidades manifestamente diferentes. R. Blanpain, apetrechado de exemplos, assinala o fenômeno como uma autêntica armadilha e compete à comparação jurídica cair nela.

Num terreno assim traiçoeiro, a tradução é atividade que requer competência especializada, que não se esgota no domínio dos idiomas, mas exige também conhecimentos jurídicos, e não superficiais. É correto afirmar que a tradução de textos jurídicos — elaborações doutrinárias, documentos, sentenças, mas especialmente normas — constitui atividade que pertence à comparação jurídica, porque impõe a consideração de contextos, de origem e de objeto, nos quais a matéria a ser traduzida está inserida, assim como a capacidade de escapar à armadilha supramencionada. Tarefa de comparação, portanto, em nível elevado. É necessário, de fato, fazer frutificar conhecimentos não superficiais dos ordenamentos em questão, para alcançar êxitos seguros e não permitam que se refugie em soluções delineadas em termos hipotéticos ou apenas probabilísticos. Traduzindo-se, de toda forma, tem-se ocasião de liberar as palavras dos laços ideológicos que lhe envolvem em um dado sistema, tornando confusa a comparação.

Não apenas expressões que denominem específicos institutos justrabalhistas estão compreendidos no risco de equívocos que um bom tradutor-comparatista deve ultrapassar. Assim, mesmo expressões de grande amplitude, do gênero dos adjetivos "econômico" e "social", quando sejam empregados para designar as competências dos conselhos empresariais, respectivamente, nos países europeus e nos Estados Unidos da América, podem ganhar um valor diverso — como ressalta R. Blanpain —, colocando o intérprete em dificuldade.

Por sua vez, B. Veneziani, incluindo entre as dificuldades da comparação aquela linguística, destaca o obstáculo terminológico ínsito na expressão "contratação coletiva" ou "negociação coletiva", que tem significado diverso em relação ao correspondente *"collective bargaining"* anglo-saxão e a *"negociation collective"* francesa. Sob fórmulas idênticas ou muito próximas escondem-se realidades diversas quanto à natureza jurídica, à extensão do âmbito de aplicação e à estrutura.

Dificuldades não menores são encontradas pela frente, não mais na passagem de normas trabalhistas a outro ordenamento, mas na elaboração de um mesmo texto normativo, destinado a ser aplicado em uma multiplicidade de ordenamentos estatais, em versões redigidas segundo as várias línguas nacionais. É essa a dificuldade que as convenções e recomendações da OIT, bem como as regulamentações e diretivas da União Europeia, devem considerar. Seu conteúdo é formulado em uma considerável variedade de idiomas, podendo acontecer quando não se aplique um adequado filtro comparatístico, que a aparentes identidades de formulações sejam opostas divergências não desejadas de conteúdo jurídico das respectivas versões linguísticas de um único texto (ver Seminario "Lionello R. Levi Sandri", *Bollettino*, Seminário de 30 de abril de 2009 sobre *Traduzione e giustizia*, michele.faioli@uniroma2.it).

11. COMPARAÇÃO DE FUNÇÕES MAIS DO QUE DE INSTITUTOS

É oportuno retornar, para aprofundamentos, sobre o que foi acenado acerca da orientação a ser seguida pela comparação justrabalhista: mais do que aos institutos jurídicos, como sejam disciplinados nos vários ordenamentos, às funções por ele desenvolvidas.

Da comparação é inseparável um realismo que não limite o olhar ao invólucro jurídico formalmente assinalado pelo ordenamento aos institutos a serem postos em comparação, mas avança o exame das consequências que com sua atividade produzam-se.

Um exemplo óbvio é oferecido pela problemática desenvolvida em torno da participação dos trabalhadores na vida e na gestão das empresas.

A propósito, desfeita a confusão terminológica que, por causa de premissas e expectativas ideológicas, tornou dificultoso individuar e elencar as realidades que apresentem autêntico caráter participativo, podem ser confrontados os organismos que os legisladores nacionais tenham previsto como assim caracterizados. E, à luz das atribuições reconhecidas legislativamente aos mesmos organismos, pode ser aferido se existe participação e quais devem ser registradas. O estudo assim seria direcionado corretamente, mas se revelaria incompleto.

Fazendo meu, de outro turno, o ponto de vista de J. Schregle, interessado principalmente em quanto efetivamente aconteça nos sistemas confrontados, não somente se observaria que comissões de fábrica instituídas com competências participativas semelhantes delas se desincumbem com amplitude e intensidade diversas. Nos sistemas nos quais essa espécie de organismo falte, a indagação comparatística pode também constatar que a função cumprida em outro lugar, com as mencionadas variantes, pelos correspondentes organismos, ao invés, desenvolveu-se por meio de instrumentos jurídicos formalmente diversos, mas com capacidade de alcançar resultados análogos.

Ao lado da participação institucionalizada, da qual, como se verá nas páginas seguintes, o modelo é a *mitbestimmung* alemã, de fato, consolidou-se em outro ordenamento, como o italiano, uma espécie de participação que, em obediência a princípios ideológicos e escolhas políticas, excluía organismos daquele tipo porque muito declaradamente colaborativos, até o ponto da exclusão pela raiz de toda possível conflitualidade. Isso é uma participação concretizada por meio da contratação coletiva.

Aquele envolvimento da representação do pessoal no processo de gestão empresarial, que não se quis que viesse com o ingresso nos órgãos colegiais de direção das empresas, de qualquer modo, verificou-se de outra forma e utilizando-se outro instrumento: o contrato coletivo, instrumento do conflito de interesses coletivos profissionais, mas aqui utilizado também como instrumento de colaboração (M. Grandi, in *Sindacalismo libero legge e contrattazione coletiva. Raccolta di scritti di Mario Grandi*, organizado por G. Graziani, Roma, 2011). Acordos sindicais alcançam resultados análogos àqueles derivantes de decisões de órgãos colegiais dos estabelecimentos empresariais, com participação mista.

Uma estratégia semelhante, por outro lado, qualifica o ordenamento por ele inspirado como voluntarístico, relutante à intervenção da lei e ao correspondente modelo de relações coletivas de trabalho institucionalizadas, enquanto confiante na capacidade da autonomia coletiva de resolver problemas em outros lugares remetidos pelo legislador a órgãos empresariais abertos a representantes do pessoal.

A comparação dos modelos de democracia industrial — salienta oportunamente B. Veneziani — não se exaure na exposição das respectivas identidades estruturais. Ou seja, não é completa quando se limite a assinalar se os correspondentes sistemas nacionais prevejam e sancionem formas de codecisão ou cogestão, informação e consulta.

A análise comparatística é chamada, ao contrário, a descer abaixo da superfície das soluções legislativas adotadas ou omitidas nos diversos países e a individuar as relações de poder social que das mesmas soluções sejam o pressuposto. É dado, de tal modo, compreender quanto uma orientação geral colaborativa dos movimentos sociais tenha introduzido na lei mecanismos participativos ou quanto uma semelhante orientação seja gerada e de toda forma alimentada pelo funcionamento do mecanismo legal. E é dado verificar se a intensidade da participação efetivamente praticada corresponda ao nível assinalado pelo gênero de solução legal eleito.

Pode acontecer, de fato, que um nível participativo formalmente débil, como é, em linha de máxima, aquele que se limite à informação e consulta, na prática, pela oportunidade e riqueza com a qual venha a ser efetivado e pelo peso social dos destinatários das informações e protagonistas de uma série de consultas e troca de opiniões acabe, nos sistemas sindicais nos quais — ao menos em certos momentos históricos — a autoridade das partes seja elevada, por revestir-se de uma concreta importância. Por outro lado, não alcançada, não obstante as expectativas do legislador, em outros sistemas nos quais as partes sociais não se deem recíproco reconhecimento de autoridade em grau elevado igual.

Paralelamente ao exame da participação dos trabalhadores, praticada, em nível de estabelecimentos, por meio de contratos coletivos, a indagação comparatística mostra como, sobre o plano dos interesses gerais, a participação de representações dos trabalhadores em funções públicas que, em vários ordenamentos, é regulada por leis que preveem o ingresso de membros designados por sindicatos para órgãos colegiais dos quais emanem funções públicas, é realizada de maneira diversa. Uma maneira mais dinâmica e segura no que diz respeito ao risco de comprometer a liberdade sindical, decorrente da sujeição, mesmo dos membros designados pelo sindicato, à lógica de atuação do interesse público, prevalente sobre o privado, inclusive o interesse coletivo dos trabalhadores, perseguido pelo sindicato livre. Os sindicatos não participam indiretamente, por meio de seus representantes, segundo o dito esquema, que se remeta, não sem ambiguidades, ao modelo corporativo, mas diretamente, em primeira pessoa. E participam não em órgãos públicos, mas em procedimentos nos quais vêm atuadas as funções de competência dos próprios órgãos.

Como ensina a teoria do procedimento jurídico, os destinatários finais de tal procedimento podem intervir em algumas das fases nas quais ele se desenvolve, para fazer valer os próprios interesses e direcionar suas conclusões.

No nosso caso, a representação dos trabalhadores, que são os destinatários dos resultados do exercício de funções públicas, a começar daquelas de endereçamento político, participam, por meio dos sindicatos, do procedimento jurídico, externamente, como interlocutores capazes de fazer ouvir sua voz e de defender os interesses próprios (G. Perone, *Partecipazione dei sindacati alle funzione pubbliche*, Padova, 1975). O modelo voluntarístico afirma-se, então, garantindo liberdade e eficácia à ação sindical.

12. HISTORICIDADE DO DIREITO DO TRABALHO COMPARADO

O estreito liame da visão comparatística com o contexto das normas, como já se demonstrou, torna fácil a compreensão de qual seja o dever de tal visão em relação ao fluir da história. As normas das quais se ocupa o direito do trabalho comparado não são proposições abstratas incluídas num cenário imóvel. Vivem dentro do ciclo histórico no qual estejam imersas, e o intérprete é convidado a dar uma leitura enriquecida — e, também, em certos casos, limitada — pela dinâmica histórica e pelas consequências dela derivantes, quanto ao sentido das normas comparadas.

Os momentos de transição jogam uma outra luz sobre os elementos tomados em exame pela comparação e sobre as conclusões que já tenham sido delineadas. É dado, dessa maneira, compreender a consistência e o caráter duradouro ou contingente de algumas peculiaridades indicáveis.

As novidades registradas a respeito dos aspectos que os sistemas justrabalhistas colocados em comparação mostravam precedentemente requerem, acima de tudo, prognósticos quanto à resistência no tempo. Será, então, possível, avaliar se as novidades constituem modificações estruturais ou mesmo simples ajustamentos não destinados a durar.

Da indagação comparatística se requer avaliar se as novidades introduzidas em específicas fases históricas sejam destinadas a mudar a fisionomia do sistema no qual estejam inseridas e, consequentemente, a mudar o equilíbrio no confronto com outros sistemas, ou se aquelas novidades não irão além de um retoque de superfície, provavelmente desaparecido com o tempo.

Como exemplo da necessidade de tal avaliação preliminar a qual submeter novidades introduzidas em momentos de crise, vale mencionar disposto na Itália pelo Decreto-Lei n. 138, de 2011, no art. 8º, no qual lemos extraordinárias modificações na disciplina do contrato coletivo. Elas são relativas ao âmbito de eficácia subjetiva do contrato e a sua posição na hierarquia das fontes. Porém, mais ainda, as modificações atuam sobre a anomia que — não obstante a expressa diretiva constitucional ao legislador (art. 39, parágrafos 2º a 4º) — que continuava a imperar, por dois terços de um século, a situação, no plano da autonomia coletiva, por força da inércia legislativa. Ora, uma norma foi aprovada e ela prevê, não sem questionamentos sobre sua legitimidade constitucional, que acordos coletivos que preencham certos requisitos — que, de todos a forma, não são os mesmos contemplados pelo citado artigo constitucional, no fim da sua ordenação para os contratos coletivos de categoria, com eficácia *erga omnes* — sejam válidos para todo o pessoal da empresa e tenham força de revogar contratos de âmbito nacional e leis.

Para além da sorte reservada à referida norma, quando seja submetida ao juízo da Corte Constitucional, o prognóstico acerca de sua resistência no tempo deve levar em devida conta a circunstância de que tal norma se prestou a remediar uma confusa situação de conflito entre as entidades sindicais — escapada às mãos das confederações — reticentes em compor internamente, pelo espírito de unidade, os dissídios surgidos em seu núcleo.

Dessa vez não foi possível alcançar a composição e será necessário aguardar para ver se o remédio oferecido pelo recurso ao legislador será elevado à mudança de fundo do sistema italiano de relações coletivas de trabalho, ou mesmo seja superado com o retorno a um clima de reencontrada unidade de ação das confederações sindicais. Confederações uma vez mais dispostas a encontrar soluções de compromisso idôneas a prolongar, sob uma harmônica gestão de entendimento com as organizações empresariais, um sistema de relações sindicais nos quais a regulamentação legislativa tenha pouco espaço.

CAPÍTULO II

Os Sindicatos

1. ORGANIZAÇÃO PARA O ATENDIMENTO AOS INTERESSES COLETIVOS PROFISSIONAIS NA EUROPA

Nos ordenamentos justrabalhistas, e nos europeus também, reveste-se de especial significação o momento da organização e da realização, com adequados instrumentos, dos interesses coletivos profissionais, ou seja, dos interesses que vários e determinados grupos de trabalhadores (pessoal de uma empresa, membros de toda uma categoria profissional, trabalhadores filiados a um sindicato) têm em alcançar um bem na direção do qual todos inclinam-se (cf. W. CESARINI SFORZA, *Il diritto collettivo e i sindacati*, in *Dir. Lav.*, 1965, I, p. 152).

Esse bem consiste, antes de tudo, na fixação de limites salariais abaixo dos quais nenhum membro do grupo, no processo de estipulação do contrato individual de trabalho, pode ser validamente classificado, mesmo que as pressões da contraparte e sua necessidade de arranjar trabalho o forcem a aceitar condições inferiores àquele limite.

O interesse coletivo pela fixação de mínimos salariais inderrogáveis tem sido o ponto de partida para o desenvolvimento da organização e da ação sindicais, a partir do qual essas organizações e ações são levadas a se estender a uma multiplicidade de outros campos, numa dialética exercida nos confrontos, quer com os empregadores, quer com as instituições públicas (cf. F. SANTORO-PASSARELLI, *Autonomia collettiva*, Enc. Dir., IV, Milano, 1959, p. 369, e em *Saggi di diritto civile*, I, Napoli, 1961, p. 255).

O que, de fato, caracteriza o interesse coletivo sindical é sua superioridade no confronto com os interesses dos indivíduos componentes do grupo, que tem assim explicada sua predominância — no caso de conflito — sobre os interesses individuais (G. CHIARELLI, *Gli interessi collettivi e la Costituzione*, in *Dir. Lav.*, 1966, I, p. 4).

Os trabalhadores individuais, ao se coligarem, dão origem a uma organização mais ou menos articulada e suscetível de diversa estruturação, mas sempre fundada na disciplina e subordinação dos interesses dos organizados ao da organização.

A organização dos trabalhadores, nos diversos contextos nacionais e nas diversas fases de sua evolução (e quaisquer que sejam suas ideologias inspiradoras), parece sempre voltada na Europa a um objetivo que qualifica a própria organização. O objetivo é a definição, mediante contrato com as contrapartes empregadoras — por sua vez, organizadas em associações profissionais ou consideradas individualmente, mas, de qualquer modo, capazes da gestão coletiva da multidão dos trabalhadores do seu pessoal —, de uma regulamentação coletiva das relações de trabalho, de modo a garantir, antes de tudo, aos prestadores de trabalho retribuições condignas e, além disso, razoáveis condições de trabalho no que diz respeito a questões como duração da jornada de trabalho, repouso, segurança e higiene do trabalho, proteção do patrimônio profissional e outras que o desenvolvimento dos conteúdos contratuais vão incluindo progressivamente (cf. R. Nunin, *Sindacato in Europa,* Milano, 2001).

Trata-se de questões cuja solução tem sido também buscada pelas organizações sindicais dos trabalhadores pelo exercício de sua influência na formulação da legislação social. Todavia, o aspecto essencial dessas organizações é precisamente o de perseguir a própria solução por meio de negociações e entendimentos diretos com as contrapartes empresariais.

Verifica-se, portanto, um traço característico do direito do trabalho. Entre suas fontes — entendidas na sua mais ampla acepção — estão, também, além das leis e dos regulamentos do Estado, atos negociados juridicamente relevantes, isto é, os contratos coletivos (chamados também de convenções e acordos coletivos), que introduzem disposições com vista à disciplina das relações de trabalho.

A autonomia coletiva — o poder do sindicato dos trabalhadores de concluir com a correspondente organização da contraparte, ou mesmo com empresas individualmente consideradas, contratos coletivos que vinculam a validade dos acordos individuais de trabalho — segue a normativa estatal, mas na realidade, tende a substituí-la ou, em todo caso, a conquistar uma posição privilegiada num âmbito de matérias em constante expansão (F. Santoro-Passarelli, *op. loc. cit.*).

A natureza e a eficácia dos atos de autonomia coletiva, a relação entre essa e a normatização estatal variam no espaço, de acordo com o ordenamento dos vários países, e no tempo, uma vez que nos países se sucedem diversos sistemas sindicais. Todavia, permanece constante a característica do direito do trabalho europeu de consistir, além de em normas de origem estatal, em disposições de origem sindical (ver. J. D. Reynaud, *Problemas y perspectivas de la negociación colectiva en los países miembros de la Comunidad,* Madrid, 1981; European Commission, Direzione Generale dell'Occupazione degli Affari Sociali e delle Pari Opportunità, *Relazioni industriali in Europa nel 2006 — Sintesi,* 2006).

Não se trata apenas de um dado técnico. A presença de fontes de autonomia coletiva, fruto do poder alcançado e exercido pela organização à qual se filiam os próprios destinatários da disciplina coletiva, é elemento de grande importância política e constitucional. De um lado, revela a importância alcançada, no plano do ordenamento jurídico, pelo movimento sindical; de outro, põe em discussão o princípio, no qual se funda o Estado moderno, do monopólio legislativo (e mais geralmente normativo) da soberania estatal (M. Dell'Olio, *Sindacato (diritto vigente),* in *Enc. Dir.,* XLII, Milano, 1990, p. 668).

2. AUTONOMIA E AUTOPROTEÇÃO COLETIVAS

Os atos de autonomia coletiva constituem o resultado da ação desenvolvida pelas organizações sindicais dos trabalhadores, representantes dos interesses coletivos profissionais, com vista à uniforme regulamentação das condições de trabalho dos próprios representados e, portanto, com vista à solução do conflito surgido com as contrapartes empresariais, sobre a composição que atenda mais concretamente aos interesses coletivos.

O contrato coletivo, nesse sentido, é meio de ação sindical para estabelecer — e manter — um equilíbrio entre os interesses conflitantes das partes sociais e, portanto, voltado para a pacificação dos conflitos sociais. Tem sido, portanto, caracterizado não só como "lei da categoria profissional" (ou de outro grupo profissional de referência), com relação à sua função de disciplina das condições de trabalho naquele âmbito, mas também como "tratado de paz social", indicando-se, assim, a outra função (ou o outro aspecto da mesma função), de instrumento para a solução dos conflitos relativos ao atendimento dos interesses coletivos profissionais (cf. G. Vardaro, *Contratti collettivi e rapporto individuale di lavoro,* Milano, 1985).

A ação sindical se exerce, porém, não só por meio da autonomia, mas também da autoproteção ou autotutela, querendo-se, assim, exprimir a capacidade alcançada pelo sindicato — após o reconhecimento estatal, mas também independentemente desse reconhecimento, no terreno da efetividade — de prover, no quadro do conflito coletivo, a defesa dos próprios interesses com instrumentos de luta, de modo que possam constituir exceção às regras e aos princípios do ordenamento do Estado.

À autoproteção sindical podem ser remetidas algumas das expressões primárias da ação organizada dos trabalhadores, isto é, uma gama de comportamentos com vista a exercer pressões — em primeiro lugar, mas não exclusivamente — sobre os empregadores, para os induzir a participar da solução dos conflitos surgidos com relação aos interesses coletivos dos trabalhadores. As pressões exercidas pelo sindicato por meio da autoproteção, ou autotutela, visam, sobretudo, à conclusão de contratos coletivos que melhorem as condições de trabalho de seus representados (G. GIUGNI, *Diritto sindacale*, VIII ed., Bari, 1986, p. 211).

A greve, por conseguinte, é sua manifestação mais significativa; convém, todavia, observar como a experiência sindical revela que os instrumentos de autoproteção ou, em outras palavras, os meios de luta empregados pelos sindicatos, durante os conflitos coletivos de trabalho, não se exaurem na abstenção deliberada do trabalho por uma coletividade de trabalhadores na defesa de interesses comuns profissionais, como a qual, normalmente, se identificam os aspectos essenciais da greve, manifestação principal da autoproteção sindical. Ao lado da greve, ou ao lado de sua forma típica, registram-se, com particular evidência em alguns ordenamentos, outras formas de luta para a satisfação de interesses coletivos dos trabalhadores.

Convém acrescentar que a autoproteção sindical não se exaure, tampouco, nesse panorama mais amplo de meios de luta sindical ou, como se costuma dizer, de ação direta. À autotutela sindical podem-se também atribuir eventuais formas de solução sindical das controvérsias de trabalho, como a arbitragem sindical, perseguida fora das instituições estatais delegadas, dentro dos devidos procedimentos, para a solução das mesmas controvérsias.

Num sentido ainda mais amplo, a autonomia coletiva pode ser também remetida à autoproteção sindical, como fenômeno jurídico mais amplo e logicamente anterior a ela. Todavia, nesse sentido genérico, a autoproteção exprime apenas o fenômeno da defesa dos interesses coletivos profissionais a cargo das organizações portadoras desses interesses, independentemente dos efeitos normativos ou não do exercício dessa autoproteção, como também de sua capacidade de derrogar regras e princípios do ordenamento.

3. MULTIPLICIDADE DAS FORMAS DE ORGANIZAÇÃO DOS INTERESSES PROFISSIONAIS

Os sindicatos, embora sujeitos típicos da autonomia e da autoproteção coletiva, não são, todavia, seus sujeitos exclusivos. Nesse sentido, o sindicato é apenas uma, embora a mais importante, das formas de os indivíduos se organizarem na Europa para defenderem seus interesses profissionais (cf. S. BERGER (Org.), *La organización de los grupos de interés en Europa Occidentale*, Madrid, 1988). É uma espécie, formal, do gênero mais amplo da auto-organização dos interesses do trabalho, já que o trabalhador individual pode, também, perseguir o objetivo dessa defesa por meio de instrumentos organizativos diversos das estruturas oficiais do sindicato (por exemplo, por meio de coalizões mais ou menos ocasionais ou por meio de instrumentos de representação do pessoal não filiado às associações sindicais).

Convém, todavia, considerar que o sindicato, embora seja apenas uma espécie do gênero de organização dos interesses coletivos profissionais, tende a estender sua influência a toda essa área, eliminando ou dominando as formas concorrentes. É conhecida a atitude do sindicato de considerar a parte da classe operária que não está sob seu controle como pátria ocupada (F. MANCINI, *Lo statuto dei lavoratori dopo le lotte operaie del 1969, Costituzione e movimento operaio*, Bologna, 1976).

Por outro lado, a soberania eventualmente alcançada pelo sindicato sobre toda a área da autoproteção e autonomia coletiva não está imune a abalos e a recuos de fronteiras. Portanto, o estudo das várias formas de organização, por cujo meio os trabalhadores buscam oportunamente a efetiva defesa de seus interesses, tem presente a historicidade das soluções alcançadas na matéria.

4. OS SINDICATOS ENTRE DIREITO PRIVADO E DIREITO PÚBLICO

Em um ordenamento inspirado no princípio da liberdade sindical, os sindicatos realizam seus interesses no âmbito da autonomia privada. Na proteção de interesses coletivos, usa-se o termo autonomia coletiva no sentido do poder de negociar a regulamentação desses interesses, ficando, todavia, entendido que se está diante de uma manifestação de autonomia privada, isto é, de capacidade de estabelecer livremente a posição dos próprios interesses considerada objetivamente mais conveniente, independentemente da eventual necessidade de alcançar finalidades indicadas por sujeitos estranhos ou mesmo pelo Estado (F. SANTORO-PASSARELLI, *Autonomia collettiva e libertà sindacale*, in *Riv. It. Dir. Lav.*, 1985, I, p. 137).

Ato de autonomia privada é, nesse caso, o contrato coletivo, enquanto o ato análogo, concluído num diverso regime sindical por sujeitos de direito público, como acontece nos ordenamentos corporativos, é um contrato apenas aparente, pois tem, substancialmente, a natureza de ato público. De uma espécie de lei ou de regulamento, cuja emanação o Estado descentraliza, na forma de negociação, em sujeitos públicos que lhe oferecem seguros requisitos de conformidade com os próprios planos de controle da realidade social. Na introdução de contratos coletivos de direito público tem certamente presidido o plano de forjar instrumentos e confiá-los a sujeitos — os sindicatos aos quais seja conferida personalidade de direito público — particularmente próximos do Estado e por este intensamente controlados e manobráveis.

É necessário lembrar, todavia, como nos primórdios da experiência do direito sindical, que parecia obrigatória a natureza pública da organização dos interesses coletivos profissionais e de seus meios de ação, com vista à solução do problema da eficácia jurídica desses meios.

Não só parecia impossível chegar ao resultado (considerado indispensável e, sem dúvida, favorável aos trabalhadores) da extensão da eficácia dos atos de disciplina coletiva a todos os sujeitos que se enquadrassem numa categoria para a qual os atos fossem concluídos, por via diversa da concessão, a associações sindicais de direito público, do poder de representar legalmente esses sujeitos, independentemente de serem ou não filiados. Também a eficácia do contrato coletivo, contida numa esfera referente só aos filiados das associações estipulantes, nos costumeiros esquemas das categorias civilistas, tinha dificuldade de demonstrar o fundamento de sua inderrogabilidade, em face de acordos individuais diferentes e mais desfavoráveis (ver G. MESSINA, *I concordati di tariffa nell'ordinamento giuridico del lavoro*, in *Riv. Dir. Comm.*, 1904, I, p. 411). E, assim, era muito difícil dar prova de sua competência para substituir, como fontes de disciplina das relações individuais, semelhantes acordos individuais. Buscava-se, portanto, no âmbito do direito público, um fundamento, quando não parecesse havê-lo no terreno privado (ver F. CARNELUTTI, *Teoria del regolamento collettivo dei rapporti di lavoro*, Padova, 1930; G. ZANOBINI, *La legge, il contratto collettivo e altre forme di regolamento professionale*, in *Scritti vari di diritto pubblico*, Milano, 1955, p. 248).

Convém, todavia, esclarecer que as soluções legislativas para o problema da eficácia (e da eficácia *erga omnes*) do contrato coletivo, que podem ser encontradas nos vários ordenamentos jurídicos da União Europeia, não têm considerado necessária sua natureza pública. Por outro lado, a doutrina tem elaborado válidos esquemas reconstrutivos da eficácia dos atos de disciplina sindical, mesmo na falta de uma legislação na matéria, inserindo, nos institutos e nas categorias científicas tradicionais do direito privado, revisões e ajustamentos capazes de dar conta da realidade e da lógica dos interesses coletivos organizados, dando a esses esquemas sólidas bases conceituais (F. SANTORO-PASSARELLI, *Norme corporative, autonomia collettiva, autonomia individuale*, in *Saggi di diritto civile*, I, cit., p. 245).

Pode-se, portanto, afirmar que o quadro privatista, no qual se insere a disciplina europeia da organização sindical, com ou sem o apoio de oportunas intervenções legislativas, não constitui impedimento para uma reconstrução em termos juridicamente plausíveis.

Onde não se aceita a ideia de que em geral até os atos de autonomia privada se revestem de natureza normativa, não se pode enumerar precisamente, entre as fontes do ordenamento, os contratos coletivos de direito privado, a não ser no sentido de fonte não técnica; porém, de qualquer maneira, é indiscutível a relevância que assumem essas fontes como instrumento de regulamentação, no plano coletivo, das iniciativas contratuais e das relativas relações individuais entre tomadores e prestadores de trabalho.

5. AFINIDADE E HETEROGENEIDADE DOS ORDENAMENTOS EUROPEUS EM MATÉRIA SINDICAL

A homogeneidade tendencial que, quanto à disciplina sindical, apresentam os Estados-membros da União Europeia, é reflexo da homogeneidade mais geral de situações políticas e sociais que manifestam esses países, pelo menos em sentido relativo.

Os ordenamentos aqui observados individualmente estudados revelam, de fato, aspectos consistentes de afinidade na disciplina sindical. À autonomia coletiva é sempre dada uma ampla possibilidade de iniciativa. Seus sujeitos não sofrem limitações da liberdade sindical no sentido de sujeição a diretrizes estatais ou mesmo de enquadramentos em mecanismos públicos, como acontece com os sindicatos de Estado. A legitimação para negociar tampouco é condicionada, em geral, ao requisito formal da personalidade jurídica (nem mesmo de direito privado), enquanto aflora a importância do requisito da maior representatividade. Os procedimentos de negociação se inspiram no princípio da mais ampla liberdade das partes, constituindo exceção a institucionalização dos próprios procedimentos. Do mesmo modo, são também excepcionais as limitações ao conteúdo dos contratos. Mais adiante se tratará do amplo reconhecimento de autoproteção (ou autotutela) sindical (U. Ruffolo, *La libertà sindacale nei diversi sistemi politici*, in *Riv. Giur. Lav.*, 1962, I, p. 31 e 165).

Estão aí, portanto, os pressupostos para exame dos vários sistemas europeus de disciplina sindical, orientado a focar a convergência entre os mesmos sistemas, úteis também numa lógica de apoio à unificação das próprias disciplinas: unificação que, como dito no primeiro capítulo, tem sua saída na comparação.

As incertezas em torno da efetiva possibilidade de unificação, em nível europeu, do direito do trabalho e, em particular, do direito das relações coletivas de trabalho, embora constante e amplamente manifesta, em virtude da relutância dos países europeus em sacrificar consolidadas tradições nesse campo, pareciam poder ser superadas após a entrada em vigor, em 1993, do Protocolo Social anexado ao Tratado de Maastricht, de 1991, que instituiu a União Europeia. No Protocolo está, de fato, prevista a possibilidade de regulamentar, mediante contratação coletiva em âmbito europeu, matérias concernentes à saúde e à segurança dos trabalhadores, condições de trabalho, igualdade de tratamento, informação e consulta, evitando, assim, o recurso aos instrumentos oficiais do regulamento e da diretiva.

A disponibilidade de tais instrumentos de regulamentação, em âmbito da União, contribui consideravelmente para a possibilidade de se atenuarem as variedades e os desequilíbrios verificados na análise das várias realidades sociais dos Estados-membros.

Para o fim de uma regulamentação homogênea das relações coletivas falta, porém, superar a desconfiança manifestada por autorizados setores da doutrina e das partes sociais, sobre a capacidade da matéria sindical de ser objeto de uma regulamentação e de uma própria sistematização científica homogênea, uma vez que as exigências, às quais é chamada a atender, seriam particulares e específicas, em todo o sistema nacional.

Com relação a essa variedade de situações, pode-se ser levado a sustentar que a especificidade delas, no fundo, traz consigo uma carga natural de heterogeneidade, em vez de homogeneidade. Não é, todavia, desprezível a importância que representa a própria evolução tecnológica a favor de uma tendência para a unificação dos modelos de contratação coletiva (*contra* B. Veneziani, cit., p. 27) e, portanto, das realidades sociais influenciadas por esses modelos. Uma vez que a tecnologia é suscetível de difusão não diversificada nos vários âmbitos nacionais, é razoável esperar respostas correspondentes, substancialmente não diversificadas por parte dos vários sistemas de relações coletivas (ver F. Pérez de los Cobos, *Nuevas tecnologías y relación de trabajo*, Valencia, 1990).

As referidas considerações voltam a ressaltar, como dito no primeiro capítulo, a oportunidade de a análise comparada dos ordenamentos sindicais completar a pesquisa conduzida na base dos dados normativos positivos e formais, aprofundando, além disso, os já mencionados fatores sociais e políticos, cujas transformações se refletem no complexo significado da normativa estatal. Na perspectiva aqui adotada se tem plena consciência da necessidade de integrações que permitam avaliar adequadamente o complexo de forças que interagem no contexto do sistema em que operam os sindicatos (ver CONFEDERAZIONE EUROPEA DEI SINDACATI — ETUC — CES, *I sindacati e le relazioni industriali nei paesi dell'UE*, documento 4 do projeto Civil Society Dialogue: *Bringing togheter worked from Turkey and the UE Through a shared culture of work*, 2010. Disponível em: <www.etuc.org/r/557>).

6. A DISCIPLINA SINDICAL NOS SISTEMAS DE *COMMON LAW* E DE DIREITO ESCRITO

Em todo caso, convém ter presente, com as homogeneidades, as heterogeneidades que denotam as situações examinadas com relação ao fato de pertencerem os vários países europeus a diversas famílias de ordenamentos jurídicos individualizadas pela doutrina comparatista, seguindo a classificação proposta por R. DAVID, e, em particular, à romano-germânica, à qual pertence a grande maioria dos países ora em exame, e à da *common law* representada, no âmbito da União Europeia, pelos ordenamentos inglês e irlandês.

No repetido pressuposto da importância basilar — na pesquisa do direito do trabalho comparado — do contexto de relações industriais e dos outros fatores econômicos, sociais, políticos e culturais, no qual se inscreve a norma, são também consideradas e medidas as consequências do mencionado fato de pertencer os países a diversos e grandes sistemas jurídicos.

Peculiaridades de um e de outro representam obstáculo e limite para a unificação. Mas seria um erro inferir imediatamente das diversas formas de pertencer a uma família de ordenamento jurídico resultados diretos no sistema sindical. Semelhantes deduções foram feitas no passado, adicionando-se, assim, aos sistemas de *common law* o *humus* propício ao desenvolvimento da liberdade sindical e da autonomia coletiva.

Um jurista, cuja grande estatura de comparatista já foi devidamente salientada, T. ASCARELLI, no relatório que expôs por ocasião do 1º Congresso da Associação Mundial de Direito do Trabalho e da Seguridade Social, organizado em Trieste, no ano de 1950, sustenta tal tese. Mas a dicotomia entre os sistemas da *common law* e romano-germânico, hodiernamente, não é mais compartilhada pacificamente entre os estudiosos do direito comparado, os quais revalorizaram os contatos históricos entre o direito inglês e o continental e colocadas em evidência as convergências que podem ser mais encontradas, com a consequência de que as divergências, agora, parecem dizer respeito mais à impostação dos estudos e à didática que ao conteúdo das normas e aos valores nos quais elas se inspiram (R. SACCO, cit., p. 19-20).

Todavia, é exatamente a comparação dentro dos limites comunitários que põe em dúvida inferências tão rígidas.

Com relação ao grave problema da concorrência de fontes heterônomas (legislativas) e autônomas (contratuais coletivas), para a disciplina das relações de trabalho, infere-se que ele se distribui em igual proporção nos quatro ordenamentos onde — como melhor se verá a seguir — maior espaço é dado à autonomia coletiva (Reino Unido, Irlanda, Dinamarca e Itália), independentemente do fato de se pertencer a sistemas de *common law* ou de direito escrito.

Por outro lado, a característica dos ordenamentos justrabalhistas inglês e irlandês não parece, na verdade, residir tanto no fato de serem ordenamentos de *common law* como de outros fatores, visto que, por seu papel peculiar, aquela tradição de direito jurisprudencial não constitui terreno adequadamente fértil para o desenvolvimento da autonomia e da autoproteção sindicais. Antes, contrariamente a uma visão abstrata do princípio de abstenção da intervenção legislativa em matéria de trabalho, registram-se, ao invés, relevantes iniciativas do legislador com vista a prevenir a hostilidade ou, de qualquer maneira, a incompreensão do direito jurisprudencial (*common law* no sentido estrito) pelo sindicato. Se, portanto, o sindicato, nesses ordenamentos, prosperou mais e antes do que em outros lugares, foi por outros motivos: em primeiro lugar, pelo fundo específico de relações de trabalho e, além disso, pela herança mais antiga e bem guardada da história daqueles ordenamentos. Em outras palavras, pelas linhas evolutivas da história econômica e social e do que uma certa doutrina gosta de chamar de história ético-política.

Nesse ponto, pode-se começar o exame dos diversos sistemas nacionais de organização sindical, segundo o método de pesquisa comparatística que toma impulso na exposição ordenada das características, comuns ou divergentes, dos ordenamentos em questão.

A atenção será concentrada, por economia, sobre os sistemas justrabalhistas que possam apresentar uma posição de liderança na Europa, ou que, de toda forma, apresentem características fisionômicas claramente originais, ou ainda apresentem semelhanças notáveis entre si, de modo a poderem se reunir em um único grupo.

Seguindo-se tal critério, parece lógico iniciar-se pela "locomotiva da economia europeia", ou seja, a Alemanha.

7. UNIDADE SINDICAL LIVRE E FORTEMENTE ESTRUTURADA E COLABORAÇÃO ENTRE AS PARTES SOCIAIS NA ALEMANHA E ÁUSTRIA

O nascimento do sindicalismo alemão não é precoce, na Europa, mas é posterior ao das organizações inglesas e francesas, por causa do correspondente atraso da Revolução Industrial. Bastante rápido, porém, já na metade dos anos 1800 (em 1863), é fundada a Associação Geral dos Trabalhadores Alemães, que antecipou aquela que depois seria uma estrutura unitária, robusta e disciplinada, articulada em federações de categorias (particularmente consistente e prestigiosa a dos trabalhadores metalúrgicos, *IG-Metal*) e confluída na Confederação Nacional *DGB*: sem dever suportar, assim, os contrastes e debilitações decorrentes da concorrência entre sindicatos divididos pela ideologia e outros critérios de diferenciação. Segundo dados advindos dos últimos anos do século passado, cerca de um terço dos trabalhadores alemãos eram associados a federações afiliadas à *DGB* (M. Weiss, *Challenges for Trade Unions in Germany*, in A. Anastasi (Org.). *Lavoratori e sindacati in Europa*, Messina, 1994, p. 55).

A história sindical alemã, por outro lado, é contra-assinalada por momentos de dura hostilidade da parte do Estado, como no período bismarckiano, ou de repressões totalitárias, por obra do nazismo, que em 1933 dissolveu os sindicatos, não autorizados pelo regime, confiscou-lhe o patrimônio e em seguida enquadrou os trabalhadores na Frente Alemã do Trabalho, prendendo e internando em campos de concentração a maior parte dos dirigentes e funcionários sindicais. O sindicato, reconquistada a plena liberdade, ressurgiu com uma organização fortalecida pelo prestígio e por uma maciça adesão de trabalhadores, disposta a aportar aos caixas sindicais contribuições consideravelmente mais elevadas em comparação à média das contribuições pagas, voluntariamente, por outros trabalhadores europeus (ver T. Ramm, *Il conflitto di lavoro nella Repubblica Federale Tedesca. Svolgimento e procedure di composizione*, Milano, 1978, p. 46-53).

A força da organização sindical na Alemanha é demonstrável mesmo em nível econômico, graças à propriedade, pelos sindicatos, de companhias de seguro, bancos e outros negócios. E, no plano social, considerável influência sobre as atividades da administração pública competentes nessas matérias é exercida por numerosos funcionários sindicais, que orientam o concreto desenvolvimento de tais atividades (T. Ramm, cit., p. 54-55).

Segundo aquilo que de modo mais extenso se dirá nas páginas seguintes, a caracterizar o sindicato alemão, além da acenada forte e prestigiosa estrutura unitária e o correspondente peso constatável na vida social e econômica do país, pesa, indireta mas intensamente, o modelo de participação dos trabalhadores no plano das empresas. Tal modelo, inaugurado durante a República de Weimar, foi ressuscitado, na queda do regime nazista, pela República Federal Alemã, onde, em correspondência com o respeito à cogestão baseada em representações do pessoal da empresa, destacadas do sindicato, mas com ele em geral coligadas (*mitbestimmung*), o mesmo sindicato demonstrou uma significativa disponibilidade à colaboração com a contraparte empresarial.

Na Alemanha a configuração da organização sindical pouco depende da aplicação de normas legais, ao menos se se excetua aquilo que diga respeito — mas é uma questão, por vários e essenciais e motivos, diversa — às formas de representação e de participação dos trabalhadores na empresa, ao contrário objeto de regulamentação legal específica e detalhada. A lei sindical mais importante (*Tarifvertragsgestz*) remonta à época da ocupação militar aliada, no imediato segundo pós-guerra (aprovada em 1949, foi emendada em 1969 e sobrevive até hoje sem modificações substanciais) e contém só umas poucas regras que, essencialmente, concernem à eficácia, restrita aos inscritos aos sindicatos estipulantes, da contratação coletiva, e não também os sujeitos que deem-lhe vigência (T. Ramm, cit., p. 57-58). Dizem respeito, portanto, mais à ação do que à organização sindical, com a ressalva de que, segundo a referida lei, têm direito a desenvolver negociações coletivas somente as organizações que possam concluir contratos coletivos (*Tariffähikgeit*), enquanto dotadas de uma série de requisitos que são frutos de elaboração jurisprudencial.

Os sindicatos admitidos à contratação coletiva são qualificados, com base nesse importante filtro, criado pela jurisprudência, como organizações voluntárias de direito privado, estáveis, de nível que supere o âmbito de empresas, independentes de qualquer forma de condicionamento, democráticas, prontas ao conflito, mas também a colaborar com as contrapartes, perante as quais devem se apresentar — segundo aquilo requerido pela jurisprudência que elaborou os mencionados requisitos — como interlocutores merecedores de serem levados a sério, porque dotados de efetivo poder social. Sempre, dotados de adequada representatividade, mas também de competência para concluir qualquer contrato por meio do qual se empreenda a negociação coletiva, no sentido que a jurisprudência requer, para a viabilidade desse contrato, que se insira no conjunto de atividades definidas no estatuto do sindicato (T. Ramm, cit., p. 58).

Quanto ao aspecto relativo à organização sindical, portanto, a escassez de previsão legal, ainda que integrada da mencionada interpretação jurisprudencial, faz concentrar ainda mais a atenção da análise comparatística sobre a praxe e sobre os acontecimentos históricos que influenciaram os correspondentes protagonistas.

Depois da Segunda Guerra Mundial, caído o regime nazista e recuperada a liberdade, os sindicatos alemães organizaram-se, como mencionamos, sobre o modelo do sindicato de categoria, articulado em federações nacionais.

As dramáticas experiências do primeiro pós-guerra, ou seja, do atormentado período da República de Weimar, com sindicatos estritamente organizados em bases profissionais ou ideologizados, funcionaram como fator suasório no que diz respeito à eventual reproposição daqueles tipos. Os sindicatos reconstituídos depois de 1945 excluíram um rígido aspecto ideológico e uma aberta coalização com partido político. O partido social — democrata, de fato, conquistou as maiores simpatias dos associados aos sindicatos alemães, o que, entretanto, não impediu que outros setores da base sindical se orientassem politicamente de maneira diversa.

Os sindicatos alemães escolheram como raio de ação os vários setores econômicos e ramos de indústria, congregando todos os pertencentes ao pessoal empregado de empresas de um dado setor ou ramo. As federações de categoria, depois, se confederaram em uma organização que reúne, horizontalmente, todas as estruturas representativas das categorias isoladamente consideradas: ou seja, agregaram-se na Confederação *DGB* que, depois da reunificação do país, absorveu os sindicatos da Alemanha Oriental.

Os sindicatos alemães empenharam-se em excluir a concorrência entre eles, inspirando-se no princípio expresso pela fórmula: um posto de trabalho, um só sindicato. Deu-se, assim, vida a uma situação de agente contratual único, pela livre escolha dos sujeitos interessados.

Na realidade, do esquema organizativo supramencionado se furtou um pequeno número de sindicatos, que perpetuou o velho modelo fundado em profissões. A sobrevivência desses poucos sindicatos não representou, porém, um fator de perturbação excessivo, já que eles colaboram com os sindicatos que aderiram ao *DGB*.

Do lado dos empregadores, simetricamente, passaram a funcionar organizações representativas das empresas dos vários setores ou ramos de indústria, e dessa maneira criaram-se os pressupostos para a realização de sistemas contratuais de categoria dotados de estabilidade. Mesmo para as organizações de empregadores a jurisprudência exigiu o preenchimento de requisitos semelhantes àqueles pensados e respeitantes à capacidade dos sindicatos dos trabalhadores de efetivar negociações coletivas.

Por vários decênios, e ao menos até a metade da década de 1980 do século passado, o sistema sindical, organizado no modo mencionado, delineou-se sobretudo pela colaboração entre as partes sociais. Na verdade, não faltam conflitos que desemboquem em greves, mas o tom geral das partes sociais foi inspirado por um propósito comum de não exasperar os conflitos de interesse e de se mostrar disponível a uma solução de compromisso: disponível e capaz de alcançá-la.

Por outro lado, uma semelhante postura das contrapostas (mas não ao nível espasmódico) organizações de categoria refletia, e era favorecido (por) um sistema contratual que permitia o alcance de níveis de retribuição nada habituais, em comparação com os outros níveis europeus, onde a variação entre rendimentos baixos e altos era, comparativamente, modesta.

Entre os fatores de sucesso do modelo de organização sindical alemão deve ser incluída a elevada taxa de sindicalização, a mais alta dentre os Estados democráticos europeus, depois daquelas dos países escandinavos. É uma taxa de sindicalização que, além de elevada, é acompanhada, como já se observou, por um elevado nível de contribuição sindical paga pelos inscritos: o que, então, por um lado, demonstra a confiança depositada pela base e, de outro, confere aos sindicatos autoridade substancial, sem a necessidade de se recorrer a mediadores legais, com a força amadurecida exclusivamente por meio do consenso ganho junto aos trabalhadores.

Uma opinião prestigiosa como a de O. KAHN-FREUND convida, de resto, a atribuir, quando sejam examinadas organizações sindicais, grande importância à taxa de sindicalização: certamente uma importância maior àquela a ser reservada a aspectos formais, do tipo reconhecimento da personalidade jurídica. Mas de um ponto de vista que também deve ser considerado prestigioso, como o de T. DIETERICH, já então presidente do Tribunal Superior do Trabalho alemão (expressado em *L'autonomia contrattuale fra economia sociale di mercato e ordinamento costituzionale liberal-democratico: la Germania*, exposição apresentada em 23 de outubro de 2011 em um seminário organizado em memória de Mario Grandi, em Roma, pela Fundação Giulio Pastore), vem colocando em dúvida a legitimidade da explicação do sucesso do sistema sindical alemão que se apoie sobre a taxa de sindicalização.

O citado autor considera que tal taxa não deve ser vista, de uma maneira geral, como particularmente elevada, porque somente nas categorias de trabalhadores nas indústrias metalúrgica e química conseguiu superar os 50%. O convite a que se reconsidere a importância da taxa de sindicalização, porém, não é seguido pela revalorização de diversos fatores formais. Ao contrário, é salientada a decisiva importância de um outro fator substancial: vale dizer, o espírito de colaboração social entre esses sindicatos de categoria, não ideologizados e politizados, que operam como agentes contratuais não divididos, de um lado, e, de outro, empresas que tomaram apreço pelo efeito ordenador e equilibrador do contrato de categoria. E tomaram apreço até o ponto de equiparar, quanto à aplicação de tal contrato, a posição dos trabalhadores não inscritos no sindicato àquela dos inscritos, aos quais, segundo as mencionadas normas de leis e na falta de outras que sancionassem a eficácia *erga omnes* dos contratos coletivos, deveria exclusivamente aplicar-se às tutelas coletivas.

Um semelhante clima sindical harmonioso acompanhou e favoreceu o "milagre alemão" e seu modelo de economia social de mercado, continuado até quando, na década de 1980, deteriorou-se o clima, ainda que relativo, de harmonia entre as partes sociais, cujas relações tornaram-se mais tensas e conflitivas. A organização compacta, da qual se beneficiou a tutela espontaneamente unitária dos interesses da categoria, passou, então, a sofrer as pressões erosivas de grupos de trabalhadores que não se sentiam adequadamente representados pelos sindicatos filiados à *DGB* e opuseram os interesses setoriais de sua profissão àqueles da categoria como um todo.

Tendo em vista a persecução de tal estratégia particularista, tais grupos, fortemente coesos, deram vida a estruturas sindicais de profissão, externas ao *DGB*, indiferentes e polêmicos quanto aos equilíbrios mais amplos que, como se observou, a política sindical da central sempre priorizou; e exigiu-se a celebração de contratos coletivos separados.

Novos problemas foram postos para a organização sindical tradicional e seu aspecto de relações contratuais estáveis, com a convicta contribuição de trabalhadores — maquinistas, nas ferrovias, controladores de voo e pilotos das principais companhias aéreas e médicos — que, como aconteceu na mesma época e nos mesmos segmentos profissionais em outros países, como a Itália, fortes na sua posição em caso de conflito, mostraram-se decididos a fazê-la valer contra o igualitarismo salarial, sentido como prejudicial ao seu profissionalismo. A autoridade do sindicato oficial, no negociado com os empregadores e com o poder público, foi colocada em questão, pela perda da posição de única significativa representação.

O retorno ao conflito, depois de que acordos eram celebrados com o sindicato oficial, por representações profissionais não hesitantes em recorrer à greve, cientes de que a força de pressão não dependeria tanto do número de abstenções ao trabalho quanto da posição-chave dos trabalhadores absenteístas, perturbou a estabilidade do sistema de contratação coletiva. E induziu os empregadores a modificar a linha, até aquele momento seguida, voltada a tentar resolver os problemas ao interno do próprio sistema, por meio de entendimentos com a contraparte.

Os empregadores, ao invés de procurar a solução do conflito, desse modo reaberto, por meio de uma ulterior tratativa com a participação dos aguerridos grupos profissionais, próximos à ribalta sindical, preferiram voltar-se ao Poder Judiciário, pedindo à magistratura do trabalho que proibissem as greves de organizações setoriais, mas tal pedido não foi acolhido.

Não se pode dizer que o que foi mencionado tenha sido um fenômeno de massa, mas representou um não negligenciável sintoma da inclinação das relações de força e da estabilidade do panorama sindical consolidado na Alemanha no curso dos anos, com reflexos sobre os equilíbrios das políticas salariais perseguidas pelos sindicatos afiliados ao *DGB*. Esses, pressionados a ocupar-se das reivindicações de inquietos grupos profissionais específicos, em mudança de posição, tevem de, em certa medida, rever a estratégia que antes sacrificava os pertencentes a aqueles grupos, em favor dos trabalhadores colocados mais abaixo na escala retributiva. E a disparidade entre os salários foi pressionada a aumentar.

Outros fenômenos desestabilizadores e desagregadores, de mais amplo espectro e com àquele inter-relacionados, investiram-se, inclusive na Alemanha, sobre as organizações sindicais e o sistema de relações coletivas por elas construído. O crescimento da conflitualidade, a instabilidade das estruturas sindicais, com a consequente fragilidade das tutelas sobre elas fundadas, com efeito, tiveram origem num conjunto de fatores não peculiares à situação alemã, mas, ao contrário, conexas com as novas e difíceis situações enfrentadas pela empresa na concorrência globalizada.

A mesma tradicional concepção de categoria profissional, e de federação sindical e contratação coletiva, com o conceito de categoria entrelaçada, se bem observado, têm dificuldade de resistir às estruturas econômicas fragmentadas; e por isso está ameaçada a homogeneidade dos interesses coletivos dos trabalhadores. As empresas, a seu turno, agora se advertem da necessidade de reagir prontamente às mudanças que se verificam no mercado global e opõem intolerância a liames duradouros, em contraste com o comportamento precedente, incondicionalmente favorável à estabilidade das relações sindicais.

Enquanto, por muitos anos, o sistema sindical alemão edificou-se sobre a maciça e convicta adesão de trabalhadores e empresas às respectivas organizações de categoria, encarregadas de fixar as regras dos correspondentes direitos e deveres, por meio da contratação coletiva, agora muda o comportamento em relação a essa última e quanto à organização das categorias, que era o pressuposto de sua eficácia. De fato acontece de algumas associações empresariais, diante da relutância de empresas a se inscreverem, para não se submeterem a um indesejado vínculo com a disciplina do respectivo contrato coletivo da categoria, oferecerem possibilidades de adesão que não comportem para as empresas o dever de dar aplicação ao contrato coletivo. Aconteceu até de, durante as tratativas para a renovação do contrato, certas empresas quererem modificar sua posição sindical, com o mesmo objetivo de subtrair-se à aplicação do contrato coletivo.

Repete-se: esse gênero de situações não é peculiaridade das organizações sindicais na Alemanha. A mencionada reação das associações empregatícias diante de empresas renitentes ao vínculo associativo, para não se vincularem ao contrato de categoria, recorda — mas com as posições invertidas — o comportamento recente de uma importante empresa italiana — a FIAT — perante sua organização, da qual quis sair para não se submeter à disciplina do contrato de categoria. Sobretudo, são recorrentes nos países mais industrializados, em economias de mercado e, então, até na Alemanha, fenômenos como a crescente importância dos setores de serviços, que não favorece um tipo de ocupação inclinado à sindicalização, assim como não a favorece a fragmentação das estruturas econômicas.

Por outro lado, M. WEISS, cit., p. 56, com base nos dados respeitantes ao último quarto do século passado, salienta que, na Alemanha, a tendência da transformação da economia, de industrial manufatureira para de serviços, é muito mais lenta do que no resto da Europa. Além disso, assinala incrementos significativos da adesão às federações sindicais dos setores dos serviços públicos, transportes e aqueles do comércio, bancos e seguradoras. Em crescimento estão, no mencionado período, ainda, os dados relativos à sindicalização nas federações dos setores da educação e ciência, postais e de ferrovias.

As organizações sindicais dos trabalhadores devem ainda sofrer as consequências negativas, no que toca à propensão a se inscrever em um sindicato, decorrente da mobilidade que, atualmente, de ordinário, os empregados se encontram expostos. Os sindicatos perdem inscritos entre os trabalhadores que confiam menos na força da união, e, perdendo, inscritos, tornam-se mais fracos, e, assim, menos atraentes.

A prática demonstra, a exemplo daquilo que acontece no resto da Europa, uma crescente celebração de acordos coletivos de trabalho que escapam ao nível da categoria. A difusão de acordos coletivos cujo âmbito de aplicação seja restrito a uma única empresa tornou-se notável; e não faltam cláusulas nas convenções coletivas, ditos "pactos para a ocupação", que concedam às empresas nas quais se verifiquem situações de dificuldades imprevistas, a faculdade de aplicar, dentro de limites predeterminados, condições menos favoráveis em relação a mínimos contratuais.

Os sindicatos hostilizaram tais cláusulas, mas os trabalhadores, temendo o pior, isto é, dispensas em massa, onde as empresas devessem aplicar integralmente a convenção, apoiaram as empresas que impuseram as mencionadas cláusulas.

A propósito, convém estabelecer paralelismos com situações análogas detectáveis em outros países europeus. E, paralelamente ao que aconteceu na Itália, esse gênero de cláusulas foi impugnado perante a magistratura do trabalho que, na Alemanha, declarou-lhe a ilicitude. Todavia, as partes da convenção coletiva sempre poderão sanar a ilicitude posteriormente e, então, a desautorização, pela jurisprudência, não tem força para, por si mesma, bloquear a difusão dessas cláusulas.

É interessante enfatizar uma outra consequência da prática dos "pactos para a ocupação". O sindicato, por assim dizer, sistematizou os motivos essenciais e desenvolveu os procedimentos de intervenção nas hipóteses de crise empresarial nos setores onde ele é tradicionalmente mais forte — metalúrgico e químico — por meio das convenções coletivas. Cuidam-se de procedimentos reputados, no passado, estranhos à estratégia negocial do sindicato, porque de exclusiva competência dos instrumentos de participação realizada por meio de uma representação de trabalhadores diversa do sindicato, isto é, das comissões de fábrica.

A prática registra uma outra novidade: o surgimento de sindicatos concorrentes, que às vezes negociam condições de trabalho menos favoráveis, em comparação com os níveis nos quais tratam os sindicatos associados ao *DGB*, às vezes negociam condições mais favoráveis. No segundo caso se encaixam as já mencionadas organizações setoriais representativas de grupos profissionais particularmente aguerridos especificamente no reivindicar melhoramentos salariais, com o consequente aumento da solidariedade dos trabalhadores. O primeiro caso é preenchido por sindicatos de inspiração religiosa, até a pouco com pequena importância, dedicados a uma espécie de "dumping" social, estipulando acordos coletivos para trabalhadores temporários em violação do princípio legal de paridade com as condições praticadas em favor dos permanentes, de profissão equivalente. Esses acordos coletivos menos favoráveis são tidos como inválidos, inclusive porque é duvidosa a legitimidade desses sindicatos para negociar, pelo não preenchimento dos já mencionados requisitos elaborados a propósito pela jurisprudência, mas o fato é que as empresas, de bom grado, com eles celebram tais acordos (ver, no que diga respeito aos precedentes históricos, K. MATTHEIER, *Die Gelben. Nationale Arbeiter zwischen Wirtschaftsfrieden und Streik*, 1973).

O quadro sindical que emerge da ação combinada dos fatores mencionados desenha uma situação de induvidosa dificuldade, da parte do sindicato alemão, de continuar a dirigir, com autoridade, as relações sociais de sua competência.

Não se pode dizer que o Estado tenha interferido energicamente para preencher as lacunas e sustentar os sindicatos em sua debilidade, embora a Constituição alemã lhe obrigue a garantir um sistema de contratos coletivos eficiente (art. 9º, parágrafo 3º, da Lei Fundamental). As leis, em todo caso, se podem se ocupar do funcionamento do sistema contratual nas condições historicamente sobrevindas, não estão em grado de influenciar as estratégias e conteúdos das políticas contratuais. Não deve ser excluída, por outro lado, a possibilidade de que seja aprovada uma lei que introduza o salário mínimo, para corrigir a tendência das políticas salariais sindicais de negligenciar áreas nas quais os níveis de retribuição estão muito longe dos níveis mais elevados e até daqueles médios.

A magistratura do trabalho não permaneceu inativa, mas suas iniciativas, que em todo caso deveriam levar em conta os limites naturais da função jurisdicional, tiveram uma recepção controversa.

Um quadro no qual predominam as sombras? Não é possível, contudo, esquecer que a economia alemã, na presente conjuntura de crise, é a economia europeia que permanece mais forte, inclusive graças ao alto nível de regulamentação e institucionalização do sistema de relações industriais, que lhe garantiu uma relativa estabilidade. Essa é a opinião expressa por M. WEISS, e reforçada em sua exposição ao Congresso Mundial organizado em Sidney, em setembro de 2010, pela Associação Internacional de Direito do Trabalho e da Seguridade Social.

O impacto da crise econômica parece ser menos dramático que em outros países, graças à flexibilidade e ao espírito de colaboração demonstrados pelos sindicatos alemães e pelas organizações empresariais na contingência, dentro daquele espírito de *Socialpartnerschaft*, que sobrevive às dificuldades e mudanças mencionadas. Os experimentados aparatos de representação dos trabalhadores nas empresas permitem participação e cogestão e, com elas, enfrentar crises empresariais. Além disso, é significativa a orientação geral do sindicato alemão, que aceitou se fixar em aumentos de produtividade, para sustentar as exportações, às quais percebe relacionada a saúde da economia nacional e assim, de maneira concomitante, não sacrificar excessivamente os salários às exigências da competição internacional.

Sobre tal escolha fundamentalmente mede-se a especificidade do sindicato alemão e da sua resposta aos desafios das presentes transformações na economia mundial.

Essa *Socialpartnerschaft*, que contra-assinalou — se bem que com dificuldades, mas aparentemente superáveis — o sistema de relações industriais desenvolvido na Alemanha em mais de meio século, é, de igual modo, encontrada na Áustria.

Por meio de T. TOMANDL e K. FEUERBOECK, *Social Partnership. The Austrian System of Industrial Relations and Social Insurance*, ILR Press New York State School of Industrial and Labour Relations Cornell University, constata-se que a característica do sistema austríaco está individuada exatamente nos constantes contactos que organizações poderosas, porta-vozes respectivamente dos interesses dos trabalhadores e dos empregadores, mantêm entre si e com o governo, além dos maiores partidos políticos do país, para a troca de pontos de vista acerca dos objetivos das correspondentes estratégias e soluções, a serem procuradas em conjunto, dos problemas econômicos e sociais mais importantes na ribalta nacional.

O sistema assim constituído, sobre base voluntária e informal, permitiu o alcance de um clima de cooperação entre organizações profissionais e empresariais, que favoreceu a eficácia de sua participação no processo de determinação das escolhas políticas, além da instauração de relações coletivas de trabalho pouco conflitivas e com condições de enfrentar positivamente eventuais momentos críticos. Por sua vez, um semelhante sistema foi oportunizado pela contemporânea existência de governos de coalização, formados por exponentes dos Partidos Popular e Socialista, isto é, de 1945 a 1966, mas perdurou ainda depois da ruptura daquela aliança governativa e o advento de governos "monocolores", demonstrando constituir um elemento essencial do panorama social austríaco.

A veste jurídica dos sindicatos é aquela de associações cuja constituição e funcionamento é livre, sem vínculos nem ingerências externas. Chegou-se à semelhante situação depois de uma fase inicial de repressão, costumeira na história dos sindicatos do continente europeu, que durou até os últimos decênios do século XIX. A Áustria, de resto, como os outros Estados-membros da União Europeia, ratificou as Convenções da OIT sobre liberdade sindical, a qual, entretanto, não é expressamente contemplada em sua Constituição.

Esta tem uma estrutura que vem de 1920 e que se ressente da concepção do jurista de fama mundial H. KELSEN, segundo a qual um ordenamento constitucional pode ser considerado democrático se e quando discipline um procedimento de formação de normas que regulamente as ações de pessoas no Estado capaz de garantir a participação do povo e seus representantes na formação das mesmas normas. Segundo tal concepção, portanto, não seria necessário predeterminar o conteúdo de normas voltadas aos direitos sociais fundamentais e, particularmente, uma expressa garantia de liberdade sindical.

Não obstante, inclusive graças à ratificação da Convenção Sobre os Direitos do Homem aprovada pelo Conselho da Europa, que tutela em seu art. 11 aquela liberdade e a elevação da mesma Convenção ao nível constitucional, pode ser tida como preenchida a lacuna da Carta Constitucional (U. RUNGGALDIER, *Diritto del lavoro e diritti fondamentali. Austria. Disponível em: <web.unife.it/facoltà/giurisprudenza/lavordispari/ Redazione/Runggaalier.htm>*).

Não diferentemente daquilo que aconteceu na Alemanha, as entidades sindicais de categorias confluiram-se em uma grande estrutura intercategorial unitária, a Confederação Sindical Austríaca (*OGB: Österreichischer Gewerkschaftsbund*).

Subsiste, porém, uma peculiariedade. Todas as empresas devem ser inscritas nas Câmaras de Comércio (*Wirstchaftskammer*) de suas províncias, subdivididas em seções por setor de atividade. Cabe salientar que as Câmaras de Comércio sempre foram o organismo em que tradicionalmente são tratados os interesses empresariais. As Câmaras Provinciais são associadas à Câmara Federal de Comércio e Indústria. Facultativa, ao contrário, é a inscrição das empresas à Federação Austríaca da Indústria (*Industriellenvereinigung*). Ambas as organizações são dotadas de poder contratual.

A seu turno, todos os trabalhadores devem se inscrever na Câmara dos Trabalhadores e Empregados (*Kammer für Arbeiter und Angelstellte*) territorialmente competente. Esses organismos provinciais convergem em uma estrutura nacional (*Österreichischer Arbeiterkammertag*) dotada de poder de negociar equiparável ao da *OGB*: com a diferença de que o análogo poder por essa última exercitado tem natureza voluntária, dependendo da livre inscrição ao sindicato.

T. TOMANDL e K. FEUERBOECK, a esse respeito salientam como o associativismo voluntário representa somente a metade da realidade sindical austríaca. A natureza das mencionadas Câmaras é a de instituições administrativas, das quais devem participar e pagar as contribuições por elas deliberadas, dentro de limites estabelecidos por lei, aos titulares dos interesses tutelados; instituições criadas por lei e para as quais a lei determina os objetivos a perseguir e a organização interna. Sua natureza as faz sujeitas a controles estatais, que podem chegar à anulação de decisões ilegais. Por outro lado, certas decisões das Câmaras requerem, como requisito de sua validade, a aprovação estatal.

A consequência do panorama descrito é que a contratação coletiva, na Áustria, torna-se muito centralizada e institucionalizada, constituindo-se de tal modo em instrumento idôneo de realização da *Socialpartnerschaft*.

Afinidade com o ordenamento alemão é alcançada no tema de representação do pessoal de fábrica, por um ente (*Betriebsversammlung*) que faz às vezes de órgão de representação geral e pode eleger, nas empresas com mais de cinco empregados, um conselho de trabalhadores (*Betriebsratsplichtig*), ao qual compete o controle sobre a aplicação de leis e contratos coletivos e o direito de informação e consulta. Nas empresas maiores, o conselho dos trabalhadores há também um direito parcial de cogestão.

8. O MODELO SINDICAL ESCANDINAVO

Entre os Estados-membros da União Europeia, evidencia-se a presença de um modelo sindical que se pode denominar escandinavo, ainda que não faltem diferenças entre os sindicatos da Suécia, Dinamarca e Finlândia. As afinidades, porém, prevalecem sobre as diversidades, a começar da circunstância de que uma forte organização sindical constitui, em todos os três países, a pilastra fundamental de seu sistema sindical.

Por sua vez, tal sistema se apoia, mais do que em um sindicato forte, sobre um *welfare* generalizado e eficiente — porque acompanhado de um padrão tecnológico elevado, serviços públicos que funcionam bem e um alto nível de instrução — sobre uma legislação do trabalho bastante flexível e uma decidida política ativa do mercado de trabalho. Esses quatro componentes estão estreitamente entrelaçados e sua ação combinada produziu como resultado a consolidação de um equilíbrio social que permitiu aos países escandinavos ocupar os primeiros postos nas classificações internacionais relativas aos índices de bem-estar.

O Estado social, na Escandinávia, caracterizou-se tradicionalmente por um alto nível de proteção social, fruto de uma solidariedade extensiva a toda a população, por um consistente e dinâmico setor público e por uma taxa de desocupação mantida nos mais baixos níveis da Europa, inobstante um crescimento verificado nos anos recentes, objeto de uma sagaz intervenção no mercado de trabalho.

A presente crise econômica mundial não poupou o norte da Europa, constrangendo os respectivos governos a conter os desequilíbrios orçamentários por meio de cortes nas despesas públicas, com os consequentes reflexos negativos sobre a política social. Todavia, a base do sistema, constrangido hoje a enfrentar turbações desconhecidas no passado, restou, como já observado, a forte organização sindical, à qual compete um papel de fundamental importância no assegurar o equilíbrio e na hoje esperada retomada do crescimento econômico.

O sindicato encontra sua força em características fundamentalmente comuns àquelas que se viu fazerem a força do sindicato alemão: estrutura unitária, livremente adotada sem coerção legal; ampla adesão dos trabalhadores; construtivo espírito de colaboração entre as partes sociais. São necessárias, porém, algumas pontuações, a serem efetivadas fazendo-se particular referência ao sindicato sueco que, de resto, é o maior dos três países examinados e cuja experiência atraiu há tempos a atenção dos estudiosos e governos estrangeiros.

A unidade de sua estrutura é menos evidente do que a do sindicato alemão. Mesmo aqui a escolha fundamental foi feita em direção do sindicato de categoria e para cada categoria, à luz de cuja precisação logo falaremos, atua — repete-se, em virtude de livre escolha — uma única federação, descartada, portanto, uma possível concorrência entre diversas representações de uma mesma categoria.

Mas o esquema do sindicato da categoria coexiste com o do sindicato profissional, impondo o aprofundamento da afirmação segundo a qual a estrutura sindical sueca é unitária, em nível de confederações, ou seja, no vértice da organização sindical horizontal. Os empregados suecos são organizados em três principais centrais. Trabalhadores manuais afiliam-se à Confederação Sindical Nacional *Landsorganisationem i Sverige: LO*; os não manuais e dirigentes dos setores privado e público aderem à sua Confederação Geral *Tjänstemännens Centralorganisation: TCO*; os trabalhadores que desempenham tarefas de mais qualificado conteúdo intelectual, nos setores privado e público, como professores, médicos, oficiais de carreira e engenheiros, detentores de diploma em curso superior, à *Sveridge Akademikers Centralorganisation: SACO*, uma espécie de resultado da fusão das duas confederações anteriores.

F. SCHMIDT, *The Law of Labour Relations in Sweden*, Cambridge, Mass., 1962 e, mais recentemente, *Il conflitto di lavoro in Svezia*, inserido em G. ADAM, F. SCHMIDT e R. W. RIDEOUT, *Il conflitto di lavoro in Francia, Svezia e Gran Bretagna*, Milano, 1978, p. 102, reconduz essa divisão à história do movimento sindical sueco. Quando os operários constituíam as primeiras organizações nacionais, os empregados intelectuais eram poucos e estreitamente ligados aos empregadores, por sua vez contrários à adesão dos mesmos empregados a uma organização sindical comum a todos os trabalhadores. Aconteceu, assim, que os empregados intelectuais, que de resto tinham uma posição profissional diversa e mais amplamente tutelada com relação aos operários, fundassem seus sindicatos, que restaram sempre distintos dos sindicatos operários.

A *LO* seguiu o esquema de federações de categoria, adotado apenas parcialmente pela *TCO*. Todavia, mesmo dentro da *LO* sobraram específicas organizações de profissão, como as dos eletricistas e pintores de parede, dentro da indústria da construção civil (F. SCHMIDT, *op. ult. cit*, p. 103).

Fez-se menção ao fato de que a organização que os trabalhadores suecos se deram provocou interesse em nível internacional. Convém recordar dois estudos: o primeiro, promovido em 1938 pelo presidente Roosevelt, em pleno *New Deal*, para procurar uma chave de abertura, por meio da cooperação das forças sociais, à via da retomada da economia americana depois da Grande Recessão; o outro estudo, trinta anos depois organizado pelo sindicato inglês para descobrir a fórmula que permitia à homóloga organização sueca resultados que as *Trade Unions* não alcançavam.

O segredo, que para o estudo americano era identificado no respeito recíproco das partes sociais e na preferência por solucionar os conflitos por meios de transações, com ampla liberdade e autonomia, com o método da persuasão mais do que com provas de força, segundo os pesquisadores ingleses, parece estar em uma estrutura organizativa autônoma, livre de regulamentações legais e de ingerências e controles governativos. Uma estrutura que, de um lado, reservava grandes poderes às confederações, às quais era confiada a condução da negociação coletiva, mas, de outro, reconhecia competências peculiares às federações de categoria e aos sindicatos locais-regionais, distritais e empresariais, segundo uma estratégia harmonicamente equilibrada, pela qual é direcionada a contratação coletiva. Deve ser ressalvado, porém, que a titularidade da função de agente da negociação coletiva, atribuída ao vértice, acontece somente na *LO*, dentro da qual os sindicatos afiliados escolhem tomar parte ou não através do mesmo vértice. Ao contrário, a *TCO* não é titular da negociação, devolvida a três diversas organizações competentes, respectivamente para os setores privado, municipal e federal, remanescendo com a estrutura confederada a função de interlocutor do governo e da administração pública. É oportuno, de toda forma, aduzir que a organização que detém o papel mais importante na negociação coletiva é a *LO*.

Ao lado de semelhante estrutura, livre, unitária e articulada, setorial e territorialmente, o outro ponto de força é dado pela alta participação sindical dos trabalhadores.

A taxa de sindicalização ou, como também se diz, a "densidade sindical'" — que, medindo a proporção dos trabalhadores inscritos dentro do total dos ativos, indica o poder de representação do sindicato, ainda que em diminuição nos anos recentes, permanece, na Suécia, como o mais elevado da Europa. De um nível pouco superior a 80%, calculado por uma pesquisa de 1997, publicada pela Direção-Geral dos Estudos do Parlamento Europeu, com o título *Política Social e do Mercado do Trabalho na Suécia*, caiu a 75%, estimados por posteriores pesquisas. Na Dinamarca e Finlândia, as taxas de sindicalização são inferiores, mas, em todo caso, situam-se claramente acima da média europeia.

Mesmo os empregadores alcançam um notável grau de organização no setor privado sueco, com a expressão mais importante na Confederação Sueca dos Empregadores (*Svenska Arbetgivareföreningen: SAF*), que representa mais de 40 mil empresas que empregam no total quase um milhão e meio de trabalhadores, enquanto, no setor público, atuam associações suecas dos entes locais e a agência sueca dos empregadores governamentais.

A — ainda que não rígida, como já se mencionou — centralização da estrutura sindical permitiu uma correspondente centralização das linhas estratégicas da contratação coletiva, orientada pela *LO*, segundo um critério de solidariedade que previu baixos diferenciais salariais entre as várias categorias, enquanto, antes que se tenha consolidado o sistema cujas linhas essências foram aqui ilustradas, as diferenças salariais eram elevadas e provocavam fortes tensões sociais, pela ânsia de todas as categorias de atingir os níveis de retribuição mais altos. Todavia, nos primeiros anos da década de 1980, a *SAF* se opôs à negociação centralizada dos níveis salariais, preferindo negociar as remunerações em nível de categoria.

O equilíbrio do sistema sindical sueco — e o dos outros sistemas escandinavos — foi alcançado depois de uma fase inicial caracterizada por conflitos sociais inclusive ásperos e de não fácil composição, além de escassos resultados para os trabalhadores.

Atualmente, o sindicato atua em um contexto institucional propício ao seu desenvolvimento, enquanto se apoia, de um lado, na mais ampla liberdade de ação (livre de intervenções subsidiárias do Estado, nas matérias tratadas pelo sindicato, que acabam por reduzir seu papel protagonista e, assim, seu prestígio perante os trabalhadores); e, por outro, de uma relação preferencial — particularmente pela *LO* — com o partido social-democrático que, quase sem interrupção, há 80 anos está no governo (A. GOULD, *Sweden: the last bastion of Social Democracy*, in V. GEORGE e P. TAYLOR — Gooby (Orgs.), *European welfare policy — squaring the welfare circle*, London, 1996, p. 72). Portanto, graças à convergente iniciativa de forças políticas e sociais, instaurou-se e criou raízes, não sem as recordadas dificuldades econômicas, um sistema de seguridade social que faz contraponto, integrando-o no plano dos direitos sociais reconhecidos a todos os cidadãos, às conquistas sociais obtidas pelo sindicato, no plano profissional (L. DIRKE, *Labour legislation in Sweden*, in *Nordic Labour Journal*, 1996, n. 1, p. 21).

Notadamente diversa era a situação nos primeiros anos do século XX. Ao nascimento das federações de categoria, as empresas responderam demonstrando-se incialmente hostis à qualquer negociação. A organização empresarial vedava aos associados firmar acordos sobre pisos salariais e estava pouco disposta a concluir um tal gênero de acordo ao nível central. Depois de um longo período de conflito, porém, uma primeira convenção coletiva aplicável aos empregados de empresas mecânicas e metalúrgicas concluiu-se em 1906 e na ocasião foi formalizada uma declaração conjunta que consagrava o direito de constituir sindicatos e da faculdade de a eles aderir ou não. Declaração prontamente recepcionada pela *LO* e *SAF*.

Sobre tal base — de acordo com regras elaboradas pelas próprias partes, funcionando a autonomia coletiva como fonte não somente da disciplina comum das relações individuais de trabalho e também da regulamentação do processo por meio do qual a mesma disciplina surgia, dando, assim, forma às regras do jogo — desenvolveu-se, à falta de regulamentação legislativa, vinda só em 1928, a contratação coletiva. Uma contratação que os empresários acabaram por aceitar, na medida em que definiam as condições para que se instaurasse um mecanismo de determinação do custo do trabalho de forma centralizada e sólida. Os empresários, por outro lado, colocaram-se de modo firme contra aquela que definiam como guerrilha sindical, vale dizer, a fixação de tabelas salariais por acordos coletivos alheios a coordenadas gerais e recorriam a *lockouts* nos conflitos locais, para impor uma homogênea paz social em amplos setores do mercado de trabalho.

As partes sociais deram-se conta de que o mencionado sistema de contratação coletiva lhes oferecia benefícios recíprocos, permitindo à indústria sueca, desenvolvida com muito atraso em relação a outras economias europeias, controlar o custo do trabalho e atrair, com salários não muito baixos, mão de obra que, de outro modo, teria continuado a escolher a estrada da emigração.

Por outro lado, os sindicatos ganhavam, além da garantia de pisos salariais, a cuja observância estava vinculada automaticamente qualquer empresa que aderisse aos sindicatos de empregadores, aquela de poderem constituir-se e agir livremente, a salvo de retaliações patronais, em troca não pretendendo imiscuir-se na gestão das empresas, por sua vez livres para contratar trabalhadores, independentemente de sua adesão ao sindicato, distribuir o trabalho e demitir. Por sua vez, tais prerrogativas patronais induziam os trabalhadores a perceber que o sindicato, por sua capacidade de dialogar eficazmente com os empregadores, era um instrumento idôneo de proteção para a tutela em eventos negativos de sua vida profissional e a aderir maciçamente a essa, para eles, insubstituível organização de tutela.

O sindicato patronal vigiava seus associados, para que fossem preservadas as prerrogativas em termos de gestão das relações de trabalho que, como mencionado, os sindicatos dos trabalhadores reconheciam às empresas, a quais, de toda forma, começaram a achar natural e prático negociarem com um sindicato local e resolverem juntos os conflitos e as controvérsias que surgissem com seu pessoal. A negociação transforma-se em hábito, ou como se afirmou, em uma cultura (S. Nycander, *Capire il modelo svedese*, exposição feita dentro dossupramencionados seminários em Roma organizados pela Fundação Giulio Pastore).

Quando, no clima da Grande Depressão, a luta de classes, impulsionada por uma corrente sindical inspirada pelos comunistas e por organizações fundadas pelos anarcossindicalistas, que não aceitavam as mencionadas regras do jogo, veio novamente a exaltar-se com empresas exportadoras, constrangidas a reduzir os salários, enquanto as empresas que lidavam com o mercado interno não eram atingidas no mesmo sentido, chegou-se a um ponto de reviravolta. Os empregadores direcionados ao mercado interno, e especificamente os da construção, no ano de 1934, proclamaram um *lockout* que durou 10 meses, cujo objetivo era o de reduzir os salários dos empregados e colocá-los no nível da retribuição do pessoal das empresas exportadoras. O *lockout*, explicitamente sustentado pelo governo social-democrático e tacitamente pela *LO*, foi bem-sucedido, assinalando uma convergência entre os dirigentes sindicais e empregadores no interesse comum de um esquema razoável de salários.

Os dirigentes das duas partes concordaram na necessidade de estabelecer relações sindicais mais racionais e pacíficas e, no ano de 1938, alcançam-se princípios fundamentais relativos à negociação sindical, através do chamado acordo de *Saltsjöbaden*, em referência à cidade de fontes termais onde foi firmado, a qual, a partir daquele momento, constituiu a efetiva base do direito do trabalho sueco.

O acordo deixa transparecer um espírito pragmático evidente, bem como de colaboração entre as partes sociais e contém o compromisso de uma gestão autônoma das divergências, para excluir a intervenção do Estado em questões reservadas pelas mesmas partes a uma regulamentação própria (cf. B. Veneziani, cit., p. 123, que salienta a natureza autonomística do modelo em período de expansão econômica).

O primeiro efeito do acordo de *Saltsjöbaden* foi um longo período de paz social, que durou até a década de 1970, ainda que com esporádicas proclamações de greves e *lockouts*. Por outro lado, as partes sociais inauguraram uma praxe de acordos preventivos sobre questões importantes, em torno das quais não se registraram ainda verdadeiros conflitos de interesse.

A diminuição das tensões entre capital e trabalho e a compreensão recíproca não eliminou as razões de conflito. Lutas sindicais eventualmente emergiam, inclusive fortemente, mas eram solucionadas — pelo menos no caso de grandes conflitos — à luz do princípio segundo o qual a política é uma coisa e as relações sindicais outra.

Apesar do surgimento de organizações sindicais de matriz não operária, que — segundo o paradigma mencionado a propósito do movimento sindical alemão — assumiram posições polêmicas em relação à *LO* e sua política salarial, por elas criticada por seu igualitarismo, os anos 1960, como destaca S. Nycander, foram a época de ouro do modelo sueco (cf. em sentido crítico, ao invés, Zenit, *Critica operaia del modello svedese*, Bari, 1972).

O sindicato escandinavo cristalizou seus traços característicos e um importante ponto de apoio no espírito de colaboração com a contraparte patronal que, a sua vez, compartilhava a mesma atitude (cf. F. Schmidt, *Dal socialismo al laburismo*, in *Riv. Trim. Dir. Proc. Civ.*, 1980, I, p. 267). Como os maiores dirigentes sindicais não hesitaram em declarar, identificando, dessa maneira, um aspecto fundamental da abordagem de suas organizações, as partes, ao invés de escolherem a via do conflito, antes de mais nada, estavam prontas a sentar-se à mesa de negociações e a negociar, na convicção de que uma solução aceitável para todos seria encontrada (nesse sentido, entre outros dirigentes sindicais, exprime-se o presidente da confederação sueca *TCO*, S. Nordh, em *Il modelo svedese*. Disponível em: <*www.tco.se*>). As organizações dos trabalhadores, por outro lado, tinham direito de requerer a abertura de tratativas sobre qualquer questão relativa às condições e aos locais de trabalho.

Os sindicatos, por outro lado, tinham conquistado, na prática, o direito de pedir a abertura de tratativas sobre qualquer questão relativa às condições e ao meio ambiente do trabalho, ainda que no plano jurídico-formal a questão tenha permanecido controversa, na vigência da lei de 1936, sobre o direito de associação e negociação coletiva, até que uma lei sobre cogestão no trabalho, 40 anos depois, estabeleceu claramente o direito dos sindicatos à abertura de negociações (cf. G. Högberg, *Recent trends in collective bargaining in Sweden*, in *Int. Lab. Rev.*, 1973, p. 223).

O clima dessa maneira instaurado, por outro lado, foi interrompido pela mudança dos ares na política, que havia exercitado um papel essencial no favorecimento da sua afirmação.

A novidade relevante e, por assim dizer, o divisor de águas deve ser identificado na aprovação da lei sobre cogestão no trabalho, entrada em vigor em 1º de janeiro de 1977 e que substituiu inteiramente o quadro normativo até então em vigor, ou seja, a lei sobre mediações nos conflitos de trabalho de 1920, a lei sobre contratos coletivos de 1928 e a lei sobre o direito de associação e de negociação coletiva de 1936. Representou, se não uma subversão do sistema de relações sindicais, certamente uma mudança não superficial (cf. B. Veneziani, *Il dibattito sulla democrazia industriale in Svezia*, in *Industria e Sindacato*, 1977, n. 47-48, p. 5).

O ilustre justrabalhista sueco, por anos presidente da Associação Internacional de Direito do Trabalho e da Seguridade Social, F. Schmidt, in *Il conflitto di lavoro in Svezia*, cit., p. 214, salienta o caráter inovador da intervenção legislativa: enquanto nas regulamentações anteriores os conflitos eram regulados no pressuposto de um equilíbrio entre as entidades representativas dos trabalhadores e dos empregadores, às quais eram confiadas a determinação dos salários e demais condições de trabalho através da livre contratação, essa última intervenção deu ao problema uma dimensão diversa.

Por várias maneiras a posição dos sindicatos dos trabalhadores foi reforçada, a fim de que eles tivessem um maior peso na negociação, principalmente a eles reconhecendo — como já se salientou — o direito à negociação, impondo-se aos empregadores a correspondente obrigação de negociar, eventualmente mesmo sem esperar um pedido do sindicato, como quando deseje efetivar mudanças de certa importância. Em certas hipóteses a lei foi além do direito à negociação, atribuindo ao sindicato o poder de veto (por exemplo, quando o empregador pretenda terceirizar certas atividades). A lei reconhece ao sindicato o direito a obter das empresas uma informação permanente, mas não identifica as matérias sobre às quais devam ser chamadas a participar, nas decisões, as representações dos trabalhadores, nem regulamenta órgãos e procedimentos por meio dos quais a participação possa atuar. Porém, introduz o assim chamado direito supérstite de ação sindical: se, no curso das negociações, os representantes das entidades sindicais profissionais pedirem que uma questão fique sujeita a cogestão, desaparece a obrigação de manter a paz social na vigência do contrato coletivo. Por outro lado, a prerrogativa patronal de decidir, em primeira instância, a propósito das tarefas a serem atribuídas aos trabalhadores, depois da referida lei sobre cogestão, é substituída pelo prevalecimento de uma posição acordada com o sindicato profissional, provisoriamente, até decisão definitiva (cf. B. Veneziani, *Stato e autonomia collettiva*, cit., p. 143-144).

Abandonada a posição de prudência até então mantida, as forças e instituições políticas não hesitaram em intervir em importantes questões sociais, sem atrair, antes da intervenção, o consenso das forças sociais e, principalmente, da parte patronal. Essa, contrariada não somente pelo conteúdo de modificações legislativas, mas pelo modo em que elas chegavam, e na falta de um ponto de vista próprio, retirou a sustentação que dava aos princípios sobre os quais era construído o modelo sueco, aproximando-se de posições neoliberais e passando a objetivar, pela primeira vez na longa experiência daquele modelo, o redimensionamento do poder da organização sindical, não vista mais como a expressão legítima dos interesses dos trabalhadores. Os sindicatos, seduzidos pelas vantagens recebidas por meio de leis, não se mostraram preocupados com o ofuscamento do modelo de cuja manutenção, no passado, estavam empenhados.

O ocaso daquele modelo, porém, coincidiu com o advento de uma crise econômica aguda e com o declínio do prestígio do sindicato e das adesões a ele.

Existem, todavia, razões para se considerar que o modelo sueco não encontrou um ocaso completo e não esteja definitivamente destinado a ser substituído por outros seguidos na Europa, que não podem se orgulhar de se avantajar em relação à experiência norte-europeia no que diga respeito à autonomia e efetiva cooperação das partes sociais, num quadro de bem-estar e de progresso econômico (cf. H. G. MYRLAD, *The swedish model — will it survive?*, in *Brit. Journ. Ind. Rel.*, 1980, I, p. 57).

Na Dinamarca e na Finlândia o modelo sindical repete, com algumas variantes não essenciais, a fisionomia já ilustrada quanto à Suécia. As variantes dependem da diversidade dos contextos nacionais: menor número de habitantes, menor desenvolvimento industrial e maior importância comparativa, especialmente na Dinamarca, do setor agrícola (cf. F. DI CERBO, *Il diritto del lavoro dei paesi dell'Europa continentale partecipanti alla CEE*, tomo primo, in G. MAZZONI (Org.), *Enciclopedia giuridica del lavoro*, v. 14, Padova, 1983, p. 2).

Mesmo nos dois países supramencionados, a representação dos interesses coletivos dos trabalhadores pertence, por sua livre escolha, unitariamente a confederações sindicais; porém, analogamente ao que se viu acontecer na Suécia, distintas por *status* profissional, ou seja, pela natureza das funções desempenhadas pelos representados. Dessas confederações, que agrupam federações de categoria cujas taxas de afiliação aproximam-se das suecas, importância maior tem a central a qual são afiliados os operários, que na Dinamarca tem a mesma denominação da correspondente organização sueca: *LO*, isto é, *Landsorganisationem i Danmark,* e que pode se orgulhar de possuir uma densidade sindical hoje em dia quase igual à da sueca. Sua fundação é contemporânea à da confederação sueca, depois de que, a partir da metade do século XIX, a Dinamarca se transformou de uma sociedade puramente agrícola e artesanal em um país onde a agricultura é acompanhada de modernas empresas industriais e de transporte; e em correspondência surgiram, a despeito da inicial aversão do governo, causa de desentendimentos e de repressão, sindicatos da categoria do respectivo pessoal.

A organização e a ação sindical não são subordinadas a reconhecimentos, nem a limitações legais. A negociação coletiva, estipulada com organizações patronais também enquadradas em confederações que somam a adesão de um bom percentual de empresas, de modo a tornar possível uma gestão centralizada da mesma negociação, assegura uma grande cobertura, segundo um dado fisionômico do modelo sindical escandinavo, já posto em evidência; e na Dinamarca, onde a anomia legislativa é mais marcante, absorve a função de instrumento primário de regulamentação das relações de trabalho e de tutela dos trabalhadores.

No ano seguinte ao nascimento da *LO* dinamarquesa deflagrou-se um agudo conflito sindical, provocado por um *lockout* dirigido pela confederação patronal, com o envolvimento de dezenas de milhares de trabalhadores. O conflito durou três meses e teve fim com a celebração do "acordo de setembro", que resolveu as questões que o haviam originado, mas sobretudo fixou as regras fundamentais respeitantes às futuras relações entre as partes sociais, entre elas o elementar reconhecimento do direito dos trabalhadores de se organizar em sindicatos.

Do mesmo modo que o acordo sueco de *Sastsjöbaden*, esse entendimento dinamarquês, concluído 40 anos antes, forneceu o quadro normativo, fruto do exercício da autonomia coletiva, destinado a disciplinar as sucessivas ações sindicais, com autossuficiência tão robusta que permitiu dispensar formas de heterorregulamentação da matéria.

Sua importância é correlata à *flexisecurity* de que é conotado aquele mercado de trabalho, um dos mais flexíveis na Europa e um dos menos conflitivos. O mercado de trabalho dinamarquês combina um alto grau de flexibilidade — que abrange admissões e demissões não vinculadas a condições muito rígidas e a gestão ágil dos patrões, em entendimentos com os trabalhadores, dos contratos de trabalho, algemando a fixação dos salários à produtividade — com robustos amortizadores sociais.

Analogamente a quanto já se observou no que diz respeito à Suécia, as ligações com a social-democracia são historicamente fortes, ainda que a *LO* dinamarquesa as tenha reduzido com sua recente decisão de suspender o financiamento do partido social-democrático. Da mencionada ligação foram delineados sistemas de seguridade social universalistas e orientados no sistema redistributivo, com prestações iguais para toda a população, sustentada por uma elevada despesa social (mais baixa na Finlândia) que, porém, na atual situação de crise econômica, sofreu contingenciamentos. E é nesse sistema de bem-estar que o sindicato, na Dinamarca e na Finlândia, não diversamente que na Suécia, encontra contraponto e, indiretamente, alimento de sua centralidade na economia nacional.

9. A "MÃE DE TODOS OS SINDICATOS" E AS PARTICULARIDADES DOS SISTEMAS DE RELAÇÕES INDUSTRIAIS NA INGLATERRA E IRLANDA

O sistema sindical britânico se oferece como o terreno ideal de fazer frutificar as advertências, acima referidas, acerca da perspectiva que convém assumir quando se proceda a uma análise do direito do trabalho comparado; e para depois verificar quanta agudeza exija o emprego da correspondente metodologia.

A Inglaterra, além de poder se vangloriar, com razão, do título de "Mother of Parliaments", pode, também justamente, reclamar o de "Mãe dos sindicatos". Uma primeira e embrionária contratação coletiva, respeitante aos operários especializados no país, ressai do século XVIII, ainda que tenha tido seu verdadeiro desenvolvimento na última parte do século XIX. E tenha recebido um forte impulso do *Combination Laws Repeal Act* de 1824, a lei que, pela primeira vez no mundo, retirou os sindicatos da ilegalidade, na qual, durante sua fase inicial, estavam relegados (R. W. RIDEOUT, *Il conflitto di lavoro in Gran Bretagna*, in G. ADAM, F. SCHMIDT, R. W. RIDEOUT, cit., p. 233).

Uma história de notável consistência, dessa maneira, parece ser aquela dos sindicatos ingleses (*Trade Unions*), segundo aquilo que foi ilustrado pelo estudo fundamental do casal Webb (S. e B. WEBB, *History of Trade Unionism*, 1. ed., 1894), que se transformou no paradigma universal da história sindical.

Quando se queira, ao contrário, prescindir de paradigmas históricos universalmente aplicáveis e se deseje considerar a diversidade das reconstruções historiográficas que, nos vários países, direcionaram sua atenção — em harmonia com a característica das vicissitudes nacionais do sindicato ou sobre aspectos ideológicos ou políticos ou sobre a adequação das organizações dos trabalhadores ao sistema sociopolítico existente e sobre sua função de defesa dos associados, no quadro das compatibilidades do sistema — é dado, nesse caso, acolher a obra do casal Webb como paradigma na segunda das mencionadas orientações historiográficas.

De qualquer modo, o nascimento e a evolução do movimento, que — tendo o mote de seu programa sintetizado no *slogan "the union make us strong"*, o que significa a "união, por meio do sindicato, nos faz fortes" — preenche um papel decisivo nos desenvolvimentos da sociedade e da política no Reino Unido por outro lado, influenciou, marcantemente, em toda a Europa, a organização que os trabalhadores se deram, para a tutela de seus interesses. Por esse motivo faz-se oportuno dedicar à história do movimento inglês uma atenção especial (ver E. H. PHELPS BROWN, *The Growth of British Industrial Relations: A study from Standpoint of 1906 — 14*, London, 1959).

Essa história não interessa somente pelas raízes, que remontam aos primórdios da Revolução Industrial, de onde emergem, para depois difundir-se universalmente, fenômenos sociais típicos e instrumentos aportados pelo movimento dos trabalhadores, para combater as consequências fortemente negativas da mesma Revolução Industrial, que provoca o nascimento do proletariado industrial, vítima de exploração indigna. Como reação, manifesta-se a tendência à coalizão operária, tendo em vista a fixação — com o suporte de meios coletivos de pressão e de luta, em primeiro lugar a greve — de condições de trabalho mais dignas e, mais especialmente, de pisos salariais mínimos inderrogáveis, aptos a corrigir os desequilíbrios de poder de contratar, econômico e social ao qual se via condenado o proletário isolado, de frente ao superpoder de sua contraparte empregadora.

Em sua sucessiva evolução, até nossos dias, a situação sindical inglesa não cessa de apresentar motivos de interesse, possibilitando que se constate uma sugestiva série de convergências e divergências a propósito das linhas de desenvolvimento percorridas pelos outros ordenamentos sindicais europeus. Mas sobretudo estimula a que se apure essas convergências e divergências sem se prender à superfície dos fenômenos.

Em uma primeira aproximação, é útil observar que o contexto jurídico-formal no qual se inscreve a evolução do sindicalismo inglês é aquele de um ordenamento de *common law*. Tal aspecto — compartilhado, na Europa, apenas pelo sindicato irlandês — é individuado como um fator de radical diferenciação e colocado na base da peculiaridade do sistema inglês de relações industriais.

Por outro lado, a história do sindicato inglês não assinala — à diferença de quanto se constata haver ocorrido no ordenamento de outros países europeus — que o sindicato, depois de haver conquistado legitimação e liberdade, tenha se fechado em regime repressivo, de marca corporativa ou inspirado em uma hostilidade apriorística, com vária motivação no plano ideológico.

A imunidade a tais ímpetos antiliberais é explicada inclusive com o contexto específico de um ordenamento de *common law*, que seria naturalmente refratário a semelhantes posições adversas dos poderes públicos; mas já adiantamos perplexidades quanto a essa reconstrução e, a seguir, tais perplexidades serão mais bem enfocadas.

Sempre em uma primeira aproximação, emergem não mais divergências, mas convergências, com outros sistemas sindicais examinadas nesta obra. No vértice, as *Trade Unions* confluem em uma estrutura espontaneamente unitária, o *Trade Union Congress*, que fracassadas as precedentes tentativas de dar vida a uma única estrutura sindical nacional (o *Grand National Consolidated Trade Union*), em 1868, tomou vida como organismo ao menos de coordenação da variada organização sindical que se andou criando. A estrutura sindical britânica restou, até as novidades legislativas do último quarto do século XX, liberada das ingerências estatais respeitantes à organização interna e estratégias a seguir e de outros condicionamentos externos, ainda que as *Unions* tenham terminado por se verem induvidosamente coligadas com o Partido Trabalhista e inspiradas em uma política de *Welfare* formulada através de entendimentos com aquele partido.

Ao sistema sindical do Reino Unido é atribuído por autorizados estudiosos, como peculiaridade marcante, até exclusividade, de tal experiência, aquela derivante, segundo a conhecida teoria de O. KANH--FREUND, *Labour Law*, in M. GINSBERG (Org.), *Law and Opinion in England in the 20th Century*, 1959, a confiança de que o Estado teria concedido ao *collective laissez-faire*: ou seja, o absenteísmo do legislador e, de uma maneira geral, do poder público em matéria de relações industriais, confiadas aos equilíbrios alcançados pela livre negociação das organizações de trabalhadores e empregadores. Veremos se hoje tal característica permanece e em qual medida pode ser encontrada no passado.

Passando a aprofundar os dados postos em relevo, quanto ao peculiar caráter do ordenamento inglês de *common law*, deve ser rebatido o juízo pelo qual teria somente importância relativa o recordado perfil jurídico-formal. É merecedor de consenso as observações acerca da inidoneidade do sistema das fontes para funcionar de efetivo demarcador, de uma maneira geral, entre os sistemas de *civil law* e de *common law*. De fato, andou enfraquecendo o convencimento de que, no primeiro, a única fonte de direito seja a lei, a sentença verdadeiramente não inovando o direito objetivo, diferentemente de quanto acontece no sistema de *common law*. Aqui, por meio do critério do precedente vinculante, a jurisprudência resta incluída entre as fontes de direito, ainda que através do expediente de considerá-la como desenvolvendo uma função não criativa de novas regras de direito, mas reveladora de não bem visíveis normas consuetudinárias.

O elemento distintivo, consistente no fato de que o sistema de *civil law* seja ordenamento de direito escrito, no qual a única fonte formal deve ser considerada a lei, foi colocado em crise por uma série de fatores, para cuja consideração deve ser consultado R. SACCO, cit., p. 54-59. Eles vão da crescente produção legislativa nos ordenamentos de *common law* à perda da confiança no método codificador nos de *civil law*, nos quais, por outro lado, as cortes supremas tendem a atribuir importância decisiva aos próprios precedentes, acabando, assim, por colocar em segundo plano a posição da lei (é de se pensar numa lógica exasperada de autorreferenciabilidade que denota as dificuldades quanto à aplicação do princípio da separação dos poderes do Estado).

O repensamento das diversidades entre os sistemas de *civil* e *common law* é induzido, porém, especialmente por um outro fator.

A lei, com o advento do constitucionalismo, perdeu sua aura de onipotência na qual se circundava, como fonte suprema e inquestionável do direito nacional. Hoje está subordinada a um superior nível de legalidade constitucional e vinculada a princípios e valores preeminentes, onde acolhidos. Deles o jurista não pode desinteressar-se, contrariamente àquilo que sugeria um rígido positivismo jurídico. O intérprete contemporâneo é chamado a traduzir semelhantes dados metajurídicos em qualificações, hierarquias de posições, regras de conduta juridicamente relevantes. Mas assim o pensamento jurídico se adverte de que valores e sua tradução jurídica revelam-se amplamente comuns a todos os ordenamentos da Europa democrática, nenhum deles negando reconhecimento a alguns direitos a liberdades fundamentais, inerentes à natureza da pessoa humana.

Afirmou-se eficazmente que a urdidura de qualquer sistema jurídico, seja de *civil* ou de *common law*, é tecida com fios que têm a mesma cor (R. Sacco, cit., p. 58). E se explica, então, como a evolução das experiências dos dois sistemas, pressionados por uma contínua troca de valores de civilidade e princípios jurídicos, demonstrem os sinais não somente de uma semelhança basilar, mas também de uma certa sincronia nas direções de desenvolvimento.

Semelhança e alguma sincronia, inclusive no que diz respeito à sucessão de acontecimentos sindicais, animada pela progressiva afirmação de princípios gerais que, com intensificações e cadências várias, ingressou em todos os ordenamentos jurídicos europeus, ou pelo menos naqueles ocidentais, com a força de incentivar os outros das assim chamadas novas democracias.

O enfoque na decrescente força da contraposição entre *common law* e *civil law* e das razões que induzem a repensá-la, entretanto, não quer significar absoluta negação do relevo que o contexto geral do ordenamento possa ter representado na evolução do direito sindical britânico. A história, política e sindical, inglesa permite constatar, entre concentração estatal e autonomia de corpos intermediários no meio de Estados e cidadãos, pontos de equilíbrio menos próximos ao poder central daqueles registrados geralmente nos Estados da Europa continental. A diversa dialética entre centro e periferia, com efeito, resguardou as tradicionais autonomias locais, que um liberalismo, como o inglês, não sugestionado pelo furor jacobino de fazer *tabula rasa* das instituições do passado, preocupou-se em preservar. Um tal ambiente, por outro lado, revelou-se propício inclusive à atenção para com ulteriores expressões de autonomia da sociedade inglesa. Das autonomias territoriais às autonomias das organizações portadoras de interesses profissionais o salto não foi muito longo.

Postas essas premissas, não é dado ignorar que, depois de haver devidamente revista a recorrente concepção acerca de uma insanável diversidade de sistemas entre a *civil law* e a *common law* e as consequências que se quiseram trazer no campo dos ordenamentos sindicais, permanecem as diferenças. Isso, quando se é pressionado a examinar — se terá, com detalhes, ocasião de fazê-lo no que diz respeito à negociação coletiva, no capítulo terceiro — as respectivas formas e configurações técnico-jurídicas, bem assim os itinerários argumentativos de que, nesses sistemas, valeram-se para justificar o sistema da organização e das ações sindicais.

O nascimento da organização sindical inglesa adveio em um cenário de graves dificuldades e de contrastes a que não faz exceção — mas antes a sintetizam de maneira exemplar — as características dos acontecimentos históricos que se verificaram nos outros países nos quais se expandiu a Revolução Industrial e formou-se o correspondente proletariado.

A matriz de tal organização pode ser individuada nas sociedades de mútuo socorro (*friendly societies*), associações voluntárias de trabalhadores, já surgidas no século XVII, com o objetivo de melhorar as condições materiais e morais dos seus componentes e fundadas na mutualidade e solidariedade, bem assim num forte ligame com o território em que nasciam.

Reconhecidas tais organizações, progressivamente reforçadas, da lei de 1793, à passagem do objetivo e da ação de caráter puramente mutualístico e solidarístico a uma estratégia reivindicativa e conflitiva, o movimento dos trabalhadores ingleses debateu-se, como na mesma época ocorreu na França com a lei *Le Chapelier* — da qual se falará — na proibição em constituir-se em verdadeiros sindicatos, estabelecidas pela *Workmen's Combination Laws* de 1779-1800. Foi necessário esperar — como já adiantado — até 1824 a fim de que a proibição fosse abolida. O pleno reconhecimento legal do sindicato alcançou-se somente em 1876, e no entretempo, desapareceu, com uma dura repressão, a sublevação dos ludistas, trabalhadores que procuravam recuperar, por meio da destruição das máquinas difundidas pela Revolução Industrial, funções e ocupações perdidas.

Os que se formaram, em um primeiro momento, eram essencialmente sindicatos de profissão, e essa característica deixou uma marca característica no sindicato inglês, mesmo depois que ele se orientou para uma organização de categorias.

Inicialmente reservados aos operários especializados (tecelões, alfaiates, tipógrafos, coureiros etc.), as *Unions*, nascidas com a fusão de sindicatos de profissões afins, abriram-se com o tempo a todos os trabalhadores, inclusive àqueles menos qualificados.

Já se disse aqui que no *Trade Union Congress* (*TUC*) reuniu-se a generalidade dos sindicatos do Reino Unido. Órgão máximo de decisão do *TUC* é a Assembleia-Geral realizada anualmente; nos intervalos as decisões são tomadas pelo Conselho Geral, convocado bimestralmente, que elege, entre seus membros, um Comitê Executivo. Na cúpula, atua o secretário-geral.

A estrutura organizativa — contrariamente ao considerado por uma parte dos estudiosos — não apresenta, se bem examinada, a coesão necessária a fazer do *TUC* uma forte organização de contínua gestão de todo o movimento sindical britânico e centro de elaboração de políticas sindicais, acima de tudo salariais, homogêneas e constantemente controladas. Uma estrutura semelhante poderia satisfazer à antiga aspiração de uma negociação coletiva verdadeiramente nacional, mas assim não ocorreu.

No esquema posto em prática espelha-se a complexidade e as contradições daquele sistema sindical. De um lado, como salientou O. KAHN-FREUND (Org.), *Labour Relations and the Law*, London, 1965, p. 21-22, o sistema cobre todos os setores da economia britânica e grande parte do emprego público, mas de outro, isso não implica uma uniformidade de posições e de estilos de comportamento na área de empresas privadas e naquela das empresas públicas e das administrações central e locais.

A atividade do agente contratual em nível de cada estabelecimento revela-se decisiva na indústria privada, na qual a fixação das remunerações efetivas é resultado da negociação local comandada, quanto aos trabalhadores, por representantes chamados, geralmente, mas não em todos os ramos da indústria, de *shop stewards*, ou seja, delegados sindicais. Eles — atuantes inclusive quanto a problemas de horários e ritmos de trabalho, introdução nas empresas de novas tecnologias e maquinários, infrações disciplinares — gozam, graças ao contato direto e à sintonia estabelecida com a base, de uma notável legitimidade pessoal que prescinde de sua eventual posição na seção local do sindicato (cf. R.W. RIDEOUT, cit., p. 240-244).

A consequência no que diga respeito à capacidade das *Unions* e do *TUC* de gerir, segundo uma orientação homogênea, as políticas de negociação é clara: a grande rede de proteção sindical da parte de organizações associadas ao *TUC*, no Reino Unido, não vale, por si só, para atribuir ao sindicato uma correspondente força real, porque, ao menos quanto a várias categorias, a organização central, em sua relação com as estruturas locais, é fraca.

Aqui se encontra a diferença com relação ao descrito modelo escandinavo, em outros aspectos, ao contrário, bastante semelhante, no que respeita à falta de divisões políticas e ideológicas que possam provocar pluralidade de centrais sindicais concorrentes, à difusa articulação organizativa em nível de estabelecimentos, à autonomia, sem prejuízo da proximidade, no que diga respeito a forças políticas de inspiração socialista. No Reino Unido o *Labour Party* nasce em 1904, mais de 30 anos depois do *TUC* e os sindicatos afiliam-se em massa. Com o Partido Trabalhista, as *Unions* colaboram na construção e defesa de um sistema de *Welfare*, mas a colaboração não é dissociada de momentos de atrito, nos quais, sejam as *Trade Unions*, sejam os sindicatos escandinavos, ameaçam diminuir a cooperação e de fazer cessar os financiamentos ao partido, seu principal recurso, como se viu acontecer na Dinamarca.

Está precisamente na delicadeza das relações entre cúpula e base a diversidade dos dois modelos. De tal difícil relação advém a fraqueza de uma organização, como a inglesa, que não consegue sempre impor sua própria visão global e de exercitar um controle central.

Diversa é a situação no setor público, no qual os sindicatos operam segundo um modelo mais centralizado; e, mesmo quando os sindicatos tenham uma estrutura descentrada, a delegação formal de funções às extensões locais é diferente da informal atribuição de poderes negociais dos *shop stewards* e da informalidade com a qual eles são exercitados (cf. R.W. Rideout, cit., p. 240).

O caráter peculiar e o peso que, na organização sindical britânica, têm os *shop stewards* ou outros representantes locais dos trabalhadores diversamente denominados, ainda que não necessariamente nas estruturas sindicais oficiais, naturalmente influíram sobre modalidades da autotutela sindical, segundo o que será mais difusamente objeto de exame no quarto capítulo. Bastará, por ora, salientar como no Reino Unido as greves se distingam em oficiais e não oficiais, segundo sejam proclamadas ou pelo menos autorizadas pelo sindicato competente, ou sejam promovidas por outros representantes locais dos trabalhadores; e como o número de greves não oficiais prevaleça grandemente: elemento esse que traça reflexos negativos na autoridade dos sindicatos.

Ulterior característica da organização sindical britânica é a persistência do esquema de profissões, em consequência de que as organizações que nelas se inspiram colaborem, segundo entendimentos alcançados mais ou menos formalmente com o sindicato da categoria, na resolução de conflitos contratuais; e participem da defesa dos interesses profissionais peculiares das quais tais organizações são porta-vozes.

A especificidade da organização e da ação sindical supramencionada mostra ainda um outro reflexo. A organização dos empregadores é constrangida, pela fragmentação de sua contraparte, a compartilhar com empresas isoladamente consideradas a função de agente negociador, ainda que permanecendo relutante em abandonar o sistema de contratação nacional, que, de resto, justifica as inscrições das empresas à associação dos empregadores e, portanto, a existência da própria associação.

Antecipamos que, de regra, a tradicional especificidade do direito sindical inglês é individuada no primado da livre contratação coletiva, conduzida em um clima de grande abstencionismo legislativo em matéria de trabalho. Entretanto, a situação sofreu uma considerável mudança no período dos governos conservadores Tatcher e Major, causa — afirmou-se — da crise do mencionado *collective laissez-faire*. Lord Wedderburn , *Freedom of Association and Philosophies of Labour Law*, 1989 — cuja precisa crítica é retomada, com aquelas de outros adversários da orientação seguida pelos governos conservadores em política sindical (B. Napier, *Role and Function of Trade Unionism in Modern Britain*, in A. Anastasi (Org.), *Lavoratori e sindacati in Europa*, cit., p. 74-75) — identificou no *disestablishing of collectivism* o principal objetivo político, na década de 1980, da legislação do trabalho britânica.

Inegavelmente, o propósito declarado da estratégia conservadora consistia no redimensionamento do sindicato, criticado como guardião implacável, estreitamente ligado ao partido trabalhista, de privilégios anacrônicos e de uma situação de desordem social à qual remontava o declínio industrial do Reino Unido.

As iniciativas legislativas aprovadas durante o período mencionado miravam a esse objetivo de redimensionamento, inspiradas na teoria neoliberal, e particularmente no pensamento (F. Hayek, *Law, Legislation and Liberty*, vol. III, p. 96) que indicou no poder das organizações sindicais, baseado nas adesões em massa e na fiel sustentação dos aderentes à respectiva ação coletiva, e não no poder dos capitalistas e dos empreendedores, o verdadeiro freio do progresso social. Ao qual teria sido anteposto pelos sindicatos a conservação de um imutável *status quo* e uma autêntica forma de exploração das rendas de posições adquiridas.

O legislador britânico retirou o freio que até então lhe impedia de intervir nos negócios internos do sindicato. Alegando a propósito a vontade de democratizar sua organização e de defender os direitos dos associados em relação à direção sindical, a legislação aprovada pela maioria conservadora, seguindo-se uma concepção individualística, criticada pela maior parte dos autores como inidônea para abranger lógicas e exigências próprias da vida sindical (S. FREDMAN, *New Rights: Labour Law and Ideology in the Tatcher Years*, in *Oxford Journal of Legal Studies*, 1992, p. 12), concentrou-se, além de na proibição do *closed shop* (cláusula de contratação coletiva antes muito controversa e elemento característico do sistema sindical britânico: cf. M. PAPALEONI, *Libertà sindacale e closed shop nel diritto sindacale britannico*, Milano, 1981), sobre dois principais campos internos à organização: a tutela dos membros do sindicato em relação a tratamentos *unfair*, indevidos, da organização a que pertençam e a garantia de poder de decisão dos associados a respeito das decisões dela (B. NAPIER, cit., p. 80-81).

Em tal perspectiva, restritiva das competências organizativas e prejudiciais a propósito da eficiência financeira e operativa do sindicato, a nova regulamentação encontrou aplicação no sistema de recolhimento das contribuições associativas: seu pagamento, efetuado diretamente por meio de desconto no contracheque, foi assujeitado a controles ulteriores, com o efeito de facilitar a eventual decisão do associado de subtrair-se a tal sistema, com previsíveis consequências negativas para as finanças sindicais.

A propósito, ainda, de "invasão de campo" nos negócios internos da organização, foi destruída a imunidade de que se valiam, no que respeita a recursos à autoridade judiciária, os provimentos disciplinares tomados pelos órgãos do sindicato. Desejou-se que tais provimentos fossem impugnados não mais segundo a tradição da *common law* concernente às relações entre associações e aqueles que a ela tenham livremente aderido, pela qual somente em hipóteses excepcionais as controvérsias seriam conhecidas por tribunais estatais — unicamente apreciando sua justiça interna. A preferência pela tutela dos direitos individuais dos associados induziu ao reconhecimento do direito de acionar o judiciário contra medidas disciplinares tomadas pela organização em face dos associados e contra decisões da direção concernentes ao uso de fundos e propriedades do sindicato.

A intenção garantística, dentro de um ponto de vista estritamente individual que presidiu a introdução dessas novidades, certamente era destinada a provocar dificuldades à atividade sindical. Um obstáculo bem maior foi posto, sempre em obediência à multicitada filosofia individualista, à autotutela sindical, quando o *Employment Act*, de 1988, sancionou, por respeito à liberdade de trabalho, que a escolha de cada associado de não se ausentar em caso de greve legitimamente proclamada não pudesse ser objeto de sanções disciplinares adotadas pelo sindicato que tenha proclamado tal abstenção.

Em 1992, o legislador reforçou o princípio pelo qual o associado não pode ser expulso pelo sindicato, a não ser por razões excepcionais especificadas na norma.

O mesmo intento protetivo dos membros do sindicato nos conflitos com o poder, reputado excessivo, de seus dirigentes, que animou as novas regras de vida interna da organização, transparece na disciplina que o legislador introduziu a respeito do itinerário por meio do qual são tomadas decisões importantes em matéria de ação sindical e, portanto, sobre o flanco externo: aquele que o legislador tinha mais interesse em delimitar e controlar.

Nas eleições dos dirigentes sindicais, que o *Trade Union Act* de 1984 havia estabelecido que procedessem por voto secreto, até 1988 era facultado exprimir o voto por via postal. A supressão dessa faculdade, tornando mais complexo o desenvolvimento das operações eleitorais, reduziu a possibilidade de que os eleitos obtivessem ampla votação. Com o resultado de enfraquecer sua influência, já minada pela delimitação de um período máximo de cinco anos fixados para o exercício do mandato.

Da perda de prestígio e de influência dos dirigentes decorre a redução do raio de ação do sindicato e de seu peso específico nas relações industriais e, mas geralmente, na sociedade e na política. Nesse último plano, uma outra compressão da esfera de ação sindical é a consequente das rigorosas restrições, dispostas pela lei em 1992, em matéria do emprego dos fundos sindicais no auxílio a partidos políticos.

Quanto à importante limitação do direito da organização de deflagrar greves, consistente no incluir entre as condições de legitimidade estabelecidas tendo em vista o exercício desse direito, sua prévia aprovação em um *referendum* entre os trabalhadores interessados, faz-se remissão à ilustração, no capítulo quarto, sobre os meios de luta sindical.

Em complemento do panorama de restrições que, no fim do século XX, a legislação inglesa pôs em ato, com o declarado propósito de proteger o direito dos associados mas com o efeito de frear a associação sindical, faz-se necessário recordar a instituição de dois novos órgãos administrativos: em 1990, do *Comissioner for the Rights of Trade Union Members* (*CRO-TUM*), com o papel de assistir os associados em suas controvérsias com as organizações, dessa maneira encorajando o incremento de tais controvérsias; em 1992, do *Comissioner for Protection against Unlowful Industrial Action*, com o papel de assistir qualquer pessoa prejudicada por ações de lutas sindicais ilegais.

É fora de dúvida que o complexo das descritas medidas hostis ao sindicato tenham-no enfraquecido notavelmente. Porém, não faltam motivos para hesitar em subscrever a afirmação de B. NAPIER, cit., p. 74 (por outro lado compartilhada por outros estudiosos britânicos), segundo quem, até sua aplicação, o sistema de relações industriais inglesas era *based on a core of strong centralized collective bargaing conducted by powerful unions operating in a climate of general legal abstentionism*.

A situação de irredutibilidade da efetiva negociação dos níveis salariais a uma harmônica orientação centralizada, em realidade, precede às medidas legislativas já mencionadas. E já antes era lícito duvidar, com base em quanto foi acima observado, que a negociação coletiva inglesa fosse conduzida verdadeiramente por poderosas organizações sindicais. Sua força estava já comprometida da precedente falta de adoção de esquemas organizativos capazes de conjugar robustas orientações de cúpulas com uma eficaz articulação categorial, territorial e por empresas. O declínio, já iniciado, do sindicalismo britânico é detectável, por outro lado, medindo-se a queda da taxa de sindicalização. Noutro canto, o abstencionismo legislativo, já antes das fraturas tatcherianas, tinha sofrido, sempre por iniciativa de maiorias conservadoras, derrogações inclusive substanciais, do gênero da aprovação, em 1971, do *Industrial Relations Act*, do qual se falará em prosseguimento.

O fato é que o sindicato, no Reino Unido como em qualquer lugar na Europa, teve de encarar as profundas transformações da realidade econômica e social, em relação às quais demonstrou possuir um poder de interdição mais do que de direção, conquistada ao fim de processos de compreensão e adequação. Sobre tal poder de interdição do sindicato descarregou-se a ofensiva da legislação do partido conservador, mas é difícil crer que, sem aquela ofensiva, o sindicato apresentar-se-ia, atualmente, forte e atrativo.

Não é difícil entender quanto o sistema sindical irlandês, ainda que enquadrado também ele em um ordenamento de *common law*, possa demonstrar-se diferente do inglês, pela diferente importância dos episódios pelos quais são caracterizados as respectivas histórias e discrepância dos fatores econômicos, além e antes do que os políticos, postos na base da evolução dessas histórias. A Irlanda teve um desenvolvimento econômico muito diferente do inglês; um desenvolvimento dificultoso e assinalado por longas fases de depressão, que a fez, com a Itália e Espanha, um dos países europeus nos quais mais se manifestou o fenômeno das emigrações, com consequente empobrecimento de sua força de trabalho. A industrialização apenas em anos recentes foi alcançada, com resultados significativos, no país, que se dotou de instituições independentes, se bem que não radicalmente diversas, daquelas herdadas do período em que o orgulho de seu espírito nacional sofreu, como no tempo do domínio inglês. Certo é que pouco ou nada a Irlanda beneficiou-se da grandeza e da riqueza imperial da Inglaterra.

Existem, assim, todos os pressupostos econômicos, sociais e institucionais para considerar que as divergências entre os sistemas sindicais estão destinadas a prevalecer sobre as convergências.

Não nos é dado esquecer, porém, que os respectivos países estão constrangidos a uma secular convivência dialética, às vezes dramaticamente polêmica, de história e posição geográfica. A multissecular presença, e predominância, de modelos sociais e institucionais de matriz inglesa nem mesmo no campo sindical podia permanecer sem efeitos, dando fôlego às tendências no sentido da convergência.

A Irlanda compartilha, como dissemos, com o Reino Unido, o contexto jurídico-formal no qual se inseriu seu sistema sindical. Contexto que é do *common law*, a não ser supervalorizado como elemento distintivo — e isso também foi por nós salientado — mas que, por outro lado, não deixa de ter reflexos na leitura a que são suscetíveis as normas de que é formado o próprio sistema. A herança do direito inglês do trabalho e das suas relações industriais, ainda que recebida com o benefício do inventário imposto pelo espírito fortemente nacional da nova entidade estatal, continua a fazer prolongar seus efeitos, com as intuíveis e não desprezíveis adaptações.

Quando a Irlanda, em 1922, tornou-se uma república independente do Reino Unido, e assim dotada de um ordenamento jurídico próprio, colocou-se o problema do sistema das fontes. As opiniões estavam divididas entre aqueles que desejavam que o árduo e sangrento caminho rumo à independência coroasse-se em uma decidida separação do passado inglês, inclusive nesse terreno, e os que, ao contrário, não consideravam um tão drástico corte indispensável. Prevaleceu a segunda opinião, o *common law* permaneceu como sistema de fundo do direito irlandês e assim continuou a ser adotada a língua inglesa (R. Sacco, cit., p. 237).

O contexto técnico-jurídico no qual enquadra-se o sistema sindical irlandês, portanto, é o mesmo que caracteriza — com as devidas precisações já focadas — o sistema sindical inglês: mas com uma outra necessária precisação. Assim como a conservação da língua inglesa não excluiu a possibilidade de que viesse a ser adotada oficialmente ainda uma outra, suprimida no passado, ou seja, o gaélico, a permanência do *common law* coexiste com a nova legislação republicana, desenvolvida inclusive no mundo do trabalho.

Por isso, faz-se necessário ter na devida conta as diferenças que o contexto irlandês apresenta, em comparação com o inglês, seja quanto à realidade econômica e social e ao quadro político, seja, ainda que menos claramente, quanto às coordenadas jurídicas.

Estabelecidas tais premissas, deve ser observado que o sistema sindical irlandês repete o modelo britânico de derivação, naquilo que diz respeito à organização, centrada em uma só e dominante confederação (*Irish Congress of Trade Union*: ICTU), não se evidenciando nem mesmo nesse cenário sindical divisões políticas e ideológicas, de modo a fragmentá-lo numa pluralidade de confederações em competição entre si. E não se evidenciam também, por outro lado, constrições legais que imponham a unicidade da representação profissional.

Ao lado da mencionada grande organização fazem-se presentes somente pálidas associações, que não alcançaram nem mesmo uma afiliação a nível europeu, não diversamente do que acontece no Reino Unido (G. Casale, *Le relazioni industriali nell'Europa a 25 Stati*, Roma, 2005, p. 14). E não diversamente de outros países europeus, cujos modelos sindicais inclusive apresentam, por outros motivos, aspectos diversos, como Áustria, Alemanha e Grécia. A esse respeito, veja-se a interessante análise comparada contida no *Terzo Rapporto della Commissione Europea sulle Relazioni Industriali in Europa*.

A estruturação do sindicato irlandês, por sua afinidade com a inglesa, deu um resultado análogo, em termos de fraqueza e marginalidade da negociação por categoria em matéria salarial, posto em evidência pelo mencionado *Rapporto della Commissione Europea*, ainda que, por outro lado, o mesmo documento inclua a Irlanda entre os membros da União Europeia — dentre os quais não inclui o Reino Unido, no qual, como se viu, caso único entre os países europeus, toda ou quase toda a negociação salarial se obtém em nível de empresa —, nos quais pode-se verificar, todavia, alguma negociação de salários em nível intersetorial, em grau de cobrir toda a economia nacional.

Convergências, mas também divergências, colhem-se sob vários aspectos, comparando o sistema derivado (irlandês), com sua matriz histórica (o sistema inglês).

A Irlanda, pelo menos até o recentíssimo período durante o qual foi particularmente atacada pela crise econômica mundial, não estava entre os países nos quais a afiliação ao sindicato conheceu, nos últimos decênios, uma inflexão preocupante e constante. Inflexão debitável à queda na ocupação na indústria manufatureira, onde é tradicionalmente mais elevada a taxa de sindicalização, e à difusão de formas atípicas de trabalho. A tendência à queda de afiliações ao sindicato — na Irlanda que, até a perseverante continuação da crise mundial, registrava, nos decênios que se manifestou referida queda geral, um desenvolvimento econômico impetuoso — era compensada por crescentes níveis de ocupação (G. Casale, cit., p. 16). A crise econômica, entre outras consequências, tem aquela de pôr em discussão essa conclusão.

No que diz respeito, por fim, às organizações de empregadores, cabe ressaltar uma única entidade, pelo menos para o setor privado, a Confederação Irlandesa das Empresas e Empregadores (*Irisch Business and Employers Confederation*: *IBEC*), com uma representatividade relativamente baixa, considerado o tamanho da força de trabalho empregada por seus potenciais afiliados. A densidade sindical do *IBEC*, em comparação com os 38% da Confederação dos Industriais Britânicos (*CBI*), para não considerar os 80% da Confederação Alemã dos Sindicatos dos Empregadores (*Bundesvereinigung Deutschen Arbeitgeberverbände* — *BDA*), segundo uma recente estimativa da Comissão Europeia, não supera os 22% (G. Casale, cit., p. 25-26).

Provavelmente altos níveis de densidade sindical dependam da capacidade de negociação salarial em nível de categoria — como observamos — que tem relevância (na Irlanda) marginal em comparação com a negociação por empresa. É bem verdade que o cenário inglês não é diferente e a densidade sindical da organização patronal inglesa é, ainda assim, notavelmente mais elevada. É necessário, porém, considerar a ainda mais notável diferença de tempo da afirmação da industrialização nos dois países e a relevância bem maior da pressão da tradição de que se vale a central inglesa.

10. LIGAMES E INFLUÊNCIAS DE NATUREZA POLÍTICA E SUAS CONSEQUÊNCIAS SOBRE A ORGANIZAÇÃO E AÇÃO SINDICAIS: A EXPERIÊNCIA FRANCESA

Os cenários nacionais até agora mencionados são todos caracterizados, ainda que com não desprezíveis diversidades de outro gênero, pela unidade, livremente escolhida pelos interessados, das correspondentes estruturas de categoria e confederais. Essa unidade, muito diferentemente da unicidade de representação sindical imposta pela lei, viu-se tornar, ao mesmo tempo, o fruto e o pressuposto da independência dos sindicatos em relação aos partidos políticos, ainda que com eles tenha o sindicato relações de boa vizinhança. E revelou-se um fundamental elemento de força — pelo menos em alguns dos sistemas nacionais postos sob observação — enquanto acompanhada de — e deve se compreender, favoreceu — consistentes adesões de trabalhadores.

Faz-se necessário, a esse ponto, passar ao exame de sistemas sindicais europeus nos quais, ao contrário, a escolha pela unidade sindical é registrável somente em alguns particulares momentos históricos, e predomina a divisão entre sindicatos diversificados por posições políticas, ideológicas e até religiosas. Divisões que se remetem, portanto, a claras matrizes históricas, cujas recorrências parecem nutridas de eficácia perdurante, ainda que nela se possa perceber uma progressiva atenuação. A diversa natureza das matrizes explica a força diversa dos ligames e influências que se opõem à independência do sindicato. Em todo caso, onde ligames e influências estranhas sejam perceptíveis, fica comprometida, com a independência e a unidade, a própria força de organização do sindicato, que repousa necessariamente sobre o nível de afiliações que, nesse caso, por seu lado, é em geral baixa.

Necessário, porém, ressaltar que o pluralismo favorece indiretamente a democracia sindical: a concorrência pressiona as organizações sindicais a ser mais democráticas e, ao invés, o monopólio sindical facilita práticas antidemocráticas no interior da organização (cf. J.M. Verdier, *Syndicats et droit syndical*, t. V., *Traité de Droit du Travail sous la direction* de G. H. Camerlinck, 2. ed., Paris, 1987, p. 23).

Esse exame começa pela França, onde o sindicato tem uma longa e turbulenta história, apoiada principalmente por uma — a mais antiga erelativamente forte — confederação: a CGT (ver E. Civolani, *Il sindacato francese*, in T. Menzani (Org.), *Per una storia del sindacato in Europa*, Milano, 2012).

Dapois da revolução de 1789, em harmonia com uma concepção rigidamente individualista da liberdade e com os interesses da burguesia revolucionária, foi aprovada a lei *Le Chapelier* (1791), onde pela primeira vez o direito se ocupou de interesses coletivos dos trabalhadores e de organização e ação a serviço de tais interesses: mas com o propósito de proibir tais organização e ação, isto é, com o propósito de reprimir esses nascentes sindicatos e os contratos coletivos por eles reivindicados, sob o pretexto de abolir o, por outro lado, já moribundo, se não já finado, sistema das corporações de origem medieval. A mencionada lei proibiu os trabalhadores de se associarem, enquanto se pensava que a formação de coalizações, voltadas à obtenção, dessa maneira, de um preço para o trabalho, ou seja, um salário, melhor para eles ou à redução da jornada, violasse o direito, consagrado pelos sistemas liberais, dos empregadores de contratar livremente com os empregados em separado e de estabelecer à vontade as condições de trabalho na empresa (cf. S. SIMITIS, *La legge Le Chapelier tra storia e attualità*, in *Giorn. Dir. Lav. Rel. Int.*, 1990, p. 743).

Seguiram-se outros provimentos estatais contra a organização e ação sindical, que constrangeram os trabalhadores franceses a se organizarem mais ou menos clandestinamente, mas de forma que não alcançassem significativa consistência; e somente após lutas intensas, e mesmo muito violentas, em 1864, a lei reconheceu a faculdade dos trabalhadores franceses de se unirem com o fim de tutelar seus níveis salariais.

O pleno reconhecimento jurídico dos sindicatos foi alcançado em 1884, com a lei *Waldeck-Rousseau*, que revogou a lei *Le Chapelier*; e, quando se difundia na Europa industrializada o modelo de uma organização sindical aberta a todos os trabalhadores, qualificados ou não, funcionando em escala nacional e por grandes ramos de indústria, e destinada a confluir em estruturas mais vastas de coordenamento intercategorial, nasce a *Confédération Generale du Travail* (*CGT*). Essa é a maior das cinco confederações sindicais consideradas como representativas da França (as outras são *CFDT, FO, CFTC* e *CGC*, e delas se terá muito a dizer nas páginas seguintes), se bem que seja duvidoso que assim se possa dizer ainda, visto que à maioria dos sufrágios obtida nas eleições profissionais correspondeu uma drástica diminuição dos inscritos, que a faz retroceder na classificação específica de afiliações. Em todo caso, por sua herança histórica, apresenta uma relevância que induz à concentração em torno de si das atenções.

A *CGT* foi fundada em 1895 pela fusão de organizações preexistentes, verticais (de categoria e atividades econômicas) e horizontais (intercategoriais, de nível periférico), as *bourses*, das quais se falará em seguida. E rapidamente se aproximou das palavras de ordem do sindicalismo revolucionário, animado por elementos ideológicos marxistas, mas também de sugestões anárquicas, que refutavam radicalmente o modelo de representação política em prol de uma ação social espontânea. Em tal horizonte teórico, sob o influxo do pensamento de G. SOREL., o sistema parlamentar era repudiado, por ser reputado como uma concessão à pretensão burguesa de mediação dos conflitos sociais. Era invocada, ao revés, a greve geral, como instrumento essencial de luta e solução final dos mesmos conflitos.

Na França, até 1921, influência predominante dentro da *CGT* tiveram os anarcossindicalistas, isto é, os pertencentes àquela corrente do anarquismo que encontra no sindicato a forma natural e central de organização da classe trabalhadora, em função emancipadora antiautoritária e revolucionária, recusando os partidos e as escolhas ditadas por qualquer tipo de poder político. Os anarcossindicalistas, entrados maciçamente dentro da confederação, colocaram-na em posição de duro confronto com os empregadores e autoridades públicas e de negativa à afiliação a partidos políticos (em 1906, a Carta de Amiens proclamou tal independência do sindicato).

Deve ser recordado como, em nível territorial, a *CGT* se coligasse com uma instituição característica do sindicalismo francês, comum também no italiano. Tratava-se de organismos, surgidos a princípio como agências de mão de obra, para a qual convergiam as várias organizações de categoria presentes em um dado âmbito territorial. Essas estruturas horizontais, na França, foram chamadas de *bourses du travail* e, na Itália, *camere del lavoro* (cf. D. RAPPE, *La Bourse du travail de Lyon,* Lyon, 2004).

A estratégia adotada pelos anarcossindicalistas não impediu a *CGT* de aderir a *union sacrée* da nação francesa durante a Primeira Guerra Mundial. Comportamento esse que veio a ser asperamente criticado, por seu exacerbado nacionalismo, no interior da confederação e provocou a cisão da corrente que havia entusiasticamente saudado o sucesso, em 1917, da revolução na Rússia e também dos anarquistas mais fiéis ao ideal internacionalístico (ver D. BERRY, *Anarchism, Sindacalism and the Bolshevik Challenge in France, 1918-1926*, part. III: *Sindacalism and anarchist diaspora*, 2006).

É interessante perceber algumas analogias com a situação italiana da mesma época. Também na península uma corrente do sindicalismo revolucionário degenerou em nacionalismo exasperado, que pressionava o governo a intervir na Primeira Guerra Mundial. Uma outra corrente, política e sindical, pertencente ao mesmo mundo, firmava-se na posição dos bolcheviques russos e desejava lhe imitar a fórmula organizativa dos conselhos de trabalhadores em fábricas, ou seja, dos *soviet* revolucionários, sem chegar, porém, à ruptura formal com a *Confederazione generale del lavoro*, que permaneceu sob a hegemonia dos socialistas reformistas.

A divisão do sindicalismo francês, analogamente ao que acontecia no terreno político, entre uma ala revolucionária, de inspiração soviética, e uma ala reformista, levou a uma primeira cisão e à constituição de uma nova organização, a *Confédération Générale du Travail-Syndicaliste Révolutionaire* (*CGTSR*).

O clima geral da política francesa teve incidência novamente sobre a organização sindical quando, na década de 1930, os partidos de esquerda, com as bênçãos moscovitas, uniram-se em uma frente popular e venceram a direita nas eleições de 1936. Paralelamente, *CGT* e *CGTU* reunificaram-se, dando vida a um ente sindical que desenvolveu uma ação importante em relação ao governo da citada frente e aos empregadores, recolhendo, em boa medida, novas afiliações e capitalizando o sucesso com a assinatura dos acordos do Palácio Matignon, pelos quais a categoria patronal reconhecia a liberdade sindical e os contratos coletivos de trabalho. Todavia, um outro evento político, a assinatura do Pacto Molotov-Von Ribbentrop, desencadeou ásperas reações na esquerda francesa e a clara hostilidade de uma consistente parcela aos entendimentos entre a Rússia soviética e a Alemanha nazista. Isso causou inclusive o fim do clima sindical unitário e, especialmente, a expulsão dos comunistas da confederação reunificada.

A confederação foi depois dissolvida pelo governo colaboracionista de Vichy e se transformou em uma organização clandestina da resistência à invasão nazista e, sobre essa organização, tornou a exercitar uma notável influência o também já clandestino partido comunista francês.

Depois da libertação e do parêntesis do governo unitário, finda com o afastamento dos ministros comunistas, dentro da atmosfera de guerra fria na qual a França, com toda a Europa, se precipitara, não faltaram outras repercussões sobre a organização sindical. Os reformistas saíram da *CGT*, que havia se reunificado novamente, mas com uma notória observância de uma estratégia de inspiração comunista, e fundaram a confederação denominada *Force Ouvrière* (*FO*), remetendo-se à independência em relação aos partidos políticos proclamada quarenta anos antes da Carta de Amiens. A inspiração socialista da *FO*, todavia, era tão evidente quanto à da *CGT* em relação ao comunismo.

Organizações de categoria, como a dos professores — *Fédération de l'Education Nationale* (*FEN*) —, decidiram manter uma posição que, por meio da neutralidade, garantisse sua unidade interna, e, assim, à saída da *CGT* não se seguiu uma entrada na *FO*.

Em 1964, ingressou, por outro lado, no panorama sindical — no qual já estavam presentes, como expressão do movimento sindical cristão, a *Confédération Française des Travailleurs Chrétiens* (*CFDT*), fundada em 1919, e, como representação dos trabalhadores de qualificação mais elevada, a *Confédération Générale de Cadres* (*CGC*) — a *Confédération Française Démocratique du Travail* (*CFDT*), proveniente da *CFTC*, após o abandono da referência à doutrina social da Igreja Católica e sem uma conotação política precisa, mas de toda forma com uma qualificação de sentido progressista. Com a nova organização, a *CGT*, em 1966, concluiu- -se como um pacto de unidade de ação, para a unidade da esquerda, mas rompido depois da derrota nas eleições de 1978.

A *CGT*, quando a esquerda foi colocada na oposição, teve, nos conflitos sociais, posições claramente mais radicais do que aquelas tomadas quando a esquerda esteve no governo. Mesmo nos momentos em que se viu isolada, a *CGT* assumiu, no panorama sindical francês, um papel de induvidosa importância, condicionado, todavia, pela taxa de sindicalização que, como a das outras organizações sindicais francesas, está entre as mais baixas da Europa e tende a cair mais (ver J. D. Reynaud, *Les syndicats en France*, tome I, Paris, 1975).

A imagem, grandemente difundida, segundo a qual os sindicatos franceses demonstram-se constantemente fracos, sem que isso os impedisse de estar, irresponsavelmente, sempre dispostos ao conflito, fruto de uma cultura de contestação que teria funcionado de freio às necessárias adaptações de empresas, administração pública e da economia nacional, porém, foi criticada por D. Andolfatto e D. Labbé, *Sociologie des Syndicats*, 3. ed., Paris, 2011. Para esses autores, os dados tabulados demonstrariam, ao contrário, mudanças profundas não percebidas adequadamente pelos observadores.

Como a mais importante, destacar-se-ia o declínio da conflitualidade, mensurável pela diminuição das horas de greve e o correspondente aumento da negociação coletiva e dos contratos coletivos assinados. Confirmada, ao contrário, estaria a desfiliação de trabalhadores de todos os sindicatos, aferível da queda constante dos inscritos e dos votantes nas eleições sindicais. A taxa de sindicalização, que na década de 1970 do século passado não era assim tão baixa, contrariamente a quanto depois se sustentou, podendo-se calculá-la para o total das organizações sindicais francesas com em torno de 25%, depois caiu (assim em M. Croisat e D. Labbé, *La Fin de Syndicats?*, Paris, 1992) e atualmente não supera os 7%. Para avaliar com precisão a consistência do sindicato francês, faz-se necessário, por outro lado, considerar que dois terços dos trabalhadores sindicalizados estão colocados no setor público e nas grandes empresas estatais e então, depois, cai a taxa de sindicalização no setor privado.

Um outro dado que caracteriza o atual cenário sindical francês — mas que se viu ocorrer também em outros lugares da Europa — é o crescimento das organizações dissidentes, sobretudo no setor terciário. Crescem, por outro lado, em um quadro no qual opera um número de organizações superior ao dos sindicatos reconhecidos como representativos. Tais organizações apresentaram instâncias de reconhecimento do Estado francês. O Conselho de Estado, porém, não reconheceu a *Union National des Syndicats Autonomes* (*UNSA*).

A conclusão trazida por D. Andolfatto e D. Labbé, da análise dos dados supramencionados, é de que se delineia um novo modelo sindical, no qual a conflitualidade declina, salvo as provocadas nos casos de fechamento da empresa; a negociação coletiva conquista espaços e tende a pôr em questão o primado das fontes legais na disciplina das relações de trabalho; a afiliação ao sindicato não é mais vista com a ênfase emotiva do passado; e não é mais o canal principal pelo qual adquiria seus recursos econômicos, agora provenientes em medida prevalente de financiamentos partidos das empresas e institutos de previdência, de subvenções públicas e do uso de utilidades, do gênero de estruturas e pessoal lhe colocados à disposição.

Em tal quadro opera um sindicalismo de duas velocidades: uma organização bastante forte no setor público e nas grandes empresas privadas e fraca, se não inexistente, nas pequenas empresas e nos novos setores da economia.

As observações formuladas a respeito do nível de sindicalização na França, atualmente o mais baixo da Europa, explicam o motivo pelo qual o direito sindical francês seja baseado no princípio da representatividade, ou seja, sobre o poder atribuído pelo Estado à organização sindical de representar uma coletividade de trabalhadores, independentemente do fato de que pertençam ou não à mesma organização. Representatividade e não maior representatividade, contrariamente ao que preveem diversos ordenamentos sindicais europeus.

Aos sindicatos a que é conferida, na França, a aprovação da representatividade pelo Estado — como será mais bem visto no próximo capítulo dedicado ao contrato coletivo — é dado desenvolver tratativas e estipular contratos coletivos de trabalho com eficácia geral; e a eles são cometidas outras importantes atribuições, que vão da designação de membros de órgãos coletivos públicos e de administradores de empresas estatais à participação nas eleições sindicais (cf. G. H. Camerlynck, G. Lyon-Caen, J. Pelissier, *Droit du travail*, 12. ed., Paris, 1984, p. 646-649).

Com o mecanismo da representatividade por reconhecimento estatal, o ordenamento francês teve a intenção de contornar a falta de força representativa causada pelo escasso nível de adesão dos trabalhadores. E um expediente análogo foi tomado, dessa vez para remediar particularmente a diminuta, para não dizer inexistente, sindicalização nas empresas de menor dimensão, por meio de uma lei de 2004, que regulou a verdadeiramente singular hipótese de contratação coletiva na ausência de representação sindical.

Na esteira de uma orientação assumida pela Corte de Cassação francesa, e de alguns precedentes legislativos na matéria, a mencionada lei permite, com a condição de que essa faculdade esteja prevista no contrato coletivo nacional do setor, que o empregado de uma empresa na qual faltem delegados sindicais, a quem caberia firmar o correspondente acordo coletivo, firme-o, por delegação de uma organização sindical com representação em nível nacional.

Surge, porém, diante dessas intervenções do legislador francês, a interrogação sobre se elas são verdadeiramente ou somente um remédio tentado contra a diminuição da capacidade representativa do sindicato pela queda do consenso de base ou uma das causas de tal fenômeno (cf. A. Supiot, *Les syndacats et la négociation collective*, in Dr. Soc., 1983, p. 65). Um sindicato que seja, com todas as melhores intenções, legislativo dependente, pelo fato de que seus poderes decorrem de atribuições estatais, mais do que de reconhecimentos da base e não possa contar uma grande consistência associativa está condenado a não se recuperar jamais de sua fraqueza.

O ordenamento jurídico francês previu, desde o segundo pós-guerra, um amplo e articulado complexo de regras legislativas sujeitado a numerosas e rápidas modificações, destinadas a disciplinar a organização e ação sindicais. O legislador, ciente da baixa taxa de sindicalização — mas se ressaltou que no passado não era, como depois se viu, assim tão baixo —, desejou conferir, por assim dizer, uma força suplementar à ação desenvolvida pelas organizações sindicais.

Pode ser registrado algum fortalecimento da ação de negociação, mas é de se pensar se ela decorreu de causas diversas da sustentação legal, pelo menos no particular e circunscrito âmbito no qual desenvolveu-se a mais robusta ação negocial constatada: ou seja, pelas peculiares finalidades de satisfazer interesses convergentes com as da contraparte, pelos quais os sindicatos foram pressionados. É dado também registrar um persistente enfraquecimento dos sujeitos naturais da ação sindical, desprovidos de unções e prerrogativas conferidas exclusivamente pelo poder público, isto é, enfraquecimento das organizações que possam contar para a eficácia de suas negociações apenas com a representação alcançada por meio das adesões dos representados.

11. PLURALISMO E ANOMIA DA ORGANIZAÇÃO SINDICAL PÓS-CORPORATIVA NA ITÁLIA

A estrutura do movimento sindical, também na Itália, como na França e — se verá — em outros países europeus apresenta-se articulada em uma pluralidade de organizações, às vezes em concorrência entre si, às vezes operando em uma lógica unitária.

O pluralismo organizativo, perfil histórico do sindicalismo italiano, decorre não somente, e não tanto, da coexistência de sindicatos de categoria, constituídos por ramo de indústria, ou de setores econômicos (agricultura, comércio) e voltados aos cuidados dos interesses coletivos de todos os correspondentes associados, com sindicatos de ofício ou profissionais, que reúnam trabalhadores em razão de suas tarefas particulares ou profissões no interior de uma categoria de um dado setor econômico (como acontece com pilotos, jornalistas, médicos, dirigentes). Os entes sindicais desse segundo tipo têm rompantes nos quais exercitam um papel fortemente protagonístico, mas não conseguem impor, com constância, um peso social comparável a do sindicalismo de categoria (cf. G. Giugni, *Diritto sindacale*, cit., p. 32).

O pluralismo sindical manifesta-se, ao contrário, de modo mais relevante no interior do sindicalismo de categoria e inclusive no caso italiano está conectado com os acontecimentos políticos nacionais e internacionais.

O movimento sindical italiano está dividido em confederações que espelham as divisões ideológicas (marxismo, doutrina social cristã, reformismo laico) e políticas do país. Não faltaram esforços, inclusive sinceros e não redutíveis a declarações de fachada, cumpridos com o objetivo da unidade sindical, nos momentos nos quais o sindicato alcançou seu maior prestígio e estava em grau de consolidar uma autonomia real em relação aos partidos. Todavia, quando sobrevieram momentos de forte tensão econômica e social, teve de se encarar a necessidade de ligações com as forças e instituições políticas, manifestada como pressuposto indefectível do enfrentamento realístico daquelas situações (cf. P. Craveri, S*indacati e istituzioni nel dopoguerra*, Bologna, 1977).

A mais antiga de tais confederações, e ainda a mais forte, é a *Confederazione Generale Italiana del Lavoro* (Confederação Geral Italiana do Trabalho), *CGIL*, da qual, após um breve período de unidade, seguinte à queda do sistema sindical corporativo, saíram, sob o impulso das divisões provocadas pela Guerra Fria, mas também em razão de divergências quanto aos objetivos da política nacional, as correntes secessionistas católica e laica social-democrática, que deram vida à *Confederazione Italiana Sindacati Lavoratori* (Confederação Italiana dos Sindicatos de Trabalhadores), *CISL*, e à *Unione Italiana del Lavoro* (União Italiana do Trabalho), *UIL*. As mencionadas três grandes confederações, em eventos diferentes, perseguiram uma política de unidade de ação, nunca, porém, nem mesmo durante o chamado *autunno caldo* (outono quente) de 1969, quando era mais viva a aspiração da base dos trabalhadores à unidade, desembocada em uma recomposição organizativa. A elas se juntam, com ligações com a direita política, a *Unione Generale del Lavoro* (União Geral do Trabalho), *UGL*, e outras confederações ditas autônomas, porque, ao invés, privadas de acordos políticos estáveis, além de importantes sindicatos de categoria não confederais, como se registra nos setores da educação e do crédito.

Às confederações aderem, como entes verticais de sua estrutura, às federações de categoria, por sua vez comumente articuladas em sindicatos de primeiro grau, de base territorial metropolitana ou microrregional, bem como regional e nacional. No plano local, e especificamente no metropolitano, os entes de categoria operantes em um determinado território convergem em organismos, horizontais, de coordenação inter-categorial, denominadas *camere del lavoro* (câmaras de trabalho) ou *unioni provinciali del lavoro* (uniões metropolitanas de trabalho) (ver, mas no que diz respeito à organização sindical italiana nas últimas decadas do século passado, G. Giugni, *op. ult. cit.*, p. 32-38, e D. Horovitz, *Storia del movimento sindacale in Italia*, Bologna, 1972).

Do lado dos empregadores, várias confederações agregam as empresas conforme seu setor de origem: indústria, agricultura, comércio, crédito e artesanato. As empresas de menor dimensão, considerando seus interesses peculiares, não necessariamente coincidentes com os das empresas maiores, deram-se estruturas próprias. No interior das confederações de setor, e particularmente daquela de maior importância, que reúne as empresas do setor industrial, a *Confindustria*, surgiram federações que representam ramos determinados de empresa (entre as quais deve ser mencionada, por sua relevância, a *Federmeccanica*). Operam, outrossim, estruturas inter-categoriais no plano sub-regional, isto é, metropolitano, existindo também articulações regionais, em certos casos de notável influência, como, por exemplo, a *Assolombarda*, na importante área industrial da Lombardia (cf. G. Giugni, *op. ult. cit.*, p. 38-40).

Característica peculiar do sistema sindical italiano é sua anomia. A ausência, ou, melhor dizendo, a notável escassez de lei que o regule encontra exceção no trabalho público, em relação ao qual o texto único n. 165 de 2001, modificado pelo Decreto Legislativo n. 150 de 2009, no quadro da privatização do emprego público, dita normas específicas concernentes à organização e à ação sindical (ver M. Dell'Olio, *Privatizzazione del pubblico impiego*, in *Enc. Giur. Treccani*, Roma, 2000; T. Treu (Org.), *Le relazioni sindacali nel pubblico impiego. Una analisi comparata*, Roma, 1988; Id, *La contrattazione decentrata nel pubblico impiego*, in *Riv. Trim. Dir. Pubbl.*, 1992, p. 348); e, no setor privado, quanto à organização dos trabalhadores dentro da empresa, para a qual a Lei n. 300 de 1970 (denominada Estatuto dos Trabalhadores) introduziu uma regulamentação detalhada, inerente, porém, à atividade e não à ação sindical. Ou seja, inerente a um complexo de atos nos quais falta aquele necessário objetivo de produção de efeitos jurídicos externos à organização de que promanam, que caracteriza a ação sindical, a qual se realiza através dos instrumentos do contrato coletivo e da greve. Por atividade sindical, no sentido acolhido pelo Estatuto dos Trabalhadores, ao contrário, deve ser compreendida uma atividade posta, ainda privada de efeitos jurídicos, em ser como meio de fortalecimento da organização sindical nos lugares de trabalho e do desenvolvimento da ação sindical (cf. G. Perone, *Lo statuto dei lavoratori*, 3. ed., Torino, 2010, p. 119-120).

O direito sindical italiano fala também da legislação ordinária que a Constituição italiana, nos arts. 39 (respeitante à organização sindical e ao contrato coletivo) e 40 (relativo à greve), prefigurou, cometendo ao legislador a disciplina do registro dos sindicatos (que, através do registro, sob determinadas condições, adquiririam personalidade jurídica e, representados unitariamente na proporção de seus associados, poderiam estipular contratos coletivos com eficácia obrigatória para todos os pertencentes à categoria a qual se refira) e do direito de greve (cf., pelos motivos da falta de legislação de atuação constitucional, F. Mancini, *Libertà sindacale e contratto collettivo erga omnes*, in *Riv. Trim. Dir. Proc. Civ.*, 1963, p. 570).

Assim se faz referência ao direito sindical italiano como um direito sem normas. A seu turno, os meios de luta empregados nos conflitos coletivos de trabalho, como se verá melhor no quarto capítulo, estão privados de uma sistematização legislativa orgânica (não somente na Itália, mas na generalidade dos ordenamentos dos Estados europeus). A consequência é que o direito sindical italiano se fez grandemente devedor do diálogo fecundo entre doutrina e jurisprudência e da interpretação judicial que assim preencheram as lacunas legislativas (cf. C. Mortati, *Il lavoro nella Costituzione*, in *Dir. Lav.*, 1954, I, p. 149; U. Prosperetti, *L'evoluzione del diritto del lavoro nella applicazione giurisprudenziale*, in *Foro it.*, 1966, IV, p. 58; L. Galantino, *Formazione giurisprudenziale dei principi del diritto del lavoro*, Milano, 1979).

Não é exato, por outro lado, que o direito sindical seja completamente privado de disciplina legislativa, porque à falta de aprovação das leis de atuação constitucional fez contraponto uma série de intervenções legislativas, além de, na matéria de sustentação, à presença e atividades sindicais e de disciplina da contratação coletiva no setor público, no tema da regulação da greve nos serviços públicos essenciais, e do reconhecimento dos direitos sindicais de informação e consulta.

O absenteísmo legislativo, em verdade, não é redutível a simples situações acidentais. A hesitação do legislador italiano em intervir deriva de escolhas fundamentais, influenciadas por orientações dos sindicatos em torno da relação entre lei e autonomia sindical. O sindicato da lei — que embora lhe reconheça a presença legítima e o direito de agir sobre o ordenamento jurídico, eventualmente sustentando-o com critérios seletivos, e determine com segurança a eficácia de seus atos, bem como o âmbito de tal eficácia — pode, por outro lado, e sem ter de inventar pretextos, haver razão de temer, por experiência antiga, que originem, ao lado de tais resultados vantajosos, consequências perigosas para a liberdade, seu alimento vital. E isso, inclusive, se essa não é a única espécie de relação entre lei e autonomia sindical que seja dado prosperar, podendo-se registrar seguramente, também na Itália, relações menos tensas e preocupantes.

Certamente que, para as hesitações do legislador, influiu a recordação do ordenamento corporativo. Portanto, para a melhor compreensão do sistema sindical italiano é necessário o exame do ordenamento corporativo que, por outro lado, influiu na evolução não somente do sistema italiano. O ordenamento corporativo, surgido por impulso do regime fascista, revelou-se suscetível de transplantes, mais ou menos duradouros, em outros países europeus (Espanha e Portugal) e latino-americanos (cf. N. Jaeger, *Principi di diritto corporativo*, Milano, 1940).

A natureza (privada ou pública) e a eficácia (limitada aos inscritos nas entidades estipulantes do contrato coletivo ou extensiva a todos os pertencentes à categoria profissional em referência) dos atos da negociação coletiva e sua relação com a normatização estatal variam no espaço, segundo os ordenamentos de cada país, e no tempo, já que no interior dos mesmos países sucedem-se diversos sistemas sindicais. E isso estabelecido que, em todo o caso, o direito sindical é fenômeno essencialmente moderno, conexo à dialética entre capital e trabalho decorrente da Revolução Industrial; e por isso não assimilável às diversas formas de organização profissional características da sociedade e da economia anteriores à mesma Revolução Industrial.

Decididamente diferenciado em relação à experiência histórica da qual tomou de empréstimo o nome e do qual sofreu influências, parece--nos o ordenamento corporativo atuado na Itália de 1926 (Lei

n. 563 de 1926 e Regulamento n. 1.130 do mesmo ano) a 1944 (Decreto-Lei Real n. 721 de 1943 e Decreto Legislativo do Lugar-tenente Chefe provisório do Estado n. 369 de 1944, sobre a supressão dos sindicatos corporativos, mas com manutenção em vigor temporário das normas corporativas existentes-cf. L. Barassi, *Diritto corporativo e diritto del lavoro*, Milano, 1942).

Do sistema medieval seu homônimo moderno repetiu a ideia de uma organização que englobe todos aqueles — empregadores e trabalhadores — que desenvolvam atividades em um determinado setor e categoria profissional e lhe represente os interesses, vistos como convergentes e não conflitivos. Os interesses distintos do trabalho e do capital — nessa lógica que lhe nega uma natural contraposição — são reconduzidos e diluídos no interesse superior da produção nacional.

O objetivo que inspira o ordenamento corporativo é o de disciplina voltada à realização da necessária cooperação dos fatores do processo produtivo e direcionada à eliminação dos conflitos sociais, não por meio de canais nos quais endereçar-lhes o livre curso da maneira menos tumultuosa possível, mas sim coativamente, negando à raiz a própria legitimidade dos conflitos e expungindo aprioristicamente qualquer germe de aberta dialética social (ver G. Vardaro, *Le origini dell'art. 2077 c.c. e l'ideologia giuridico-sociale del fascismo*, in *Mat. Stor. Cult. Giur.*, 1980, p. 437).

O sistema corporativo ambiciona dar vida a um complexo profissional compacto e totalitário no qual confluam capital e trabalho e até ele — como o medieval — estritamente coligado e assujeitado ao poder estatal. Do qual, porém, o mesmo sistema, quase que como em troca da liberdade subtraída, recebe a delegação e exercita a função normativa, que, em matéria de trabalho e economia, é parcialmente descentralizada em favor dos sindicatos corporativos.

Um outro aspecto de longíqua semelhança com os mencionados precedentes históricos concerne ao desenvolvimento dos limites do sistema corporativo. Partindo do sistema trabalhista, o sistema se volta, posteriormente, à atividade econômica — com o propósito de criar uma economia corporativa, na qual largo espaço é reservado a entendimentos entre empresários, formalizados por meio de acordos econômicos coletivos — e à atividade política. A representação profissional se volta à suplantação da representação política, na Câmara, exatamente por isso, chamada de *Camera dei Fasci e delle Corporazioni* (Câmara das Associações Fascistas e Corporações), na qual os representantes do mundo profissional tinham assento com expoentes designados pelo partido fascista (Lei n. 129 de 1939 — ver G. Chiarelli, *Lo Stato corporativo*, Padova, 1938).

Bem diverso, porém, é o cenário no qual o corporativismo moderno quis operar. Não mais aquele do artesanato e das trocas comerciais entre cidades, mas o ambiente de uma sociedade industrial, na qual não somente as empresas, mas também as organizações de massa dos trabalhadores alcançaram dimensão e força tais de colocar em discussão a solidez das próprias instituições políticas liberais.

Os autores do projeto autoritário corporativista compreenderam que não era possível expungir aquelas organizações, profundamente radicadas na realidade social, não obstante sua hostilidade em relação ao Estado, pelas coligações com movimentos políticos tidos como subversivos e pela temida perturbação dos equilíbrios de mercado provocada pela ação sindical. E rejeitaram a linha da proibição e da expulsão da associação sindical do terreno do lícito jurídico; linha que, no momento mais agudo da crise social do primeiro pós-guerra, fomentada por pressões sindicais, algumas correntes liberais, reminiscência, por outro lado, da herança do pensamento político individualístico, repropunham, como única possibilidade de sair da crise (P. Ungari, *Alfredo Rocco e l'ideologia giuridica del fascismo*, Brescia, 1974). Ao contrário, os fundadores do corporativismo moderno, cujo manifesto mais político do que técnico-jurídico é a "Carta del Lavoro" (Carta do Trabalho) de 1927 (ver G. Ghezzi e U. Romagnoli, *Il diritto sindacale*, Bologna, 1987, p. 10), não pensavam que fosse praticável, em relação à organização sindical, a estratégia da exclusão aos confins do ordenamento jurídico. E se conformaram em reconhecer, seletivamente, expressões sindicais consentâneas com o governo, fazendo-as pessoas jurídicas de direito público, sensíveis às pressões do governo e dóceis aos controles estatais.

Os sindicatos reconhecidos foram inseridos no sistema estatal, como entidades de sua atuação. O reconhecimento jurídico e o englobamento no aparato público são, para as associações sindicais, como uma armadura, que lhe reforça a capacidade defensiva (dos interesses coletivos representados) mas lhe enfraquece inexoravelmente a liberdade de movimento.

O objetivo do sistema corporativo é o de canalizar, por meio de sindicatos desnaturados, porque privados da originária carga de tensão e combatividade, a luta sindical em sólidas, mas limitadas, estruturas estatais. São dissolvidos os sindicatos já livremente constituídos e operantes no terreno privado, reconhecendo-se um único sindicato para cada categoria profissional, individuada por lei, segundo critérios de tipo mercadológico e por força de determinações aprioristicas do Estado (o assim chamado enquadramento coletivo em categorias ontológicas).

O sindicato único de Estado, sujeito de direito público, representativo *ex lege* da generalidade dos trabalhadores de uma dada categoria e correlato a uma organização empresarial simétrica no interior de uma mesma corporação, órgão estatal chamado a atuar de modo unitário as forças da produção e a designar parte dos componentes da *Camera dei Fasci e delle Corporazioni* (Câmara das Associações Fascistas e das Corporações), transforma-se em sustentáculo de um semelhante sistema, inspirado no objetivo de controle pelo Estado da realidade social.

Essa espécie de controle, mais do que a delegação aos sindicatos de funções públicas, qualifica o modelo corporativo (cf. M. Martone, *Governo dell'economia e azione sindacale*, in F. Galgano (Org.), *Trattato di diritto commerciale e di diritto pubblico dell'economia*, XLII, Padova, 2006).

Aos atos em matéria sindical concluídos pelos sindicatos reconhecidos como pessoas de direito público — contratos coletivos de trabalho e acordos coletivos econômicos entre empresários — pelo ordenamento corporativo foi atribuída a natureza de normas de direito público e, por isso, com eficácia geral, em relação a todos os pertencentes à categoria profissional.

A negação do conflito coletivo conduziu à proibição, sancionada como crime, da greve e do *lockout*. Nos casos em que não se chegasse à estipulação de contratos coletivos (hipótese improvável, considerado o estrito controle estatal inclusive no que toca à nomeação e ao comportamento dos dirigentes dos sindicatos dos trabalhadores e das empresas), à magistratura do trabalho, em sede coletiva, foi conferido o poder de estabelecer o equilíbrio dos interesses não alcançado autonomamente pelos sindicatos. A Justiça do Trabalho, com suas sentenças, podia resolver, além de controvérsias coletivas acerca da interpretação e aplicação de regras já postas, também os conflitos de interesses coletivos, ditando as regras que os sindicatos contrapostos não tivessem sido capazes de introduzir contratualmente. Essas sentenças, com as ordenanças corporativas, constituíam os atos estatais de disciplina corporativa. Sentenças que decidiram controvérsias coletivas econômicas, concernentes a requerimentos de novas condições de trabalho, quando fosse impossível chegar-se a um acordo em sede extrajudicial, na vigência do ordenamento corporativo italiano, pelos motivos mencionados, ou seja, pela docilidade frente às diretivas do governo, foram pronunciadas muito raramente (ver. G. C. Jocteau, *La magistratura e i conflitti di lavoro durante il fascismo*, 1926-1934, Milano, 1978).

Depois da queda do sistema corporativo, o direito sindical italiano desenvolveu-se segundo um objetivo completamente diverso: ou seja, sob o signo da liberdade, fundando-se na autonomia privada coletiva, expressão da vontade livre dos grupos profissionais em realizar seus interesses particulares, de natureza privada, distintos em relação aos da sociedade em geral e ao do aparato dos poderes públicos, onde predomina o interesse público (cf. G. Mazzoni, *La conquista della libertà sindacale*, Roma, 1947).

O direito sindical renascido, como se disse, das cinzas do direito corporativo, ainda que sem contradizer seus aspectos de especialização, cresceu — sob o impulso prevalente da doutrina e da jurisprudência — na esteira do direito comum dos contratos. Fala-se, por isso mesmo, de associações sindicais de direito comum e de contratos coletivos de direito comum (ver no que diga respeito às primeiras utilizações da expressão L. Riva Sanseverino, *Il contratto collettivo nella legislazione italiana*, in Dir. Lav., 1946, I, p. 3; F. Santoro-Passarelli, *Inderogabilità dei contratti collettivi di diritto comune*, in Dir. Giur., 1950, p. 299, e *Saggi di diritto civile*, I, cit., p. 217), nessa longa fase pós-corporativa de espera vã da atuação das mencionadas normas constitucionais (cf. U. Romagnoli e T. Treu, *I sindacati in Italia: storia di una strategia (1945-46)*, Bologna, 1977).

A defesa da natureza privada da organização e dos meios de ação sindical significou a defesa da liberdade, em uma lógica de pluralismo, de competição e de ocorrência de conflitos, em que os interesses — individuais ou organizativos — dos trabalhadores e dos empregadores são vistos como contrapostos.

Deve ser referida uma outra, diferente, tendência do direito do trabalho italiano, publicística e participativa, concentrada, mais que nos aspectos da dialética dos interesses contrapostos da empresa e do mundo do trabalho, nas inter-relações entre a persecução do interesse geral e o interesse dos trabalhadores, na premissa de que esse último, no médio e longo prazos, nem sempre coincide com uma indiscriminada melhora das condições de trabalho. Para tanto, especial atenção é dedicada, por essa tendência, característica do sistema corporativo, mas não em medida esclusiva, às exigências de compatibilidade econômica, em nível das empresas individualmente consideradas e de todo o sistema, valorizando o momento da solidariedade no lugar daquele do conflito entre grupos. A posição privilegiada ocupada pelas confederações mais representativas na legislação de sustento do movimento sindical foi, de resto, justificada pela Corte Constitucional, com base precisamente por sua inclinação solidarística (assim as sentenças n. 334, de 1988, e n. 30, de 1990).

Em todo caso, a aspiração prevalente — privatística, pluralista e competitiva — do direito sindical pós-corporativo conservou, por assim dizer, em seu DNA, uma clara desconfiança em relação a intervenções do legislador, por detrás das quais, além das intenções declaradas, temia-se que estivessem embutidos perigosos comprometimentos da liberdade.

Isso não quer dizer que o outro objetivo ficasse privado de influência, tornando periodicamente a repropor-se o problema de uma necessária coordenação dos instrumentos de autotutela coletiva com o interesse geral (cf. G. Martire e A. Vallebona, *Libertà sindacale* in *Enc. Giur.*, Milano, 2007, IX, p. 106).

Ao menos até hoje, quando se vislumbram sinais no sentido contrário, a recusa de aceitação de técnicas legislativas de reconhecimento jurídico é compartilhada pelas organizações sindicais; enquanto foi acolhida (e até solicitada) uma legislação sindical de sustentação e de atribuição de direitos de atividade sindical, dentro da qual foi primeira e máxima expressão a lei de 20 de maio de 1970. Em relação à tal legislação, no entanto, foi declarada uma inicial relutância, por alguns setores sindicais, para quem seria óbvia uma consequente redução da esfera de autonomia sindical.

Ponto cardeal do sistema sindical demonstrou ser o princípio da liberdade sindical, sancionado, com imediata aplicação, pelo art. 39, parágrafo 1º, da Constituição (U. Prosperetti, *Libertà sindacale,* in L. Riva Sanseverino e G. Mazzoni (Orgs.), *Nuovo trattato di diritto del lavoro*, vol. I, Padova, 1971, p. 15; G. Pera, *Libertà sindacale (diritto vigente),* in *Enc. Dir.*, XXIV, Milano, 1974, p. 501). Por outro lado, fracassaram todas as tentativas voltadas à aprovação de uma lei orgânica sindical que, atuando o que preveem os outros parágrafos da citada norma constitucional, permitisse a estipulação de contratos coletivos dotados de eficácia geral para todos os pertencentes às categorias aos quais os mesmos contratos se referissem: como eram de eficácia geral os contratos coletivos corporativos, mas sem aquele sacrifício da liberdade.

Acenados obstáculos impediram a completa atuação do art. 39 da Constituição. Trata-se de obstáculos técnicos (objetiva dificuldade de instituir uma espécie de Cartório de Registro dos Sindicatos, com base no qual se pudesse medir a relação entre os inscritos e os integrantes da categoria); mas também de motivações políticas (relutância dos sindicatos minoritários com relação a um sistema que pretenda contabilizar os inscritos nos respectivos sindicatos), e preferência, não manifestada por todas as confederações, por um modelo de representação diverso do escolhido pelo constituinte (mais precisamente, predileção, reiterada por estudiosos próximos do sindicato mais forte, por um modelo majoritário e não proporcional) para a representação das categorias, às quais o art. 39, parágrafo 4º, da Constituição confia a conclusão dos contratos coletivos com eficácia *erga omnes*, pelo qual os sindicatos têm peso proporcional ao número de seus inscritos.

Um desenvolvimento essencial da liberdade e do pluralismo sindical, no ordenamento pós-corporativo, diz respeito à livre definição da categoria profissional — ao contrário do que previa o sistema corporativo — em relação à definição estipulada pelo legislador, no âmbito na qual a organização sindical possa operar, inclusive na eventual divergência com definição que a lei, para outros fins, pratique. Assim, pode acontecer que o enquadramento da categoria para fins de atuação da legislação previdenciária não coincida com o enquadramento que, para seus próprios fins, os sindicatos livremente escolham.

A categoria profissional, por força do art. 39, parágrafo 1º, da Constituição, não pode ser tida como entidade preexistente ao sindicato, reconhecível por suas intrínsecas características mercadológicas, ou por determinação legal. Ao contrário, é cometido aos trabalhadores interessados o poder de identificar no qual dar vida a uma organização sindical e agir em consequência. Em suma, atualmente, no que diga respeito ao sindicato livre, a categoria profissional não é um *prius*, mas um *posterius* (G. Giugni, *op. ult. cit.*, p. 69-71).

Na forma supramencionda, a organização sindical nos lugares de trabalho constitui um dos poucos casos de intervenção do legislador italiano em matéria sindical. A Lei n. 300 de 1970 (o assim chamado Estatuto dos Trabalhadores) disciplinou tal organização num período, isto é, entre a década de 1960 e a de 1970, no qual ainda estava em curso de acomodação uma turbulenta evolução das formas de organização dos trabalhadores nos lugares de trabalho (cf. G. Ghezzi, *Statuto dei lavoratori*, in *Noviss. Dig. It.*, XVIII, Torino, 1971, p. 410).

Afirmavam-se naquele período novas organizações espontâneas, num quadro de aguda conflitualidade dentro do estabelecimento, voltadas à representação de todo o pessoal da empresa ou de peculiares grupos profissionais homogêneos. Tais organismos não eram coordenados e não raro asperamente polêmicos em relação ao associacionismo sindical tradicional. Tal situação punha para esse último o problema da recuperação de semelhante realidade de subtração de sua hegemonia num lugar que andava revelando-se estratégico no conflito industrial (cf. T. Treu, *L'organizzazione sindacale*, Milano, I, 1970; M. Grandi, *L'attività sindacale nell'impresa*, Milano, 1976; F. Peschiera, *Sindacato e rappresentanze operaie*, Roma, 1973).

A recuperação foi perseguida pelo reconhecimento como sua estrutura de base e o implante na própria organização dos citados organismos, e especificamente dos conselhos de fábrica eleitos pela generalidade dos trabalhadores, independentemente de afiliação sindical.

A aprovação de uma legislação de sustento reservada aos organismos sindicais de estabelecimento que tinham aceitado inserir-se nas estruturas do sindicalismo confederativo aperfeiçoou o aludido projeto de recuperação.

Pedra fundamental desse projeto é uma norma do Estatuto dos Trabalhadores, o art. 19, que dispôs que representações sindicais de estabelecimento pudessem se constituir, por iniciativa de trabalhadores encarregados em empresas ou estabelecimentos que superassem um piso mínimo de empregados, fixado em quinze por estabelecimento. A norma precisava que tais representações devessem se vincular a associações sindicais aderentes a confederações mais representativas no plano nacional, ou mesmo a associações que, mesmo não estando aderidas a tais confederações, fossem firmatárias de contratos coletivos nacionais ou metropolitanos, aplicáveis no lugar de trabalho. A pressão pela absorção das novas realidades, surgidas espontaneamente no sindicalismo oficial, historicamente mais representativos, parece evidente (ver, na extensa doutrina a respeito da norma, T. Treu, *Sindacato e rappresentanze aziendali*, Bologna, 1971).

Em 1995, porém, ocorre um *referendum* que revoga a primeira hipótese a qual o art. 19 subordinava a constituição das representações e modificou a segunda, pelo que pôde se constituir representações sindicais de estabelecimento somente no âmbito de associações firmatárias de um contrato coletivo aplicado na empresa, ainda que negociado exclusivamente em nível de empresa.

A essas representações a lei reconhecia uma série de direitos, ditos sindicais, que não são atribuídos a uma outra espécie de representação sindical por estabelecimento, regulado pelo art. 14 do mesmo Estatuto dos Trabalhadores. Com base em tal norma, todos os trabalhadores, sem limites, dentro dos lugares de trabalho, têm o direito de constituir associações sindicais e de a elas aderir e de concluir contratos coletivos e eventualmente deflagrar greves, mas sem usufruir, como já mencionado, de determinados direitos de que são titulares exclusivamente outras representações, por força do art. 19.

Esses direitos foram chamados direitos de atividade sindical, no sentido de que consentem o desenvolvimento de uma série de operações e a prática de uma série de atos que levam ao desenvolvimento de uma verdadeira ação sindical, reforçando a radicação do sindicato nos lugares de trabalho e sustentando a contratação coletiva que neles tenha sido negociada (cf. G. Perone, cit., p. 122). Cuidam-se de direitos de reunir-se em assembleias, de realizar *referenda* no âmbito dos estabelecimentos, de ter um lugar, na empresa, reservado às instalações da representação sindical, de afixar seus comunicados, de cobrar contribuições associativas e de licenças para os dirigentes sindicais locais e nacionais.

Os sindicatos confederativos tradicionais favoreceram-se dos direitos sindicais nos lugares de trabalho, consolidando, assim, sua hegemonia nos lugares de trabalho e contendo a concorrência de outras novas realidades organizativas que, se bem não obstaculizadas formalmente por proibições legais, não tiveram condições de aproveitar da sustentação legal reservada ao sindicalismo oficial. E continuaram a se favorecer, mesmo depois do mencionado *referendum* revogador da letra *a* do art. 19, porque eles continuaram a ser os firmatários dos contratos coletivos aplicados na empresa (ver M. Dell'Olio, M. G. Garofalo, G. Pera, *Rappresentanze anziendali e referendum*, in *Gior. Dir. Lav. Rel. Ind.*, 1995, p. 657; G. Giugni, *La rappresentanza sindacale dopo il referendum*, ivi, 1995, p. 359; A. Vallebona, *Il padre disconosce il cambiamento del figlio; critica alla tesi del Prof. Giugni sulla parziale abrogazione referendaria dell'art. 19, St. Lav.*, in *Dir. Lav.*, 1996, I, p. 153; P. Inchino, *Le rappresentanze sindacali in azienda dopo i referendum: problemi di applicazione della nuova norma e dibattito sulla riforma*, in *Riv. It. Dir. Lav.*, 1966, I, p. 113; R. Pessi, *Le regole della rappresentanza sindacale in azienda dopo il referendum* in *Dir. Lav.*, 1995, p. 435). A Corte Costitucional, porém, declarou, em 2013, inconstitucional ainda a norma do art. 19 que precisava que os sindicatos favorecidos pela lei fossem firmatários de contratos coletivos (assim a sentenca n. 231 de 2013).

Em janeiro de 2014, a Confederação das Indústrias (*Confindustria*) e as confederações dos trabalhadores *CGIL, CISL* e *UIL* concluíram um acordo sobre representação sindical no qual ajustaram que em toda unidade produtiva individual com mais de quinze subordinados deverá ter uma representação sindical.

Ela deverá ser constituída, conjunta ou separadamente, por iniciativa dos sindicatos de categorias adeptos às confederações sindicais signatárias do aludido acordo e também outros sindicatos signatários de contratos coletivos aplicáveis na unidade produtiva, na condição de que tenham efetuado adesão formal ao mesmo acordo.

A constituição das representações sindicais unitárias deve-se proceder mediante eleições por sufrágio universal e por escrutínio secreto entre listas de concorrentes. Na definição dos colégios eleitorais, com finalidade da equilibrada distribuição dos cargos, deve-se garantir uma composição que permita uma adequada representação dos operários, empregados e empregadas e de ocupantes de cargo de confiança.

O número dos componentes da representação será igual, pelo menos a três, nas unidades produtivas que ocupem até 200 dependentes. Naquelas maiores, preveem-se três componentes para cada 300 dependentes, se tais unidades ocupem até 500 dependentes. Nas unidades produtivas de maiores dimensões, são previstos três componentes para cada 500 dependentes, em acréscimo ao número calculado como indicado em precedência.

Aos componentes das representações sindicais unitárias são reconhecidos direitos, licenças e tutelas atribuídos pela Lei n. 300 de 1970 às representações sindicais de empresas reguladas por aquela lei.

O acordo, após ter detalhadamente disciplinado o procedimento de eleição do novo organismo, ocupa-se da titularidade e eficácia da contração coletiva nacional de categoria e daquela empresarial. São admitidas à contratação nacional as federações adeptas às confederações signatárias de acordo, que tenham uma representatividade não inferior a 5%, considerando-se para tal fim a média entre as inscrições certificadas com base nos encargos conferidos para os trabalhadores pelo pagamento das contribuições e os votos obtidos nas eleições das representações sindicais unitárias

Os contratos coletivos nacionais subscritos pelas organizações sindicais que representem mais de 50% da representação como supra determinado são considerados eficazes e vinculantes para todas as organizações sindicais adeptas às confederações signatárias do acordo, as quais se obrigam, com as respectivas federações, a não promoverem iniciativas em contraste com os acordos assim definidos.

A contratação coletiva empresarial deve exercitar-se pelas matérias e com as modalidades previstas pelo contrato coletivo nacional de categorias e pela lei. Os contratos coletivos empresariais, aprovados pela maioria dos integrantes das representações sindicais unitárias eleitas segundo as regras previstas no acordo, vinculam todo o pessoal da empresa e todas as associações sindicais adeptas às confederações signatárias do acordo. Quando estiverem presentes representações de empresas constituídas não segundo o acordo, mas embasadas na Lei n. 300 de 1970, ao contrato coletivo de empresa é reconhecido eficácia geral vinculante se aprovado por aquelas representações, quando resultem destinados da maioria dos encargos relativos às contribuições sindicais conferidos no ano precedente aquele no qual é estipulado o contrato. Quando o requer, ou uma organização adepta à confederação signatária do acordo, ou também mais de 30% dos trabalhadores da empresa, o contrato empresarial deve ser sobreposto ao voto dos trabalhadores. Para a validade da consulta é necessária a participação de mais de 50% dos detentores de direito ao voto. O acordo é aprovado ou rejeitado pela maioria simples dos votantes.

12. A RECUPERAÇÃO DA LIBERDADE DE ORGANIZAÇÃO SINDICAL DEPOIS DE REGIMES AUTORITÁRIOS: ESPANHA, PORTUGAL E GRÉCIA

O cenário oferecido por outros países, como Espanha e Portugal, que reconquistaram a liberdade sindical, depois de havê-la perdida em longos anos de regimes corporativos, sem dúvida demonstra não poucos elementos de afinidade com aquele ilustrado no item precedente, dedicado ao sistema sindical italiano que sofreu, ainda que em tempos mais longínquos, uma vicissitude análoga. E apresenta também analogias com os precedentes históricos do sistema sindical grego, no qual se encontram menos marcantes, mas não desprezíveis, semelhanças.

Esses três países da área mediterrânea — observa B. Veneziani — apresentam aspectos comuns, identificáveis num sistema capitalista retardado e assistencialista: baixa taxa de sindicalização; conflitualidade sindical inclinada a explodir decididamente em episódios de duração breve, mas não inserida em uma estratégia de amplitude maior; centralismo na condução das relações industriais; mas fraqueza das organizações protagonistas, evidente inclusive do ponto de vista financeiro, sobretudo se comparada com a força das homólogas organizações sindicais da Europa centro-setentrional.

É em razão de tais características (que os reuniu também na hodierna aguda crise econômica que lhes põe entre as mais delicadas zonas de perigo do continente) que os três países se encaminharam para um modelo comum de relações industriais. Isso na passagem de uma situação de repressão a uma atmosfera de liberdade de organização, garantida constitucionalmente (art. 28 da Constituição Espanhola de 1978, art. 56 da Constituição Portuguesa de 1976 e art. 23 da Constituição Grega de 1975), mas supõe um alto índice de intervenção estatal, promotora da ação sindical, mas também controladora dessa (T. Treu, *Introduzione*, in T. Treu (Org.), *Crisi economica e mutamenti politici nell'area mediterranea*, Roma, 1983, p. 11-15). A minuciosa regulamentação de aspectos procedimentais, a definição legal dos agentes contratuais e de aspectos organizativos do sindicato, os limites impostos ao conflito, em todo caso, não impedem que os sindicatos nos três sistemas alcancem uma condição de autonomia em relação ao Estado e tutela de sua livre identidade.

Iniciando propriamente ao exame do momento final do percurso dos supramencionados sistemas sindicais, vale dizer de sua liberdade recuperada, observa-se como as organizações, que finalmente estiveram em grau de frui-la, escolheram uma estrutura pluralística, na qual estão presentes federações nacionais de categoria, afiliadas a confederações intercategoriais: na Espanha, a *Unión General del Trabajo* (*UGT*) e as *Comissiones Obreras* (*CC.OO.*), além de confederações menores, inclusive de caráter exclusivamente regional; em Portugal, a União Geral do Trabalho (*UGT*) e Confederação Geral do Trabalho Portuguesa-Intersindical (*CGTR-IN*), além de, inclusive nesse caso, confederações de menor relevo. Em ambas as hipóteses cuidam-se de organizações não mais obrigadas à unidade por força de lei, mas também não unidas por livre escolha, que não se verificou, ainda que frequentemente — mas não sempre, e com mais dificuldade em alguns momentos de crise social particularmente aguda — à falta de unidade organizativa correspondeu uma praxe de unidade de ação.

A herança corporativista, de toda forma, continuou a exercer alguma sugestão, na longa fase de transição ao sindicalismo democrático, quando se registraram resistências a eliminar todas as influências de marca corporativa. Parece excessivo responsabilizar a referida herança pela hegemonia que os novos sistemas sindicais livres concederam ao sindicato mais representativo, que além de poder estipular, por força de tal prerrogativa, contratos coletivos com eficácia *erga omnes*, foi chamado a desempenhar o papel de interlocutor privilegiado da política econômica do governo. Poder-se-ia pensar, a propósito, em situações de neocorporativismo, mas uma diferença é clara: falta o assujeitamento do sindicato e a subordinação de seus objetivos às diretivas governamentais. A diversidade espelha-se na natureza jurídica dos renascidos sindicatos livres, desonerados de hipotecas públicas que conotavam sua subordinação ao poder político.

Precisamente na ocasião das mencionadas crises sociais mais agudas a independência dos sindicatos em relação aos governos manifestou-se com a máxima energia. O que, por outro lado, não excluiu a vizinhança das mesmas confederações com partidos políticos. Na Espanha, a *UGT* é próxima ao Partido Socialista e a *CC.OO.* ao Partido Comunista; em Portugal, a *UGT* é de orientação socialista e social-democrática e a *CGTP-IN* é de orientação comunista.

Diversidade, em vez de afinidade, quanto aos desenvolvimentos pós-corporativos do sistema italiano registram-se no que concerne ao campo legislativo. Esse outro sistema sindical europeu que se liberou dos obstáculos da legislação sindical corporativa, pelo temor de uma recaída em situações análogas, escolheu, em substância, o absenteísmo em matéria de legislação, entendendo preferível a anomia a toda tentativa de construção de uma legislação orgânica a respeito de modelos sindicais democráticos.

A propósito, deve ser avaliado o quanto a diversa posição tomada pelos sistemas saídos do corporativismo em relação a uma eventual intervenção legislativa dependa, quanto ao ordenamento resultante dessa intervenção, da consciência sindical da própria força, adquirida por meio do consenso conquistado junto aos associados, e quanto a intervenção estatal derive da consciência da fraqueza dos sindicatos, que os induz a cuidar de supri-la com a ajuda do legislador.

Certo é que o trajeto de saída do corporativismo, no caso italiano, desembocou numa classe de relações entre Estado e autonomia coletiva regulada sob o signo da liberdade: ver pela fase de transição, A. Accornero, *Problemi del movimento sindacale in Italia* (1943-73), Milano, 1976. Situação fruto da perseguição de uma lógica de equilíbrios obtida pelo sindicato em virtude da autoridade e capacidade própria de mobilização, num contexto legislativo no qual desejou-se essencialmente garantir a liberdade de associação e ação sindical, premissa do equilíbrio alcançado; contexto, que, porém, preocupou-se também em oferecer o apoio de um aditivo heterônomo em grau de evitar que o mesmo equilíbrio e seus tradicionais pilastres fossem prejudicados pela rivalidade do espontaneísmo sindical.

O reconhecimento — ao nível constitucional também — de amplos espaços de ação para o sindicato, que, como salienta B. Veneziani, induziu os sistemas da Europa centro-setentrional a considera-lo idôneo a satisfazer às exigências da dialética sindical sem (demasiadas) iniciativas legislativas direcionadas a sujeitos e estrutura e vida interna do sindicato, pressionou o sindicato italiano a recusar os projetos legislativos de atuação das normas constitucionais (arts. 39 e 40) relativos ao contrato coletivo e greve. Ao revés — pois que a confiança dada pelo sindicato à eficácia regulamentadora da lei em relação às relações individuais e coletivas depende de particulares circunstâncias históricas —, as preferências dos outros ordenamentos que tiveram sobre os ombros experiências do tipo corporativo não se encaminharam no sentido de um modelo do tipo voluntário, correspondente àquele do pós-corporativismo italiano.

A compreensão dos ordenamentos espanhol, português e grego pode ser auxiliada, além de considerações atinentes atuais, de invocações aos precedentes históricos, cujo conhecimento é sempre iluminado pela pesquisa comparatística.

O sindicato espanhol, depois de ter percorrido, entre as últimas décadas do século XIX e as primeiras do século seguinte, um itinerário difícil em direção ao pleno reconhecimento da sua organização e da sua ação para a tutela dos interesses coletivos dos trabalhadores, viu-se, no período franquista, constrangido aos moldes de um sistema corporativo que lhe anulava a liberdade conquistada.

Como ocorreu nos outros países europeus, também na Espanha as organizações sindicais superaram a duras penas a inicial fase de repressão. Sua legitimidade foi reconhecida por um decreto de 1868, mas foram relegadas, por vários anos, no âmbito da disciplina legislativa geral das associações lícitas, sem que fossem disciplinadas especificamente organização e ação, pelo que é dado concluir que se tratou menos de um reconhecimento jurídico do sindicato e mais de uma fase de sua mera tolerância da parte do Estado (cf. A. MONTOYA MELGAR, *Ideologia e lenguaje en las leyes laborales de España (1873-1978)*, Madrid, 1992).

Para conseguir uma legislação completa e adequada sobre a representação profissional de trabalhadores e empregadores e sobre os meios de ação sindical, foi necessário ultrapassar o primeiro quarto do século seguinte, mas esse resultado foi radicalmente anulado pela instauração do direito sindical do regime franquista, depois do final da guerra dos anos 1936-1939 (ver A. MARTÍN VALVERDE, *La formación del Derecho del Trabajo en España*, in *La legislación social en la historia de España. De la revolución liberal a 1936* — Congreso de los Diputados, Madrid, 1987).

Todas as organizações políticas e sociais, inclusive os sindicatos livres, contrários ao regime, foram suprimidas, e o Estado se reservou competência exclusiva para estabelecer os fundamentos da disciplina do trabalho (*Fuero del Trabajo*, de 1938).

A inspiração do *Fuero del Trabajo* foi, evidentemente, a *Carta del Lavoro* fascista. Nenhum espaço foi deixado a uma genuína autodisciplina de origem profissional. À proibição dos sindicatos livres correspondeu a constituição, em sua substituição, de organizações profissionais únicas, por ramo de indústria, às quais foram atribuídas natureza de entes públicos e representação da generalidade dos trabalhadores e dos empregadores.

Esses sindicais verticais foram estruturados hierarquicamente sob a direção do Estado e chamados a desenvolver, na mesma lógica do ordenamento corporativo italiano, funções de natureza administrativa, entre elas a de gestão de escritórios de colocação de mão de obra, e política, assumindo o papel de canal de comunicação de aspirações dos trabalhadores e dos objetivos governativos nos temas de política econômica e social.

Embora prevista, a princípio, uma tal competência, pelo *Fuero del Trabajo*, aos sindicatos franquistas não foram delegadas efetivamente a regulamentação e a vigilância das condições do trabalho, funções consideradas de prerrogativa exclusiva do Estado e pelo mesmo exercitadas, por meio de órgãos do Ministério do Trabalho, com decretos apropriados, que constituem um aspecto característico do direito do trabalho franquista.

Isso, ao menos até os últimos anos do regime, quando, com muita cautela e sem nunca aceitar abertamente a liberdade sindical, houve o reconhecimento, de fato, dos fenômenos de ação coletiva que se desenvolviam espontaneamente no mundo do trabalho. Mais uma vez confirmava-se a importância do princípio da efetividade, na reconstrução das vicissitudes dos sistemas sindicais.

A versão espanhola do corporativismo, então, evidencia o objetivo fundamental de reprimir a liberdade sindical, mas sem a preocupação — que, ao invés, demonstrou o ordenamento corporativo italiano — de absorver em próprias instituições, se bem que submetendo aos próprios objetivos de controle social, os instrumentos sindicais de disciplina coletiva das condições de trabalho.

De outra parte, o corporativismo espanhol — que durou mais do que o modelo italiano e que atravessou várias estações, durante as quais teve de conviver com diferentes sistemas políticos estrangeiros e, de qualquer maneira, tendo de levar em conta os humores das respectivas opiniões públicas — com o passar do tempo viu-se constrangido, na realidade, a concessões para com formas de atividade sindical não autoritária (ver OIT, *La situación laboral y sindical en España*, Ginebra, 1969).

De resto, a capacidade de integração da classe trabalhadora ao ordenamento corporativo, nos últimos anos do regime, parecia progressivamente mais débil, enquanto, correspondentemente, ressurgia um autêntico movimento sindical. Surgiu, assim, uma fase de transição que influiu não só o sistema político, mas também o sindical. O processo, iniciado pelas próprias instituições franquistas, desenvolveu-se gradualmente e, por fim, deu lugar a uma profunda transformação institucional.

Uma outra diferença com relação à experiência corporativa italiana colhe-se, precisamente, no modo em que terminou as respectivas histórias: aconteceu, de fato, não uma repentina destruição do aparato sindical publicístico e autoritário espanhol, e sim seu progressivo desaparecimento, articulado pelo suceder-se de intervenções legislativas que, ao longo de três anos, de 1976 a 1978, desmantelou a anterior armadura sindical, revogando as normas que caracterizavam seu espírito corporativo, até a aprovação da Constituição de 1978 — que sancionou, no art. 28, a liberdade sindical e, nos arts. 28 e 37, respectivamente, os direitos de greve e negociação coletiva — e a legislação posterior (M. Rodríguez-Piñero y Bravo-Ferrer, *El sindicato, lo sindical y las nuevas estructuras sindicales*, in AA.VV., *Sindicatos y relaciones colectivas de trabajo*, Colegio de Abogados, Murcia, 1978).

Essa última abandonou definitivamente o modelo corporativo, substituindo-o por aquele configurado por uma solução — cujo ponto cardial é a *Ley del Estatuto de los Trabajadores*, de 1980 — de índole intervencionista quanto à definição dos atores e dos meios de ação do sistema de relações coletivas de trabalho. Mas numa lógica totalmente diversa, seguramente não repressiva, antes de sustento do sindicato, que privilegia as organizações sindicais e empresariais mais representativas, reservando-lhes a contratação coletiva com eficácia geral (ver M. F. Fernandez López, *El sindicato. Naturaleza juridica y estructura*, Madrid, 1982).

Para exame da disciplina dos atores e dos procedimentos de ação sindical no ordenamento espanhol, remetemos o leitor ao que será dito nos próximos capítulos terceiro e quarto.

As origens do sindicato português remontam ao fim do século XIX, quando, no período monárquico, a constituição de associação de trabalhadores, como também de empregadores, para a conclusão de contratos coletivos, vem permitida por uma lei de 1899, contrastando com anterior proibição do Código Penal de 1852, que punia o crime de coalização, mas em sintonia com o Código Civil de 1867, que consagrava a liberdade de associação e de reunião.

Para a aprovação de uma mais completa lei sindical foi necessário esperar o advento da Primeira República, em 1910. Todavia, o decreto-lei de 1925, com tal objetivo, foi prontamente atropelado pelo surgimento da ditadura de Salazar. O *Estado Novo*, prefigurado pelo *Estatuto do Trabalho Nacional*, similar à mussoliniana *Carta del Lavoro* e ao *Fuero del Trabajo* franquista, traduziu-se em um conjunto de normas (Decreto-Lei n. 23.050/1933) que sedimentou um ordenamento de clara inspiração corporativa.

Na atuação de um projeto coerente, nas normas compareciam todas as particularidades de um tal regime. Admitia-se, por imposição legal, um sindicato único, com a correspondente inscrição obrigatória e rígido enquadramento das categorias profissionais; foi estabelecida a obrigatoriedade da contribuição sindical; ao governo foram reservados o controle das eleições sindicais e autorização para assumir os correspondentes encargos; a greve foi proibida e sancionada penalmente. Do conjunto das mencionadas disposições decorria a ausência de uma verdadeira liberdade de organização e de ação sindical.

Essa estrutura legislativa, por cerca de 40 anos, não sofreu modificações significativas. A tentativa de suavização de seu rigor, efetuada durante aquela que se quis chamar "primavera" de Marcelo Caetano, não teve sucesso. A abertura do sucessor de Salazar em relação a uma certa liberalização dos procedimentos eleitorais e descentralização da estrutura organizativa do sindicato não atingiu o monolitismo da constituição salazarista. Somente a revolução de 25 de abril de 1974 esteve em grau de fazer desmoronar, desde os alicerces, aquele edifício (mas veremos com que prudência). Em todo caso, resta confirmada a peculiaridade — para a qual nos remetemos a B. Veneziani, cit., p. 52-53 — de que o sistema de relações industriais recebe impulso de eventos políticos em grau de provocar a radical renovação do ordenamento justrabalhista.

Com efeito, o abandono do velho sistema sindical ocorreu num ritmo certamente não veloz. F. J. Coutinho de Almeida, *Portugal: O Papel e as Funções do Sindicato*, in S. Anastasi, cit., p. 122, salienta que o desmantelamento do vértice do edifício corporativo foi contrastado pela conservação dos entes sindicais de base, adaptados, pouco a pouco, à nova realidade.

Na véspera da promulgação da Constituição, ocorrida em 1976, e da legislação que concretizasse, no terreno sindical, os princípios de liberdade e participação democrática, os trabalhadores portugueses, independentemente de legitimação formal e desenvolvendo forte pressão com o exercício do direito de greve, reconhecido no Decreto-Lei n. 392, de 1974, deram vida a organismos nos postos de trabalho, denominados "comissões de controle de gestão", "comitês de autogestão" ou "conselhos de empresa", impondo sua presença, com o caráter de segundo canal de representação do trabalho, que ainda caracteriza a situação sindical em Portugal, como será demonstrado no próximo capítulo.

No período 1974-1976 devem ser registrados, além do já mencionado provimento sobre a greve, outras intervenções em matéria sindical, como o Decreto-Lei n. 215-B, de 1975, sobre a organização e liberdade sindicais e o Decreto-Lei n. 164, de 1976, sobre contratação coletiva (ver M. Pinto, A. Monteiro Fernandes, *Portogallo. L'inizio di un nuovo sistema di relazioni industriali*, in T. Treu (Org.), *Crisi economica e mutamenti politici nell'area mediterranea*, cit., p. 191).

A Constituição da III República portuguesa dedica particular atenção aos problemas e realidades do mundo do trabalho, entre as quais as referidas comissões de trabalhadores, que se proliferavam, pondo-se como alternativa ao associativismo sindical: mas em vez de ser pelo espírito mais colaborativo que conflitivo, animador, no resto da Europa, de comissões de fábrica não sindicais, ao contrário, por uma entonação decididamente conflitiva; e por um programa aberto não somente à cogestão nas empresas, mas até mesmo, nas expressões extremas do movimento, à autogestão operária das empresas.

A representação unitária dos trabalhadores, na prática realizada nas empresas, mas também objeto de cobertura constitucional por força do art. 54 da lei fundamental portuguesa, encontrou por fim disciplina específica na Lei n. 46 de 1979. Recebeu, assim, consagração o enfrentamento do problema das relações industriais com a constituição de entidades sindicais do tipo associativo e, ao mesmo tempo, com estruturas unitárias, controladas por assembleias, igual dignidade garantida pela Constituição e flexibilidade de competências negociais. Observa, de resto, F. J. Coutinho de Almeida, cit., p. 126, que a Constituição não deixou ao legislador ordinário alternativa, no que diga respeito ao mencionado dualismo representativo, em relação ao qual a lei fundamental fez opção inequívoca.

O movimento dos trabalhadores, sob o impulso de um forte dinamismo interno, por outro lado, voltou-se a um horizonte que transcende os limites das empresas isoladamente consideradas, dando vida a um modelo organizativo muito semelhante ao do sindicato, graças a formas de coordenação no plano de ramos de empresa e das articulações regionais.

Esse é o cenário derivado dos acontecimentos revolucionários que agitaram Portugal no último quartel do século passado.

A visão oferecida assinalava uma delicada convivência entre os dois modelos de representação, e a complementaridade, que entre elas era dado esperar, parecia colocada em perigo pelo peculiar vigor do componente unitário da base, alimentado e corroborado pelo clima revolucionário do momento. Impressiona, por isso, que um documento publicado pela Comissão Europeia sobre *Relações Industriais na Europa* em 2006 ponha em relevo que a representação dos trabalhadores nos locais de trabalho, nos países da Europa meridional (como naqueles da Europa centro-oriental) continue débil e pouco influente e credite especialmente à representação poucos resultados e pouco peso.

Mesmo a Grécia, antes de obter o ingresso na Comunidade Europeia (inclusive por ter demonstrado possuir um sistema sindical formalmente acorde com os princípios democráticos), passou por fases de repressão da liberdade de organização e da ação sindical, das quais a mais próxima no tempo ocorreu durante o assim chamado regime dos coronéis.

O sindicato grego tem origens que — se bem que temporalmente desviados daqueles de outros países europeus, por causa de um desenvolvimento industrial retardado e fragmentado em pequenas empresas — remontam, de toda forma, ao último quartel do século XIX. A conjugação e consolidação das iniciativas surgidas nos maiores centros urbanos processou-se gradualmente, culminando na fundação da Confederação Geral dos Trabalhadores da Grécia (*GESEE*), em 1918 (ver R. FAKIOLAS, *The greek trade unions: past experience, present moment and future outlook,* in *Trade Unions today and tomorrow,* Maastricht, 1987, p. 123).

Não obstante seu nascimento relativamente precoce, o movimento sindical grego não conseguiu impor-se como força social em condições de exercitar um adequado e consolidado contraponto em relação a empresas e autoridades públicas.

A quase secular história do sindicato grego desenvolveu-se em um cenário muito dramático, assinalado por duras lutas e pela tentativa de sufocar os direitos fundamentais dos trabalhadores e de suas organizações; tentativa cujos efeitos projetaram-se inclusive nos anos seguintes aos períodos de repressão sindical declarada, durante os quais deu-se atuação a mecanismos institucionais e preceitos notavelmente restritivos (cf. P. KRAVARITOU, *Le syndacalisme grec: ses traits principaux,* in *Crit. Polit,* Bruxelles, 1980-1981, p. 188).

Um exemplo foi a grave limitação do direito de greve, garantido pela Constituição vigente, que — como será mais bem exposto no capítulo quarto — não obstante restou, até a lei sindical de 1990, restringido por limites procedimentais que, na prática, o inutilizavam.

Não diversamente de quanto aconteceu depois da saída de outros sistemas sindicais de regimes repressivos, o sistema grego da organização sindical não é unitário. Ao lado da tradicional, e mais importante, confederação *GESEE*, próxima a socialistas e comunistas e articulada em federações nacionais de categoria e estruturas interprofissionais menores, de nível local, continua a figurar, separadamente, a Confederação dos Funcionários, depois do fracasso de tentativas de fusão efetuadas já na virada dos anos 1920 para os 1930 do século passado. E continuam também separadas outras formações sindicais aliadas a forças políticas diversas.

A organização sindical grega sofre de uma fraqueza que remonta a uma multiplicidade de fatores, o primeiro dos quais é o pequeno número de associados. A taxa de sindicalização é baixa e em declínio, com índices que colocam a Grécia, com Portugal e França, entre os países europeus menos sindicalizados.

A razão da débil sindicalização há de ser contextualizada no particular tecido da economia grega, na qual predomina a pequena empresa. Essa articulação retardou a constituição de estruturas sindicais no plano nacional. Em muitos setores, a começar do agrícola, a sindicalização é quase nenhuma.

Por outro lado, tem-se adunado como um outro motivo a desencorajar um nível mais elevado de adesões, isto é, o muito intenso envolvimento político do sindicato grego: a influência política sobre a organização sindical deu freios a seu desenvolvimento. Outro limite é representado pela adoção de uma tendência de esquema organizativo em base de profissões, ou mesmo no estreito âmbito de estabelecimentos, que acentua a fragmentação do sindicalismo grego, não só por efeito de divisões políticas, mas também pelo caráter acentuadamente restrito dos interesses profissionais tutelados (assim em A. STERGIOU, *L'organisation interne des syndicats en droit grec: autonomie ou democracie syndacale,* Thessalonique, 1990, p. 69 e ss.).

De tal quadro, surge a imagem de uma organização sindical sobrecarregada de uma herança histórica negativa e por um desfavorável contexto cultural. Organização que, porém, nos momentos de forte tensão social, está em condições de demonstrar uma notável combatividade.

Quanto ao modelo organizativo, deve ainda ser assinalado que a lei sindical de 1982, aprovada com o declarado propósito de democratizar a vida interna do sindicato, tenha acarretado, porém, por força da medida, extensão e profundidade de sua intervenção, sacrifícios da autonomia reputados graves demais por uma parte da doutrina (assim em A. STERGIOU, cit., *passim*).

13. AS VÁRIAS MATRIZES DO PLURALISMO SINDICAL NO BENELUX

Bélgica, Holanda e Luxemburgo são Estados que se revelaram, especialmente nos anos iniciais do processo de integração europeia, suscetíveis de serem considerados como uma entidade homogênea e, como tal, de poder ser examinada, para certos fins, unitariamente. Entidade posta no centro do processo de integração, por sua colocação geográfica e decidida vocação unitária: o Benelux, segundo a fórmula sintética adotada para indicar essa entidade político-geográfica. Não por acaso, Bruxelas é a sede das principais instituições comunitárias. Essa mesma homogeneidade é, em suas linhas máximas, detectável na estrutura de das respectivas organizações sindicais.

A pesquisa histórica sobre o nascimento e evolução do sindicalismo nos três países o confirma. Enquanto o movimento sindical belga constituiu-se em forma de estrutura nacional somente nas primeiras décadas do século passado, com a fundação, em 1912, da *CSC*, Confederação dos Sindicatos Cristãos, em seguida à fusão de duas organizações, por outro lado preexistentes nas duas regiões em que está tradicionalmente dividido o país, isto é, a flamenga Confederação dos Sindicatos Profissionais, surgida em 1908, e a Confederação dos Sindicatos Cristãos e Livres das províncias da Valônia, aparecida em 1909, nos outros dois países os trabalhadores organizaram-se, no plano sindical, anteriormente. Em Luxemburgo no ano de 1806, com a constituição de uma seccional do *Brauerei-Arbeiterverband*, a associação dos trabalhadores bávaros das fábricas de cerveja e na Holanda, em 1866, com a formação do Sindicato Nacional dos Tipógrafos (F. DI CERBO, cit., p. 1-2).

O primeiro período da evolução do sindicato nos três países, que, como observamos, caracterizou a história sindical de todos os países europeus, direcionou-se à construção associativa, em meio a dificuldades não pequenas, resultantes das respectivas situações econômicas, sociais e políticas. Elemento comum em tal panorama é a conexão entre o nascimento do movimento sindical com o início do processo de industrialização, que, porém, em Luxemburgo, desenvolveu-se no último quartel do século XIX, exclusivamente no Cantão de Esch, sem reflexos na Capital, na qual o sindicato operário permaneceu apartado de tal processo até o fim do século. Salientou-se que, em Luxemburgo, as primeiras organizações foram de categoria, e assim também na Holanda. A orientação de tais organizações voltou-se sobretudo para a defesa dos interesses específicos da categoria profissional, inclusive com a coleta de fundos para sustentar greves, pelas quais se pressionava para conseguir o sucesso das reivindicações salariais, mais do que sobre uma estratégia geral de tutela da condição operária, dentro do mote da luta de classe. Na Bélgica, ao contrário, como se disse, constituiu-se rapidamente uma organização mais ampla, de caráter interprofissional, mas, nem mesmo nesse caso, orientada à luta de classes. (F. DI CERBO, cit., p. 2-3)

Característica comum aos sistemas sindicais do Benelux é o pluralismo organizativo que se alcançou sob a pressão de fatores de matriz diversa. Tiveram a respeito uma considerável influência os partidos de inspiração operária, que postulavam a confluência das associações de categoria em mais vastas organizações interprofissionais, pelas quais as associações de categoria deveriam ser coordenadas. Em 1905, constitui-se na Holanda a Confederação Holandesa dos Sindicatos, *Nederlands Verbond van Vakverenigingen* (*NVV*); na Bélgica, como já se pontuou, em 1912, fundou-se a *CSC*.

Todavia, outras centrais sindicais, de escopo diverso, foram agregadas: na Holanda, o *CNV*, Confederação Nacional dos Sindicatos Cristãos, em 1909, e o *RKWV*, Confederação Católica dos Trabalhadores, em 1924, paralelamente a quanto registrou-se a respeito na organização das forças políticas nos Países Baixos, quanto a uma divisão entre protestantes e católicos; no Luxemburgo, em 1918, a Federação dos Empregados do Setor Privado (*FEP*), e, em 1920, a Federação Luxemburguesa dos Sindicatos Cristãos; na Bélgica, em 1926, a Associação dos Sindicatos Independentes dos Serviços Públicos, em 1930, a Central Geral dos Sindicatos Liberais da Bélgica, *Centrale Générale des Syndicats Liberaux de Belgique (CGSLB) — Algemeen Centrale der Liberale Valkbonden (ACLVB)*, e, em 1940, a Federação Geral do Trabalho, *Fédération Générale du Travail de la Belgique (FGTB) — Algemeen Belgische Valkebond (ABVV)* (I. Piron e P. Dennis, *Le Droit de Relations Collectives du Travail em Belgique*, Bruxelles, 1970).

Cabe aqui relevar a consistente presença, no movimento sindical, de um componente de clara inspiração cristã — que na Bélgica controla a confederação de maioria relativa — animada —, ao menos no caso das organizações especificamente católicas — da Doutrina Social da Igreja Católica e voltada à tutela dos interesses do mundo do trabalho e à realização da justiça social fora da lógica da luta de classes, à luz das encíclicas sociais pontifícias, particularmente da *Rerum Novarum*, do Papa Leão XIII.

Na Bélgica, por outro lado, deve ser frisada a constituição de uma central de sugestão liberal — com o menor número de inscritos — que, de toda forma, veio para completar o reflexo, no plano sindical, da articulação das forças políticas do país.

Não se deve ignorar, porém, como, ao lado daquelas que podem ser tidas como consequências sindicais das divisões político-ideológicas e religiosas dos países examinados, o pluralismo sindical foi alimentado pelo nascimento de organizações que não tiveram origem nessas matrizes, a exemplo do caso do Sindicato Independente dos Artesãos Não Empregadores, surgido em Luxemburgo no ano de 1960, e da Confederação do Sindicato Apolítico, fundada em 1963 na Bélgica.

Nesse último país, a recordada divisão em duas entidades regionais separadas pela língua e tradição cultural deu lugar — e demos relevo a isso — a, analogamente, distintas centrais sindicais de inspiração cristã. A divisão em organizações separadas foi superada já faz cem anos, mas a articulação de ordem étnica se repropôs, de acordo com a estrutura federal do país e da sociedade belga, em todas as citadas centrais sindicais.

É necessário, por outro lado, salientar que o pluralismo sindical não se traduziu em concorrência exasperada, porque as organizações inspiradas por forças diversas não deixaram de se dar conta que isso comprometeria os interesses dos trabalhadores, pelo que tomaram a estrada de uma ampla colaboração, de cujo exemplo significativo é o pacto de ação comum concluído entre as confederações holandesas, no fim da Segunda Guerra Mundial (F. Di Cerbo, cit., p. 8).

Essa ausência de concorrência exagerada pode explicar como a taxa de sindicalização aqui resulte mais elevada em comparação à apurável em outros países europeus nos quais o pluralismo sindicato deu lugar a uma competição mais acentuada, enfraquecendo a frente comum.

14. A ORGANIZAÇÃO SINDICAL NOS NOVOS ESTADOS-MEMBROS DA UNIÃO EUROPEIA

A análise e a comparação dos aspectos significativos apresentados pelos sistemas de relações industriais dos quinze países já há tempo membros da União Europeia, obviamente, é completada por um estudo extensivo aos outros países que na União ingressaram recentemente. O estudo é chamado a abordar as diferentes modalidades de organização das partes sociais, e esse constitui o específico objeto de indagação desse item, enquanto a contratação coletiva, as formas de participação do trabalhador e seus meios de luta serão temas tratados nos capítulos seguintes.

É necessário, antes de tudo, salientar que esses países não constituem um grupo homogêneo. Uma primeira e essencial distinção deve ser traçada entre os países da Europa Central e Oriental que estavam sob regimes de modelo comunista — Polônia, Estônia, Letônia, Lituânia, República Tcheca, Eslováquia, Eslovênia, Hungria, Romênia e Bulgária — e a diversa situação de Chipre e Malta. Por outro lado, cada um dos dois subgrupos assim identificados apresenta, no seu interior, um quadro bastante diversificado nos planos social, econômico e normativo. A esse respeito, basta pensar que as três repúblicas bálticas eram parte integrante da União Soviética e aplicavam seu direito do trabalho, enquanto os outros sete países aplicavam o próprio direito nacional, ainda modelado no soviético. As tradições nacionais, às quais tivemos ocasião de mencionar, por outro lado, tornaram a demonstrar sua importância.

Alguns dos mencionados países das Europas Central e Oriental tinham tentado tomar o caminho de reformas econômicas ainda antes da queda do regime comunista. A limitada abertura à descentralização administrativa — relativamente a alguns momentos do processo pelo qual eram tomadas as decisões — e a tímida admissão de hipótese de economia privada em alguns setores, como no caso dos serviços e do comércio, contribuiu para tornar mais clara a exigência de uma representação dos trabalhadores não burocrática. No mesmo sentido atuava a não perdida recordação daqueles breves períodos de reconquista da iniciativa sindical, registrada por ocasião (e logo após) — assim na Hungria do período 1956/1958 — dos tumultos que haviam agitado uma parte desses países. Para um verdadeiro salto de qualidade, todavia, era necessário esperar o fim do regime.

Sem dúvida, as "novas democracias" entradas na União Europeia constituem o subgrupo que suscita maior interesse, pelo próprio número e pela consistência dos países que o constituem. Reforçada a advertência sobre o grau de heterogeneidade que em seu interior se colhe, por outro lado parece oportuno e correto seu exame unitário, que comece pela situação na qual os sindicatos encontravam-se sob o regime totalitário.

Nos países inspirados no "socialismo real", acreditava-se que não havia razão para se dar uma verdadeira importância às relações coletivas de trabalho. Nesse contexto, qualquer possibilidade de conflito de interesses entre os trabalhadores e o Estado, fundamentalmente o único empregador, era, por princípio, negada. E isso partindo-se do pressuposto — teórico — que à exigência de contrabalançar a assimetria de poderes entre as partes das relações de trabalho por meio da organização e ação coletiva dos atores sociais, tipicamente débeis, estivesse conectada, com exclusividade, ao processo de produção capitalista e não subsistisse onde o Estado se apresentasse como expressão da classe operária e intérprete dos seus interesses.

Os sindicatos, formalmente, existiam, mas não lhes era designada outra função, se não aquela, inaugurada no sistema soviético, de "correia de transmissão" das decisões, de forma centralizada, tomadas pelo partido dominante: ou seja, a função de difundir e aplicar as diretivas assim fixadas, sem poder reivindicar para os trabalhadores representados diversas e melhores condições.

A organização sindical não podia interpretar seu papel natural de protagonista do conflito coletivo de trabalho: conflito que, como já dito, era negado de forma apriorística. Faltava espaço para a contratação coletiva em uma economia planificada, na qual preços e salários eram fixados por decisões verticalizadas. Ao sindicato eram delegados, com mais frequência, o papel de desempenhar serviços sociais, regulando a distribuição das correspondentes prestações entre os trabalhadores singularmente considerados (a assim chamada função de *welfare*, relatada em M. SEVERINSKI, *Status and Functions of Trade Unions in Poland* e em U. CARABELLI e S. SCIARRA (Orgs.), *Nuovi modelli di diritto sindacale nell'Europa centrale — Repubbliche Ceca e Slovacca, Ungheria, Polonia- New Patterns of Labour Law in Central Europe — Czech and Slovak Republics, Hungary, Poland*, Milano, 1996, p. 161), e aquele de se subentender na solução de momentos de crise verificados no desenvolvimento das relações individuais de trabalho, como os atinentes às dispensas e à adoção de sanções disciplinares.

Tratava-se de um sindicato, em todo caso, único e de Estado, fora de um contexto de liberdade associativa e de possibilidade de pluralismo organizativo; um sindicato separado dos conflitos e interesses do trabalho e eventualmente dotado de prerrogativas para certas controvérsias jurídicas.

Sob essa oficialidade — mas até com algum tímido reconhecimento formal — em algumas das democracias populares, nos anos que precederam à queda desses regimes, manifestaram-se — particularmente na Hungria e Polônia — tentativas de participação da representação dos trabalhadores no exercício de uma efetiva influência sobre as escolhas concernentes a seus interesses coletivos.

Na Polônia — recorda-o H. LEWANDOVSKI, *Evolution de la négotiotion collective du travail dans le droit polonais — Période comuniste et postcomuniste*, in W. SZUBERT (Org.), *Changements politiques et droit du travail*, Lods, p. 98 —, a lei acabou por prever a contratação coletiva, mas permaneceu não efetiva, porque a previsão legal não era acompanhada por sanções, no caso de violação das obrigações assumidas, nem de uma obrigação de negociar.

As tentativas se revelaram infrutíferas nesse breve período, mas — como citado, além do mencionado ensaio de M. Severinski, por L. Héthy, *Changing Labour Relations in Eastern (Central) Europe*, in *Economic and Political Changes in Europe*, 3rd. European Regional Congress, Bari, 1993, p. 63; por G. Shienstock e F. Traxler, *Economic Transformation and Institutional Changes: a Cross National Study in the Convertion of Unions Structures and Politics in Eastern Europe*, in *Int. Jour. Comp. Lab. Law Ind. Rel.*, 1994, p. 313; e por A. Vickerstaff, I. Thirkell e R. Scase, *Transformation of Labour Relations, in Eastern Europe and Russia: A Comparative Assesment*, idem, p. 291 — incidiram muitas vezes no curso dos eventos. Uma maciça série de greves ilegais — a greve, na lógica totalitária supramencionada, naquele contexto era vetada — concorreu para abrir uma brecha decisiva no muro do regime, como mostra na Polônia a experiência do Solidarnosc, constituído em movimento independente depois da greve do verão de 1980 e transformado em força social e política de importância determinante, em vista das transformações radicais do país e de toda a região analisada nesse item.

Os sindicatos oficiais, caído o regime, pretendiam conservar as antigas prerrogativas, mas elas, de toda a forma, correspondiam, mais do que a funções de genuína representação sindical, àquelas de diversas estruturas de representação dos trabalhadores, do gênero dos conselhos de pessoal nas empresas, vale dizer de organizações redutíveis ao segundo canal de representação dos trabalhadores, distinto do sindicato, pela organização, eletiva e não associativa, e função, não reivindicativa e não conflitual.

Os sindicatos, desmoronado por implosão o velho sistema político e econômico, fundado na propriedade estatal dos meios de produção e na planificação e o controle público de preços e salários, tiveram o problema de renascerem com uma nova fisionomia. No quadro político, de democracia pluralista, e econômico, de livre mercado, desmanteladas e privatizadas as empresas estatais, emergiu correspondentemente um novo papel para os sindicatos e para as partes sociais de maneira geral. Nessa medida, os sindicatos foram chamados a, por um lado, contribuir para a afirmação de uma nova ordem, e, de outro, defender as tutelas que aos trabalhadores o velho regime, com todos os seus notáveis limites, havia prestado.

Com o suporte e o incentivo das normas e das declarações de princípios do direito internacional do trabalho, além da atração magnética da União Europeia e de suas regras inclusive em matéria justrabalhista, um itinerário difícil foi percorrido pelas novas democracias. Um itinerário de procura de um equilíbrio satisfatório entre a pressão por uma reforma radical que lhes parificasse aos *partners* europeus e aos seus modelos, de um lado, e, de outro, a necessidade de conter o imediato e excessivo rebaixamento da qualidade de vida dos trabalhadores, provocado por aquela novidade.

Num semelhante equilíbrio dinâmico, para todos os países da Europa Centro-Oriental as prioridades do sindicato foram o reconhecimento formal da liberdade de associação e da possibilidade de pluralismo sindical, da liberdade de contratação e da legitimação dos meios de luta coletivos.

As modificações do quadro normativo, portanto, golpearam pela raiz os fundamentos dos sistemas sindicais construídos sob pressupostos bem diversos, e se tornaram indispensáveis, em cada ordenamento, intervenções legislativas que lançassem as bases da renovação.

Quanto à primeira de tais urgências, conquistada a liberdade, o panorama dos modelos organizativos eleitos assim se apresentou. Partindo, por sua tipificação, da alternativa entre unidade — agora, de toda forma, pela livre escolha dos interessados — e a articulação pluralista, é de se assinalar que na República Tcheca, na Eslováquia, na Estônia, na Letônia e na Eslovênia registra-se uma confederação dominante, ao lado da qual se colocaram organizações rivais de dimensões claramente mais reduzidas (a Letônia faz exceção a essa relação de dimensões). Nos outros países, ao contrário, assiste-se à competição entre centrais sindicais de dimensões semelhantes, divididas, principalmente, mas não exclusivamente, por razões políticas. O número das principais centrais sindicais em recíproca concorrência varia das duas polonesas às seis húngaras, entre as quais a organização que obteve o maior número de inscritos é aquela que representa o emprego público.

As divisões sindicais — como salienta G. Casale — podem conduzir não somente à constituição de novas organizações depois do fim do velho regime, mas também à reorganização, em novo contexto, dos velhos sindicatos de Estado, processada por meio de secessões em sindicatos de profissão e da subdivisão entre organizações representativas, respectivamente, dos setores privado e público.

Essa outra distinção atende a uma das características das linhas de evolução do direito do trabalho no fim do antigo regime: o âmbito de sua aplicação deixou de abarcar todas as relações de trabalho. Quando a economia era concentrada nas mãos do Estado e estava estreitamente centralizada, não se punha a necessidade de diferenciar entre servidores civis da administração pública e empregados das empresas controladas pelo Estado, geridas segundo uma mesma lógica burocrática. A emersão de diversas tipologias laborativas e de diversas normativas trabalhistas conexas à natureza, pública ou privada, do tomador do trabalho é uma consequência da introdução da economia de mercado, que fez que somente aos empregados de empresas privadas — como acontece na maioria dos Estados-membros da União Europeia — se apliquem as normas do direito do trabalho, enquanto para os trabalhadores do setor público valham disciplinas diversas.

O fim da organização do trabalho desenvolvida unicamente dentro de estruturas produtivas e administrativas de grandes dimensões e o crescimento de pequenas e médias empresas, além da descentralização territorial da administração pública, por sua vez estimuladora de distintas regulamentações das relações com os servidores dos entes locais e periféricos, favoreceram a articulação das organizações sindicais.

Registrada a maneira pela qual, unitária ou pluralisticamente, o concreto modelo sindical, de maneira variada, comportou-se nos países do subgrupo examinado, passa-se a valorar aquela que chamamos de densidade sindical de suas respectivas estruturas. Ainda com o apoio de G. Casale, que faz referência a dados feitos publicar pela OIT (os quais, por outro lado, foram recolhidos sem se poder contar com informações muito detalhadas e elementos de confronto que se possam dizer dotados de segurança absoluta), é de ser ressaltado como, inclusive nas novas democracias, a adesão ao sindicato demonstre aquela tendência preocupante que quase constantemente manifesta-se em toda a União Europeia. Aos fatores gerais, dos quais, em regra, o fenômeno deriva — principalmente queda na taxa de ocupação na indústria manufatureira, que tradicionalmente congrega os maiores índices de sindicalização e crescimento do trabalho atípico — no caso de que se trata deve ser somado um outro fator: a transição da prática da inscrição obrigatória ao sindicato de Estado, inscrição que sob o antigo regime atingia o nível de 100% dos trabalhadores em questão, ao reconhecimento da liberdade sindical e, portanto, da liberdade sindical negativa.

Para explicar a claríssima queda da taxa de sindicalização faz-se necessário ter na devida conta a piora das condições de trabalho e ocupação decorrente das privatizações e transformações ocorridas nos vários setores produtivos nas últimas décadas do século passado. Qualquer que seja a dificuldade implicada na colheita e assimilação desses dados sobre a taxa de sindicalização e ainda que se queira considerá-los — pelas incertezas acerca dos indicadores de ocupação utilizados e acerca da noção de trabalhador a qual seja feita referência para medir o percentual de sindicalizados, com a inclusão ou não dos trabalhadores aposentados e dos desempregados — estimativas indicativas mais que dados seguros, não há dúvida de que a densidade sindical, com o ingresso dos novos Estados-membros da União Europeia, restou claramente diminuída. O percentual de sindicalização total da União Europeia, segundo o Relatório Eurostat, em 1999, era de cerca de 30,4%, enquanto aquela dos novos Estados-membros girava em torno de pouco menos de 22%.

À baixa densidade fazem exceção a República Eslovaca e a Eslovênia, cujas taxas de adesão ao sindicato alcançam cerca de 40%. Evidente é a influência do tamanho dos países sobre a taxa de sindicalização, no sentido de que a taxa de sindicalização é inversamente proporcional ao tamanho da força de trabalho. Essa tendência, de resto, é confirmada, com relação aos novos ingressos na União Europeia, pela notável taxa de sindicalização de Chipre e Malta, em torno de 65%.

As diversidades tornadas evidentes pelos dois subgrupos de países aqui examinados se repetem no que diz respeito às entidades sindicais representativas dos empregadores. Em Chipre e Malta existem, há muito tempo, organizações empresariais de nível central, do gênero daquelas em funcionamento nos outros países da União Europeia: uma organização no Chipre e duas em Malta. Por outro lado, no outro e mais numeroso subgrupo, intuitivamente, a questão pode ser colocada somente depois de grandes transformações políticas e econômicas no fim do século passado, com seus reflexos sobre os modelos organizativos. Em um primeiro momento, os sujeitos a serem representados eram as velhas empresas públicas, mas, com a privatização e a expansão de pequenas e médias empresas, se multiplicaram novas associações, que funcionam, porém, mais como grupos de pressão econômica que como sujeitos de relações coletivas de trabalho. G. Casale, observa, com base em dados recolhidos em um relatório sobre relações industriais da Comissão Europeia de 2002 e dos catálogos de empresas associadas à UNICE (União das Confederações dos Industriais e dos Empregadores) e à UEAPME (Associação Europeia do Artesanato e das Pequenas e Médias Empresas), como, em muitos países da Europa Central e Oriental, faltem organizações empresariais fortes e de representação nacionais, mesmo por setores econômicos.

Uma só organização principal existe nas três repúblicas bálticas, onde, porém, estão ativas também organizações representativas de pequenas e médias empresas. A Eslovênia caracteriza-se por uma solução que recorda o modelo organizativo que vimos ter sido acolhido na vizinha Áustria. De uma câmara de comércio e indústria (*GZS*) fazem parte obrigatoriamente as empresas maiores e a uma câmara de profissões (*OZS*) devem aderir forçosamente os artesões e os pequenos empreendedores. Ao lado de tais entes operam várias associações empresariais voluntárias. Na República Tcheca e na Polônia duas são as associações principais (deve ser salientado que a confederação polonesa de empregadores agrupa sobretudo empresas públicas), e na Hungria, onde observamos a convivência de seis centrais sindicais, alto é também o número de associações empresariais.

Já estabelecemos a premissa de que nos países pertencentes ao subgrupo das novas democracias as organizações de empresas operam sobretudo como grupos de pressão e não desenvolvem uma atividade negocial relevante com a contraparte sindical.

Fazem exceção a Eslovênia e a Letônia, onde se concluem acordos salariais, cuja eficácia jurídica vinculante, porém, é merecedora de investigação. Por outro lado, as associações empresariais do subgrupo examinado estão mais frequentemente empenhadas a concluir acordos triangulares, com sindicatos e governos. Cuidam-se de acordos cujo conteúdo e sistema variam de acordo com o país e que, de toda forma, não se assimilam a contratos coletivos propriamente ditos, estipulados por entes sindicais representativos de empresas e trabalhadores, mas constituem essencialmente instrumentos de diálogo social. Instrumentos voltados a permitir aos protagonistas do mundo de trabalho a contribuir para decisões fundamentais que lhes digam respeito a questões que, em níveis nacional e regional, vedem que o governo seja pressionado a desenvolver um papel essencial.

Para terminar o estudo dessas associações empresariais, cabe ainda remetermo-nos às considerações de G. Casale, referentes aos percentuais de adesões, em geral muito baixos, salvo na Eslovênia, onde, porém — como já ressaltado —, atua a filiação obrigatória ao *ZDS* e a Eslováquia.

No intuito de trazer algumas considerações conclusivas, deve ser salientado como o quadro das relações coletivas de trabalho nas novas democracias está em mutação. As organizações sindicais, ainda condicionadas pela herança do regime precedente, da qual não conseguiu livrar-se instantaneamente, estão à procura de novos equilíbrios, divididos entre a necessidade de não arruinar totalmente a proteção, que no passado favorecia os trabalhadores, e o objetivo de assimilar-se ao resto da Europa. Assimilação nos objetivos de progresso social, mas também no método para alcançá-lo, com organização e ação sindicais decididamente guiadas pelo princípio da liberdade, mas limitadas na sua eficácia por uma evidente fraqueza, em razão da pouca experiência nesse terreno e das dificuldades da situação econômica: dificuldades decorrentes da longa transição e, depois, da crise da economia mundial.

Se em todos os países pertecentes a esse subgrupo as reformas em matéria de trabalho estão voltadas à liberação do sistema de relações industriais, todavia, pela própria multiplicidade da força de atrito oposta pelas sobrevivências do velho sistema nos diferentes países, esse fenômeno de sindicato livre, que, em alguns deles, antecipou as reformas e as tornou iniludíveis, não oferece uma fisionomia homogênea e uma incidência equivalente nas realidades nacionais em questão. Não se pode afirmar que emergiu um modelo sindical específico, e o processo de incorporação aos sistemas consolidados na Europa não terminou e é assinalado pelo atingimento parcial de metas e alinhamentos diversos pelas forças sociais nacionais.

15. O SINDICATO BRASILEIRO DIANTE DOS MODELOS EUROPEUS DE ORGANIZAÇÃO SINDICAL: ASPECTOS SOCIOECONÔMICOS E JURÍDICOS-FORMAIS

O que hoje corresponde ao imenso território brasileiro foi incorporado ao mundo ocidental a partir do ano de 1500, quando uma frota naval portuguesa comandada por Pedro Álvares Cabral, que tinha por missão fundar uma feitoria em Calecute (Calcutá), hoje Índia, aportou em Porto Seguro, Bahia, possivelmente para uma aguada — armazenamento de água fresca — antes de se dirigir ao destino, não sem deixar marcos da nova conquista do império.

Povoar o território conquistado — até como garantia da manutenção da conquista, alvo da cobiça de outras potências europeias, especialmente França e Espanha — sempre foi um desafio para Portugal, a própria sede do império às voltas com o subpovoamento.

O êxito português não deve ser subestimado. Manteve unido um território — não só do ponto de vista físico, mas também no plano cultural e linguístico (o Brasil nunca enfrentou seriamente movimentos separatistas) — quase cem vezes maior que o seu, por mais de 300 anos.

Mas o déficit populacional português e a consequente incapacidade de povoar um território muito maior que o seu deixou suas marcas, com reflexos inclusive em seu movimento sindical.

Faz-se aqui referência à circunstância de que, no Brasil, o Estado precedeu ao povo. Como nos ensina o sociólogo e jurista Oliveira Viana, inspirador do modelo sindical corporativo brasileiro ainda hoje vigente, "a organização política dos núcleos locais, feitorias ou arraiais, não é posterior ao mesmo concomitante a sua organização social: é-lhes anterior. Nasce-lhes a população já debaixo das prescrições administrativas... No estabelecimento de cidades e vilas, estas já têm em seu próprio fundador seu capitão-mor regente, com carta concedida pelo rei ou pelo governador. Essa carta é concedida antes mesmo, muitas vezes, da fundação da vila ou da cidade — o que acentua ainda mais o caráter extrassocial do governo local... Outras vezes, quando já é grande o número de latifúndios espalhados numa dada região, o governo ordena a criação de vilas com o fim de reunir moradores dispersos (*Populações Meridionais do Brasil*, apud R. FAORO, *Os Donos do Poder*, v. 1, São Paulo, 2000, p. 167-168).

Quis-se também referir à necessidade, compatível com a tecnologia da época, de se recorrer ao trabalho escravo para a exploração das riquezas econômicas do país. A escravidão, não há negar, marcou e marca a cultura brasileira, sob todos os aspectos. Escravidão a princípio índia, ponto de discórdia entre bandeirantes e jesuítas, os principais protagonistas da expansão do território e depois negra, constatada a inaptidão dos silvícolas para um trabalho que não fosse também lúdico, não bastasse a oposição do clero e sua maior capacidade de fuga, conhecedores que eram da região. Escravidão negra só formalmente abolida em 1889 e desdobrada, de certa forma, no trabalho doméstico — o Brasil é o país com o maior número de empregados domésticos — só equiparado ao trabalho comum recentissimamente, com aprovação de emenda constitucional promulgada em 3 de abril de 2013.

Recorrer-se-á, a voz de outro grande pensador brasileiro, Joaquim Nabuco, em obra do séc. XIX, mas, até certo ponto, infelizmente, atual: "A realidade é um povo antes escravo do que senhor do vasto território que ocupa; a cujos olhos o trabalho foi sistematicamente aviltado; ao qual se ensinou que a nobreza está em fazer trabalhar; afastado da escola; indiferente a todos os sentimentos, instintos, paixões e necessidades, que formam dos habitantes de um mesmo país, mais do que uma sociedade, uma nação. Esse terrível azorrague não açoitou somente as costas do homem negro, macerou as carnes de um povo todo. Pela ação de leis sociais poderosas, que decorrem da moralidade humana, essa fábrica de espoliação não podia realizar bem algum e foi, com efeito, um flagelo que imprimiu na face da sociedade e da terra os sinais da decadência prematura. A fortuna passou das mãos do que as fundaram às dos credores; poucos são os netos de agricultores que se conservam à frente das propriedades que seus pais herdaram; o adágio 'pai rico, filho nobre, neto pobre' expressa a longa experiência popular dos hábitos da escravidão, que dissiparam todas as riquezas, não raro no exterior e, como temos visto, em grande parte eliminaram da reserva nacional capital naquele regime. A escravidão não consente, em parte alguma, classes operárias propriamente ditas, nem é compatível com o regime de salário e a dignidade pessoal do artífice. Este mesmo, para não ficar debaixo do estigma social que ela imprime nos seus trabalhadores, procura assinalar o intervalo que o separa do escravo, e imbui-se assim de um sentimento de superioridade, que é apenas baixeza de alma, em que saiu da condição servil, ou esteve nela por seus pais. Além disso, não há classes operárias fortes, respeitadas, e inteligentes, onde os que empregam trabalho estão habituados a mandar escravo" (J. Nabuco, *O Abolicionismo*, São Paulo, 2000, p. 112-113).

Se a primeira circunstância parece explicar o porquê da persistente sujeição do sindicato brasileiro ao Estado, mesmo após vinte e seis anos de retorno à normalidade democrática, a segunda ajuda a entender a própria fraqueza do movimento sindical e, de resto, de tudo quanto dependa da participação social no Brasil.

No Brasil podem se sindicalizar não somente empregados como trabalhadores autônomos, inclusive profissionais liberais e até mesmo empregadores, pessoas físicas ou jurídicas.

Desde a redemocratização, com a consequente promulgação da Constituição de 1988, o funcionamento dos sindicatos não depende mais de autorização do Estado, via Ministério do Trabalho. Mas não se pode dizer que haja ampla liberdade sindical, na medida em que a mesma Constituição impõe um registro, que o Supremo Tribunal Federal definiu que fosse ainda no Ministério do Trabalho, impondo também, segundo a interpretação dominante — inclusive no referido Supremo Tribunal Federal, que atua também como Corte Constitucional —, que os sindicatos se organizem por categorias, econômicas(no caso dos empregadores) ou profissionais (no caso dos trabalhadores), vedando, assim, por exemplo, sindicatos por empresas e que não haja mais de um sindicato em uma dada base territorial — proibindo, assim, a pluralidade sindical.

Algemada à imposta unicidade sindical persistiu a esdrúxula contribuição sindical, verdadeiro tributo exigível de toda a categoria, profissional ou econômica, associada ou não à correspondente entidade.

Consequência do recepcionamento, segundo o entendimento majoritário, da Consolidação das Leis do Trabalho (CLT), aprovada na vigência da fascista Constituição de 1937, quanto ao caráter impositivo de seu modelo de estruturação, cinco ou mais sindicatos, de atividades (empregadores) ou profissões (trabalhadores) idênticas, similares ou conexas, podem se organizar em uma Federação. Três Federações, nas mesmas condições, podem se organizar em uma Confederação.

Uma rara experiência espontânea exitosa do movimento sindical brasileiro foi a resultante da criação de centrais sindicais. Surgidas ainda na ditadura militar, foram reconhecidas formalmente apenas em março de 2008. A filiação de uma entidade sindical a uma central é facultativa, mas garantiu-se a elas participação nas já mencionadas contribuições, na proporção de tal filiação. Por outro lado, tais centrais não podem celebrar diretamente contratos coletivos de trabalho.

O dirigente sindical goza de proteção legal. Não pode ser dispensado, senão por falta grave previamente apurada em inquérito judicial, desde o registro de sua candidatura até um ano depois do fim do seu mandato. Não pode ser impedido de exercer suas funções, nem pela via transversa de uma transferência. Pode licenciar-se do trabalho, a princípio sem direito à remuneração. Ressalva-se que o que seja dirigente sindical, inclusive quanto ao número máximo admissível por entidade sindical, está predefinido pela CLT, em norma também tida por recepcionada pela corrente majoritária. Garante-se a participação de trabalhadores em órgãos públicos em que seus interesses sejam objetos de discussão e deliberação, como, por exemplo, no Instituto Nacional de Seguro Social (INSS), que administra o regime geral (único) de todos os trabalhadores da iniciativa privada. Empresas com mais de 200 empregados haverão de eleger um trabalhador como seu representante, cujas garantias, entretanto, dependerão de norma contratual mais favorável.

A Constituição reconhece os contratos coletivos de trabalho, impondo a participação dos sindicatos na respectiva negociação. No Brasil faz-se distinção, quanto ao gênero contrato coletivo, entre convenções coletivas (celebradas entre entidades sindicais) e acordos coletivos (celebrados diretamente entre uma entidade sindical representativa dos trabalhadores e uma empresa ou grupo de empresas).

O direito de greve é assegurado de forma ampla pela Constituição, que ressalva apenas o atendimento das necessidades inadiáveis da comunidade, prevendo também a possibilidade de punição por abusos. A Lei n. 7.783/89, a pretexto de regulamentá-lo, acabou por impor-lhe tamanhas restrições que dificilmente o movimento pode deixar de ser ilegal, não bastasse uma má vontade da Justiça do Trabalho, generosa no plano individual, mas avara no coletivo. Refere-se às inúmeras formalidades a serem preenchidas, à proibição de qualquer pressão sobre os não aderentes e à possibilidade de declaração judicial da ilegalidade (ou abusividade) da greve em seu todo e não de abusos isoladamente considerados, cometidos na greve, como previsto na Constituição.

No Brasil também existiram corporações de ofício, pelo menos na hoje Bahia, não idênticas às europeias, já que eventualmente agregavam profissões apenas similares ou conexas. Seu escopo era administrativo (o Estado, sempre o Estado) e religioso. Conseguiam eleger vereadores às câmaras locais e juízes do povo (A. Mascaro Nascimento, *História do Direito do Trabalho no Brasil*, p. 75, in Irany Ferrari, A. Mascaro Nascimento e I. Gandra da Silva Martins Filho, *História do Trabalho, do Direito do Trabalho e da Justiça do Trabalho*, São Paulo, 1998).

Podem ser elencados como característicos do primeiro movimento sindical brasileiro (início do século XX) o pluralismo, a influência étnica-italianos, em São Paulo; portugueses no Rio e Santos — a natureza assistencialista (não reivindicativa) e a existência efêmera (A. Mascaro Nascimento, cit., p. 77).

A fase mais autêntica (por espontânea e não a reboque do Estado) do sindicalismo brasileiro durou, segundo A. Mascaro Nascimento, de 1890 a 1920. Faz-se referência aqui ao anarcossindicalismo, liderado por imigrantes, em especial italianos, que se prevaleciam de seu melhor nível de instrução e maior especialização e que não tinham, ademais, a mentalidade servil dos nacionais. Anarcossindicalismo que aqui também implicava o combate ao sistema capitalista e a luta contra o Estado, preconizando um sindicato apolítico, atuando na defesa da melhoria das condições de trabalho, inclusive pela sabotagem e greve geral (A. Mascaro Nascimento, cit., p. 80). Anarcossindicalismo que sofreu um golpe mortal com a aprovação da chamada lei Adolfo Gordo, autorizador da expulsão dos imigrantes do território nacional.

A partir daí veio o Estado...

Prevaleceu, como prevalece até hoje, de maneira mais ou menos consciente, a ideia de que a classe trabalhadora brasileira, como de resto o próprio povo brasileiro como um todo, não têm condições de conduzir suas relações autonomamente, sem um estímulo que apenas o Estado poderia proporcionar (J. R. Rodriguez, *Dogmática da Liberdade Sindical. Direito, Política, Globalização*, Rio e São Paulo, 2003, p. 20-54).

O que se sustenta é que a classe trabalhadora não desenvolve essa capacidade de condução exatamente pela excessiva intervenção do Estado. Como o filho que nunca amadurece em razão da excessiva proteção (?) dos pais. Proteção não desinteressada, no caso do Estado brasileiro. Proteção com contenção, com imposição de uma falsa harmonia entre capital e trabalho (J. R. Rodriguez, cit., p. 13).

Relata J. Lobos, *Sindicalismo e Negociação*, Rio de Janeiro, 1988, p. 80, que em abril de 1929, mesmo após, portanto, a expulsão de lideranças anarquistas, conseguiu-se a fundação de uma central sindical (CGT). O movimento, agora dominado por comunistas, adota posições reformistas e moderadas, não tomando partido durante a chamada Revolução de 1930, liderada por Getúlio Vargas.

Com Getúlio Vargas na chefia do governo brasileiro, inicia-se a chamada fase legalista do movimento sindical, supostamente findada em 1945, com sua derrubada, mas de fato até hoje sobrevivente na essência de seu modelo, incapazes ou desinteressados que foram os regimes democráticos vigentes de 1946 a 1964 e de 1985 até nossos dias de rompê-lo, coisa que nem passou pela cabeça do regime militar (1964--1985).

Mesmo antes de seu período escancaradamente autoritário, inaugurado com o autogolpe de 1937, já começaram a proliferar sindicatos artificiais, colaboracionistas e sem influência, com líderes distanciados de suas bases (J. Lobos, cit., p. 86). "Os pelegos [a expressão vem de uma coberta utilizada para amortecer o peso do cavaleiro sobre a montaria] que surgiram no período de Getúlio Vargas se encastelaram nos cargos abertos em federações e confederações e pouco ou nenhum contato mantiveram com seus representados, mesmo ao nível de sindicato. Os 'autênticos' que emergiram nas greves ocorridas nos anos 1977, 1978 e 1979 assumiram posteriormente cargos de diretoria em diversos sindicatos, prometendo mudar essa ordem de coisas. Porém, eles também não parecem ter-se saído muito melhor. Depois da euforia do ano 1978, em que bastava uma convocação de Luiz Inácio da Silva para que 70 ou 80 mil trabalhadores do ABC paulista se congregassem num local público, nada semelhante tem acontecido. Inclusive, em 1980 ou 1981, a falta de trabalhadores em responder aos chamados de seus líderes tem sido notória" (cit., p. 104-105). Lula, como se sabe, deixou o sindicalismo para se vincular à política. A CUT, maior central sindical, ficou a reboque de seu governo.

Deve ser dito que nossos juristas e juízes, ainda quando eventualmente bem intencionados, não colaboraram muito no fortalecimento do movimento sindical. E. de Moraes Filho, por exemplo, um jurista de esquerda, mas fortemente influenciado pelo já citado pensador de direita Oliveira Viana, sempre defendeu o sindicato único, ao fundamento de que o exercício da mesma atividade econômica e não a proximidade ou parentesco é que levaria à constituição do sindicato (*O Problema do Sindicato Único do Brasil*, apud A. Rodrigues, *O Estado e o Sistema Sindical Brasileiro*, SP, 1981, p. 76). Ora, mas se é assim, por que se impor o sindicato único e não esperar que seja ela naturalmente alcançada? Alternativas, diante da rigidez do texto constitucional, como a sugerida por A. Álvares da Silva (*Pluralismo Sindical na Nova Constituição — Perspectivas Atuais do Sindicalismo Brasileiro*, Belo Horizonte, 1990), que alvitra que a unicidade só seja imposta enquanto a entidade sindical se organizar por categoria profissional ou econômica, mas não quando se organize por profissão ou empresa, não encontram eco.

Eco difícil, aliás, se, como se informa na biografia de Arnaldo Süssekind, um dos autores da CLT, a continuidade da unicidade imposta, bem assim de contribuição sindical, resultou de barganha do DIAP, órgão de assessoria parlamentar dos sindicatos brasileiros, com contrapartida à ausência de estabilidade do emprego, durante a última Assembleia Constituinte (R. Foresti Pego, *Fundamentos de Direito Coletivo — e o Paradigma da Estrutura Sindical Brasileira*, Porto Alegre, 2012, p. 40).

Embora reconhecidos pela Constituição, as convenções e acordos coletivos de trabalho são em inúmeros casos desautorizados pela Justiça do Trabalho — a pretexto de que violadores de normas de higiene e segurança do trabalho, expressão a qual se dá alcance amplíssimo, abrangedora, por exemplo, de intervalos de refeição e descanso, ou de que violadoras de normas indisponíveis, decorrentes, muita vez, da legiferação de sua própria jurisprudência. Assume, assim, o protagonismo do conflito trabalhista, sem abandono de um discurso contraditoriamente favorável à autonomia coletiva.

16. RELAÇÕES ENTRE SINDICATO E ESTADO BRASILEIRO. EVOLUÇÃO DA LIBERDADE SINDICAL E HERANÇA CORPORATIVISTA. A ORGANIZAÇÃO POR CATEGORIA PROFISSIONAL E A UNICIDADE SINDICAL. RELAÇÕES ENTRE ENTIDADES SINDICAIS E COM AS FORÇAS POLÍTICAS

As relações entre sindicatos e Estado brasileiro não podem ser classificadas de conflitivas porque são predominantemente de subordinação, com surtos muito episódicos de embate. A redemocratização fortaleceu muito mais a Justiça do Trabalho do que o movimento sindical.

Até 2004 manteve a Justiça do Trabalho, de modo pleno, o chamado poder normativo, que a transformava em árbitro, com laudos de cumprimento obrigatório (as ditas sentenças normativas), do conflito coletivo, bastando para tanto a provocação de uma das categorias em conflito, o que parece incompatível com um ambiente de liberdade de greve. Hoje, a princípio, esse poder normativo está condicionado a uma espécie de compromisso arbitral entre as categorias em conflito, mas, ainda assim, em caso de greve em atividade considerada essencial (e são tantas na legislação brasileira), esse poder normativo poderá ser acionado, à revelia das categorias, pelo Ministério Público do Trabalho (o Estado, sempre o Estado).

As centrais sindicais não parecem empenhadas na mudança desse quadro. Não se movimentam seriamente pelo fim da contribuição sindical. Pelo contrário, trataram de se assegurar uma participação na respectiva receita. A trégua da maior delas, a CUT, Central Única dos Trabalhadores, aos sucessivos governos do PT (oito anos de Lula, três anos de Dilma Rousseff, sua ex-chefe de gabinete), é evidente aos olhos de todos. Se é verdade que as últimas negociações coletivas têm registrado, majoritariamente, aumentos reais (superiores à inflação acumulada), não menos verdade é que a conjuntura foi favorável, marcada por uma demanda (por) trabalho maior que a oferta (de) trabalho, decorrente, principalmente, da queda do crescimento vegetativo da população. O Brasil importa, atualmente, mão de obra qualificada. O governo brasileiro procura atrair médicos cubanos, espanhóis e portugueses.

Não se pode, como já explicitado, falar em movimento sindical no Brasil antes de 1888, isto é, da abolição da escravatura. Os escravos constituíam, até então, o grosso da mão de obra brasileira e a economia do Brasil era centrada, por sua vez, na produção e exportação do café.

Com a Proclamação da República, logo depois, não obstante a Constituição de 1891 garantir a liberdade de associação, o incipiente movimento operário foi fortemente reprimido pela polícia, repressão essa que chegou a ser legitimada por legislação de constitucionalidade duvidosa.

A política do Estado brasileiro sempre foi a de fazer concessões no plano individual, de um lado, e reprimir a autonomia coletiva, de outro. Assim é que se concede previdência social e estabilidade no emprego a ferroviários, em 1923, férias anuais remuneradas a várias categorias em 1925, seguro contra doença e morte a telégrafos em 1928, mas por outro lado, desde 1921, autoriza-se o governo federal a fechar sindicatos, a pretexto de que tenham praticados atos vagamente classificáveis como nocivos ao bem público.

De 1930 a 1945 vivemos um período de completa perda de autonomia em relação ao Estado, em cujo sistema o sindicato foi integrado. A Constituição de 1937 condiciona ao reconhecimento pelo Estado o poder de celebrar contratos coletivos. A greve, mais do que proibida, é criminalizada. O Estado, através da lei — CLT, até hoje vigente e em seu núcleo inalterada — é que impõe aos empresários o respeito ao trabalho, não o sindicato, que sente o afastamento dos trabalhadores, portanto, por se revelar perfeitamente inútil.

Em 1946, quase um ano após a deposição de Vargas e antes da promulgação da Constituição consolidadora da redemocratização, novo decreto-lei a proibir o direito de greve é baixado. Em 1947, o partido comunista e movimentos sindicais a ele ligados são colocados na ilegalidade.

Em 1951, Vargas volta ao poder pelo voto e a taxa de associação aos sindicatos, coerentemente, cai.

Em 1955, o movimento sindical ajuda a garantir a posse de Juscelino Kubistchek. A forte industrialização promovida por esse governo — cinquenta anos em cinco — potencializa o movimento sindical. Surgem novas lideranças. Em 1959, explodem greves, favorecidas pela alta inflação: Juscelino ingenuamente acreditava que a emissão de moeda para investimento produtivo não seria inflacionária.

A partir de 1961, com a renúncia de Jânio Quadros e a posse de João Goulart, o movimento sindical — apoiador do governo — adquire um color revolucionário ou golpista — tudo depende do ponto de vista do observador — diante do embate entre o executivo e o Congresso Nacional em torno da aprovação das chamadas reformas de base. Uma "greve geral", em verdade concentrada no eixo Rio-São Paulo, obtém a gratificação natalina ou o 13º salário. Forma-se o Comando Geral dos Trabalhadores (CGT), uma central sindical ilegal em 1962. As greves se espalham a partir de 1963.

O golpe militar de 1964 pode ser visto também como uma reconquista, pelo Estado, do protagonismo, na administração da questão social, ameaçado pelo CGT e entidades congêneres, que desejavam ultrapassar os limites que os poderes públicos e seus tradicionais controladores sempre desejaram impor ao movimento sindical. Tanto que uma das suas justificativas sempre foi a de prevenir uma suposta tentativa de implantação de uma república sindicalista, mais ou menos nos moldes do regime de Juan Domingo Perón, na vizinha Argentina. O movimento sindical argentino, com todos os seus pesares e em que pesem os horrores de sua muito mais repressiva ditadura militar (1976-1983), continua, com efeito, mais representativo e mais autêntico que o brasileiro.

Ainda na égide da ditadura militar, em 1978, surgem, no chamado ABCD paulista (municípios de Santo André, São Bernardo do Campo, São Caetano do Sul e Diadema), novas lideranças, denominadas de autênticas, por serem desvinculadas dos partidos políticos e reivindicadoras de direitos propriamente trabalhistas. Greves voltam a deixar de ser exceção e a renovação das lideranças ultrapassa os lindes da Grande São Paulo.

Desde 1988 temos o que pode ser chamado de "era da liberdade desperdiçada". O filho, na alegoria já sugerida, preferiu não gozá-la, já que liberdade acarreta responsabilidades. As lideranças sindicais migraram para o campo político. Ao que parece, prevaleceu a ideia de conquista do Estado, antes do que da autonomia coletiva.

Defende-se que o modelo corporativista foi importado, principalmente da Itália e no que toca ao direito coletivo, apenas, antes por suas normas do que por sua visão doutrinária e política. Getúlio Vargas era um cético guiado por um profundo instinto de permanência no poder. Pareceu-lhe, até certo momento, que as forças nazifascistas seriam vitoriosas na Segunda Guerra Mundial e preparou-se para presidir, no Brasil, a nova ordem. Quando os ventos viraram, esteve pronto a se realinhar, tendo enviado à Europa uma Força Expedicionária, auxiliar do V Exército norte-americano. Só não se manteve no poder, mesmo após o fim da guerra, porque os norte-americanos nele não mais confiavam, já que popularidade não lhe faltava, com demonstrou sua influência decisiva na eleição de seu sucessor e seu retorno ao poder pelas urnas já em 1951.

O modelo, ademais, revelou-se muito eficaz no sempiterno objetivo estatal de contenção do movimento sindical, tanto que ainda não verdadeiramente abandonado.

Como já dito, segundo a interpretação prevalente, a Constituição brasileira impõe a organização por categoria profissional — admitindo que profissões reguladas por estatuto especial se organizem em categorias diferenciadas, fora da simetria, normalmente exigida, entre categoria profissional e atividade econômica do empregador — e a unicidade sindical, não se admitindo, assim, que numa mesma base territorial, município, grupo de municípios, Estados, regiões ou mesmo todo o território nacional, haja mais de um sindicato.

As tentativas de se escapar, por construção doutrinária ou jurisprudencial, a tal rigor normativo, fracassaram, mesmo porque não contavam com o apoio dos principais protagonistas.

Essa falta de apoio não permite otimismos quanto ao futuro do pluralismo. O que se observa, na prática, pelo contrário, é que se estabeleceu uma unicidade até de poder, minadas as possibilidades de alternância e renovação das lideranças. Com efeito, as entidades sindicais aproveitaram a liberdade que lhes foi outorgada nesse campo para estabelecer, em seus estatutos, prazos tão curtos de inscrição de uma chapa, às vésperas das eleições, que impedem sua efetiva formação.

O cenário sindical brasileiro está dominado por duas centrais, a Central Única dos Trabalhadores (CUT), fundada em 1983, com estreito vínculo com o Partido dos Trabalhadores (PT), há mais de dez anos no poder federal, e a Força Sindical, ligada por sua vez ao Partido Democrático Trabalhista (PDT), fundado por Leonel Brizola, hoje na oposição, mas que não tem consistência senão para servir de linha auxiliar do governo ou oposição.

Segundo despacho do Ministro do Trabalho de 24 de maio de 2012, publicado no dia seguinte no *Diário Oficial da União*, a CUT contaria com um índice de representatividade de 36,7% e a Força de 13,7%. Tais índices, computados pelo grau de vinculação às centrais, de entidades sindicais interessam à fixação do grau de participação na arrecadação com a contribuição sindical.

Dos 10.184 sindicatos de trabalhadores com cadastro ativo no Ministério do Trabalho, 7.635 são filiados a alguma central sindical (informação capturada em 2 de junho 2013 no sítio <www.mte.gov.br/sistemas/cnes/relatórios/painel/gráfico>).

Se, a princípio, a CUT tinha uma postura mais revolucionária, no sentido de que questionadora do sistema capitalista ou pelo menos de suas manifestações mais liberalizantes, expressadas nas privatizações, promovidas no governo Fernando Henrique Cardoso, de inúmeras grandes empresas anteriormente controladas pelo Estado — a preços, aliás, muito questionáveis —, o tempo revelou cuidar-se mais de resistência instrumentalizada aos interesses do então oposicionista Partido dos Trabalhadores, que no governo promove privatizações de rodovias e infraestrutura aeroportuária e portuária, vindo a resistência muito mais da Força Sindical, pelo prejuízo a antigas prerrogativas de trabalhadores avulsos nos serviços de estiva. A Força herdou o domínio dos sindicatos dos portos de Santos e Cubatão, antes dominados por comunistas.

O que parece efetivamente diferençar a CUT da Força, atualmente, é seu maior domínio no serviço público. No Brasil, principalmente no âmbito federal — e quase todos os poderes são da União —, o servidor público é, em média, mais bem remunerado que o trabalhador da iniciativa privada, do que não pode deixar de resultar uma maior capacidade de formar a opinião pública.

A taxa de sindicalização no Brasil aumentou, no período de 2002-2007, de 15,9% a 17,7%, chegando a 30% entre os assalariados formais (Fonte: *Dieese — Departamento Intersindical de Estatística e Estudos Econômicos e Unicamp — Universidade Estadual de Campinas, Subprojeto IV, Anuário dos Trabalhadores com Série Histórica: Informações Regulares para o Diálogo Social, Paper8, Aplicação dos Indicadores do Trabalho Decente. A Operacionalização dos Indicadores do Trabalho Decente no Brasil*, capturado em 2 de junho de 2013 no sítio <http://www.dieese.org.br/dieese/projetos/MTE/SUBIV_IndicadoresTr>), o que é surpreendente, considerados o pouco associativismo do brasileiro, o pouco que têm oferecido os sindicatos brasileiros, já explicitado que os direitos trabalhistas vieram de outorga estatal e o desestímulo representado pela contribuição sindical: os sindicatos brasileiros, afinal não têm sua sobrevivência financeira dependente da contribuição do associado.

O exercício da liderança sindical tem sido utilizado no Brasil, lamentavelmente, como mero trampolim do exercício da atividade política. De modo que não há conflito entre tais entidades, ou esse conflito é mero instrumento de outro, o verdadeiro, que é o político.

Podem ser destacados na Conferência Nacional da Classe Trabalhadora, que reuniu em 1º de junho de 2010 as maiores centrais sindicais, na defesa de aumentos reais para o salário mínimo e pisos salariais regionais, de ganhos pela produtividade, de aumento do emprego formalizado, diminuição da rotatividade no emprego e do uso da terceirização como forma de precarização das condições do trabalho, entre outras bandeiras. A manifestação em defesa da indústria nacional e do emprego, que pretendeu, em 8 de julho de 2011, paralisar a movimentação de veículos na via Anchieta, uma das artérias mais importantes da Grande São Paulo e do Brasil. E o movimento pela redução da jornada para quarenta horas semanais, encetado em 27 de junho de 2011.

O envolvimento da CUT com o PT, não sendo explícito, não deixa de ser porém, notório. Revela-se, por exemplo, em suas críticas ao julgamento que resultou na condenação penal de dirigentes daquele partido, quando no governo federal (ver, por exemplo, os artigos *A Anulação do Julgamento do Mensalão*, de J. Garcia Lima, dirigente da CUT/RJ, capturado no sítio <cut.org.br/ponto-de-vista/artigos/4784/anulacao-do-julgamento-do-mensalao>, em 5 de junho de 2013 e *Ação Penal 470 x Liberdade de Expressão 47*, de R. Bertotti, secretária nacional de Comunicação da CUT, capturado na mesma data no sítio <cut.or.br/ponto-de-vista/artigos/4779/acao-penal-470-x-liberdade-de-expressao 47>), ou na aberta ojeriza ao

Partido da Social Democracia Brasileira (PSDB), cujo símbolo é uma ave nacional, o tucano, artigo *A CUT avisa: xô tucanada*, de J. Afonso de Melo, capturado na mesma data no sítio <cut.org.br/ponto-de-vista/artigos/4609/a-cut-avisa-xo-tucanada≥).

Se artigos como o mesmo engajamento não são facilmente encontrados na *homepage* da Força Sindical, a explicação me parece simples: seu espectro de atuação política é muito maior. Aspira-se ao poder no Estado, não necessariamente por meio de um determinado partido.

Esse estudo comparativo não poderia deixar de mencionar a situação contrastante vivida, atualmente, pelas economias europeia e brasileira, isso é, desde 2008, com a última crise global vivida pelo sistema capitalista.

Uma recessão parece que veio para ficar em toda a Europa, pelo menos pelos próximos anos. Aponta-se como suas causas o endividamento público, a manutenção de um modelo de *welfare* incompatível com a globalização, a queda da produtividade do trabalho e a obsolescência de sua indústria. Remédios ortodoxos, por outro lado, se revelaram, aparentemente, ineficazes.

No Brasil, por outro lado, abandonou-se uma política de juros altos e contenção de gastos públicos, para formação de um superávit primário destinado à amortização da dívida e formação de uma reserva em moeda estrangeira (dólares americanos, principalmente), estabelecida desde 1994, para fugir-se da crise com um incentivo ao costume de bens duráveis (eletrodomésticos, eletroeletrônicos e automóveis). Chegou-se a sonhar com a ascensão do Brasil ao chamado primeiro mundo. As limitações à realização de tal sonho não tardaram a aparecer, contudo. A falta de uma poupança nacional torna o país refém do investimento estrangeiro, desincentivado pela redução dos juros. O Estado passa a emitir moeda, direta ou indiretamente, o que gera inflação. Um aumento de produtividade se inviabiliza pelo maior problema: a deficiência de instrução, principalmente para os mais pobres, que dependem da instrução pública. No Brasil, curiosamente, a instrução pública só é satisfatória no nível superior, o que faz que as vagas sejam tomadas pelas elites mais bem educadas. Procura-se resolver o problema com a criação de cotas, o que pode resultar apenas na queda da qualidade do ensino superior. Enquanto isso, a falta de trabalhadores qualificados está sendo resolvida com a importação de trabalhadores, principalmente da Espanha e de Portugal.

CAPÍTULO III

A negociação coletiva

1. ABORDAGEM COMPARATIVA VERTICAL E HORIZONTAL

Parece necessário iniciar este capítulo com uma advertência preliminar, de caráter metodológico. A escolha adotada no capítulo anterior, dedicado à organização sindical, foi aquela definida como abordagem comparativa vertical, no sentido de que foram comparados os países individualmente, ou mais países ligados — do ponto de vista sindical, mas não exclusivamente — por fortes laços de afinidade. A importante característica de identidade constituída, no sistema social e político de um país, do modelo de organização sindical adotado aconselhou a seguir semelhante abordagem.

Quando se passa a tratar dos outros pontos fundamentais do direito coletivo do trabalho, a saber, da ação sindical e de seus meios (de autonomia e de autotutela coletiva), parece, ao contrário, aconselhável não se separar da abordagem comparativa horizontal, mais usual, que examina como um determinado instituto é disciplinado nos vários ordenamentos dos países pesquisados.

A mudança de marcha não implica, no entanto, a heterogeneidade dos resultados. A abordagem horizontal contribui para o pleno conhecimento dos sistemas considerados. Conhecimento que — como foi dito no primeiro capítulo — não se exaure, certamente, em reconstruções formalistas e em interpretações legalistas, mas também, graças à abordagem relativa aos pilares das singulares disciplinas normativas nacionais, permite fornecer a análise comparativa de seu indispensável esqueleto estritamente jurídico.

2. CONTRATO COLETIVO: FUNÇÃO NORMATIVA; PARTE NORMATIVA E PARTE OBRIGATÓRIA

Nos ordenamentos europeus, o contrato coletivo é conhecido e, em geral, amplamente aplicado como instrumento de ação sindical consistente em um mecanismo de origem consensual destinado não a estabelecer relações de emprego, mas sim as condições sob as quais o trabalho será executado nas empresas alcançadas pela negociação. Portanto, é destinado a introduzir, em seu âmbito pessoal, temporal e geográfico de aplicação, uma regulamentação abstrata das relações de trabalho (e naquele âmbito tende a ser geral), de modo análogo às normas legais (ver G. SUPPIEJ, *La funzione del contratto collettivo*, in L. RIVA SANSEVERINO e G. MAZZONI (Orgs.), *Nuovo trattato di diritto del lavoro*, cit., p. 213; I. GARCIA PERROTE, *Ley y autonomia colectiva*, Madrid, 1987).

Na generalidade dos Estados europeus, o direito incorpora um corpo de normas reguladoras das formas de organização de interesses coletivos de trabalho e dos processos e instrumentos de ação coletiva, recebendo os padrões normativos produzidos pela conformação de grupos sociais animados de pretensões opostas. O direito não pode se desinteressar da genuinidade social dos processos por que tais normas são geradas, a preservação da integridade do ordenamento jurídico global e o real progresso social, implicando que sejam enquadrados juridicamente os processos sociais baseados na força relativa dos grupos.

A estrutura da negociação coletiva nos países da União Europeia tem raízes profundas na história e tradição nacionais, mas a evolução, desde a União de seis países fundadores até a União atual ampliada, mostra processos no sentido de convergir a propósito de alguns importantes âmbitos (EUROPEAN COMMUNITIES, *Industrial Relations in Europe* 2008, Luxembourg, 2009).

As quatro pilastras das relações industriais na Europa formam nos sindicatos fortes o papel pelo qual é reconhecido substancialmente pelo Estado: elevada atitude solidária realizada por meio de práticas de coordenação dos níveis de negociação; difusão de atividades de participação dos representantes dos trabalhadores por meio de instrumentos de informação, consultação e também codeterminação; concertação governo-sindicatos e pactos sociais.

Todavia, se nos Estados que há muito tempo fazem parte da União Europeia o contrato coletivo, amplamente aplicado, exerce um papel central nas relações industriais, como recorda G. CASALE, cit., p. 28-29, nos novos Estados-membros, embora com algumas exceções, esse papel permanece fraco. O número de contratos coletivos estipulados é reduzido em relação ao de contratos coletivos celebrados nos Estados já há tempo membros da União, e a cobertura assegurada é notavelmente mais limitada em relação àquela oferecida pela autonomia coletiva nos Estados de mais antiga *membership*.

A fraqueza não emerge apenas no plano quantitativo porque, sob aquele qualitativo, é enfatizada a evanescência dos conteúdos contratuais encontrados nos novos Estados-membros: nesse sentido, a comunicação apresentada por A. KUN no XXVI Seminário Internacional de Direito Comparado realizado em Pontignano — Siena — de 14 a 17 de julho de 2009, cujo resumo foi publicado, em obra organizada por A. AURILIO, no *Notiziario internazionale*, disponível no *Annuario* n. 44 da Associação Italiana de Direito do Trabalho e da Seguridade Social (*Associazione Italiana di Diritto del Lavoro e della Sicurezza Sociale — AIDLASS*) em seu apêndice de *Atti* de seu XVI Congresso Nacional, Catania, em 21 e 22 de maio de 2009.

Nascido na Europa (na Inglaterra da Primeira Revolução Industrial, como vimos), mais de dois séculos atrás, o contrato coletivo tem mostrado maleabilidade em adaptar-se à diversidade dos contextos nacionais e à mudança dos tempos; e pode-se esperar que tal capacidade de adequação saiba, também naqueles países do continente europeu onde luta para se afirmar, atingir a posição de protagonista que lhe compete em razão da importância da sua função. Encontra-se uma tendência à "europeização" das relações industriais, apta a equilibrar a peculiaridade dos sistemas nacionais.

A questão diz respeito, contudo, ao tempo em que é possível hipoteticamente atingir esse objetivo.

A função essencial do contrato coletivo é aquela de resolver o conflito coletivo de trabalho ditando a disciplina a que devem uniformizar-se os contratos individuais estipulados pelos empregadores e trabalhadores (função normativa do contrato coletivo).

O Estado reconhece certos grupos sociais organizados, representantes de trabalhadores ou de empregadores, de emitirem, por um processo próprio de confronto entre os interesses coletivos correspondentes, normas que simultaneamente constituem fórmulas de equilíbrio entre esses interesses e padrões de conduta para os membros dos grupos em suas relações individuais.

Desse modo, a fraqueza do trabalhador, que de frente ao seu empregador — como já observava um dos pais da ciência econômica liberal, A. SMITH — está na posição de um indivíduo de frente a uma coalizão, tal sendo a desproporção das respectivas forças contratuais no plano individual, encontra recuperação no plano coletivo.

O contrato coletivo se revela como um meio de realização de interesses coletivos: e precisamente do interesse do grupo de trabalhadores que tende, a um mesmo bem adequado à satisfação de uma necessidade comum, isso é, à fixação de uma disciplina coletiva à qual todos eles estão vinculados. Vem, assim, impedido o esmagamento da negociação, entre eles e o empregador, em tantos episódios singulares e separados, nos quais sem remédio restaria a inferioridade substancial dos trabalhadores, obrigados, a partir da alternativa de aceitar ou recusar as condições oferecidas pela contraparte preponderante, a aceitar condições insatisfatórias, se não de mera sobrevivência (cf., na doutrina do período corporativo, W. Cesarini Sforza, *Studi sul concetto di interesse generale e preliminari sul diritto collettivo*, in *Il corporativismo come esperienza giuridica*, Milano, 1941, p. 133; N. Jaeger, *Contributo alla determinazione del concetto di rapporto collettivo*, in *Riv. Dir. Comm.*, 1936, I, p. 699; no que diga respeito à doutrina do período posterior, ver F. Santoro-Passarelli em numerosos ensaios: o fundamental *Autonomia collettiva, giurisdizione, diritto di sciopero*, in *Scritti giuridici in onore di Francesco Carnelutti*, Padova, 50, IV, p. 439, depois in *Saggi di diritto civile*, I, cit., p. 177).

O contrato coletivo determina, com a força da coalizão dos trabalhadores — e graças ao emprego do instrumento de pressão da greve — o tratamento mínimo abaixo do qual as partes singulares não podem descer ao determinar o conteúdo dos contratos individuais de trabalho (M. C. Cataudella, *Contratto collettivo (Nuove funzioni del)*, in *Enc. Giur. Treccani*, Roma, 2002).

A bem ver, entretanto, vai ganhando estrada, não apenas no setor público, onde estão à frente exigências inatingíveis de paridade de tratamento dos trabalhadores dependentes de uma mesma administração pública, a tendência de se fazer do contrato coletivo uma fonte de *standards*, e não (ou não sempre) de mínimos todavia melhoráveis ao nível de pactuações individuais. De fato, de tal modo se busca, durante conjunturas econômicas desfavoráveis (daí o caráter provisório da transformação em *standards* da regulação de normas mínimas) para a compressão do custo do trabalho.

Em suas origens, o contrato coletivo foi chamado contrato de tarifa, apenas para significar que este determinava as tarifas salariais intransitáveis em senso pejorativo; sucessivamente, além da parte retributiva, os contratos coletivos desenvolveram uma parte que foi denominada normativa, concernente aos institutos contratuais não diretamente econômicos, bem como, mais recentemente, um complexo de procedimentos reguladores das relações recíprocas entre as partes sociais.

Desse último ponto de vista, pode-se distinguir um perfil normativo (ou uma função normativa) do contrato coletivo, assim se entendendo sua eficácia regulatória a respeito das partes do contrato individual de trabalho, e um perfil obrigatório, relativo às partes coletivas que estipularam o contrato coletivo, e concernente aos direitos e às obrigações recíprocas que a esse nível são estabelecidos.

A negociação coletiva comporta, em primeira linha, a conformação normativa do conteúdo dos contratos individuais de trabalho surgidos no âmbito coberto pelo contrato coletivo ("contrato criador de normas"). Em segunda linha, o contrato coletivo evidencia sua matriz contratual, originando obrigações entre as próprias entidades contratantes.

A distinção proposta, todavia, não deve ser confundida com aquela entre a parte normativa, que estabelece a disciplina das condições de trabalho não salariais, e a parte retributiva ou econômica, referentes ao mesmo perfil normativo do contrato coletivo. Necessário, portanto, desembaraçar a polissemia da linguagem jurídica. Sobre o assunto, ver uma prestigiada doutrina alemã (H. Sinzheimer, *Die Korporative Arbeitsnormenvertrag*, II, Leipzig, 1908, p. 280; A. Hueck e H. C. Nipperdey, *Lehrbuch des Arbeitsrechts*, II, Berlin-Frankfurt, 1957, p. 230) e italiana (G. Messina, cit., p. 472; A. Galizia, *Il contratto collettivo di lavoro*, Napoli, 1907, p. 42; L. Barassi, *Il contratto di lavoro nel diritto positivo italiano*, II, Milano, 1917, p. 114).

3. AUTONOMIA COLETIVA ENTRE DIREITO PRIVADO E DIREITO PÚBLICO; CONTRATO E NEGOCIAÇÃO COLETIVA

Em um ordenamento inspirado no princípio de liberdade sindical, portanto nos ordenamentos dos Estados-membros da União Europeia, os sindicatos alcançam seus interesses no âmbito da autonomia privada. Quando se tutela os interesses coletivos, usa-se o termo de autonomia coletiva, tocante ao poder de contratar a regulamentação desses interesses. No entanto, em ordenamentos inspirados como dito, se é de frente a uma manifestação de autonomia privada, isso é, de capacidade de estabelecer livremente a estrutura dos próprios interesses considerada, na prática, mais conveniente, independentemente de eventual necessidade de concretizar os mesmos interesses conforme o que indicam sujeitos estranhos aos sindicatos ou até mesmo pelo Estado.

O contrato coletivo é ato de autonomia privada, enquanto um ato análogo concluído, em um diverso regime sindical, por sujeitos de direito público, assim como ocorria nos ordenamentos corporativos, é apenas na aparência um contrato, mas na substância apresenta a natureza de um ato público. Trata-se de uma espécie de lei ou de regulamento, cuja emanação o Estado descentraliza, na forma contratual, aos sujeitos, públicos, que lhe oferecem requisitos seguros de conformidade aos seus próprios desígnios de controle da realidade social (ver F. Carnelutti, cit., p. 116; T. Ascarelli, *Sul contratto collettivo di lavoro. Appunto critico*, in *Studi*, cit., p. 181; S. Romano, *Contratto collettivo di lavoro e norma giuridica* in *Arch. Studi Corp.*, 1930, p. 27).

A introdução de contratos coletivos de direito público seguramente perseguiu o desígnio de forjar instrumentos a serem confiados aos sujeitos — os sindicatos aos quais fosse conferida personalidade de direito público — particularmente próximos ao Estado e por isso penetrantemente controlados e manobráveis.

No entanto, é necessário recordar como, na origem da experiência do direito sindical, parecia que a via da publicização da organização dos interesses coletivos profissionais e de seus meios de ação era obrigatória, a fim de solucionar o problema da eficácia jurídica de tais meios.

Não apenas parecia impossível que o resultado (reputado indispensável, e indubitavelmente positivo para os trabalhadores) da extensão da eficácia dos atos de disciplina coletiva a todos os sujeitos pertencentes à categoria pela qual os atos foram concluídos fosse atingida por via diversa daquela de conferir às organizações sindicais de direito público o poder de representação legal de tais sujeitos, independentemente de sua inscrição na associação estipulante. Também a eficácia do contrato coletivo que fosse contida em uma esfera relativa apenas aos aderentes à associação estipulante, nas definições usuais das categorias civilistas, encontrava dificuldade de mostrar o fundamento de sua inderrogabilidade no confronto com as diversas e mais desfavoráveis pactuações individuais. E em tal contexto parecia particularmente difícil dar razão à idoneidade das disposições do contrato coletivo para substituir, como fonte de disciplina dos contratos de trabalho, tais pactuações individuais. Procurava-se, portanto, na direção do direito público o que parecia sem fundamento no terreno privatístico (sobre o assunto, ver A. Galizia, cit., p. 23; G. Messina, cit.; L. Barassi, cit., p. 290).

Deve-se esclarecer, contudo, que as soluções legislativas ao problema da eficácia (e da eficácia *erga omnes*) do contrato coletivo encontradas nos vários ordenamentos jurídicos aqui examinados não postularam necessariamente sua publicização. Por outro lado, a doutrina elaborou aprofundados esquemas reconstrutivos da eficácia dos atos de disciplina sindical, mesmo na ausência de uma legislação sobre a matéria, inserindo nos institutos e nas categorias científicas tradicionais do direito privado revisões e ajustes necessários para dar conta da realidade e da lógica dos interesses coletivos organizados, e oferecendo a esse esquema bases contratuais sólidas (pela doutrina italiana, ver os estudos de F. Santoro-Passarelli citados e a crítica de G. Tarello, *Teorie e ideologie nel diritto sindacale*, Milano, 1972).

Em todos os países europeus, sem exceção, embora com relevantes diferenças quanto a métodos e práticas da negociação coletiva, principalmente quanto aos seus procedimentos e instituições, deve-se observar que todos aqueles que possuem uma prática autêntica de negociação coletiva contam com organizações sindicais livres.

Pode-se, portanto, sustentar que o quadro privatístico no qual se insere, no tempo atual, a disciplina europeia da organização e da ação sindical, com ou sem o sustento de adequadas intervenções legislativas, enquanto favorece, pelo clima de liberdade, a afirmação da organização e da ação sindical, não é empecilho para sua reconstrução em termos juridicamente plausíveis.

Onde não se aceita a ideia, de resto não prevalente perante os ordenamentos postos em exame, que também os atos de autonomia privada se revestem de natureza normativa (desse modo, na Itália, E. Betti,

Teoria generale del negozio giuridico, Napoli, 1994; S. ROMANO, *Frammenti di un dizionario giuridico*, Milano, 1947), conceitualmente, se encontra dificuldade em incluir propriamente entre as fontes de um dado ordenamento os contratos coletivos de direito privado, se não no sentido de fonte atécnica. No entanto, é indubitável a relevância que, mesmos nos ordenamentos que não enquadram contratos coletivos privados na hierarquia das fontes formais, estes se comportam como instrumentos de regulação, sob o plano coletivo, das iniciativas contratuais e dos correspondentes contratos individuais entre empregadores e trabalhadores (L. MENGONI, *Legge ed autonomia collettiva*, in *Mass. Giur. Lav.*, 1980, p. 692).

A Constituição espanhola, em seu art. 37, garante a força vinculante dos contratos coletivos, o que se explica no sentido de que o ordenamento constitucional os reconhece como uma norma jurídica. A consequência da impossibilidade de derrogação do contrato coletivo por via de contrato individual leva uma parte da doutrina a interpretá-los como fonte objetiva do direito do trabalho (ver M. ALONSO OLEA, *Las fuentes del derecho del trabajo según la Constitución*, Madrid, 1982; T. SALA FRANCO, *La negociacion colectiva y los convenios colectivos*, Bilbao, 1990; M. CORREA CARRASCO, *Convenios y acuerdos colectivos de trabajo*, Pamplona, 1997 e *La eficacia jurídica del convenio colectivo como fuente (formal) del Derecho del Trabajo*, in *R.E.D.T.*, 1998, p. 225).

Os problemas aos quais fazemos agora referência, a bem ver, possuem menos razão de se expôr, quando o modelo de contrato coletivo efetivamente praticado, em um dado ordenamento, não seja aquele que se assume na referida expressão "lei da categoria profissional", mas corresponda, ao invés, a um gênero diverso de relações entre as partes coletivas. Relações, isso é, não apenas circunscritas aos intervalos periódicos das renovações contratuais das quais origina a disciplina vinculante para os contratos individuais de trabalho, mas sim estendida a uma série contínua de contatos entre as partes coletivas, que no âmbito dos procedimentos previstos por esse contrato coletivo asseguram a permanente adequação do seu conteúdo às necessidades da realidade em transformação.

O segundo modelo de negociação coletiva, que pode ser definido como dinâmico em contraposição ao primeiro, definível como estático, se afirmou na experiência britânica — coerentemente com a peculiar eficácia do contrato coletivo naquele sistema, não produtiva de vínculos jurídicos formais e, ao invés, confiada à efetividade social —, mas em anos recentes está ganhando espaço também em outros ordenamentos (B. VENEZIANI, cit., p. 87-88).

4. NEGOCIAÇÃO COLETIVA PARA OS EMPREGADOS PÚBLICOS

Na Europa, o contrato coletivo se originou e é essencialmente destinado a regular os contratos individuais e as relações intersindicais no âmbito do trabalho dependente privado. Todavia, a tendência expansiva das tutelas e dos institutos juslaboristas interessa também o contrato coletivo que, de um lado, vai se estendendo ao setor do emprego público e, de outro, se presta à aplicação, em via de progressivo alargamento, à área do trabalho autônomo, notadamente aquele parassubordinado.

A regulamentação por meio do instrumento da negociação coletiva dos contratos dos empregados públicos, obviamente, é tanto mais ágil, quanto menor se demonstra, nos vários ordenamentos jurídicos, a diferença entre as disciplinas do trabalho privado e do trabalho público. Todavia, nos mesmos ordenamentos onde uma tradição secular marcou a distinção entre os dois tipos de contrato de trabalho, postulando para aquele com a administração pública supremacia desta no confronto com os empregados e, portanto, regulamentações unilaterais e autoritárias ao invés de contratuais da própria relação, a organização e a ação para a realização dos interesses coletivos profissionais fizeram incursões no sistema do emprego público. E isso tanto em relação à autotutela sindical, obtendo, não sem limites consistentes, que se admitisse a legitimidade da greve dos empregados públicos, quanto em relação à autonomia coletiva (cf. M. RUSCIANO e L. ZOPPOLI (Org.), *L'impiego pubblico nel diritto del lavoro*, Torino, 1993).

Necessário esclarecer, entretanto, que também nas hipóteses nas quais se superam as dimensões de uma atividade de negociação apenas informal (uma negociação de tal tipo com a administração pública constitui o primeiro estágio da negociação coletiva no setor público italiano: Lei n. 93 de 1983), nem sempre os acordos sindicais destinados à regulamentação dos contratos dos empregados públicos podem se assemelhar, em tudo, aos contratos coletivos dos trabalhadores privados (ver F. CARINCI (Org.) *Il lavoro alle dipendenze delle pubbliche amministrazioni. Commentario,* Milano, 2000).

De fato, de um lado, o contrato coletivo adquiriu a função de disciplinar, no setor público, as relações de trabalho para empregados e operários *(Arbeiter* e *Angestellte)* na Alemanha, Áustria, França, Suécia e Itália, na qual a reforma da relação de emprego público realizada na última década do século passado, com a Lei n. 421 de 1992, o Decreto n. 29 de 1993, os Decretos n. 396 de 1997, n. 80 de 1998 e n. 387 de 1998, tendeu para uma homogeinização substancial entre o trabalho público e o privado (ver M. PERSIANI, *Prime osservazioni sulla nuova disciplina del pubblico impiego,* in *Dir. Lav.,* I, 1993, p. 247; M. D'ANTONA, *Contratto collettivo, sindacati e processo del lavoro dopo la "seconda privatizzazione" del pubblico impiego,* in *Foro It.,* 1999, I, p. 622).

As relações de trabalho com o Estado e com outras administrações públicas, marcadas pela prevalência do interesse público, não são mais regidas por atos heterônomos. Com o Decreto Legislativo n. 29 de 1993, foi disposta, salvo algumas excecões (magistrados, advocacia pública, policiais civis, diplomatas etc.) a privatização da relação de trabalho com a administração pública. A disciplina de tal relação foi remetida a contratos coletivos com eficácia direta sobre as relações individuais de trabalho, com execeção das materias reservadas à lei e aos atos administrativos.

Para representar a administração pública na negociação coletiva de nível nacional foi criada a *Agenzia per la Rappresentanza Negoziale delle Pubbliche Amministrazioni* — ARAN.

A ainda mera minuta de acordo coletivo obtida pela ARAN é submetida sucessivamente ao Tribunal de Contas, que deverá analisar o texto e o ônus financeiro do acordo em relação ao orçamento público. Após o parecer favorável do Tribunal de Contas, o contrato coletivo poderá ser assinado pelo presidente da ARAN e publicado no Diário Oficial.

No entanto, os limites da matéria, a disciplina particular dos sujeitos legitimados a negociar, a predeterminação dos âmbitos e níveis contratuais e, sobretudo, o concurso de fontes autônomas e heterônomas na regulamentação das relações individuais assinalam diferenças evidentes em relação aos contratos coletivos do setor privado, aos quais é essencialmente dedicada a presente investigação.

5. DEFINIÇÃO LEGISLATIVA E INSTITUCIONALIZAÇÃO DO CONTRATO COLETIVO

Nos diversos ordenamentos, a definição do contrato coletivo é posta pela lei, quando exista uma lei sobre o contrato coletivo.

Um primeiro e relevante traço distintivo entre os sistemas de negociação coletiva é percebido no grau de institucionalização. Nos sistemas institucionalizados, um quadro legal define o modelo de negociação coletiva, disciplinando os sujeitos, procedimentos, forma, conteúdo e eficácia do contrato coletivo. Em outros sistemas, prevalecem modelos fundados em bases voluntárias, que diferem entre si, dependendo se a aplicação das disposições contratuais coletivas seja ou não garantida por meio de sanções próprias do ordenamento jurídico geral, mas apresenta o caráter comum da ausência de um quadro legal sistemático análogo.

Na falta da lei, a definição é dada, entretanto, pela jurisprudência e pela doutrina, uma vez que, também nos ordenamentos em que o legislador não interviu para regular expressamente a matéria, se apresenta sempre a exigência de enfrentar a problemática jurídica do contrato coletivo, pela evidente relevância social e econômica do fenômeno.

No âmbito dos Estados que há mais tempo são membros da União Europeia, possível recordar definições legislativas específicas do contrato coletivo que se desenvolveram na França, Bélgica, Luxemburgo, Alemanha, Áustria, Suécia, Finlândia, Países Baixos, Grécia, Espanha e Portugal, onde vigoram, de fato, leis que regulam sistematicamente esse instrumento sindical. É fácil constatar a afinidade entre essas definições, cujas variações concernem fundamentalmente à qualificação, jurídica e de fato, dos sujeitos estipulantes.

De qualquer modo, todas as definições mostram-se fundamentalmente de acordo com a Recomendação n. 91 da OIT, de 1951, que definiu o contrato coletivo como todo acordo escrito celebrado entre um empregador, um grupo de empregadores ou uma ou várias organizações de empregadores, de um lado e, de outro, uma ou várias organizações representativas dos trabalhadores ou, na ausência de tais organizações, dos trabalhadores interessados, devidamente eleitos e autorizados pelos demais, devendo todo contrato obrigar seus contratantes (OIT, *Convenios y recomendaciones 1919-1965*, Genebra, 1993, p. 856).

No direito francês, o art. 132-1 e 2 do *Code du travail* (mantêm-se neste livro a numeração dos artigos do velho Código do Trabalho francês) definiu o contrato coletivo de trabalho como o acordo relativo às condições de trabalho e às garantias sociais, celebrado entre uma ou mais organizações sindicais de trabalhadores representativos (sobre a questão de sua representatividade teremos oportunidade de retornar nas páginas seguintes) e, pela outra parte, por uma ou mais organizações sindicais de empregadores ou por um ou mais empregadores individualmente considerados.

Na Bélgica — onde a Constituição de 1993, no art. 23, estabelece o direito de negociação coletiva, mas sem fornecer outros detalhes a propósito — analogamente à previsão do legislador francês, o art. 5 da Lei de 5 de dezembro de 1968 (*Loi sur les conventions collectives de travail et les commissions paritaires*) define o contrato coletivo de trabalho como o acordo celebrado entre uma ou mais organizações de trabalhadores e uma ou mais organizações de empregadores (ou um ou mais empregadores) e destinado a regular as relações individuais e coletivas entre os empregadores e trabalhadores, em determinada empresa ou um setor econômico, e para estabelecer os direitos e as obrigações das partes estipulantes.

Assim, em Luxemburgo, é previsto (art. 1º da lei de 12 de junho de 1965) que o contrato coletivo de trabalho se atenha às relações e às condições gerais de trabalho e seja celebrado entre uma ou mais organizações sindicais de trabalhadores, de uma parte, e, por outra parte, uma ou mais organizações sindicais de empregadores, ou por uma empresa particular, ou um grupo de empresas com a mesma atividade produtiva, ou também um conjunto de empresas pertencentes ao mesmo setor profissional. Veremos, contudo, que o nível de contratação de empresa é o que de fato predomina.

Não é substancialmente diferente o direito dos Países Baixos, onde o art. 1º da lei de 24 de dezembro de 1927 definiu o contrato coletivo como o acordo concluído entre um ou mais empregadores ou uma ou mais organizações empresariais portadoras de personalidade jurídica, de uma parte, e, por outra parte, uma ou mais organizações de trabalhadores portadores de personalidade jurídica. Tal acordo tem por objeto a regulamentação das condições de trabalho que devem ser observadas nos contratos individuais.

Pelo direito Alemanha(arts. 1º e 2º da mencionada lei sobre o contrato coletivo de 1949 e sucessivas modificações: *Tarifvertragsgesetz*), o contrato coletivo é estipulado entre um ou mais empregadores, ou uma associação de empregadores, e um ou mais sindicatos de trabalhadores. Ele regula os direitos e as obrigações das partes estipulantes, além do conteúdo, da conclusão, da cessação dos contratos individuais de trabalho e dos problemas empresariais.

A disciplina grega, em matéria de negociação coletiva, é ditada pela Lei n. 1.876 de 1990, segundo a qual o contrato coletivo determina as condições às quais se devem ater nos contratos individuais de trabalho e é celebrado por uma ou mais organizações empresariais, de uma parte, e, por outra, pela organização dos trabalhadores majoritariamente representativa no âmbito de referimento (art. 6).

No direito português, o art. 56 da Constituição confere às associações sindicais competência para "exercer o direito de contratação coletiva", conferindo à lei o encargo de estabelecer "as regras respeitantes à legitimidade para a celebração das convenções colectivas, bem como à eficácia das respectivas normas". O Decreto-Lei n. 519, de 29 de dezembro de 1979, previu que os contratos coletivos têm por objeto a regulamentação das relações coletivas de trabalho e definem seja as condições individuais de trabalho, seja as relações entre as partes signatárias. O *Código do Trabalho de Portugal*, introduzido pela Lei n. 99, de 27 de abril de 2003, revogou, com outras normas justrabalhistas aprovadas na fase da anunciada transição, também o mencionado decreto, mas as normas do Código relativas aos sindicatos e contratos coletivos (arts. 524, 526, 549, 552, 556 e 557) não alteraram aquela configuração.

Na Espanha, a lei n. 8, de 10 de março de 1980 *(Ley del Estatuto de los Trabajadores)*, no texto refundido pelo Real Decreto legislativo n. 1/1994, de 24 março de 1994 (ver S. GONZÁLEZ ORTEGA, *La reforma de la negociación colectiva*, in *La reforma laboral de 1994*, Madrid, 1994; F. VALDÉS DAL-RÉ, *Algunos aspectos de la reforma del marco legal de la estrutura de la negociación*, in *Rel. Lab.*, 1994, p. 257-291) e modificada várias vezes, em particular pelo *Real Decreto legislativo* 3/2012, de 10 fevereiro de 2012, com a *Reforma de la negociación colectiva*, dita, no título III, a normativa em matéria de contrato coletivo, dando a noção de acordo livremente estipulado entre as representações qualificadas dos trabalhadores e dos empregadores, em virtude de sua autonomia coletiva, para a disciplina das condições de trabalho (art. 82, *L. ET.*). Na realidade, o direito espanhol, para designar o resultado da negociação coletiva, usa uma considerável variedade de expressões, como *convenio colectivo*, que pode ser traduzido como contrato ou acordo coletivo, pacto coletivo, convenção coletiva. Esses se referem ao mesmo gênero de resultado, mas são empregados distintamente para assinalar algumas conotações particulares, geralmente relativas a limitações do âmbito de aplicação, ou de conteúdo, ou de eficácia. Uma variedade semelhante de expressões referentes ao resultado da negociação entre as organizações de trabalhadores e de empregadores, na realidade, se registra também em outros sistemas sindicais europeus. Os contratos coletivos que respondem às previsões de normas de leis acima referidos, na Espanha, são definidos como *estatutários* e estão sujeitos a um regime jurídico diverso daquele que se refere aos contratos coletivos pactuados por fora das previsões legais em si, chamados *extraestatutários*, os quais, no entanto, também são endereçados à regulação uniforme de contratos de trabalho, mas com âmbito subjetivo de eficácia limitado (T. SALA FRANCO, *Los convenios colectivos extraestatutarios*, Madrid, 1981).

Na Suécia, uma lei sobre codeterminação de 1976 define o contrato coletivo como o acordo estipulado, na forma escrita, entre organizações empresariais ou empresários individuais e organizações sindicais, em matéria de condições de trabalho ou de regulamentação das relações entre as partes contratantes.

Na Áustria, a lei de 1974 reconhece como contratos coletivos os acordos, vinculantes no plano do ordenamento geral, celebrados por associações sindicais de trabalhadores e de empregadores ou empregadores individuais — bem como, como já se acenou e melhor será visto *infra*, por Câmaras de Comércio e Câmaras de Trabalho — que detenham a capacidade jurídica exigida, voltados a regular as relações de trabalho e as relações entre as partes contratantes.

A lei finlandesa de 1946 define como contrato coletivo o acordo celebrado por sujeitos registrados como associações sindicais.

Nos Estados que nos anos mais recentes passaram a fazer parte da União Europeia, como assinala A. VIMERCATI, in U. CARABELLI e S. SCIARRA, as novas legislações emanadas no tema da livre negociação coletiva tiveram pressa em reconhecer prontamente ao contrato coletivo a função de concorrer com a lei para disciplinar as condições de trabalho, munido da mesma força jurídica da lei em relação aos associados das organizações estipulantes.

Assim foi estabelecido, quando a ainda Thecoslováquia formava um Estado único antes da divisão nas duas repúblicas Theca e Eslováquia, pelo art. 5 da Lei n. 120 de 1991; e em sentido análogo, na Polônia, pela Lei n. 547 de 1994, que alterou o título XI do Código do Trabalho de 1974, com uma nova e detalhada disciplina. Na Hungria, o novo Código do Trabalho, aprovado pela Lei n. 22 de 1992, em seus arts. 30-41, como observam C. KOLLONAY LEHOCZKY e M. LADÒ, in U. CARABELLI e S. SCIARRA, cit., p. 132, previu os fundamentos jurídicos que permitem o desenvolvimento de uma livre negociação coletiva, eliminando os obstáculos do passado e restituindo ao contrato coletivo o papel de fonte de tutela das condições de trabalho ainda e mais favoráveis em relação à disciplina legal.

Pode-se dizer que em todas aquelas que foram chamadas as "novas democracias", a disciplina legislativa relativa ao contrato coletivo é bastante nutrida, e foram aprovadas novas leis especiais ou foram emendadas as normas pré-vigentes, adequando-as ao princípio de liberdade sindical.

Na Romênia, a Lei n. 30 de 1996 regulou a matéria com as normas sobre o mesmo objeto dedicados pelo Código do Trabalho, de acordo com a Lei n. 53 de 2003, e com as modificações introduzidas em 2007. Nos países bálticos, o legislador interviu detalhadamente. Na Estônia, uma lei de 1992 disciplinou os pressupostos formais para que possam ser estipulados contratos coletivos; também na Letônia o legislador fixou os requisitos necessários para o início das negociações e, analogamente, na Lituânia, o Código do Trabalho estabeleceu a moldura legal da negociação coletiva.

Resta, porém, diferenciar as previsões formais e o dado real, que revela a carência de efetividade das novas regras, em um panorama onde é uma exceção uma mais diligente atividade negocial na Eslovênia.

Na Irlanda, na Itália, no Reino Unido e na Dinamarca não existe, no tema do contrato coletivo, uma lei geral que lhe dê definição e disciplina. Todavia, em qualquer desses Estados, a própria lei se refere, por vezes, aos fins particulares — de garantia, sustento ou limitação — ao contrato coletivo, pressupondo a noção derivada da experiência comum. De fato, em alguns dos ordenamentos indicados se encontram definições legislativas de contrato coletivo previstos para fins particulares, mas indicativos da noção comumente aceita no ordenamento.

Assim, no Reino Unido, o *Trade Union and Labour Relations Act* (T.U.L.R.A.) de 1974, confirmado nesse tema pela lei sindical de 1992, define como contrato coletivo cada acordo feito por um ou mais sindicatos com um ou mais empregadores ou associações de empregadores e relativo a um elenco de matérias tipificadas, ou destinado a realizar um sistema de "*closed shop*". Essa definição é válida para delimitar o campo de aplicação de leis importantes como o próprio T.U.L.R.A. de 1974 e o *Employment Protection Act* de 1975, sobre o reconhecimento do sindicato para fins negociais.

Na Irlanda, o *Anti-Discrimination (Pay) Act* de 1974 define, para a aplicação dessa lei particular, o contrato coletivo como um acordo relativo às condições de trabalho estipuladas por partes que são ou representam empregadores e partes que representam trabalhadores.

Deve-se ressaltar, entretanto, como, nos ordenamentos nos quais não existe uma definição legislativa geral do contrato coletivo, uma sua noção geral deste foi igualmente elaborada pela jurisprudência e pela doutrina, pela exigência, como já observado, de dar sistematização jurídica adequada a um fenômeno de tão notável importância social.

Portanto, a partir do exame das disposições e das construções jurídicas vigentes nos diversos ordenamentos é possível detectar uma concepção comum do contrato coletivo, que assume em todos os lugares a mesma dúplice função de regulamentação autônoma, por parte dos grupos profissionais interessados, das condições de trabalho relativas aos contratos individuais e às relações diretamente intercorrentes entre os mesmos grupos, em nível coletivo.

Essa delimitação da negociação coletiva, como aquela em que se realizam o encontro e o acordo entre as partes sociais em vista da disciplina das condições aplicáveis às relações de trabalho individuais e coletivas, pode mantê-la conceitualmente distinta da concertação e de outras formas de relações industriais, como a informação e a consulta.

Em todos os ordenamentos dos Estados da União Europeia — embora tal função dúplice esteja expressamente prevista em lei somente em alguns deles, enquanto em outros ordenamentos é obra da construção doutrinária e da interpretação jurisprudencial —, o contrato coletivo desenvolve a dúplice função indicada, derivada da distinção acima mencionada, em seu interior, entre a parte normativa e a parte obrigatória. Mas para o aprofundamento de tal distinção, remete-se às considerações que serão discutidas a seguir.

Já foi notado que algumas diferenças relevantes entre as definições referidas, de resto bastante similares, emergem, ao invés, em relação à individualização dos sujeitos legitimados à estipulação do contrato coletivo: a esse problema, portanto, é dedicada uma análise específica, a qual se remete.

Do mesmo modo, remete-se ao que diz respeito ao âmbito de aplicação do contrato coletivo, em particular à distinção entre contrato coletivo empresarial e contrato coletivo de associação ou de ramo de indústria, isso é, de categoria, distinção esta que surge a partir da indicação alternativa — deduzível a partir das definições legislativas referidas — do empregador individualmente considerado ou da associação de empregadores como parte do contrato.

6. DISCIPLINA LEGAL DO DIREITO DOS CONTRATOS COLETIVOS: LEI E CONTRATO COLETIVO

No tópico precedente foi destacada a distinção entre os ordenamentos nos quais o contrato coletivo, em seus aspectos fundamentais, é direta e especificamente disciplinado pela lei, de um lado, e os ordenamentos em que falta tal disciplina legal do contrato coletivo, por outro lado.

A distinção não tem caráter puramente formal, mas envolve uma questão de substância. Sua importância não se exaure na diversa amplitude e especificidade da regulamentação jurídica do contrato coletivo, concernente ao fato de que na matéria intervenha ou não a lei. Em outras palavras, não seria suficiente parar para salientar que, em um dado ordenamento, o legislador se absteve de disciplinar expressa e organicamente o fenômeno, enquanto em outro ordenamento tal regulamentação legislativa existe. Não está em jogo apenas um aspecto quantitativo, inerente à subsistência da intervenção legislativa e suas dimensões. A questão é de ordem qualitativa e se refere à diferente posição inicial que o legislador assume no confronto com a autonomia coletiva.

Os ordenamentos nos quais, em aderência ao princípio do abstencionismo legislativo, falte uma lei geral sobre contrato coletivo e em quais as principais características do contrato coletivo se devem à elaboração doutrinária e jurisprudencial, na realidade apresentam, com respeito aos sistemas de regulamentação legal do contrato coletivo, uma diferença de fundo. Ela consiste no fato de que, nesses ordenamentos, a falta de tal intervenção legislativa está ligada ao respeito da mais ampla liberdade das partes no âmbito das relações de trabalho.

No direito do trabalho coexistem instrumentos de regulamentação autônoma e heterônoma. Isso é, a disciplina do contrato de trabalho deriva de fontes normativas diversas: de um lado, o contrato coletivo, fruto da autonomia coletiva; do outro, a lei, emanada pelo Estado. Esses instrumentos são distribuídos de maneira variada nos ordenamentos singulares (ver I. García Perrote Escartín, *Ley y autonomía colectiva. Un estudio sobre las relaciones entre la norma estatal y el convenio colectivo*, Madrid, 1987; S. Liebman, *Autonomia collettiva e leggi*, in M. D'Antona (Org.), *Letture di diritto sindacale*, Napoli, 1990, p. 49). Segundo a distribuição de funções e competências entre as regulamentações autônomas e regulamentações heterônomas, se o pertencimento de um determinado ordenamento aos dois grandes modelos juslaborísticos: o modelo "voluntário" e o modelo "estatal".

Um intervencionismo estatal excessivo esteriliza a negociação coletiva (M. Rodriguez-Piñero e S. Del Rey Guanter, *El nuevo papel de la negociación colectiva y de la ley*, in *Las relaciones laborales y la reorganización del sistema productivo*, Córdoba, 1983, p. 28) e se diferencia com respeito a uma regulamentação legislada dos princípios da matéria sindical, mas sem papel proeminente da lei a ponto de asfixiar o sistema. O Estado pode estabelecer apenas algumas diretrizes gerais a respeito da negociação coletiva, a fim de que o interesse público seja sempre tutelado (ver P. Langlois, *Droit public et droit social en matière de negociation collective: l'ordonnoncement du droit public remis en cause par la negociation collective inter-profession* in *Dr. Soc.*, 1992, p. 10).

Referindo-se aos precedentes históricos das "novas democracias", tivemos a oportunidade de ressaltar como seu sistema pregresso de relações sindicais havia praticamente excluído, ou em cada caso decididamente marginalizado, a regulamentação genuinamente autônoma das condições de trabalho. O modelo "estatal" se degenerava em um regime totalitário.

Foi ressaltado como a preferência por um ou outro dos dois modelos depende, para além das propensões ideológicas, da ênfase posta na amplitude da eficácia da regulamentação jurídica, bem como sobre sua intensidade. A lei, por sua própria generalidade inerente, é levada a expandir sua tutela a âmbitos obviamente mais vastos em relação ao contrato coletivo que, ao contrário, é limitado pela eficácia *inter partes* característica dos atos contratuais.

Além disso, a lei, na realidade, demonstra uma intensidade mais reduzida de penetração social em relação ao contrato coletivo; e, em alguns casos, pode se revelar dotada de menor efetividade.

As considerações que acenamos a propósito da preferência dos vários ordenamentos atribuída aos instrumentos de regulamentação das condições de trabalho, na verdade, aplicam-se também à adequação de regulamentação na via legislativa desse mesmo instrumento de autonomia coletiva.

A escolha entre a lei e o contrato coletivo, todavia, depende também de outras razões. Entre elas, leva a uma preferência pelo modelo "voluntário", já recordada a relutância (se não a recusa explícita) dos sindicatos em relação a uma hipoteca legislativa que tolha seu espaço e não se revele em sintonia com o equilíbrio duramente conquistado nas relações de força entre as partes sociais e em seu interior. De tal natureza são as motivações que sugeriram ao sindicato italiano recusar o projeto de implementação legislativa das normas sobre o tema do contrato coletivo com eficácia *erga omnes* ditado pelo art. 39 da Constituição italiana, e ao sindicato inglês de se opor energicamente às iniciativas legislativas com as quais, nos últimos anos do século passado (mas antes disso outras iniciativas legislativas dos governos daquela cor já haviam colhido hostilidade sindical), os governos conservadores britânicos intervieram em matéria sindical. Iniciativas que, como se destacou no capítulo precedente, de fato, comprimiram a autonomia sindical e tornaram ilegítima a prática do *closed shop* e do *union shop* (acordos sindicais que condicionam a contratação ou a permanência no serviço por parte do trabalhador à adesão ao sindicato).

Qualquer lei, nessa perspectiva, é percebida como um limite para o espaço de liberdade de organização sindical. Em particular, não se pode esquecer que toda lei direcionada à regulamentação do contrato coletivo implica a valorização do interesse, geral, à composição ordenada, em formas e modos determinados, do conflito coletivo. Ao invés, quando o legislador não intervenha para resolver o fenômeno, mas se limite a garantir a liberdade sindical, a inspiração do ordenamento tende à máxima expansão da autonomia coletiva, em todas as formas e modos possíveis e lícitos. Uma tal ampla afirmação da liberdade de organização e de ação do sindicato, no modelo "voluntário", surge precisamente como instrumento de realização do interesse geral, não parecendo, entretanto, necessário, nesse sistema, a intervenção legislativa no instrumento (o contrato coletivo) da livre ação sindical.

A intervenção do legislador, também quando se revela de indiscutível utilidade social e se coloque até mesmo como sustento da autonomia sindical, termina sempre por dar lugar a uma regulamentação heterônoma das relações industriais, que subtrai espaço da autonomia dos grupos profissionais.

Prescindindo de qualquer juízo de valor, é possível afirmar que essa é uma observação de caráter objetivo, que é de importância essencial para a compreensão dos diversos ordenamentos. Em termos de valores, o discurso sobre a concorrência (e sobre o conflito) de fontes legislativas e contratuais coletivas pode-se traduzir em uma definição dialética entre autoridade e liberdade. Isso é, entre a tendência de reservar centralizadamente ao aparato dos poderes públicos a regulamentação dos contratos de trabalho, de um lado, e, de outro, a aspiração da sociedade civil de emancipar-se de tal tutela, sentida — e sofrida — pelo menos como paternalista, para confiar preferencialmente à autorregulação dos interesses coletivos profissionais às forças que são protagonistas dos relativos conflitos.

Merece consenso, por outro lado, a opinião segundo a qual a evolução do direito do trabalho contemporâneo atenua — nos ordenamentos dos Estados onde consolidada é a presença e vastas são as competências adquiridas pelo sindicato — a força da alternativa entre lei e contrato coletivo (mas não a anula). Registram-se, de fato, a aproximação, a convergência no objetivo de superar as crises econômicas recorrentes, a fungibilidade entre as duas fontes, as recíprocas referências e remissões (ver G. Proia, *Questioni sulla contrattazione collettiva. Legittimazione, efficacia, dissenso;* Milano, 1994, p. 192). Portanto, é necessário não apenas que a lei faça remissão ao contrato coletivo da disciplina concreta e detalhada dos aspectos sobre os quais considera inoportuno ou muito árduo intervir diretamente, mas também que grandes acordos coletivos sejam assinados, para além das confederações contrapostas, também pelo governo (denominados acordos triangulares), que remetem à lei a particularizada solução de objetivos sobre os quais o acordo registra um consenso de princípios.

A reciprocidade entre a lei e o contrato coletivo se percebe claramente quando, no último quarto do século passado, as relações entre Estados, empreendedores e sindicatos se caracterizaram, em vários países-membros da União Europeia (França, Itália, Reino Unido, Alemanha, Suécia), pela ampliação dos espaços de negociação coletiva sobre temas políticos. A conjuntura econômica desfavorável leva os governos a concentrar o interesse nos problemas do custo e do mercado de trabalho e a promover uma legislação que, criada para enfrentar as correspondentes necessidades de proteger a renda dos trabalhadores, dizimada pela inflação, e os níveis de ocupação (denominada "legislação de emergência"), se transforma e se estabiliza em uma "legislação da crise". Os traços, negativos e não transitórios da situação econômica ameaçam, de fato, não apenas a estabilidade do sistema de relações industriais, mas também a estrutura política global, e a necessidade de recompor o consenso social insta os poderes públicos à redução das distâncias entre representação política e corpo social (B. Veneziani, cit., p. 42-45).

O contato se realiza no coenvolvimento frequente (que de fato se tornou obrigatório, substancialmente) da autonomia coletiva na elaboração de normas legislativas concernentes ao mundo do trabalho (denominadas leis contratadas). Esses fenômenos se baseiam na interação entre fontes legais e fontes contratuais, no âmbito de uma troca política que é acompanhada de uma nova imagem de gestão do poder público (nesse tema, cf. G. Adam, *La négociation collective en France. Elements de diagnostic,* in *Dr. Soc.,* 1978, p. 437, e I. Shregle, *Les relations professionelles: questions d'actualité,* in *Rev. Int. Trav.,* 1974, p. 23).

Ressalte-se, geralmente, que a recepção, pela lei, dos acordos com as partes sociais levou à contratação do procedimento legislativo pela via informal, e até mesmo provocando a sua adulteração. É possível, porém, enquadrar a intervenção das partes sociais no *iter* formativo da lei no leito da participação dos particulares, seus destinatários, na formação dos atos finais que concluem os procedimentos: no caso da lei, a conclusão do *iter* legislativo (ver G. Perone, *Partecipazione dei sindacati alle funzioni pubbliche,* cit.).

Fenômenos do gênero acima exposto são encontrados na Itália (ver R. De Luca Tamajo e L. Ventura (Orgs.), *Il diritto del lavoro dell'emergenza,* Napoli, 1979), na Bélgica, onde o diálogo entre o poder público e o sindicato pode contar com sede institucional (ver L. François, *Théorie de relations collective du travail en droit belge,* Bruxelles, 1980), na França (ver D. Weiss, *Les relations du travail. Employeurs, personnel, syndicats, Etat,* Paris, 1983) e na Espanha e em Portugal, mais jovens democracias nas quais em tal modo é reforçada a relação dos sindicatos renascidos com o Poder Legislativo e com o Poder Executivo (ver, respectivamente, os ensaios de J. A. Sagardoy e de M. Pinto e A. Monteiro Fernandes in T. Treu (Org.), *Crisi economica,* cit., p. 157 e 191).

As negociacões, ou debates conjuntos, entre o Ggoverno português, as confederações sindicais e patronais, sobre temas como salários, política de emprego, dispositivos de proteção social, competitividade da economia, têm reconhecimento constitucional (arts. 56/2-d e 92/1 da Constituição) e enquadramento institucional próprio: a Comissão Permanente de Concertação Social, integrada no Conselho Econômico e Social. A Concertação Social é um mecanismo autorregulador, através do qual as organizações de cúpula, representativas dos trabalhadores, participam nos processos de decisão que cabem na competência do governo.

Por outro lado, todos esses elementos não diminuem a relevância da distinção entre lei e contrato coletivo, que permanece, mesmo quando o modelo de interação é diferente daquele agora ilustrado e se concretiza em uma série de remissões em sentidos alternados entre fontes legais e fontes contratuais, como ocorrido no caso da França onde os acordos nacionais interprofissionais, como aquele sobre a formação profissional em 1970, se destinavam a completar leis precedentes e a promover iniciativas legislativas posteriores (v. B. Veneziani, cit., p. 45). Para uma estratégia análoga de interação, na Itália, remetemos o leitor à obra de P. Passalacqua, *Autonomia collettiva e mercato del lavoro. La contrattazione gestionale e di rinvio*, Torino, 2004.

Seja como for, o estudo da relação entre lei e contrato coletivo nos ordenamentos europeus tem como pressuposto o concurso entre normas de hierarquia diferente e sua forma de solução com a prevalência do princípio da norma mais favorável ao trabalhador.

No direito do trabalho português, em 2009, o Código do Trabalho apenas prevê que a lei necessariamente prevalece diante do instrumento de regulamentação coletiva caso haja disposição imperativa. Ainda, o instrumento de regulamentação coletiva apenas se sobressai diante da lei se dispor em sentido mais favorável aos trabalhadores sobre um determinado rol de matérias (J. Barros Moura, *A convenção entre as fontes de direito do trabalho*, Coimbra, 1984).

Contudo, esse paradigma se alterou, com a mitigação do mencionado princípio, pelo estímulo da conjuntura econômica desfavorável através da legislação da emergência e da legislação da crise.

Dessa forma, abre-se um espaço cada vez maior de se possibilitar que as partes determinem o conteúdo das relações pactuadas entre si, havendo a imperatividade da norma estatal apenas em poucos casos previstos na legislação. E também abre-se um amplo espaço para que os conflitos suscitados em decorrência do concurso de fontes sejam solucionados pela aplicação de técnicas que não consideram a existência de uma desigualdade intrínseca em uma dada posição e relação das fontes.

7. DISCIPLINA LEGISLATIVA SISTEMÁTICA E INTERVENÇÕES LEGISLATIVAS PARTICULARES EM MATÉRIA DE CONTRATOS COLETIVOS

As fontes legais do direito dos contratos coletivos não se limitam somente às leis gerais que ditam uma disciplina completa e sistemática de tal fenômeno. São difusas, também, normas legais, muitas vezes inseridas, por sua vez, em textos de lei de conteúdo mais amplo, com as quais são regulados certos aspectos particulares da negociação coletiva, também de notável importância.

Assim, na Itália, quanto ao âmbito de eficácia subjetiva, na falta de edição da lei sobre contrato coletivo eficaz para todos os membros das categorias profissionais, prevista pelo art. 39 da Constituição, interveio a Lei n. 741 de 1959. Ela autorizou o governo a emanar, em conformidade ao conteúdo dos contratos coletivos existentes naquela data e depositados, por iniciativa de uma das partes contratantes, perante o Ministério do Trabalho, normas jurídicas com força de lei, por sua natureza eficazes *erga omnes,* com fim de assegurar mínimos inderrogáveis de tratamento econômico e normativo em relação a todos os trabalhadores pertencentes à mesma categoria profissional.

Sempre na Itália, são de se recordar várias normas, que vão desde o art. 36 da Lei n. 300 de 1970 (denominada Estatuto dos Trabalhadores, que, por si só não é a lei que disciplina o contrato coletivo, mas garantindo direitos de atividade sindical nos locais de trabalho, consequentemente reforça o poder contratual dos sindicatos), que impõe aos empreendedores beneficiários de auxílios públicos e aos empreiteiros de obras públicas a obrigação de aplicar aos próprios empregados condições de trabalho não inferiores às previstas nos contratos coletivos; ao art. 2.113 do Código Civil, com redação dada pelo art. 6º da Lei n. 533, de 11 de agosto de 1973, que sancionou formalmente a inderrogabilidade dos contratos coletivos por parte daqueles individuais; ao art. 4º da Lei n. 502, de 5 de agosto de 1958, sobre a contenção do custo do trabalho, que subordinou as facilitações contributivas previstas a favor dos empreendedores à condição de que sejam aplicados os contratos coletivos; à Lei n. 863, de 19 de dezembro de 1984, modificada pela Lei n. 236, de 19 de julho de 1993, sobre os denominados contratos coletivos de solidariedade, com os quais se reduzem para todo o pessoal da empresa jornada e salário, com o fim de evitar dispensas, ou mesmo para incrementar o nível de emprego; ao conjunto de disposições legislativas, não todas ainda em vigor, mas em cada caso significativas da tendência redutiva da disponibilidade sindical em relação ao conteúdo dos contratos coletivos que, a partir da década de 1970, impuseram "tetos" legais para a autonomia coletiva, limitando, com as Leis n. 797 de 1976, n. 91 de 1977, n. 219 de 1984, a indexação salarial introduzida por negociações coletivas (denominada escala móvel). E sancionaram a faculdade de derrogação, por parte da negociação coletiva, das restrições legislativas, fixadas, porém, para tutelar os trabalhadores, mas que resultaram depois, num contexto de uma longa crise econômica, insustentáveis e contrárias à exigência imprescindível de reorganização produtiva e de flexibilidade no uso do trabalho: Lei n. 903, de 9 de dezembro de 1977, em tema de igualdade de gênero; Lei n. 215, de 26 de maio de 1978; Lei n. 36, de 9 de fevereiro de 1979, sobre "mobilidade facilitada" dos trabalhadores (subsídio dado aos trabalhadores submetidos à dispensa coletiva); Lei n. 56, de 28 de fevereiro de 1987, art. 23, sobre a derrogação, mediante contrato coletivo, nas hipóteses taxativas nas quais era admitido pôr termo aos contratos de trabalho pelo art. 1º da ainda vigente Lei n. 230, de 18 de abril de 1962; Lei n. 223, de 23 de julho de 1991, que no art. 5º consentiu que os contratos coletivos introduzissem critérios diferentes dos legais com o fim de selecionar os trabalhadores incluídos nas "listas de mobilidade".

Enfim, ainda no que diz respeito à Itália, um raciocínio à parte exige o art. 8º do Decreto-Lei n. 138 de 2011, convertido pela Lei n. 148 de 2011, que, na verdade, trouxe mudanças de relevância não desprezível ou limitada à disciplina das relações entre a lei e a autonomia coletiva e na hierarquia entre contratos coletivos de diferentes níveis, atribuindo, de forma inovadora, força derrogatória às disposições do contrato coletivo empresarial que observe requisitos específicos. Só que a contingência peculiar pela qual foi instituída a norma, resultante de um agudo e específico caso empresarial (aquele do grupo FIAT) e a intenção, manifestada pelas partes sociais, de não aplicar a norma propriamente dita levam a duvidar de que ela represente efetivamente uma revisão legislativa de aplicação geral.

No Reino Unido, deve-se recordar o *Employment Protection Act* de 1975, sobre o reconhecimento *(recognition)*, com fins contratuais, do sindicato, por parte de um ou mais empresários, lei que introduzia um sistema de resolução legal das controvérsias nessa matéria. Dignos de nota são, ainda, o *Industrial Relations Act* de 1971, que, na verdade, tendia para uma regulação geral dos sujeitos sindicais e da eficácia de seus atos, mas depois de um breve período durante o qual esteve em vigor, mas rejeitado pelas organizações sindicais, foi revogado pelo acima mencionado *Trade Union and Labour Relations Act* de 1974; e as formas de intervenção estatal em matéria salarial, a *Fair Wages Resolution* de 1946 e o *Statutory Fair Wages* — destinados a constranger, de várias formas, o empregador a aplicar as condições de trabalho previstas nos contratos coletivos — mas sucessivamente revogados em nome de uma decidida política abstencionista em relação à questão.

Na Irlanda, o *Industrial Relations Act* de 1946, destacando-se do sistema herdado do Reino Unido e introduzindo a possibilidade de extensão do contrato coletivo, previu, com tal finalidade, a obrigatoriedade da licença para negociar e criou o sistema da *Labour Court* e dos *Joint Labour Commettees*.

Também nos ordenamentos onde está em vigor uma lei geral e sistemática sobre o contrato coletivo foram depois emanadas normas particulares na matéria.

Na Bélgica, além da lei de 1968, a lei de 25 de março de 1976, concernente a medidas para reanimar a economia, impôs um bloqueio temporário na indexação dos salários e uma destinação particular de uma parte dos novos aumentos salariais previstos nos contratos coletivos. Outras intervenções legislativas são registrados em 1981, 1982, 1983 e 1989, com vistas à contenção do custo do trabalho e da necessidade de enfrentar as consequências ocupacionais da crise econômica e das transformações tecnológicas; bem como, em 1982, para permitir aos contratos coletivos introduzir horários de trabalho flexíveis, em derrogação às normas legislativas sobre a duração da prestação laborativa.

Ainda, nos Países Baixos, além da lei geral, foi editada a lei sobre formação do salário de 12 de abril de 1970, que atribuiu ao Ministro dos Assuntos Sociais o poder de congelar temporariamente, no interesse da economia nacional, todas as condições de trabalho previstas nos contratos coletivos e o poder de emanar um regulamento das condições de trabalho com eficácia geral, na falta de acordo entre as partes sociais. Em 1986, foi introduzida uma norma de validade trienal que legitimava o mesmo ministro a comunicar às partes sociais os parâmetros retributivos aos quais deveriam se ater durante a negociação.

A intervenção legislativa particular na matéria de contrato coletivo, à luz dos exemplos mencionados, é suscetível de ser enquadrada segundo a distinção entre normas com finalidade de sustento da negociação ou de extensão de seus resultados, por um lado, e normas com finalidade de limitação da mesma negociação, por outro lado.

Portanto, tratam-se de intervenções de escopos opostos: um, voltado à tutela dos trabalhadores através do reforço da garantia das condições mínimas de tratamento; outro, voltado a evitar à coletividade nacional eventuais consequências danosas dos excessos de tutela adquiridos pelo contrato coletivo.

A lei oscila entre o sustento da autonomia coletiva e sua limitação, de acordo com as diversas situações históricas, econômicas e sociais. Por outro lado, a lei intervém também para facultar a negociação coletiva a derrogar normas da própria lei, consideradas excessivamente rígidas em seu caráter limitativo. É certo, no entanto, que, em um ou em outro sentido, o legislador achou por bem intervir, e isso também nos sistemas inspirados no princípio da abstenção da lei em matéria de relações industriais.

8. CONTRATO COLETIVO E DIREITO COMUM DOS CONTRATOS

É possível se perguntar se na Europa seria aplicável, em matéria de contrato coletivo, o direito comum dos contratos: isto é, se são aplicáveis as normas civilistas que regulam, no ordenamento, o contrato em geral. A resposta depende da vigência ou não, em cada ordenamento, de uma lei geral sobre contrato coletivo, bem como do valor jurídico reconhecido ao contrato coletivo, que pode ser considerado como um verdadeiro contrato, ou como um acordo vinculante apenas sobre o plano social.

Nos ordenamentos em que vige uma lei similar sobre contrato coletivo, o direito comum dos contratos abrange apenas uma função supletiva e integrativa em relação às normas de referida lei, socorrendo também a interpretação sistemática dessas normas. Nos ordenamentos nos quais não vige uma lei de tal caráter, ao contrário, o contrato coletivo, naqueles em que é considerado um acordo vinculante sobre o plano do ordenamento jurídico geral, é regido pelos princípios gerais sobre contratos, por compatíveis com a peculiar natureza e função dele. Assim se regulam os ordenamentos da Itália e da Dinamarca.

Na Espanha, a repetidamente citada L.E.T. (Lei do Estatuto dos Trabalhadores) disciplina completamente o contrato coletivo, mas — como já acenado — pela doutrina e jurisprudência se entende, porém não sem divergências, que seja possível concluir contratos coletivos mesmo fora dos procedimentos estabelecidos pela lei: contratos válidos, embora desprovidos da eficácia geral própria daqueles concluídos em conformidade com a lei indicada (denominados contratos coletivos extraestatutários ou impróprios: ver A. Martín Valverde, F. Rodríguez-Sañudo Guttiérrez, J. García Murcia, cit., p. 331).

A regulação específica do contrato coletivo estatutário não exclui que encontrem aplicação, com adaptações e temperamentos, nas normas contidas na disciplina geral civilista dos contratos, confirmando que o diálogo entre direito do trabalho e direito civil não deve ser considerado completamente quebrado quando é emanada uma disciplina legislativa particularmente detalhada dos institutos essenciais justrabalhistas. Na perspectiva mencionada, o Estatuto dos Trabalhadores espanhol reconhece a aplicabilidade das normas sobre cláusulas obrigatórias (art. 86.3), sobre o dever de boa-fé na negociação (art. 89) e sobre a prevenção dos vícios de consentimento (art. 89). Por sua parte, a jurisprudência aplicou aos contratos coletivos também as normas civilistas sobre interpretação dos contratos, sem, porém, negar totalmente a possibilidade de que também encontram aplicação as normas sobre interpretação das leis, tendo em vista a já recordada natureza híbrida, negocial e normativa, do contrato coletivo.

Na Alemanha, é admitida (art. 77 da lei de 1952 sobre a organização da empresa) a conclusão, conforme a obra de *Betriebsrat*, de acordos empresariais informais, que, não contendo os requisitos exigidos por lei, são definidos como *sonstige Tarifvertrag* (outros contratos coletivos) — ver T. RAMM, *Il conflitto di lavoro nella Repubblica Federale Tedesca*, cit., p. 66-67). Analogamente, na Áustria, ao nível empresarial, são criados *Betriebsvereinbarungen*, acordos, diferentes dos verdadeiros e contratos coletivos, concluídos pelo *Betriebsrat*, mas também, e especialmente, pela função, que não é aquela de regular de modo uniforme e juridicamente vinculante as condições de trabalho, mas sim de disciplinar aspectos particulares como as formas de seguridade social e a higiene e segurança no interior da empresa.

Ao contrário, onde não apenas falta uma lei geral e sistemática, mas o contrato coletivo é mesmo definido como um acordo vinculante exclusivamente no plano moral e social, isto é — pode-se dizer — não sobre o plano do ordenamento do Estado, mas sim sobre o do ordenamento intersindical (o ordenamento particular ao qual dão vida as próprias organizações sindicais e a cujas próprias normas respeitam em suas relações recíprocas), não são aplicáveis ao contrato em si nem os princípios gerais relativos ao contrato para fins legais (assim ocorre no Reino Unido).

9. SUJEITOS DA NEGOCIAÇÃO COLETIVA: AS ORGANIZAÇÕES DOS TRABALHADORES

Passando ao exame dos sujeitos da negociação coletiva, é necessário esclarecer a metodologia. Aqui, o dado jurídico formal resulta mais do que nunca condicionado pela realidade sindical, por isso não é possível aprofundar o significado da relativa disciplina jurídica sem levar em conta a história e a estrutura do movimento sindical. Nesse assunto valem as considerações difusamente expostas no precedente capítulo segundo.

A primeira questão a se enfrentar nessa matéria diz respeito à individualização dos sujeitos que podem desempenhar o papel de agentes contratuais, isto é, que possam estipular o contrato coletivo pelo lado dos trabalhadores. Mais precisamente, deve-se verificar se a legitimação para estipular o contrato coletivo diz respeito apenas às associações sindicais ou também a grupos de trabalhadores não organizados naquela forma associativa que constitui a típica estrutura sindical.

Em qualquer caso, para atuar como sujeito na negociação coletiva cumpre, em primeiro lugar, ter capacidade de ação coletiva, vale dizer, de agir para a realização de interesses coletivos, capacidade da qual o trabalhador individual é carente (veremos que o raciocínio é diverso para a legitimação do empreendedor individualmente considerado). Além disso, os sujeitos coletivos legitimados a negociar pelos trabalhadores devem contar com um substrato organizativo dotado de uma certa estabilidade, mesmo se não deva necessariamente revestir-se da forma de uma associação (nesse sentido, em relação ao ordenamento espanhol, mas em uma visão que transcende aquele contexto específico, A. MARTÍN VALVERDE, F. RODRIGUEZ-SAÑUDO GUTIÉRREZ, J. GARCÍA MURCIA, cit., p. 341).

Tradicionalmente, a organização sindical na Europa se apresenta como de tipo associativo, no sentido de que surge como uma associação voluntária de trabalhadores, que a ela aderem visando à melhor realização dos próprios interesses coletivos. Como melhor se observará a seguir, essa associação pode obter ou não, nos vários ordenamentos, personalidade jurídica, mas, em cada caso, goza do reconhecimento de uma forma qualquer de subjetividade jurídica. A associação, implementando sua ação contratual, exercita poderes que lhe são conferidos pelos aderentes individuais através do ato de adesão.

Os mecanismos de identificação dos sujeitos legitimados a estipular, pelo lado dos trabalhadores, o contrato coletivo são diferentes de Estado para Estado (cf. os resultados da pesquisa organizada por F. DORSSEMONT no cit. *Notiziario Internazionale* disponível no *Annuario* n. 44 da AIDLASS, XXXIX). As diferenças concernem em primeiro lugar à fonte do mecanismo de identificação. Em muitos ordenamentos europeus isso encontra fundamento na lei, enquanto em outros ordenamentos isso opera com base no mero reconhecimento recíproco das partes interessadas.

Na França, nos Países Baixos, na Alemanha, na Finlândia, na Áustria, na Suécia, na Bélgica, em Luxemburgo, na Grécia e em Portugal, apenas as associações sindicais podem ser parte de um contrato coletivo regulado pela lei, ainda se depois, de fato, contratos coletivos sejam celebrados, algumas vezes, por outros sujeitos: esse, por exemplo, foi o caso da França, com os delegados sindicais eleitos pelo pessoal de uma empresa, e em Portugal, com as comissões de trabalhadores também eleitas pelo pessoal empresarial.

Na França há uma representação variada dos empregados, por meio das organizações sindicais ou de representantes eleitos.

Existem três categorias de representantes dos trabalhadores: os membros das comitês de empresa, os delegados de pessoal e os delegados sindicais.

Os comitês de empresa obrigatórios nas empresas, com um mínimo de 50 empregados, têm personalidade jurídica e sua atribuição refere-se à administração das atividades culturais e sociais que a empresa oferece aos empregados. Os comitês devem ser consultados sobre a administração da empresa, embora sem qualquer poder de decisão e sem poder nas negociações. Os delegados de pessoal têm a função de representar os empregados em sua reivindicações cotidianas. Uma lei de 19 de janeiro de 2000 permitiu aos delegados de pessoal concluir, em algumas circunstâncias, acordos nas empresas.

Desde 1968, os sindicatos estão presentes dentro das empresas por meio de uma seção sindical de empresa e do poder de designar, nas empresas com um mínimo de 50 empregados, um delegado sindical que represente o sindicato na negociação coletiva.

Tanto os representantes eleitos pelos empregados (membros de comitê e delegados), como os indicados pelo sindicato, gozam de um crédito de horas por mês e são protegidos contra a dispensa, que não pode ser realizada sem que seja ouvido um inspetor do trabalho.

Além disso, tais acordos coletivos são regulados não pela disciplina legal sobre os contratos coletivos, mas sim pelo direito comum dos contratos. No Reino Unido e na Itália, a individualização dos atores da negociação coletiva deriva automaticamente do mútuo reconhecimento das partes contrapostas.

A individualização dos sujeitos da negociação coletiva, por outro lado, está vinculada por um nexo natural e imprescindível aos níveis da própria negociação. Compreende-se, portanto, como ao nível interprofissional — que, todavia, com fins de negociação, não é dotado de importância efetiva em todos os Estados-membros da União Europeia, e onde esse nível seja importante, se vê realizar-se especialmente aquela forma muito atípica de negociação constituída dos já mencionados acordos triangulares — operam organizações confederativas, enquanto ao nível de categoria e naquele territorial operam as correlativas associações. Mais complexa se apresenta a situação ao nível empresarial, onde com o empregador individualmente considerado contratam, representando os trabalhadores, sejam as articulações das associações sindicais externas presentes em tal nível, sejam outros sujeitos diferentes por esquema organizativo, por natureza e por âmbito dos poderes (ver a cit. pesquisa Dorssemont, XL).

Na Espanha, o art. 37 da Constituição reconhece o direito a negociar em benefício de qualquer representação dos trabalhadores e dos empregadores, mas é o Estatuto dos Trabalhadores (arts. 87 e 88) que se destaca a esse respeito. Os sujeitos legitimados para a negociação de contratos de âmbito superior ao empresarial podem ser tão somente as associações sindicais, enquanto os agentes contratuais, no âmbito empresarial ou intraempresarial, são, além da representação empresarial das associações sindicais externas, os delegados de pessoal e os comitês de empresa, eleitos pelo pessoal da unidade produtiva. Como ressalta J. P. Landa, no relatório nacional apresentado no Seminário Pontignano XXVI no cit. *Notiziario internazionale* publicado no *Annuario* n. 44 da *AIDLASS*, em tal modo se pode registrar um duplo canal peculiar de representação dos trabalhadores nos locais de trabalho; duplo canal no qual, diversamente do que se observa em outros sistemas sindicais que adotam uma análoga representação dos trabalhadores, tanto os organismos eletivos de representação do inteiro corpo dos empregados, como aquele de direta derivação sindical, detém os mesmos direitos e, por isso, segundo a jurisprudência, devem instaurar um clima de recíproca colaboração, de resto necessária pela sobreposição de suas competências. Nas unidades de negociação extraempresariais, os sujeitos legitimados são unicamente as associações sindicais.

Porém, das mencionadas figuras, não propriamente sindicais, de representação eletiva do pessoal empresarial se tratará com amplitude e maior aprofundamento mais adiante, no próximo tópico.

Na Itália, no Reino Unido e na Dinamarca, no entanto, não há nenhuma limitação legislativa ou jurisprudencial a propósito do papel de agente contratual. Disso deriva que, pelo lado dos trabalhadores, podem ser parte do contrato coletivo sujeitos que não se identificam como associações sindicais. Tal é a situação verificada — sobre o plano empresarial — na Itália, com as comissões internas e os conselhos de fábrica, salvo que, em relação às primeiras, os acordos interconfederais a partir dos quais ganharam vida e disciplina, as excluíam da posição de agentes contratuais, enquanto os segundos surgiram como alternativa às associações sindicais tradicionais, nas quais são confluídas, em um momento sucessivo, e sem diversificação funcional (ver. S. Sciarra, *Contratto collettivo e contrattazione in azienda,* Milano, 1985). Por sua vez, os *shop stewards,* segundo o que já mencionamos, podem desempenhar o papel de representantes, na empresa, do sindicato e do pessoal, no Reino Unido e na Irlanda.

Onde a lei atribua apenas às associações sindicais o poder de concluir contratos coletivos, obviamente, o pessoal empregado nas várias empresas é — para além das organizações associativas do sindicato — privado de seus instrumentos específicos para a regulamentação, pela via autônoma, dos seus interesses coletivos profissionais.

O peso das associações, nacionais ou territoriais, em relação ao pessoal empregado nas próprias empresas, se acentua quando a lei reserve a legitimação para estipular contratos coletivos somente aos sindicatos majoritariamente representativos sobre o plano nacional. Em tal caso, de fato, o grupo de trabalhadores constituído do pessoal ocupado em uma empresa não pode superar o privilégio legislativo reconhecido em favor das organizações sindicais centrais, nem mesmo constituindo, com os trabalhadores empregados das outras empresas, um sindicato nacional independente, que restaria igualmente privado de tal legitimação.

É fácil compreender como o problema não se coloca quando se registre, na experiência concreta, correspondência entre os interesses e as atitudes dos trabalhadores, no vértice e na base, e a lei que reserva às associações sindicais nacionais territoriais o poder de celebrar os contratos coletivos. O desconforto e a intolerância dos trabalhadores não abarcados pelos regimes de filiação sindical para tal solução legislativa, entretanto, são reveladas em toda a sua gravidade em momentos particulares da dinâmica das relações industriais. Cruzam-se, então, questões atinentes, por uma parte, à organização nacional ou empresarial do sindicato e, por outra, ao esquema — associativo ou não — da organização dos interesses coletivos dos trabalhadores.

A história das relações industriais indica que, no nascimento do sindicalismo moderno, seja a organização, seja a ação sindical constituíam fenômenos internos à empresa. É nesse local que a exigência de se unir, para tutelar conjuntamente os interesses coletivos no confronto com o empregador, foi reconhecida pelos trabalhadores com a máxima urgência. E é aqui que os trabalhadores constituíram a organização e os meios de ação aptos a realizar tais interesses.

Se o interesse à coalizão sindical foi determinado originariamente pela dimensão empresarial, todavia, apenas em alguns ordenamentos dos Estados europeus há mais tempo membros da União Europeia — notadamente naqueles dos países anglo-saxões e em Luxemburgo, pelo próprio âmbito territorial reduzido deste último — uma dimensão similar do movimento sindical tem conservado contantemente os aspectos característicos no sistema de relações industriais. Além disso, não se deve passar desapercebido que, em um bom número de novos Estados-membros da União Europeia, o nível empresarial está se tornando dominante, como observa G. Casale, cit., p. 29-30: "Deve-se, porém, esperar antes de afirmar que estamos diante de um aspecto caracterizante de forma estável naqueles sistemas, ou mesmo uma consequência contingente da ausência de experiência ou tradição do sindicato livre, que então se esforça para se dar estruturas de maior amplitude".

Certo é, contudo, que, na história sindical europeia, a origem empresarial, geralmente, foi rapidamente superada em um processo de agregação, muitas vezes de natureza política, culminante na afirmação do sindicato de categoria (*industrial union* ou *syndicat de branche*), desenvolvido tendo em vista a satisfação das necessidades comuns a todos aqueles os quais trabalham em empresas do mesmo ramo, no interior de um território nacional.

Uma solidariedade mais ampla levou as associações de categoria a afiliar-se a confederações, dando lugar a um modelo organizativo difuso, articulado em estruturas verticais e horizontais, entre elas conectadas e todas exteriores à empresa. Da mesma forma, extraempresarial é, em geral, a área individualizada para perseguir os objetivos da ação sindical.

Por um longo tempo e até os anos entre as décadas de 1960 e de 1970, na maior parte dos países europeus os sindicatos permaneceram fora das empresas, sem poder consolidar suas estruturas organizativas e sem conseguir superar a recusa dos empregadores à negociação coletiva a nível empresarial.

10. ORGANISMOS NÃO SINDICAIS DE REPRESENTAÇÃO DO PESSOAL EMPRESARIAL

Em anos recentes, não só o panorama sindical europeu mostrou uma significativa evolução organizativa que assinalou a afirmação, no território, de articulações periféricas, de tipo associativo, das estruturas nacionais; evolução organizativa que se reflete também no desenvolvimento em tal área da negociação coletiva. Além disso, no interior das empresas se verificou a difusão de novos organismos de representação dos empregados que passaram a agir como interlocutores das empresas naquele plano do conflito coletivo, cuja localização estratégica mostrou a tendência de transferir-se do âmbito nacional àquele das empresas singulares.

Só que já há algum tempo outros representantes dos trabalhadores no interior das empresas estavam presentes e operavam, mas não para negociar mínimos salariais e condições de trabalho — que eram atribuídos aos níveis superiores de categoria e de setor, embora com acréscimos e adaptações adequadas às especificidades das situações locais —, mas sim em relação a outro gênero de competências. Competências que dizem respeito ao controle da aplicação dos contratos coletivos e da legislação trabalhista, a conciliação dos conflitos individuais e coletivos, a informação e a consulta acerca do exercício do poder empresarial de organização do trabalho e das próprias escolhas econômicas e de gestão dos serviços empresariais.

Em sua perspicaz e precisa análise comparativa das *Forme di rappresentanza dei lavoratori sul luogo di lavoro*, in M. Biagi e R. Blanpain (Org.), *Diritto del lavoro e relazioni industriali nei paesi industrializzati ad economia di mercato*, M. Biagi ressalta que tal variedade multiforme de conselhos, comitês e seções está unida pela função de representar as expectativas e aspirações dos trabalhadores em suas relações com o *management*; e revela a propensão a constituir estruturas que favoreçam a participação dos trabalhadores.

As formas organizativas, em cada sistema nacional, aparecem variadas e, sob denominações aparentemente idênticas ou similares, se apresentam estruturas diversas e funções divergentes. A expressão "conselhos de empresa" constitui exemplo evidente dessa polissemia, insidiosa para o intérprete, que nas páginas precedentes foi destacada como uma das sérias dificuldades da comparação juslaborista.

Em qualquer caso, tais organismos (como o *Betriebsrat* alemão e austríaco, o mencionado *Comité d'entreprise* francês, o *Conseil d'entreprise* belga, o *Comité mixte d'entreprise* luxemburguês, o conselho de empresa *Ondernemingsraad* holandês, o *Comité de empresa* espanhol, a *Comissão de trabalhadores* portuguesa, o Conselho de Trabalhadores grego, o Comitê de Cooperação, *Samarbejdsudvaig*, dinamarquês, o correspondente Comitê finlandês e o Conselho de trabalhadores sueco se diferenciam dos sindicatos não apenas pela estrutura (que não é associativa), mas também pelas funções (que não são contratuais), ainda que mantenham vínculos com os sindicatos. Isso mostra a situação dos ordenamentos onde os próprios organismos convivem com associações sindicais, como aquela do duplo canal de representação dos trabalhadores, enquanto há um "canal único" onde apenas organismos sindicais estão presentes e ativos na empresa (Reino Unido, Irlanda, Itália). Os vários modelos são comparados por O. KAHN-FREUND, *Rapport general sur la partecipation,* in *Rev. Int. Dr. Comp.,* 1977, p. 691.

O direito internacional do trabalho (*vide* art. 3º da Convenção da OIT n. 135 de 1971, sobre proteção dos representantes dos trabalhadores na empresa) distingue claramente entre representantes empresariais indicados pelos sindicatos ou eleitos por seus membros, de um lado, e, do outro, representantes eleitos, escolhidos livremente pelos membros do pessoal empresarial em conformidade com as disposições legais ou dos acordos sindicais, e cujas funções não se estendem às atividades que, nos países onde estes representantes eleitos atuam, são reconhecidas como de competência exclusiva dos sindicatos.

Trata-se, portanto, de organismos eleitos, introduzidos nas empresas cujos empregados superem um determinado limite, variável entre cinco a 150 unidades, pela via legal, mas também de acordo com a escolha da maioria dos ordenamentos europeus, que têm seu arquétipo (ver F. DI CERBO, cit., p. 42) na legislação alemã, inaugurada pelo *Betriebsverfassungsgesetz* de 1952, e modificada em 1972 pelo *Mitbestimmungsgesetz* de 1976 (ver T. RAMM, cit., p. 61-70). Ou mesmo introduzidos pela via de acordos empresariais, como no caso da Dinamarca (lei de 5 de julho de 1979: pela legislação antecedente, ver F. DI CERBO, cit., p. 44-45), onde os delegados sindicais são membros *ex officio* da representação do pessoal, além dos membros eleitos. Em ambos os casos, na ação de tais sujeitos não está evidente o exercício de poderes e de vontades contratuais, que são destinados a se confrontar e a se encontrar, ao contrário, apenas como categoria, ou mesmo sob um nível diverso. Trata-se de estrutura de caráter institucional, criada e operada não em virtude da adesão e do mandato dos associados, mas em virtude da eleição de parte do grupo de trabalhadores representados.

A diversidade, em respeito à negociação coletiva, da atividade desenvolvida por tais representações empresariais dos trabalhadores é apreendida, além dos respectivos conteúdos, da possibilidade ou não de emprego de meios de pressão, que são reservados aos conflitos que se desdobram para níveis extraempresariais. Como já ressaltado, esses organismos, de fato, se caracterizam precipuamente como instrumentos de colaboração intraempresarial, de cogestão, se não de codeterminação (*Mitbestimmung*), ainda que em alguns ordenamentos, como no sueco, a elevada taxa de sindicalização os transforme muitas vezes, mesmo que informalmente, em canais de representação sindical (cf. B. VENEZIANI, cit., p. 179-183).

Observou-se, entretanto, como a distinção entre representantes empresariais sindicais e não sindicais corre o risco de se revelar demasiado simplista (M. BIAGI, cit., p. 306); e se evidencia como o Estatuto dos Trabalhadores espanhol excepciona esse modelo abstrato de diferenciação funcional, institucionalizando nos locais de trabalho organismos de representação dos trabalhadores (*comité de empresa*), aos quais atribui, além das funções costumeiras a esse tipo de representação eletiva do pessoal, também tarefas de agentes contratuais. Por outro lado, não se ignora que o procedimento eletivo dos representantes do pessoal é influenciado de maneira relevante pelo sindicato (por exemplo, na França).

Os organismos em questão aplicam uma dúplice fórmula organizativa. Em alguns sistemas europeus, a composição é mista e a presidência concerne ao empregador ou aos seus representantes, enquanto em outras a composição é unicamente dos trabalhadores; mas isso não exclui que em um mesmo ordenamento, providos de outras atribuições, encontremos organismos de composição mista, com competências especialmente em matéria econômica.

Essa é a situação da Alemanha, em relação à estrutura particular daquelas sociedades por ações, onde funcionam dois organismos de gestão, um dos quais pode ser de composição mista.

11. ORGANIZAÇÕES DE TRABALHADORES NOS LOCAIS DE TRABALHO ESPONTÂNEAS OU NÃO OFICIAIS; TENDÊNCIA AO REFORÇO DOS AGENTES CONTRATUAIS EMPRESARIAIS COM A CRESCENTE "EMPRESARIALIZAÇÃO" DA NEGOCIAÇÃO COLETIVA

Para além dos mencionados organismos de representação empresarial dos trabalhadores estrutural e funcionalmente diferentes das associações sindicais, no mesmo nível de empresa, na história europeia das relações industriais, notadamente em concomitância com momentos de crise ou mudanças bruscas no sistema de relações coletivas de trabalho, é de se ressaltar o surgimento de outras formas de organização dos trabalhadores.

Em relação a estas, encontra-se identidade funcional no que diz respeito aos sindicatos externos, ainda se, em alguns casos, a ênfase exasperada da entonação política relegou para segundo plano a atividade contratual, comprometendo, no entanto, sua vitalidade: isso se diz para os *comitati unitari di base* (comitês unitários de base), que surgiram na virada das décadas de 1960 e 1970, rapidamente enfraquecidos na Itália por sua inconsistência como agentes contratuais.

Ao contrário, a identidade dessas organizações com relação aos sindicatos externos não se reflete no plano estrutural.

A forma de organização geralmente escolhida por eles não é a associativa, baseada na inscrição dos trabalhadores individuais que — tendo em vista que as decisões, em decorrência, não são vinculativas para todos os membros, mas apenas para eles, salvo excepcionais previsões legais em sentido oposto — conferem mandato a seus representantes (cf. M. Persiani, *Il problema della rappresentanza e della rappresentatività del sindacato in una democrazia neocorporativa*, in *Dir. Lav.*, 1984, I, p. 3). Ao contrário, é aquela de representação, eletiva, em nome da generalidade do pessoal da empresa, ou de mais limitados grupos homogêneos de trabalhadores; ou mesmo aquela de um "assemblearismo" em cujo seio são tomadas, e eventualmente revogadas, todas as decisões operacionais, não delegadas para qualquer outra instância, segundo um princípio de democracia direta integral (cf. R. Pessi, *L'assemblea nei luoghi di lavoro*, Milano, 1976).

A abertura a perspectivas de democracia direta nos locais de trabalho levou à utilização — nessa plateia agitada, em grande parte da Europa durante o mencionado período, por fortes tensões não só entre capital e trabalho, mas também no próprio lado dos trabalhadores — de característicos instrumentos dessa forma de democracia. À assembleia e ao *referendum* aludiu, na fase de sua entrada no então movimentadíssimo quadro de relações industriais, a tendência espontânea que despontava como alternativa em relação ao sindicalismo oficial, por seus conteúdos e métodos de ação não menos que por suas formas de organização.

Em um momento posterior — que a seguir ilustraremos —, a recuperação do consenso de base, por parte do sindicalismo oficial, se beneficiou do reconhecimento legal (arts. 20 e 21 do Estatuto dos Trabalhadores italiano) daqueles instrumentos, mas também de sua conversão na mão da associação sindical historicamente hegemônica, depois de ter preenchido a lacuna temporária relativa às novas tendências espontâneas da base. Tendências que se tornaram, graças a uma astuta tática sindical, mas também pelo impulso legislativo que tem incentivado o retorno ao leito do rio sindical, não concorrentes, mas convergentes com as estratégias do sindicalismo oficial.

Não mais empregados de acordo com uma lógica de contestação (não apenas do capital, mas também da representação sindical tradicional), porque mudaram seus manipuladores, a assembleia e o *referendum* passaram a funcionar como canais de comunicação do associacionismo sindical, que obtivera do legislador o privilégio de ativar-lhes. E têm funcionado como oportunidades de verificação do consenso obtido perante a base, quando o próprio associacionismo perceba a necessidade. Para uma análise mais detalhada da trajetória das novas formas de auto-organização dos trabalhadores no local de trabalho e da dívida delas com a democracia direta, bem como da vedação legal do renascimento do sindicalismo oficial e sua aproximação e, em seguida, sua superordenação com a absorção das novas formas de autorganização em suas estruturas atualizadas, referimo-nos a G. Perone, *L'organizzazione e l'azione del lavoro nell'impresa*, Padova, 1981.

Para a imediata derivação da base e a relutância inicial — às vezes a aversão explícita — a se ligar com as tradicionais associações do sindicalismo oficial, em cujo confronto começou a se desenvolver uma combativa atividade concorrencial, ou ao menos paralela, foram denominadas organizações espontâneas ou não oficiais. Além disso, foi mencionado como as organizações sindicais tradicionais foram forçadas, pela concorrência com formas espontâneas de organização dos trabalhadores existentes sob o plano da empresa, a dedicar a máxima atenção a esse nível de competência. Para coroar uma recuperação gradual da iniciativa e do consenso e ao preço de modificações não marginais em suas tradicionais estruturas, o sindicato oficial passou, sob o plano empresarial, a abandonar o modelo associativo baseado na inscrição dos trabalhadores que optam pela filiação, para se abrir à representação de todos os membros do pessoal da empresa, inscritos ou não ao sindicato.

De tal maneira, graças à contaminação da representação voluntária e representação institucional e à junção das formas de democracia direta, expressa pela base, na arquitetura da democracia sindical, tradicionalmente de tipo representativo, na Itália, após a crise verificada no final da década de 1960, o sindicalismo oficial se enraizou na empresa, fora do qual havia permanecido por muito tempo (cf. R. Pessi, "*Maggiore rappresentatività*" *e governo delle relazioni industriali*, in *Autonomia collettiva e governo del conflitto*, Napoli, 1988, p. 89). E não diversamente aconteceu em outros sistemas sindicais europeus. Isso traz problemas de coordenação entre a autonomia coletiva aos níveis nacional e empresarial: e, nesse segundo nível, em relação seja às formas de organização espontânea, seja às estruturas descentralizadas do sindicalismo territorial, que, porém, são afetados sensivelmente pelos influxos da base.

O reconhecimento do poder de estipular contratos coletivos a favor de grupos de trabalhadores organizados não em forma associativa, mas ao contrário, em forma institucional, ou de qualquer modo não enquadrados nas associações sindicais de categoria, incide sobre a problemática do contrato empresarial e da coordenação entre os diversos níveis de negociação. Por outro lado, a legitimação exclusiva para a conclusão de contratos coletivos em favor das associações sindicais, especialmente se de âmbito nacional, facilita não só a realização e o respeito aos interesses coletivos de dimensões mais extensas, mas também o equilíbrio entre o interesse coletivo e o interesse geral da coletividade nacional.

No último quarto do século XX, o desenvolvimento, nos locais de trabalho, das mencionadas formas de organização espontânea pode ser atribuído à resposta que o movimento dos trabalhadores pretendeu dar à evolução dos sistemas produtivos e de sua organização em uma fase de expansão da economia e dos níveis de ocupação e de reivindicação do efetivo exercício da democracia, na forma direta, então preconizada em uma multiplicidade de ambientes, da universidade à escola, e à fábrica.

Em um quadro diverso deve ser colocada a maior relevância dos agentes contratuais dos trabalhadores ao nível de empresa que, em anos sucessivos, se registram na Europa por efeito do fenômeno chamado de "empresarialização" da negociação coletiva.

A negociação coletiva de categoria ou de nível superior intercategorial desenvolveu, na maioria dos países europeus, a importante função de tornar homogêneos os salários e as condições de trabalho em ramos inteiros da indústria e de setores econômicos, bem como, às vezes, em relação a determinados institutos contratuais de máxima relevância, em todo o país. As estruturas sindicais empresariais foram beneficiadas de um tal nível preferencial em relação à negociação nacional, que a exonerou do compromisso de procedimentos de negociação longos e complicados, que exigem competências nem sempre disponíveis perante essas estruturas e que assumam responsabilidades que transcendem a estatura das direções das próprias estruturas. Vimos, ainda, que a centralização da negociação foi a estratégia que algumas importantes confederações sindicais europeias adotaram para alcançar objetivos de equalização destinados a limitar os hiatos salariais.

Todavia, há algumas décadas essas razões de homogeinização e equalização foram colocadas à sombra por uma difusa e enérgica invocação a prestar maior atenção às específicas condições da empresa.

As origens do referimento é variada. Inclui ambientes sindicais desejosos de ingressar na participação dos lucros diferenciais obtidos pela empresa singular, em relação às outras do mesmo ramo. Isso aconteceu especialmente em fases de ciclos econômicos favoráveis, do gênero daquele registrado entre a década de 1960 e de 1970, quando observamos que, correspondentemente, avançaram novas organizações setoriais de trabalhadores. Tratam-se de estruturas titulares de posições profissionais qualificadas e em grau de lhes atribuir considerável poder negocial, muito combativas e desvinculadas das tradicionais associações protagonistas da história dos movimentos sindicais nacionais.

A variedade das mencionadas origens, por outro lado, inclui — e é essa a recente mais significativa novidade — ambientes empresariais, os quais reclamam uma "empresarialização" da negociação coletiva que os permita responder à crescente globalização da concorrência através do descentramento e a consequente maior flexibilidade em relação ao rígido conteúdo do contrato de categoria.

Na França, a negociação em nível de empresa era invocada pelos sindicatos que pretendiam negociar algo mais do que era concedido pelos contratos coletivos de ramo de indústria. A partir de 1980, com o crescente desemprego na economia francesa, tal nível de negociação coletiva passou a ser requerido pelos próprios empregadores, como uma forma de compromisso gestionário no qual o emprego era a principal contrapartida da flexibilização (ver M. L. Morin, *La loi et la negociation collective: concurrence or complementarité*, in *Dr. Soc.*, 1998, p. 424).

Uma pesquisa da Eurofound, acerca das *Clausole di deroga sui salari nei contratti collettivi settoriali in sette paesi europei* (disponível em: <www.eurofound.europa.eu>), examina essa tendência conduzida, em diversas medidas, segundo os casos e não sem suscitar agudas tensões sociais, em um processo de descentralização "organizado". Vale dizer, em uma potencialização da negociação ao nível empresarial no âmbito de acordos, interconfederais ou de categoria, que anunciam as questões que podem ser objeto de negociação empresarial e fixam os limites dentro dos quais devem permanecer os contratos que sejam concluídos. Sobre a matéria, vide o estudo de F. Traxler, *Two logics of collective action in industrial relations*, in C. Crouch e F. Traxler, *Organised industrial relations in Europe: What future?*, Aldershot, Avebury, 1995.

Isso não exclui o fato de que, em certos países e particularmente na Alemanha — onde, de resto, como visto no capítulo precedente, se desenvolveu, à margem do *DGB* e em oposição a sua política salarial, uma série de organizações setoriais polêmicas que não se sentem vinculadas pela negociação nacional estipulada pelo sindicato oficial — o processo de descentralização contratual aparece, ao contrário, "desorganizado", com o declínio do poder vinculante do contrato de categoria.

Resta esclarecer se a grave e longa crise econômica mundial em curso acelerará a descentralização da negociação coletiva, pela necessidade das empresas de enfrentar, por meio do estímulo sobre o incremento da produtividade do trabalho consentido pela mesma descentralização, uma sempre mais áspera concorrência internacional. Ou mesmo a obstaculizará, em razão da exigência da estabilidade das relações e posições sociais, que a crise propõe e a contratação coletiva nacional parece melhor satisfazer.

O instrumento técnico empregado para implementar a descentralização é o reforço das competências da negociação empresarial, e assim obtendo um papel potencializado dos sujeitos que desenvolvem o papel de agente contratual a esse nível.

Os caracteres variados da atividade sindical nos locais de trabalho e o fosso às vezes registrado entre o êxito alcançado e perseguido, com algumas não desprezíveis alterações conexas no papel de protagonistas da atividade, sugerem assinalar um tipo de heterogênese dos fins daquele importante instrumento de democracia direta do trabalho que almejava ser o *referendum* nos locais de trabalho.

Já colocamos em evidência a passagem, na Itália, do meio de afirmação de vontade da base a instrumento — no sentido do art. 21 do *Statuto dei lavoratori* — unicamente utilizado por iniciativa dos sujeitos da democracia sindical representativa, cujas diretrizes e operacionalização, com o *referendum*, deveriam ser controladas e endereçadas.

A partir daí, a escassa efetividade do instituto que assim trocou de mão, mas também um certo particular aspecto. Se não na pontual versão do citado art. 21, o *referendum*, entretanto, tem encontrado aplicação, no contexto de conflitos que dividiram as posições dos trabalhadores italianos, para confirmar soluções que, qualquer que seja o juízo de mérito sobre seu conteúdo, eram aquelas preconizadas pelas empresas. E ao *referendum* a mencionada norma da lei italiana n. 148, de 2011, que permitiu ao contrato empresarial derrogar, não necessariamente *in melius*, o contrato coletivo nacional e a lei, refere-se como confirmação da força derrogatória dos contratos coletivos empresariais.

As mencionadas leis dos Estados-membros da União Europeia de caráter sistemático sobre a disciplina do contrato de trabalho preveem, em geral, que a função de agente contratual seja exercitada pelas associações sindicais externas às empresas, o que, ao contrário, não é previsto na Itália, na Irlanda, na Dinamarca e no Reino Unido, pela falta de uma tal lei geral. É interessante ressaltar como também nesses Estados normalmente as leis que consideraram, seja mesmo para fins particulares, o contrato coletivo, porém, se referem àquele estipulado pelas associações sindicais de categoria. É assim, no Reino Unido, o T.U.L.R.A. de 1974; é assim, na Itália, no art. 8º da Lei n. 877 de 1973, sobre trabalho em domicílio (outras normas, entre as quais, por exemplo o art. 1º da Lei n. 903 de 1977, sobre a paridade entre homens e mulheres, revogado pelo decreto legislativo n. 198 de 2006, Código de igualdade de oportunidades entre homem e mulher, que, no art. 27, recebeu a norma revogada, sem modificações no ponto que interessa, referem-se, ao contrário, à negociação coletiva *tout court*, sem especificação do nível onde se colocam os sujeitos estipulantes); é assim na Irlanda, no mais vezes mencionado I.R.A. de 1946, relativo à extensão do contrato coletivo aos não membros dos sindicatos estipulantes.

Na Grécia, a legislação sindical de 1990 reserva a posição de agente contratual às associações sindicais majoritariamente representativas no âmbito de referência do contrato. Entretanto, o número mínimo de associados — vinte membros — que o Código Civil exige para a constituição de uma associação, na prática é um obstáculo à criação e atividade dos organismos sindicais para além das estruturas territoriais. As leis sindicais de 1976 e de 1982 não derrogaram referida norma, pela qual as organizações sindicais empresariais não podem ser formadas se não nas empresas com pelo menos vinte empregados. É também de se ressaltar que a iniciativa para a constituição dos sindicatos empresariais deve ser tomada exclusivamente pelos empregados da própria empresa. Não obstante, é de se observar que a lei de 1982, sobre democratização do movimento sindical e proteção da liberdade sindical dos trabalhadores, permitiu a criação, nas empresas que não empreguem mais de quarenta trabalhadores e onde não existam sindicatos, de uniões de trabalhadores com pelo menos dez membros, que não são sindicatos e não desenvolvem suas funções contratuais, mas sim possuem a tarefa de estipular as bases para a instituição de futuros sindicatos empresariais.

Nos países norte-europeus, já ressaltamos que os poderes em matéria contratual, por antiga tradição, dizem respeito, de forma coordenada, aos organismos sindicais que operam em todos os níveis: no de categoria, no empresarial e nas confederações, que fiscalizam as decisões das organizações de categoria e empresarial, orientando-as.

12. SUJEITOS DA NEGOCIAÇÃO COLETIVA: OS EMPREGADORES

Passando ao exame dos sujeitos dos quais vem exercitada a função de estipular o contrato coletivo por parte dos empregadores, é de se observar que os ordenamentos europeus não preveem limitações na matéria. Podem ser parte do contrato coletivo sindicatos dos empregadores, associações de caráter não sindical, grupos de empresários não reunidos de maneira estável em associações, além de empregadores sigulares. G. Casale, pôde, portanto, destacar como uma elevada heterogeneidade caracteriza esses sujeitos.

As leis sobre contrato coletivo que mencionamos contêm previsões expressas no sentido, amplamente inclusivo, mencionado. Nos ordenamentos nos quais falte uma lei similar, chega-se à mesma conclusão, como consequência da liberdade reconhecida em linha principiológica às partes sociais.

Necessário, assim, considerar que, do lado dos empregadores, não são relevantes as exigências — de interesse geral — que, ao contrário, induziram o legislador de muitos Estados europeus a intervir em relação aos requisitos dos sujeitos da negociação coletiva que atuam por parte dos trabalhadores. Também por esse aspecto, repete-se novamente a fundamental distinção entre o sindicalismo dos trabalhadores e aquele dos empregadores, em contraste com construções, como a de caráter corporativista, que desejam estabelecer uma simetria abstrata, mas imprópria, a refletir a diferente relevância dos interesses contrapostos (cf. G. Giugni, *Art. 39*, in G. Branca (Org.), *Commentario alla Costituzione*, Bologna-Roma, 1979, p. 273; G. Santoro-Passarelli, *Sulla libertà sindacale dell'imprenditore*, in *Riv. Trim. Dir. Proc. Civ.*, 1976, p. 179).

Os dois tipos de organização, apesar de serem ambos expressões e instrumentos de autonomia coletiva, identicamente tutelados pelo princípio de liberdade sindical (v. Convenção n. 87 da Organização Internacional do Trabalho: cf. G. Pera, *Sulla libertà sindacale unilaterale*, in M*ass. Giur. Lav.*, 1976, p. 507), desenvolvem, no âmbito do sistema de relações industriais, tipicamente um a função dinâmica e o outro a função, oposta, de resistência e resposta. Exatamente por essa diferença essencial, a garantia que as condições de trabalho previstas nos contratos coletivos sejam efetivamente correspondentes aos interesses da categoria profissional e tenham em conta razoavelmente os interesses gerais pode ser buscada pelo legislador mediante uma intervenção limitada ao elemento dinâmico do sistema: isso é, com a previsão de requisitos particulares apenas para os sujeitos da negociação coletiva operantes por parte dos trabalhadores.

Também aos sujeitos por parte empresarial, por outro lado, pode ser solicitado, algumas vezes, que satisfaçam requisitos peculiares como, por exemplo, na França, para a estipulação, no seio das comissões mistas, dos contratos coletivos suscetíveis de extensão *erga omnes*. Aqui a legitimação exclusiva dos organismos empresariais verdadeiramente representativos é prevista em lei, para a garantia de todos os empregadores pertencentes à categoria interessada, exatamente em virtude da eficácia geral que pode ser dada a tal contrato coletivo.

Na Espanha, a fim de que o contrato coletivo seja eficaz *erga omnes*, conforme o art. 87 do *Estatuto de los Trabajadores*, é exigido das partes signatárias, e assim também daquela empresarial, a posse de uma representatividade mínima (10% das empresas e 15% dos trabalhadores interessados na hipótese do contrato de categoria). Registre-se, em todo caso, que, na ausência desses requisitos, o contrato coletivo tem validade e produz efeitos segundo o direito comum dos contratos.

Com o mesmo fim de extensão da eficácia geral do contrato coletivo, na Grécia, a lei exige, pelo que concerne à parte empresarial, uma consistência particular, testemunhada pelo percentual dos trabalhadores empregados perante as empresas representadas, em relação ao número dos pertencentes à categoria. A legislação portuguesa, por outro lado, tem o cuidado de precisar que as associações para a tutela dos interesses empresariais não podem desenvolver atividades empresariais nem buscar regular a atividade econômica.

Em linha principiológica, entretanto, a capacidade de ser parte do contrato coletivo é reconhecida em qualquer lugar também ao empregador singular, que constitui — segundo a notável definição de A. Smith — já sozinho uma coalizão, em razão do conjunto de contratos de trabalho que a ele confluem. De resto, em cada sistema de liberdade sindical não poderia ser diversamente, enquanto o empreendedor singular, mesmo não aderindo a alguma associação, vem normalmente envolvido em conflitos coletivos de nível empresarial e deve poder dispor do instrumento jurídico para os compor, ou seja, do contrato coletivo.

Em relação aos esquemas organizativos, G. Casale, ressalta a diversidade entre os países nos quais, ao nível intercategorial, se registra uma única organização (pelo menos no setor privado), eventualmente circundada por outras que representam as pequenas empresas, de um lado, e países nos quais, como na Alemanha, a defesa dos interesses dos empregadores resulta fragmentada em uma pluralidade de organizações nacionais de setor, por outro lado. Soma-se que na Europa seja vislumbrada, todavia, a tendência a uma progressiva unificação, da qual é possível colher um recente exemplo na Suécia. Pode-se, entretanto, recordar que, ao lado da tendência à unificação das confederações empresariais, se individua aquela da coordenação das organizações colocadas ao vértice dos setores em quais são repartidas as economias nacionais: indústria, agricultura, comércio e setor terciário.

Em qualquer caso, na maioria dos Estados da União Europeia, como protagonistas da negociação coletiva, ao lado das empresas, agem organizações do ramo de indústria (ou seções de setor, no caso da Câmara Federal do Comércio e da Indústria austríaca), naturais contrapontos das federações nacionais de categoria dos trabalhadores. As confederações, em alguns Estados (Bélgica, Finlândia, Grécia e Portugal), intervêm na regulamentação das condições econômicas e normativas de trabalho, enquanto, nos outros, reservam suas funções contratuais a intervenções esporádicas sobre matérias específicas, mas de amplo porte, embora cooperando estritamente com a atividade negocial ordinariamente realizada pelas organizações membros, mas sob o plano da assistência contratual e dos objetivos das relações industriais.

No Reino Unido, em Luxemburgo e na Irlanda, o papel contratual vem focalizado — segundo o que já acenamos — sobretudo em nível empresarial, e, no caso irlandês, sobre a supervisão das confederações.

Quanto aos Estados ingressados recentemente na União Europeia, poucos são aqueles nos quais as organizações empresariais alcançaram em nível nacional uma consistente atividade contratual, com algumas exceções (Eslováquia, Eslovênia, Chipre) e com tentativas de introduzir a contratação coletiva também em nível superior (G. Casale, cit., p. 28-29).

Em relação à qualificação jurídica da categoria de sujeitos em exame, é interessante recordar que, na Grécia, a lei de 1955, sobre a disciplina dos conflitos coletivos de trabalho admitiu que, na ausência de uma organização profissional por parte empresarial, a representação dos empregadores na negociação coletiva (e na arbitragem) seja assumida pela Câmara do Comércio e Indústria, entes públicos aos quais era confiada a representação legal dos interesses desses setores econômicos.

Por outro lado, depois da entrada em vigor da Constituição de 1975, pela qual a representação dos interesses sindicais foi reconhecida a livres organizações de direito privado (arts. 12 e 23), a disposição mencionada se tornou inconstitucional. A ausência de uma organização empresarial, então, legitima não que assumam o papel de agente contratual por parte de entes públicos não sindicais, mas somente a fixação das condições coletivas de trabalho — e sobretudo daquelas salariais — por meio de medidas governamentais (assim dispõe um decreto de 1968), com base em um esquema de intervenção governamental comum a vários ordenamentos juslaboristas, quando se registre a ausência ou a ineficácia das organizações sindicais.

Ao contrário, na Áustria, os legitimados a concluir o contrato coletivo, como já mencionado, são, da parte empresarial, também, e sobretudo, as próprias Câmaras de Comércio e a Câmara Federal do Comércio e da Indústria, que tenham representação legal dos empregadores. E já observamos como, analogamente, na Eslovênia, por parte dos empregadores negociam a Câmara do Comércio e da Indústria (*Gospodarska Zbornica Slovenije — OZS*), da qual fazem parte obrigatoriamente as empresas maiores, e a Câmara dos Ofícios (*Obrtna Zbornica Slovenije — OZS*), das quais são obrigatoriamente sócios os artesãos e pequenos empreendedores.

Na mesma ordem de questões, relativas, entretanto, ao papel dos agentes contratuais por parte não dos empregadores mas sim dos profissionais liberais, recorde-se a polêmica de que, na Itália, acompanhou quando foi assumido esse papel por parte dos colegiados ou ordens profissionais ou de suas federações. Todavia, deve-se ressaltar a sucessiva substituição no mesmo papel por obra de organizações puramente sindicais, criadas, ao lado daquele primeiro tipo de entidade, especificamente para a tutela contratual dos interesses coletivos dos profissionais liberais.

13. NATUREZA JURÍDICA DOS SUJEITOS DO CONTRATO COLETIVO

Sobre o tema dos sujeitos da contratação coletiva destaca-se a questão da natureza jurídica das associações estipulantes: mais especificamente se, nos vários sistemas europeus, elas devem ser dotadas de personalidade jurídica ou podem ser associações não reconhecidas.

A tendência geral é no sentido de uma ampla liberdade na matéria, mesmo em ordenamentos em que vige uma lei geral sobre o contrato coletivo. E, então, grande é a variedade de fórmulas com as quais se qualifica a organização sindical do ponto de vista jurídico. Não apenas na Itália e na Dinamarca, onde tal lei está faltando, mas também na Bélgica, França, Alemanha, Suécia, Luxemburgo, Grécia e Espanha o contrato coletivo pode ser celebrado por associações sem personalidade jurídica, seja da parte dos trabalhadores, seja da parte dos empregadores. Além disso, em alguns ordenamentos, dependendo do reconhecimento ou não dos sujeitos coletivos, diferentes são as consequências que a disciplina jurídica traz sobre o contrato coletivo.

O reconhecimento do princípio da liberdade sindical impediu — com as exceções já anteriormente assinaladas, dos Países Baixos, da Áustria e da Finlândia — nos ordenamentos onde existe uma lei sobre o contrato coletivo, que aos sindicatos fosse imposto o requisito da personalidade jurídica para reconhecimento da sua capacidade de celebrar o contrato. Requisito combatido especialmente pelas associações de trabalhadores, por medo de controles públicos prejudiciais à sua autonomia.

A lei portuguesa reconhece personalidade jurídica aos sindicatos (art. 10 do Decreto-Lei n. 215 de 1975), a partir do registro dos seus estatutos no Ministério do Trabalho.

A promulgação da referida lei belga sobre o contrato coletivo de 1968 foi postergada por longo tempo, em virtude da oposição dos sindicatos, ao fim vitoriosa, a uma disposição que lhes impunha o requisito da personalidade jurídica. Por outro lado — enfatiza oportunamente B. Veneziani —, na Bélgica, o sindicato tem a faculdade de obter a personalidade jurídica nos termos da lei de 1921, mas pode optar por não fazê-lo, preferindo sua condição de associação não reconhecida, ou — como se costumava dizer — de associação de fato, para evitar invasões estatais em sua esfera.

A natureza de associação não reconhecida é a que melhor corresponde à alteridade do sindicato em relação ao Estado, consagrada pelo regime de liberdade sindical, e à filiação da organização sindical ao gênero dos corpos intermediários que animam o pluralismo de um Estado Social. Estado que diz-se tal em virtude dos fins de justiça social que persegue, mas também dos meios, incluindo a ação dos livres corpos sociais intermediários, pelos quais esses fins são prosseguidos, em colaboração com as autoridades públicas, mas separadamente (cf. P. Rescigno, *Sindaati e partiti nel diritto privato*, in *Persona e comunità*, Bologna, 1966; G. Giugni, *Tendenze generali del diritto sindacale nei paesi occidentali*, in *Riv. Dir. Int. Comp. Lav.*, 1962, p. 201).

Na Itália, a lei de atuação do sistema de contratação coletiva com eficácia geral, delineada pelo art. 39 da Constituição não foi emanada, entre outras razões, pela dissidência manifestada pelos sindicatos — com intensidade variável entre confederação e confederação — no que concerne ao ônus do registro para efeitos de obtenção de personalidade jurídica nele previsto. Com a consequência de que — rejeitada pela Corte de Cassação a possibilidade de os sindicatos obterem a personalidade jurídica pela via ordinária delineada pelo Código Civil — eles permanecem associações não reconhecidas, reguladas pelos arts. 36 e seguintes do Código Civil (cf. G. Giugni, *Diritto sindacale*, cit., p. 76).

O sindicato, onde desfruta de capacidade contratual com base nas regras do direito comum sobre associações não reconhecidas e com sua própria influência e autoridade, pode, efetivamente, ampliar a eficácia do contrato coletivo para além do círculo dos seus membros, não tem interesse no reconhecimento da personalidade jurídica como pressuposto da capacidade de celebrar contratos coletivos com eficácia *erga omnes*. As autênticas vantagens que lhe seguiriam, de fato, podem não ser suficientes para equilibrar os riscos inerentes ao controle público sobre os procedimentos para o reconhecimento da personalidade jurídica.

Particularmente complexa é a situação inglesa: de um ordenamento que, de acordo com um princípio a ele tradicionalmente atribuído por observadores e defendido pelos sindicatos, deveria ser caracterizado pelo abstencionismo legislativo, mas ao contrário contraditado por uma sequência de leis que aparecem caracterizadas de suas inconsistências, inclusive quanto à qualificação jurídica dos sujeitos da contratação coletiva (cf. O. Kahn-Freund, *L'incidenza delle costituzioni sul diritto del lavoro*, in *Giorn. Dir. Lav. Rel. Ind.*, 1979, p. 77).

Nas páginas deste livro dedicadas ao modelo de organização sindical e naquelas dedicadas ao reconhecimento acerca da vigência, nos vários ordenamentos europeus, das leis, das características gerais ou particulares, sobre o contrato coletivo, foi observada a influência exercida, no Reino Unido, pela alternância de governos e maiorias parlamentares relacionadas, respectivamente, ao Partido Conservador ou ao Partido Trabalhista. Para esclarecer o tema que aqui particularmente interessa, deve-se fazer um breve parêntese sobre o *Industrial Relations Act*, lei que de 1971 a 1974 empurrava energicamente os sindicatos à aquisição de personalidade jurídica, prospectando-lhes uma série de benefícios que, todavia, não logrou convencê-los, tendo prevalecido a contrariedade ao controle governamental.

Recorde-se, no entanto, o reconhecimento *(recognition)* do sindicato como agente de negociação efetuado pelo *Employment Protection Act* de 1975, por sua vez objeto de sucessivas intervenções por parte do *Employment Act* de 1980 e da *Trade Union and Labour Relations (Consolidation) Act* de 1992, que não mudaram substancialmente a originária previsão.

Um controle público preventivo para aquisição da capacidade de concluir contratos coletivos com eficácia *erga omnes* subsiste também no ordenamento da Irlanda, onde o já mencionado *Industrial Relations Act* de 1946 exigia que os respectivos sujeitos apresentassem licença para negociar. A mesma lei previa ainda algumas situações de isenção do ônus de obter a referida licença (*c.d. excepted bodies*). Na prática, entretanto, os sindicatos dos trabalhadores preferiram obter a licença mesmo quando poderiam estar isentos, uma vez que sem ela perderiam em grande parte a liberdade de greve e piquetes, no sentido expresso no art. 11 do *T.U.A.* de 1941, que reservou às associações sindicais providas de licença para negociar as imunidades, civis e penais, previstas para as ações de luta sindical da *Trade Disputes Act* de 1906. Requisitos para a licença sindical de negociação são o registro no Ministério do Trabalho e o depósito de uma caução, e ainda, seguindo o *Industrial Relations Act* de 1990, o número mínimo de adesões, em relação ao qual é fixado o valor da caução.

Em Portugal, a recuperação da liberdade sindical (dispõe o art. 55 da Constituição: "é reconhecida aos trabalhadores a liberdade sindical, condição e garantia de construção da sua unidade para a defesa dos seus direitos e interesses"), depois de longos anos de regime corporativo caracterizado pelo monopólio do sindicato de Estado, resultou particularmente penoso e não privado de consequências, o tema de reconhecimento jurídico e de unicidade sindical, por algum tempo prorrogado, com ajustamentos, até o novo regime de liberdade. Foi, contudo, reconhecida a liberdade de constituir em todos os níveis associações sindicais, que adquirem personalidade jurídica e legitimação para celebrar contratos coletivos com o registro no Ministério do Trabalho (cf. B. Da Gama Lobo Xavier, *Il diritto del lavoro in Portogallo*, in G. Mazzoni (Org.), *Il diritto del lavoro dei paesi non partecipanti alla CEE*, cit., p. 159).

Na Áustria, a lei exige seja o ordinário requisito formal da personalidade jurídica do direito privado, como aquele substancial da representatividade no setor profissional interessado (artigo 4º do *Arbeitsvertragsgesetz* de 1974); enquanto na Finlândia é suficiente o registro no elenco das associações.

14. REPRESENTATIVIDADE DOS SINDICATOS CONVENENTES

O grau de representatividade dos sindicatos em relação às correspondentes categorias profissionais, por numerosos ordenamentos europeus, constitui, em face da função de agente contratual, um importante requisito, não formal — diferentemente daquele referente à personalidade jurídica — mas substancial, que leva em conta a força do sindicato, medida pela história e pela realidade sociológica (ver M. Persiani, *Il problema della rappresentanza e della rappresentatività del sindacato in una democrazia neocorporativa*, cit., p. 8).

A figura do sindicato mais representativo é introduzida no direito internacional do trabalho em 1919, pelo Tratado de Versalhes, quando foi constituída a Organização Internacional do Trabalho, prevendo que o componente profissional das delegações dos Estados-membros que comporiam, em aplicação da fórmula do tripartismo, os órgãos da OIT seria nomeado pelos governos na base da designação, precisamente entre as associações de trabalhadores e empregadores mais representativas em nível nacional.

A noção de tal sindicato foi assumida pelo ordenamento estatal.

Vários desses ordenamentos atribuíram aos sindicatos mais representativos uma posição de privilégio, ou reservando-lhes a exclusiva legitimação para a contratação coletiva, ou prevendo que os contratos coletivos estipulados por esses sindicatos adquiririam uma eficácia especial. Pode, por conseguinte, ressaltar-se que, no âmbito de não poucos contextos normativos europeus, no seio da mais geral figura do sindicato emergirá, em relação à força representativa encontrada, uma outra mais restrita e selecionada, a partir da qual serão reconhecidas peculiares posições jurídicas ativas.

A reserva do poder de celebrar contratos coletivos a favor dos sindicatos qualificados representativos, ou mais representativos, foi prevista na França, Bélgica, Luxemburgo, Áustria, Grécia e também na Espanha, onde, no entanto, como já mencionamos, admitiu-se que outras organizações, privadas desse requisito, poderiam pelo menos celebrar contratos coletivos assim chamados *extraestatutários*, ou impróprios, ou de direito comum. A referência à representatividade sindical também foi registrada em Portugal, e deve ser coligada à peculiaridade já mencionada, decorrente da transição do sistema anterior para um de liberdade sindical, mas caracterizado pela persistência de algumas fórmulas do passado ou, pelo menos, do critério de institucionalizar, significativamente, a organização e a ação sindicais.

B. Veneziani, observa que as prescrições minuciosas impostas pelo legislador ao sindicato na Espanha, Grécia e Portugal têm o objetivo de sustentar a inspiração democrática do sindicato e, portanto, não implicariam a mortificação da sua autonomia. A observação, contudo, não dissipa todas as dúvidas de uma herança autoritária.

A reserva em favor do sindicato (mais) representativo, por outro lado, baseia-se, embora, como veremos, não só, sobre a necessidade de selecionar sujeitos que, por um lado, possam ser considerados potencialmente idôneos a defenderem os interesses coletivos profissionais que transcendem a esfera dos inscritos, e que, por outro, garantam o uso dos meios de ação sindical em harmonia com o interesse coletivo da categoria profissional, mas também de forma não incompatível com o interesse geral (ver B. Veneziani, cit., p. 71-73).

Em outros ordenamentos, por exemplo o da Alemanha, uma análoga preocupação para a orientação da ação sindical a interesses não restritos levou o legislador a reservar o poder de celebrar o contrato coletivo, do lado dos trabalhadores, apenas a sujeitos que são associações sindicais, sem exigir que esses sejam mais representativos: mas com a exclusão de qualquer agrupamento ocasional, premido da suspeita de natural inclinação ao setoralismo. Não pode ser ignorada a circunstância de que, no sistema sindical alemão, a fisionomía unitária das organizações sindicais de categoria, que — como ressaltamos — é livremente eleita por seus membros e caracterizada por uma alta taxa de sindicalização, elimina um outro pressuposto essencial para a adoção do critério de maior representatividade, constituído pela existência de uma pluralidade de sindicatos, mais fracos, mas potencialmente conflitivos, para a mesma categoria.

Não é por acaso que todos os sistemas europeus que, como vimos, adotaram, por parte do legislador, o critério de maior representatividade, para fins de seleção dos agentes contratuais, que são caracterizados pela pluralidade de sindicatos em (possível) concorrência, suscetível, se não direcionada, a provocar efeitos disruptivos sobre os interesses da categoria e sobre os dos cidadãos em geral. B. Veneziani, cit., p. 71, destaca que o princípio da liberdade sindical comporta a possibilidade de dar vida a uma diversidade de sujeitos coletivos cada um dos quais portador de uma base social específica para representar. O quadro das relações industriais decorrentes de uma aglomeração similar, às vezes tumultuada, de organizações sindicais apresenta uma exigência de racionalização.

Essa é satisfeita mediante processo de seleção natural, que leva à sobrevivência das organizações mais fortes e dotadas de autêntica capacidade geral de representação. Caso contrário, é a lei que contribui de maneira determinante para esse processo seletivo, estabelecendo, pelo critério de maior representatividade, a resposta para a questão da governabilidade das relações coletivas. O correspondente sistema tem, assim, lugar protegido contra riscos de fragmentação organizacional e do conexo declínio da negociação coletiva, ameaçada pela proliferação de uma conflituosidade descontrolada. Lord Wedderburn of Charlton, *Il diritto del lavoro in Europa negli anni 80*, in Giorn. Dir. lav. rel. Ind., 1983, n. 19, p. 531, destaca como é realístico admitir que a liberdade sindical deve ser confrontada com a necessidade das relações industriais.

A consideração exposta em relação ao sistema alemão e baseada no papel efetivamente desempenhado nas relações sindicais, fora de privilégios ou obstáculos legais por parte das potentes organizações sindicais unitárias, por outro lado, repete-se nos ordenamentos holandês, dinamarquês (ver H. L. Bakels, *The*

Nedherlands e P. Jacobsen, *Danemark,* in R. Blanpain (Org.), *International Encyclopaedia for Labour Law,* v. 7, p. 59 e v. 3, p. 245) e sueco. Na Finlândia, exige-se que as partes estipulantes do contrato coletivo sejam portadoras de relevantes interesses da categoria.

O papel de exclusivo sujeito contratual, reservado pelo legislador em função da maior representatividade, no entanto, põe em relevo delicados problemas, enfatizados por I. M. Verdier, *Syndicats,* em G. H. Camerlynck, (Org.), *Traité de Droit du Travail,* Paris, 1966, p. 312, de compatibilidade com o princípio da liberdade sindical e com o princípio da igualdade de todos os sujeitos, incluindo as associações, perante a lei. De acordo com esses princípios, deveria reconhecer-se também aos sindicatos menores a capacidade de serem parte em contratos coletivos. Sobre o complexo assunto, consulte G. Mazzoni, *Rappresentatività sindacale e parità di trattamento fra organizzazioni sindacali,* in *Mass. Giur. Lav.,* 1982, p. 326 e J. Montalvo Correa, *El derecho de livre sindicalización e la mayor representatividad sindical,* in *Estudios de derecho del trabajo. En memoria del Prof. Gaspar Bayon Chacon,* Madrid, 1980, p. 346. Além disso, B. Veneziani, cit., p. 79, reconhece que o perigo de infringir o princípio da paridade de tratamento dos sindicatos é real. Contudo, acredita que tal perigo é ínsito à noção de sindicato maiormente representativo, mas ao emprego que dela se pode fazer. Na verdade, a precisão não tranquiliza, porque tal imagem do sindicato é sempre configurada pelo legislador para evidentes fins práticos selecionadores.

A necessidade de segurança no sistema de relações produtivas torna-se particularmente aguda em tempos de crise econômica, e, então, a oportunidade de contar com sujeitos sindicais potentes e responsáveis conduz o ordenamento jurídico a escolhas seletivas no campo sindical. No entanto, a conformação com o princípio da liberdade sindical é bastante diversa quando a escolha resulte de natural autosseleção e não de determinações legais. Quando o caráter da representatividade não é atribuído *a priori*, mas a resultante do exercício efetivo do poder social, a liberdade e a autonomia sindicais encontram uma mais adequada tutela.

A determinação legal, nos sistemas jurídicos europeus citados, destina-se principalmente às organizações dos trabalhadores. O sistema belga prevê uma analogia também para as associações de lado dos empregadores, sem prejuízo do poder do empregador individual de celebrar acordos coletivos. Vimos ainda que a lei espanhola exige para a celebração dos contratos coletivos, nos termos do *Estatuto de los Trabajadores,* a detenção de um mínimo de representatividade, seja do lado dos trabalhadores seja por parte dos empregadores (ver também M. A. Olea, *Il diritto del lavoro in Spagna,* in G. Mazzoni (Org.), *Il Diritto del lavoro dei paesi europei non partecipanti alla CEE,* cit. Por outro lado, a *Labour Court* irlandesa assegura que os empresários são "representativos", antes de registrar um contrato coletivo, que tenha efeitos normativos gerais em suas empresas.

Nos ordenamentos nos quais não seja estabelecida a exclusiva capacidade negocial dos sujeitos em função da maior representatividade, os contratos coletivos celebrados pelos sindicatos mais representativos são frequentemente suscetíveis de produzir efeitos especiais em relação àqueles de outro contrato coletivo: o efeito de derrogar alguns preceitos legais, introduzidos em benefício da tutela dos trabalhadores, mas pela mesma lei considerados, por causa de sua abstração e incapacidade de ter em conta a realidade de situações específicas, por excessivamente rígidos. E, no final das contas, potencialmente contraproducentes para bens essenciais, o primeiro dos quais a garantia do nível de ocupação, que necessita de uma disciplina mais flexível, mediante a assim chamada flexibilidade sindicalmente organizada (ver R. De Luca Tamajo, *"Garantismo" e "Controllo sindacale" negli sviluppi recenti della legislazione del lavoro,* in A. Cessari e R. De Luca Tamajo, *Dal garantismo al controllo,* Milano, 1982, p. 97).

No Reino Unido, apenas as condições estipuladas pelos sindicatos que representam uma *substantial proportion* da categoria interessada poderiam ser impostas aos empregadores que se recusem a negociar ou prorrogar a negociação de acordo com o procedimento previsto no *Employment Protection Act,* de 1975, revogado, todavia, pelo *Employment Act* de 1980; e só a eles também se referia a já revogada *Fair Wages Resolution.*

Na Irlanda, o *Industrial Relations Act* de 1946 estabeleceu atribuição de eficácia geral aos contratos coletivos celebrados pelo sindicato *substantially rappresentative.*

Na Itália, no âmbito das novas funções adquiridas pelo contrato coletivo, que o habilitam a concorrer para organização do trabalho e para a gestão dos problemas ocupacionais, as organizações sindicais mais representativas podem celebrar contratos coletivos suscetíveis de derrogar disposições da lei, em virtude do que temos chamado de flexibilidade sindicalmente controlada (M. PERSIANI, *Contratti collettivi normativi e contratti collettivi gestionali*, in *Arg. Dir. Lav.*, 1999, p. 1). Um exemplo foi dado pelo art. 23 da Lei n. 56 de 1987, que admitia a validade dos contratos a tempo determinado fora das hipóteses taxativas da lei, desde que a derrogação estivesse prevista nos contratos coletivos celebrados entre os sindicatos pertencentes às confederações sindicais mais representativas: a norma que previa a possibilidade de derrogação foi, no entanto, revogada pelo Decreto Legislativo n. 368 de 2001. Às organizações sindicais mais representativas também é reservado o poder de celebrar os contratos coletivos destinados à regulamentação do trabalho público (Decreto Legislativo n. 165 de 2001). Sobre o assunto ver G. PERONE, *Individuazione delle parti sindacali della contrattazione nel settore del pubblico impiego dopo l'abrogazione referendaria dell'art. 47, d.lgs. 29/93*, in *Dir. Lav.*, 1996, I, p. 148; A. VALLEBONA, *Alchimie del legislatore e occhiali del giurista nella riforma della contrattazione collettiva con le publiche amministrazioni*, in *Riv. It. Dir. Lav.*, 1998, II, p. 51.

Na Grécia, a lei reconhece o papel dos agentes contratuais, em nível nacional — ou interprofissional ou de categoria — e empresarial, ao sindicato mais representativo no âmbito de referência dos respectivos contratos coletivos, que são igualmente aplicáveis aos membros de outros sindicatos privados do caráter de maior representatividade: sobre o assunto consulte-se o *Relatório para a C.E.E.* (T. MITSOU, *Les relations professionelles en Grece*, Bruxelles).

O caso da Grécia oferece oportunidade de se abordar um outro aspecto delicado sobre a adoção do modelo da maior representatividade sindical. B. VENEZIANI, cit., p. 80, mostra como a solução grega para o problema, introduzida de forma significativa em regime ditatorial, por uma ordem de 1938 e generalizada em 1969, prevê que um órgão público especial, o Tribunal Administrativo de Arbitragem, não só tem a competência para reconhecer a existência de tal requisito, mas também de graduar sua intensidade. Por conseguinte, dos dois sindicatos que, como vimos no segundo capítulo, operaram historicamente no país, um é declarado mais representativo, enquanto o outro é qualificado simplesmente representativo: ver, a propósito, T. MITSOU. Ao fazê-lo, no entanto, viola-se o princípio da paridade de tratamento entre as organizações sindicais, estimulando-se as condições de um monopólio representativo não compatível com a liberdade sindical.

Em análogo risco pode incorrer a recente tendência do legislador italiano de alavancar não apenas a simples noção do sindicato mais representativo para todas as organizações dotadas de uma conspícua força representaviva, mas a noção de sindicato comparativamente mais representativo, ou de organização que, única, alcance o mais alto grau de representatividade.

A noção de organização sindical comparativamente mais representativa na categoria foi utilizada pelo legislador para indicar, entre vários contratos coletivos, aquele a ser selecionado em vista dos objetivos a que se propôs o legislador, que vão desde a determinação da retribuição sobre a qual se deve incidir as contribuições previdenciárias (art. 2º, parágrafo 25, da Lei n. 549 de 1995) à disciplina dos "contratos de trabalho atípicos" (ver L. SILVAGNA, *Il sindacato comparativamente più rappresentativo*, in *Giorn. Dir. Lav. Rel. Ind.*, 1999, p. 211).

Pela assinalada presunção de "confiabilidade" que os sindicatos mais representativos oferecem à conformidade de suas atividades ao interesse geral, em vários ordenamentos esses sindicatos tornaram-se destinatários de particulares atribuições, além daquelas de agentes contratuais privilegiados. Tais atribuições relacionam-se à proclamação de conflitos coletivos, ao exercício dos direitos de atividade sindical nos locais de trabalho, bem como aos direitos de informação e consulta, à participação em órgãos de gestão das empresas e de entes públicos.

Aos sindicatos mais representativos em nível nacional é atribuído, de forma exclusiva, o direito de participar de funções públicas. Tal exclusividade é prevista em relação às regulamentações administrativas das condições de trabalho, alavancando-se a maior representatividade para fins da escolha dos sindicatos chamados a designar componentes dos órgãos colegiados nos quais realizam-se essas atividades. Ou, para fins de escolha dos sindicatos aos quais é reconhecido o papel de interlocutores da administração pública em várias fases dos procedimentos nos quais se desenvolve e ganha forma a atividade administrativa.

A exclusividade é prevista também em relação a outras atividades públicas, especialmente no campo econômico: assim, por exemplo, na Itália, só os sindicatos mais representativos podem designar seus representantes como membros do Conselho Nacional da Economia e do Trabalho (Lei n. 936 de 1986), e, nos Países Baixos, apenas as centrais sindicais representativas devem ser consultadas sobre o exercício do poder ministerial de "congelamento" das condições de trabalho.

Quanto aos critérios para avaliar a representatividade do sindicato acolhidos em sistema jurídico europeus, são diversos, e refletem a evolução do movimento sindical, sem cristalização. B. Veneziani, cit., p. 77, todavia, ressalta que tais critérios, criados pela legislação ou pela jurisprudência, constroem a imagem do sindicato da forma como é vista e desejada por um terceiro sujeito, ou seja, o legislador ou o juiz.

Fundamental e preliminar requisito, qualitativo, para o sindicato representativo (mas, na verdade, para todo sindicato, independentemente de sua maior representatividade) é o da independência do empregador. Essa exigência está expressamente prevista pela lei na França, em Luxemburgo, na Alemanha, em Portugal, na Espanha, na Grécia, na Irlanda e no Reino Unido. Veja-se, sobre o assunto, N. Aliprantis, cit., p. 8. Na Itália, é inferida da proibição para os empregadores e suas associações de apoiar ou facilitar sindicatos de trabalhadores (art. 17 da Lei n. 300 de 1970, *c.d.* Estatuto dos Trabalhadores).

A pesquisa comparativa sobre os atores da negociação coletiva avança — no curso do mencionado Seminário Internacional Pontignano XXVI, cujas obras foram publicadas no citado Anuário AIDLASS — em um grupo de trabalho coordenado por F. Dorssemont, confrontando a diversidade encontrada nos Estados-membros da União Europeia no que diz respeito aos sistemas de individualização de representatividade sindical. Nesse sentido, os sistemas declarativos, nos quais a qualificação do sindicato como "representativo" é feita pelo governo de forma discricionária, são confrontados com sistemas que se concentram em critérios legais e, ainda, com outros, definíveis como híbridos, porque esses sistemas combinam de diversas maneiras critérios legais e elaborados pela jurisprudência.

Um sistema declarativo encontra-se na Bélgica, onde a qualificação do sindicato como representativo deriva de uma avaliação governativa.

Analogamente, na França, um decreto do ministro do Trabalho de 1966 elencava os sindicatos que se beneficiavam da presunção absoluta de representatividade, enquanto aos sindicatos não incluídos na lista elaborada, por conseguinte, pesava o ônus de demonstrar sua representatividade. Os sindicatos da primeira categoria tinham certamente acesso à negociação coletiva, independentemente da adesão dos trabalhadores efetivamente obtida, e os contratos celebrados por apenas um dos sindicatos assim caracterizados eram válidos e suscetíveis de ser recebidos por portarias ministeriais e adquirir eficácia *erga omnes*. No entanto, a Lei n. 789 de 2008 revogou o sistema de reconhecimento de representatividade "presumida", substituindo-o por outro que a identifica com base em critérios legais, entre os quais os resultados das eleições para a formação dos órgãos representativos dos trabalhadores ao nível da empresa, o número de inscritos, o montante das contribuições recolhidas, o respeito dos valores da "Resistência" contra o nazismo. O acesso à negociação coletiva está agora aberto apenas para os sindicatos que demonstrem a posse desses requisitos; e a validade dos contratos celebrados exige, por parte dos sindicatos signatários, a superação de um determinado limite de representatividade, variável segundo o nível contratual (sobre o caráter de referência, e não de identificação absoluta do antigo critério, pois o caso trata de um modelo particular de representação legal de interesses, ver G. Borenfreund, *Pouvoir de representation et negociation collective*, in *Dr. Soc.*, 1997, p. 1.006).

Efetivamente, mesmo os sistemas assim chamados declarativos procuraram fundamento em juízos não arbitrários, mas discricionários, vale dizer, sempre inspirados em critérios objetivamente apreciáveis e verificáveis, em eventual sede jurisdicional. O fato é que, de qualquer forma, esse gênero de presunções, ligadas a situações históricas superadas ou em vias de sê-lo, acaba por mostrar uma evidente carência de plausibilidade.

Outros, por assim dizer, efetivos e genuínos requisitos de maior representatividade, que podem concorrer entre si, são constituídos, em primeiro lugar e consoante um índice quantitativo, pela consistência do número de adesões relacionada percentualmente a um determinado âmbito geográfico (pode-se recorrer à normativa da Bélgica, França, Luxemburgo, Grécia, Espanha e Áustria: no caso dos dois primeiros países, ainda no mesmo quadro de um sistema de representatividade declarada, como pressuposto, com outros requisitos, da declaração); pela amplitude e continuidade da atividade de negociação e resolução de conflitos, à luz de um índice funcional, adotado na França, Luxemburgo, Áustria; pela regularidade no pagamento de contribuições (França); pela antiguidade (França); pela conduta patriótica durante a "Resistência" (tal como no passado, esse requisito ainda está previsto na França); pela presença equilibrada em um amplo arco de setores produtivos e pela difusão sobre todo o território nacional (Itália, onde o critério foi usado, pela jurisprudência, tendo em vista a atribuição dos direitos sindicais no local de trabalho, em concorrência com os outros requisitos mencionados, em relação à maior representatividade referente a confederações sindicais, de acordo com o art. 19, letra *a*, da Lei n. 300 de 1970, norma anulada, todavia, por um referendo ab-rogativo (ver B. Veneziani, cit., p. 75, e N. Aliprantis, cit.).

Na Bélgica, o número mínimo de membros (pelo menos 50.000) é previsto, para os fins da supramencionada declaração de representatividade, com a filiação a uma confederação nacional e com o índice de caráter institucional constituído pela participação em órgãos públicos, a exemplo do Conselho Nacional do Trabalho e do Conselho Nacional de Economia, como um requisito essencial para o reconhecimento da maior representatividade dos sindicatos de trabalhadores. Pela parte dos empregadores a maior representatividade de associação se infere, alternativamente, da filiação a uma confederação nacional ou por um particular decreto real.

Na Espanha, onde a disciplina da matéria é particularmente minuciosa, com base no art. 87 do *Estatuto de los Trabajadores*, são considerados mais representativos, tendo em vista a legitimidade para negociar contratos coletivos com eficácia *erga omnes* de âmbito superior ao da empresa, os sindicatos dos trabalhadores que possuem, pelo menos, 10% dos eleitos na votação como membros dos comitês de empresa ou como delegados sindicais, no âmbito territorial e funcional coberto pelo acordo coletivo.

Desfrutam também de legitimidade para negociar os contratos coletivos acima, em seus respectivos âmbitos territoriais, as associações sindicais de trabalhadores consideradas mais representativas em âmbito nacional ou da comunidade autônoma, com base nos resultados obtidos nas eleições sindicais, consoante disposto na Lei Orgânica n. 11 de 1985 (*Ley Organica de Libertad Sindacal — LOLS*), ou aquelas estruturas sindicais que obtêm a *rapresentatividad por irradiaciòn*, por ser afiliada ou integrada a organizações mais representativas.

Na Espanha é provável que a maior representatividade se meça de acordo com o critério dos resultados obtidos nas eleições sindicais por causa da baixa taxa de sindicalização.

A legitimação reconhecida a todos os mencionados sujeitos coletivos lhes habilitam a tomar a iniciativa da negociação de acordos coletivos (âmbito empresarial) e de participar do seu desenvolvimento mediante designação de seus representantes na *comisiòn negociadora*, à qual compete deliberar sobre a celebração do contrato. Mas o art. 88 do E. T. exige um requisito adicional de representatividade para a constituição válida da comissão: o de que, para cada uma das partes envolvidas na negociação deve haver, do seu lado, uma maioria absoluta.

O *Trade Union Act* irlandês de 1971, como requisito para se alcançar a mencionada licença para negociar, dispõe que, além do depósito de uma soma de dinheiro na *High Court*, a associação sindical deve contar com, no mínimo, cinco membros.

Na Itália, a Lei n. 902 de 1977, com o propósito de alocação do patrimônio das organizações sindicais corporativas dissolvidas, indicou nominalmente os maiores sindicatos, a quem foram destinados o montante de 93% de tais ativos. Aqui a indicação nominativa se justifica com a eficácia da avaliação destinada a operar apenas uma vez. Discutiu-se sobre o alcance da indicação do legislador, se seria limitado ao fim específico da lei ou se teria âmbito geral, transcendendo o propósito para o qual foi promulgada.

Para sustentar a primeira opinião vale o argumento de que, com o passar do tempo, qualquer das organizações indicadas pelo legislador podem desaparecer da cena sindical, revelando a fragilidade de presunções sujeitas à erosão e à verificação da história. Deve-se, no entanto, ter em mente que o legislador transferiu a parcela remanescente do patrimônio aos outros sindicatos e confederações de trabalhadores e empregadores que poderiam ser reconhecidos como mais representativos. E apontou, a propósito do reconhecimento, os critérios legais derivados de uma série de indicadores, dos quais já se tinha valido a jurisprudência, como a equilibrada consistência no território e nas diversas categorias, a conclusão sistemática de contratos coletivos e o número de inscritos. Outro reconhecimento legislativo desses indicadores encontra-se na Lei n. 936 de 1986, para a nomeação, por parte das organizações mais representativas, dos representantes sindicais no Conselho Nacional da Economia e do Trabalho (ver P. Greco, *La legge n. 902/1977 e la determinazione dei criteri selettivi della rappresentatività sindacale*, in *Dir. Lav.*, 1979, I, p. 491).

Na Holanda, para a extensão *erga omnes* do contrato coletivo, alterando a prospectiva do terreno subjetivo da qualidade das organizações estipulantes para o objetivo concernente à medida dos efeitos de seus atos, o requisito da maior representatividade dos sujeitos estipulantes, acolhido em outros ordenamentos, é substituído pela avaliação direta da difusão do contrato a ser estendido, que já deve ser aplicado a uma "maioria significativa" dos membros da profissão interessada (ver H. L. Bakels, cit., p. 57). Precisam, portanto, objetivos controles específicos, não parecendo suficiente a genérica presunção de confiabilidade das associações mais representativas no plano nacional.

Acerca do nível de mensuração da representatividade do sindicato, obviamente, a escolha nacional da categoria, ou mesmo de confederação, privilegiando as formas mais amplas de interesses coletivos, corre o risco de comprimir expressões de autonomia coletiva que são predominantes em âmbito mais restrito, como no caso da empresa.

Em geral, a representatividade é avaliada no nível para o qual o contrato foi celebrado. Não faltam, todavia, exceções, constituídas pela Bélgica, Luxemburgo, França e, em essência, pela Itália, na medida em que o princípio de maior representatividade mensurado em âmbito nacional incide sobre o poder de celebrar contratos coletivos de todos os níveis.

15. INVESTIDURA DO PODER DE REPRESENTAR A ORGANIZAÇÃO NA NEGOCIAÇÃO

Diversa da questão acima examinada, relativa à identificação da organização sindical legitimada a celebrar contratos coletivos, ou determinadas espécies de contratos, é a relativa à identificação de quem realmente, no interior da organização, tem o poder de representar a organização sindical assim legitimada, no curso da negociação. Além disso, revela-se espontaneamente como questão de notável importância, em relação à dialética interna entre o vértice e a base sindicais, bem como em relação à tutela da confiança recíproca das partes envolvidas na negociação; tutela ainda mais necessária para um contrato destinado a alargar seus efeitos sobre uma multiplicidade de relações individuais de trabalho.

Nesse propósito se levanta, de fato, um dúplice problema: de um lado, a legitimidade para representar as associações de pessoas físicas investidas da função de celebrar o contrato; do outro lado, o poder dos membros das associações estipulantes de influir sobre essa identificação, e assim sobre a correspondência da atuação dessas pessoas à proposta contratual elaborada, isto é, como se costuma dizer, a assim chamada "plataforma reivindicativa".

Prospectam-se, portanto, potenciais perfis de dialética e exigência de conformação entre momentos de democracia representativa, personificada pelos dirigentes sindicais, e momentos de democracia direta, por meios dos quais a base faz valer suas próprias avaliações e determinações. O equilíbrio entre esses momentos é mutável, de acordo com o grau de centralização dos diversos sistemas sindicais e contratuais e, ainda mais, no interior dos sistemas individuais, em relação às mudanças das condições históricas.

Sobre o tema, passa-se da previsão de disposições legais rígidas e taxativas, sobre modos da atribuição do mandato, cuja violação resulta em nulidade das disposições do contrato coletivo (na França, o art. 132-3 do *Code du Travail*, quanto aos efeitos dessa atribuição, fez referência a cláusulas estatutárias, a deliberações especiais da assembleia e a mandatos especiais conferidos a todos os membros), a previsões mais genéricas, segundo as quais os signatários dos contratos coletivos devem estar investidos do poder de representação da associação, com a referência implícita às disposições do direito comum sobre a transferência do mandato e sobre a representação *ad negotia* das associações (como na Alemanha).

Na Holanda, é precisado que o órgão estipulante deve ser detentor do poder de representar a associação externamente, em conformidade com as disposições do estatuto, enquanto, na ausência de tais disposições, o poder pertence por lei à comissão diretiva, com a consequência de que o contrato coletivo celebrado pelos sujeitos despidos de tal poder não vincula a associação, nem seus membros.

Em outros Estados, a disciplina jurídica legal é ainda mais flexível. Na Bélgica, lei de 1968 exige que o contrato coletivo indique expressamente a identidade das pessoas que o celebraram e a qualidade em que atuaram; mas prevê que os delegados das associações sindicais se presumem legitimados a celebrar o contrato coletivo em nome da sua associação, à qual se vinculam. Também em Luxemburgo há a presunção legal de que os representantes delegados para as tratativas negociais são detentores do poder de representação de todos os membros do sindicato.

Em outros ordenamentos onde o contrato coletivo não é regulado por uma lei particular, mas é considerado um contrato normal de direito privado, a legitimidade das pessoas físicas, sujeitos subscritores, para representar as respectivas associações é disciplinada pelas disposições de direito comum sobre a representação das associações e sobre a outorga do mandato.

Diverso da individualização daqueles que, entre os sujeitos sindicais que se propõem a celebrar o contrato coletivo, têm o poder de representar suas respectivas organizações, é o problema que pode surgir em situações de pluralismo sindical, de qual, dentre essas organizações sindicais, teria legitimidade para negociar em nome dos trabalhadores. O problema surge especialmente quando, no âmbito de uma categoria, tende a afirmar-se um novo sujeito sindical, em oposição e em concorrência com aquele ou com aqueles que tradicionalmente desempenharam o papel de agente contratual. Nova organização sindical e organizações sindicais tradicionalmente presentes em tal âmbito objetivam, respectivamente, o reconhecimento da sua própria legitimação para contratar e a exclusão da organização emergente. Surge, então, um conflito que os estudiosos das relações sindicais chamam de "jurisdiçao", que em geral encontra solução, mais do que em critérios jurídicos previstos no direito estatal, no equilíbrio de força entre as organizações concorrentes (G. GIUGNI, *op. ult. cit.*, p. 175).

16. PROCEDIMENTOS PARA RENOVAÇÃO DO CONTRATO COLETIVO: FASES SUCESSIVAS. DEMOCRACIA SINDICAL INTERNA

O procedimento de celebração dos contratos coletivos, apesar de ser cadenciado por fases que ocorrem com uma certa uniformidade nos vários sistemas europeus de relações sindicais, não se presta a rígidas esquematizações, resultando notavelmente influenciado pela práxis típica de cada sistema individualmente considerado.

Por outro lado, pode-se afirmar que esse processo passa, em geral, por três fases: a de preparação e elaboração da proposta contratual; a de negociação entre as partes, culminando com a assinatura do contrato; e a de eventual submissão do texto acordado à base, para sua aprovação.

Deve ser esclarecido, em via preliminar, que por renovação do contrato coletivo entende-se a celebração de um contrato para substituir o anteriormente em vigor. Na experiência concreta, não se registra uma mudança global no contrato renovado: ele é atualizado, mais ou menos extensa e profundamente, apenas nos conteúdos que tenham constituído objeto do conflito sindical e em torno dos quais a negociação culminou com a conquista do consentimento das partes coletivas (G. Giugni, op. ult. cit., p. 174-175).

A primeira das três fases mencionadas tem caráter interno à organização sindical e desenvolve-se, em geral, por iniciativa dos dirigentes sindicais, com uma participação mais ou menos significativa da base, propondo-se, assim, a dialética entre momentos de democracia direta e democracia representativa no curso do procedimento de celebração do contrato coletivo, conforme destacamos acerca da individualização das pessoas investidas do poder para representar o sindicato.

Quanto à conciliação entre os momentos de democracia representativa e democracia direta, na Itália, o art. 39 da Constituição exige, dos sindicatos que pretendem registrar-se para adquirir a personalidade jurídica e assim a capacidade de celebrar contratos coletivos com eficácia *erga omnes*, que seus estatutos estabeleçam um ordenamento interno de natureza democrática. Indicação essa, que, plausivelmente idônea a ser aplicada, com as necessárias nuanças, a cada sindicato, mesmo que não registrado, parece mais direcionada a qualificar estruturas representativas que a estabelecer os elementos de democracia direta (ver U. Carabelli, cit.).

B. Veneziani, cit., p. 56-57, enfatiza que a liberdade sindical deve abranger o direito do grupo de trabalhadores de escolher a forma jurídica mais homogênea à sua própria tradição e à qualidade da base representada. O valor da liberdade de auto-organização, como já mencionamos, é reconhecido pelas constituições dos Estados europeus: expressamente (Itália e Holanda) ou indiretamente, derivando da mais ampla liberdade de associação (França e Bélgica). O equilíbrio alcançado pela ausência de interferência pública na dinâmica dos grupos privados, no entanto, pode ser perturbado quando a lei ou a própria Constituição determina que a organização sindical conforme-se a um valor que, contudo, não pode ser ignorado, que é a democracia. O autor identifica em uma similar previsão o significativo ponto de tangência entre autonomia e heteronomia, entre ordenamento intersindical e ordenamento jurídico estatal. E considera a previsão como um elemento de heterorregulamentação diversamente apreciável em função dos diversos contextos em que se encontra.

J. Rivero, *Syndicalisme et pouvoir democratique* in *Dr. Soc.*, 1965, p. 170, afirma que os sindicatos, para serem considerados autênticos organismos de participação democrática, devem ser eles mesmos democráticos, mas numerosas dificuldades se apresentam nesse terreno.

As novas democracias do Mediterrâneo, observou ainda B. Veneziani, cit., p. 57, passaram a regular não só as funções, mas também a vida interna das organizações sindicais, com o escopo de mudar a cultura interna dos sindicatos herdeiros de valores antidemocráticos e de criar barreiras contra tentações autoritárias do grupo em face do indivíduo. Análoga atenção a esse problema é dedicada pelas novas democracias da Europa Centro-Oriental.

Vale a pena mencionar que, na Espanha, o art. 1.4 da lei de 1º de abril de 1977 estabeleceu que, no novo regime de liberdade sindical que sucedeu ao ordenamento corporativo, os sindicatos promovem o seu registro, condicionado, entre outras regras processuais e materiais, à inspiração de seus estatutos aos princípios democráticos. O decreto real de 22 de abril de 1977 especificou os requisitos de democraticidade estatutária. A Constituição espanhola de 1978 ainda reiterou, no art. 7º, que a estrutura e o funcionamento dos sindicatos devem ser democráticos, com normas orientadas à proteção da democracia interna do sindicato, seja no plano formal das previsões estatutárias, seja no plano da efetiva oportunidade de todos os membros do sindicato influenciarem em suas determinações.

A Constituição portuguesa, no art. 56, parágrafo 3º, refere-se à organização e gestão democrática do sindicato. A nova legislação grega impõe ao sindicato o respeito à igualdade entre seus membros e o direito de votar e ser votado, vale dizer, os princípios clássicos da democracia (ver A. Stergiou, cit., p. 92-130).

No Reino Unido, vimos no capítulo precedente que, com a nomeação de um funcionário público denominado *commissioner for the rights of trade union members*, chamado a patrocinar os afiliados em controvérsias com as organizações sindicais a que pertencem, pretende-se atender ao objetivo de garantia da democracia interna do sindicato, mas também ao mais vasto projeto de redimensionamento da autoridade deste último, perseguida pelos governos conservadores.

Na prática de vários sistemas sindicais europeus, sobre a decisão em tema de negociação coletiva, encontram-se, contudo, as consultas da base. Isso acontece, por exemplo, na Itália, mediante o exercício dos direitos de assembleia e de *referendum* no local de trabalho (arts. 20 e 21 da Lei n. 300 de 1970, conhecido como Estatuto dos Trabalhadores) e na Bélgica, onde se encontra a tendência de consultar os inscritos antes da celebração do contrato por parte dos quadros sindicais *(les permanents)* que formam as comissões paritárias. Da institucionalização da consulta da base não pode falar em Luxemburgo e na Holanda, onde a tratativa do tema é remetida a eventuais cláusulas dos estatutos associativos. Note-se, entretanto, que tais cláusulas têm relevância meramente interna, de modo que sua violação não poderia ser oposta a terceiros. O mesmo princípio vigora na Alemanha a propósito do procedimento de votação dos inscritos no sindicato sobre a proposta de contrato. Na Dinamarca, a proposta de solução do conflito coletivo formulada pelos conciliadores estatais será submetida, para aprovação, à votação dos membros das associações sindicais, entre as quais a conciliação se desenvolve.

Quando o legislador decide intervir para democratizar a vida interna do sindicato, surge a delicada questão do confronto entre democracia e autonomia sindical. G. Spiropoulos, *La Liberté Syndicale*, Paris, 1954, p. 160, observa que uma completa assimilação da democracia sindical à democracia política seria artificial e conduziria a graves erros, podendo ignorar a diferença entre a posição do cidadão perante a autoridade do Estado e a do inscrito que pode sempre deixar o sindicato com o que não concorda mais. Isso demonstra, então, que a maioria dos Estados europeus hesita em disciplinar por lei a democracia interna do sindicato.

Por fim, deve ser considerada a observação de J. D. Reyneaud, *Preface* a G. Adam, *Le pouvoir syndical*, VIII Paris, 1983, segundo a qual é menos importante o problema de saber se os sindicatos são suficientemente democráticos do que o problema de decidir qual gênero de democracia pode ser implementada. Análoga cautela inspira B. Caruso, *Contributo allo studio della democrazia nel sindacato*, Milão, 1986.

17. NEGOCIAÇÕES SINDICAIS: FORMAS DE INSTITUCIONALIZAÇÃO E DE CONTROLE PÚBLICO

A fase central e decisiva do processo de celebração do contrato coletivo é aquela na qual se desenvolve a negociação.

A expressão "negociação coletiva" designa a série de atividades desenvolvidas pelos sujeitos sindicais com o fim de regular as relações de trabalho e, nesse sentido, se fala de método ou procedimento negocial para se referir à característica de disciplina para a qual é orientada a estratégia dos sindicatos. Fala-se também de sistema de negociação coletiva referindo-se às regras, estabelecidas pela lei e pelas mesmas partes sociais, com as quais são regulados sujeitos, objeto, procedimento de negociação (ver A. Martín Valverde, F. Rodriguez-Sañudo Gutierrez, J. García Murcia, cit., p. 327).

Em vários encontros sucessivos, dos quais participam as pessoas legitimadas a negociar, muitas vezes assistidas por especialistas, as negociações se desenvolvem, entrecortadas pela utilização de meios de pressão para a solução do conflito, com destaque para a greve.

A utilização de tais instrumentos de ação direta, conforme se verá melhor no próximo capítulo, é influenciada por uma multiplicidade de fatores: a propensão conflitual das diversas organizações protagonistas do conflito; a regulação dos meios de luta sindical prevista nos ordenamentos singulares; o clima geral das relações de trabalho subsistente no interior dos vários países; e, obviamente, o tom mais ou menos agudo dos conflitos específicos. Particular relevância assume, também, o grau de institucionalização do sistema negocial.

Diversas são as formas de institucionalização — pública ou privada — das negociações, que nos vários sistemas constituem os fóruns próprios, ou principais, da negociação das condições coletivas de trabalho.

Um sistema de negociação coletiva pode qualificar-se informal quando se rege exclusivamente por regras elaboradas por seus próprios sujeitos e o Estado se mantém em uma posição de abstenção normativa no que diz respeito seja à atividade de negociação, seja em relação à eficácia dos contratos coletivos celebrados. Essa era a característica do ordenamento britânico que, todavia, ao longo dos anos, abandonou o abstencionismo absoluto e optou por algumas formas de intervenção pública, seguindo ao que parece ser a solução frequentemente adotada pelos ordenamentos europeus (A. Martín Valverde, F. Rodriguez-Sañudo Gutierrez, J. García Murcia, cit., p. 331).

É oportuno considerar, por um lado, as modalidades organizativas do processo de negociação — introduzidas autonomamente pelas próprias partes sociais, ou heteronomamente pela lei — que não alteram as características essenciais do contrato coletivo por intermédio delas celebrado, sobretudo respeitando a liberdade das partes contratantes a quem compete em última análise decidir sobre a celebração do contrato e sobre seu conteúdo.

Por outro lado, no entanto, são consideradas as formas de institucionalização — de caráter essencialmente publicístico — no âmbito das quais a autonomia das partes sociais é sacrificada. Ela, de fato, está condicionada à satisfação de interesses gerais tutelados, segundo uma escala de progressiva intensidade, seja mediante a presença de funcionários públicos dentro das opostas comissões, onde se desenvolve a negociação coletiva, seja mediante controles públicos sobre seus resultados, ou seja, finalmente, mediante a substituição da arbitragem administrativa ao acordo das partes, quando este último não for alcançado ou for considerado inadequado.

A distinção, todavia, não é fácil, porque a experiência concreta da intervenção pública sobre a negociação sindical se realiza, nos vários sistemas e em seu próprio interior, segundo fórmulas onde diferentes ingredientes são misturados, em doses variadas, de acordo com as circunstâncias. Dela se originam múltiplas situações dificilmente classificáveis, dada a coexistência de elementos de liberdade com elementos autoritários. A distinção essencial permanece, nesse sentido, entre os procedimentos negociais institucionalizados, mas inspirados nas autorregulamentação das relações de trabalho, e os procedimentos cuja institucionalização provoca a heterorregulamentação.

Deve-se notar, por outro lado, como a institucionalização da negociação responde ainda a uma outra e diversa finalidade: a da extensão generalizada da eficácia do contrato coletivo. Tal extensão procura, como pressuposto e justificativa (embora não de forma exclusiva), a individualização e regulamentação legislativa de apropriadas sedes de negociação; mas sobre esse assunto, remetemos o leitor às páginas subsequentes, reservando-se aqui o espaço para a investigação das soluções que nos vários ordenamentos europeus serviram de inspiração à finalidade de contenção do conflito coletivo.

Na França, Alemanha, Itália — se se excluir a Agência para representação atinente à negociação coletiva da qual fazem partes a administração pública (*ARAN*), instituída pelo art. 50 do Decreto Legislativo n. 29, de 3 de fevereiro de 1993, em atuação à delegação da Lei n. 421 de 23 de outubro de 1992 — e na Grécia não existem órgãos permanentes de negociação, nem de origem convencional, nem de origem legal, aos quais tenham sido atribuídos o supramencionada finalidade de contenção. Deve-se lembrar, todavia, para a França, as comissões para a celebração dos contratos coletivos suscetíveis de extensão; para a Itália, a prática da intervenção do ministro do Trabalho (ou, em determinados casos, de outros ministros, se não do presidente do Conselho de Ministros), a fim de facilitar a conclusão dos mais importantes contratos coletivos nacionais; para a Alemanha, os acordos com os empregadores celebrados em sede do conselho da empresa (*Betriebsrat*), mas que não são considerados verdadeiros contratos coletivos e deveriam ser limitados a matérias de natureza taxativa, com a exclusão de salários.

Na Grécia, o art. 19 da lei sindical de 1955 contemplou uma forma de institucionalização da negociação coletiva mediante a qual as partes coletivas são frequentemente acessadas em vista dos resultados por seu trâmite obtível. Os contratos coletivos negociados e celebrados com a mediação do Ministério do Trabalho, ou do órgão para o qual foi conferido mandato especial, são dotados de eficácia alargada a todos os integrantes das categorias para as quais foram celebrados.

Nem mesmo na Suécia e na Dinamarca existem órgãos públicos permanentes de negociação, se se excluir, no ordenamento sueco, a agência nacional de representação dos funcionários públicos (*SAV*), uma autoridade independente de negociação que celebra acordos sujeitos, contudo, às restrições de orçamento indicadas pelo ministro das Finanças e à aprovação do governo. No setor privado, funciona, no entanto, um sistema que durante muitas décadas regulamentou os procedimentos de renovação contratual de maneira geralmente considerada ordenada e eficaz. Fontes do mesmo sistema — como mencionamos no capítulo anterior — são os acordos celebrados pelas confederações de trabalhadores e empregadores que fixam o quadro de procedimentos negociais; ao lado de tais acordos-quadro, operam as normas da lei sueca sobre a cogestão de 1976 e da lei dinamarquesa sobre a regulamentação dos conflitos coletivos de trabalho (ver F. SCHMIDT, *Il conflitto di lavoro in Svezia*, cit., p. 107-116).

No sentido dessa última lei, as organizações sindicais contrapostas negociam a renovação do contrato coletivo, em primeiro lugar, diretamente entre si. Se não logram concluir a negociação, ela prossegue com a mediação dos órgãos estatais competentes. Se as partes não alcançarem um acordo, mesmo com a ajuda desses órgãos estaduais de conciliação, eles formulam propostas de solução do conflito, submetendo-as à votação dos membros das organizações envolvidas. As propostas acolhidas constituem o conteúdo do novo contrato coletivo. Quando as votações têm êxito negativo, as partes recuperam a liberdade de luta sindical, salvo se o legislador — mas isso não acontece frequentemente — intervenha formando comissões paritárias especiais para determinar o conteúdo da disciplina coletiva. Em caso de falta de acordo mesmo dentro da comissão paritária, decidirá o seu presidente, que é um componente desvinculado das partes. Em alguns casos, as condições de trabalho são fixadas diretamente pelo legislador, com base em um texto elaborado pelo organismo nacional de arbitragem de conflitos coletivos. Tanto o provimento da comissão paritária como o do legislador terão a mesma eficácia do contrato coletivo celebrado diretamente entre as partes.

No Reino Unido, registra-se uma institucionalização privatística da negociação, realizada pelos *Joint Negotiating Bodies*, previstos em acordos procedimentais específicos. Essas comissões reúnem-se periodicamente e emanam decisões que formalmente constituem juízos arbitrais, mas do ponto de vista da eficácia equivalente aos contratos coletivos. Convém recordar que as competências da *Central Arbitration Commettee*, a quem era auferido o poder de determinar as condições de trabalho em caso de recusa de negociar do empregador, de acordo com o sistema do *Employment Act* de 1975, deixaram de existir desde 1983. Além disso, como mencionado, em 1992 foi revogado o sistema dos *Wages Councils*, órgãos tripartites compostos por representantes dos trabalhadores, dos empregadores e de especialistas que estabeleciam as condições salariais para as categorias desprovidas de uma organização sindical eficaz.

Passando à análise de exemplos de órgãos públicos permanentes de negociação, na Bélgica, a muito frequentemente mencionada lei sindical de 1968 prevê que o contrato coletivo possa ser concluído, a critério das partes, no âmbito dos órgãos paritários (Conselho Nacional do Trabalho, comissões e subcomissões paritárias, constituídas por decreto real, mediante solicitação das organizações sindicais dos trabalhadores e empregadores), ou fora deles (sobre tais órgãos paritários ver R. BLANPAIN, *Relatório Nacional Bélgica, XIII Congres Mondial de Droit du Travail et de la Sécurité Sociale, Rapports Nationaux* — Theme II, Athènes, 1991). As partes são, portanto, livres para escolher a sede da negociação, mas a lei prevê uma hierarquia entre os contratos coletivos, ordenados gradativamente consoante sejam celebrados no âmbito do Conselho Nacional do Trabalho, de uma comissão paritária, de uma subcomissão paritária, ou fora de um órgão paritário. O contrato coletivo contrário a um outro hierarquicamente superior é nulo, salvo cláusulas mais favoráveis ao trabalhador quando se tratam de matérias suscetíveis de proteção mínima. Verifica-se, então, uma institucionalização pública, mas de caráter facultativo que, no entanto, condiciona a evolução da negociação coletiva, em virtude do princípio hierárquico indicado.

Em Luxemburgo, o decreto de 6 de outubro de 1945 instituiu o Departamento Nacional de Conciliação, órgão paritário presidido pelo ministro do trabalho, com o poder de determinar as condições de trabalho a pedido dos sindicatos, no caso de recusa do empregador de negociar ou no caso de não se atingir um acordo (cf. também art. 7º da lei de 1965). O relatório de conciliação, bem como a decisão arbitral a ela alternativa, produzem os mesmos efeitos do contrato coletivo. Além dessa institucionalização de origem heterônoma, um acordo de 14 de janeiro de 1971 instituiu uma comissão paritária dos contratos, com a tarefa de estabelecer as diretrizes fundamentais em matéria de política contratual. Para cada setor produtivo, depois, foram instituídas comissões sindicais *ad hoc* que conduzem as negociações e, se não ficarem satisfeitos com os resultados alcançados, submetem-nos à aprovação da base.

Na Irlanda, o *I.R.A.* de 1946, confirmado pela lei sindical de 1990, previa a criação da *Labour Court* e dos *Joint Labour Commettees*. Esses últimos são comissões paritárias, constituídas por membros nomeados pela *Labour Court* e pelo Ministério do Trabalho, com a tarefa de propor à *Labour Court* a emanação de provimentos sobre regulamentação dos contratos de trabalho, para a fixação de condições econômicas e normativas mínimas válidas *erga omnes*. A mesma lei de 1946 prevê, em seguida, a formação de *Joint Industrial Councils*, para o desenvolvimento da negociação de forma institucional; todavia, a lei não impõe, mas só incentiva o desenvolvimento de procedimentos da renovação contratual dentro desses organismos. Esses *Councils* poderiam ser registrados perante a *Labour Court*, de acordo com essa mesma lei, mas na maior parte dos casos os sindicatos têm evitado o registro, preferindo continuar a operar em um contexto de institucionalização privatística. No entanto, nos últimos anos, sob os auspícios do governo que publicou as *Pay Guidelines*, indicativas dos níveis salariais no setor privado, e em face da implementação de políticas anti-inflacionárias que envolvem a contenção dos custos do trabalho, foram desenvolvidos procedimentos de negociação de salários centralizados no interior da Conferência empreendedores-trabalhadores, um organismo nacional *ad hoc* com presidente independente das partes sociais. Os acordos interprofissionais celebrados na Conferência são, depois, submetidos à aprovação das organizações de categoria ou empresariais.

Na Holanda se registram várias e incisivas formas de intervenção das autoridade pública. No Conselho Social e Econômico (*SER*), a lei instituída em 1950 concedeu, a vários setores produtivos, poderes regulatórios supletivos no que diz respeito à negociação coletiva desenvolvida, à luz dos acordos-quadro definidos em sede interconfederal, no interior dos órgãos mistos permanentes (conselhos profissionais por ramos da indústria). Até os anos 1960, os contratos coletivos sujeitavam-se, porém, à rígida política salarial do governo. Com a lei sobre a formação dos salários de 1973 foi substancialmente restaurada a liberdade sindical, e ao governo foi reconhecido somente o poder de "congelamento" dos salários. De natureza diversa é o poder do Ministro dos Assuntos Sociais, atribuído por uma lei de 1979, de fixar por regulamento as condições de trabalho para os trabalhadores do setor público. A lei, prorrogada em 1980, 1982 e 1984, foi revogada em 1985, e o poder nela contemplado foi substituído pela extensão do poder de "congelamento" ao setor público.

Em Portugal, o art. 16 do Decreto-Lei n. 519 de 1979 previu que o procedimento de negociação deveria começar com uma proposta por escrito de uma das partes à outra, a qual deve ser dada uma resposta dentro de um mês (analogamente dispõe o art. 89 do Estatuto dos Trabalhadores espanhol). Proposta e resposta devem ser motivadas e remetidas, por cópia, ao Ministério do Trabalho. Na ausência de acordo sobre a renovação do contrato, abre-se ao uso dos instrumentos conciliatórios. Se as partes não podem valer-se de um sistema convencional de conciliação, ela é realizada pelo Ministério do Trabalho. Pode ocorrer, ainda, o encaminhamento do conflito à decisão de um colégio arbitral, a pedido consensual das partes. O conflito pode ser resolvido, finalmente, por meio de um posterior instrumento de regulamentação coletiva: os decretos legislativos (portarias), emanadas pelo governo, não só quando não existir associações sindicais de empregadores e de trabalhadores interessadas, mas também quando, como já foi mencionado, elas se recusarem repetidamente a negociar ou passarem a usar manobras dilatórias. Nem mesmo no ordenamento português, portanto, existem órgãos públicos permanentes de negociação, mas a lei, entrando a regular o tempos e modos de negociação, abre caminho para formas particularmente incisivas de intervenção da autoridade pública no conflito coletivo.

Na Espanha, o art. 83 do Estatuto dos Trabalhadores deixava ampla liberdade às partes sociais em relação ao processo de negociação.

Porém, sucessivas mudanças promoveram importantes alterações na norma no sentido de que o papel do Estado foi reforçado como regulador do mercado do trabalho, restringindo-se à função regulamentar da autonomia privada coletiva: Lei n. 11 de 1994, da reforma do mercado do trabalho (ver F. Valdés Dal-Ré, *Notas sobre la reforma del marco legal de la estructura de la negociación colectiva*, in *Rel. Lab.*, 1995, p. 285-289). Não apenas os problemas de relação com o ordenamento estatal, mas também dentro do ordenamento sindical tornaram-se mais complexos com as regras sobre estrutura da negociação coletiva e concorrência entre contratos coletivos de diferente âmbito.

No âmbito dos ordenamentos examinados, não se reconhece, portanto, uma tendência homogênea em direção a uma particular forma de institucionalização do processo negocial, devendo-se destacar, em sentido oposto, a heterogeneidade dos diferentes sistemas. Em alguns países, viu-se como coexistem diferentes formas de institucionalização, públicas e privadas (Irlanda, Países Baixos, Dinamarca), enquanto nesse último ordenamento — que também pertence ao rol daqueles que mais respeitam a autonomia das partes sociais — está prevista, extraordinariamente, a possível intervenção caso por caso do legislador.

Deve-se tomar nota dessa situação, não sem, contudo, observar como alguns sistemas de relações industriais conservam notáveis analogias recíprocas, apesar da diversidade das respectivas formas de organização do processo de negociação. Isso nos induz a hipotetizar que é recorrente uma situação de fungibilidade dos instrumentos jurídicos em relação ao fim econômico.

18. OBRIGAÇÃO DE NEGOCIAR

A doutrina civilista esclarece que o princípio de liberdade contratual, apesar de se constituir na essência da consideração que o ordenamento jurídico dedica ao contrato, pode encontrar limitações de várias naturezas, inerentes seja à liberdade de determinação do conteúdo, seja à liberdade de resolução, seja àquela de estipulação. Essas últimas limitações podem consistir seja na escolha da contraparte, seja na própria decisão de se estipular ou não o contrato.

Particularmente em relação ao contrato coletivo, a lei pode considerar oportuno equilibrar os interesses das partes de reservar a si a escolha sobre definir com o interesse público o que a estipulação do contrato coletivo almeja atingir, a negociação não é apenas reconhecida como meio de produção de normas reguladoras das condições de trabalho, mas protegida ou promovida pelo ordenamento jurídico como técnica preferencial de composição de interesses coletivos.

O instrumento que o direito identificou para que tal equilíbrio se realize é a previsão da obrigação de negociar. Isso é diferente da obrigação de contratar, que pode ocorrer quando resultem determinados (ou sejam facilmente determináveis) *a priori* os sujeitos e cláusulas essenciais do contrato, em situações nas quais o conflito de interesses entre as partes já esteja substancialmente definido. Esse é o caso em que as próprias partes interessadas, em um momento precedente, não decidiram se obrigar imediatamente, mas já prefiguraram o quadro dos interesses a ser atingido, de modo que as prestações devidas se reduzem à simples declaração de vontade de dar plena relevância jurídica àquele quadro de interesses delineado em via preliminar.

Quando assim não ocorre, porque o conflito de interesses deve ser resolvido especificamente pelo contrato coletivo, cujo conteúdo deve ainda ser determinado em seus dados essenciais, pode prever-se apenas a obrigação de tratativas (ou negociação).

A conclusão do contrato coletivo constitui, portanto, o escopo perseguido com a introdução, em vários ordenamentos europeus, da obrigação de negociar, segundo uma lógica de promoção da negociação coletiva, mas também de racionalização e prevenção dos conflitos coletivos de trabalho, ressaltada por C. Zoli, *Gli obblighi a trattare nel sistema dei rapporti collettivi*, Padova, 1992, p. 59 e ss., bem como decididamente sustentado pelas fontes internacionais.

A análise comparatista mostra como as respostas que a tais estímulos foram dadas pelos sistemas sindicais europeus diferem-se em razão das dificuldades registráveis em suas características, da heterogeneidade dos sujeitos aos quais são atribuídos o direito e a obrigação de negociar, além das consequências jurídicas que deles derivam. Também deve-se ter em mente como em alguns países europeus a mesma força do sindicato e a existência de um consequente aparato contratual consolidado tenham dissuadido o legislador de introduzir a obrigação de negociar.

Na França, a obrigação de negociar instituída pelo legislador desenvolve uma evidente função promocional da contratação coletiva, em um sistema no qual, como se observou no precedente capítulo segundo, a força do sindicato não é consistente. A exigência de incentivar a negociação coletiva era já na base do princípio inspirador do art. 131-1 do *Code du travail*, que instituiu o direito dos trabalhadores à negociação coletiva de todas as suas condições de trabalho e de sua rede de seguridade social. A norma, todavia, não estava equipada com sanções diretas e não introduzia, portanto, uma real e efetiva obrigação de negociação coletiva por parte dos empregadores. Assim, a generalizada insatisfação pela escassa incidência do instrumento contratual coletivo, naquele sistema de relações industriais, foi atribuída à ausência de previsão de uma clara obrigação de negociar. Nesse sentido se exprime X. BLANC-JOUVAN, in *L'obligation de négocier en droit du travail et les enseignements du droit comparé*, in *Festschrift fur Imre Zajtay*, Tubingen, 1982, p. 50. A disposição do art. 133-13 do *Code du travail* permitia, por outro lado, a extensão do contrato coletivo para além do campo de aplicação profissional e territorial original, colocando, assim, um remédio indireto à eventual recusa de negociar oposta pelos empregadores de um certo setor produtivo.

A matéria foi profundamente modificada pelas leis posteriores— e notadamente pela Lei n. 82.957 de 13 de novembro de 1982—, que queria remediar mais energicamente a fraqueza e as lacunas da contratação coletiva, especialmente em nível empresarial. Nível que, de resto, nos anos em que foram aprovadas aquelas leis, não apenas na França se reclamava uma importância estratégica desconhecida no passado.

Na verdade, aos signatários dos contratos coletivos de categoria uma lei de 1971, cujas normas foram transferidas no mencionado art. 131-1 do *Code du travail*, instituia a obrigação de reunir-se pelo menos uma vez por ano para negociar sobre salários, e uma vez a cada cinco anos para examinar a necessidade de revisar as classificações de pessoal. A nova disciplina estabelecida na matéria das chamadas leis Auroux, em 1982, introduziu, para os vários níveis de negociação, disposições mais específicas e rigorosas, cujas violações são sancionadas também penalmente.

Entre essas disposições, destaca-se inicialmente aquela concernente à obrigação, para as organizações empresariais, de negociar, ao nível de categoria, todo ano, sobre salários mínimos, com os sindicatos com os quais estiverem ligados por acordos precedentes; e, depois, aquela que traz a obrigação para tais organizações, mais simplesmente, de encontrar-se a cada cinco anos com os mesmos sindicatos, com vista a examinar a necessidade de modificações das classificações profissionais (art. 132-12 do *Code du travail*).

Ao nível empresarial — onde já mencionamos estar focada a promoção da negociação coletiva que foi alvo das leis Auroux — é prevista a obrigação dos empregadores de negociar, com as organizações sindicais representativas presentes na empresa, anualmente, sobre salários efetivos e sobre a duração e organização do tempo de trabalho (art. 132-27 do *Code du travail*). A obrigação de negociar é condicionada apenas ao requisito da constituição, na empresa, de uma seção sindical.

O empreendedor, ainda, quando os sindicatos assim o exigirem, deve convocá-los para iniciar a negociação, dentro de três meses a partir da solicitação das partes interessadas, no caso de modificação da estrutura jurídica da empresa (art. 132-8 do *Code du travail*), ou para acordar acerca de programas de formação profissional, quando faltem sobre essa matéria acordos de categoria, os quais, como ressalta I. M. LUTTRINGER, *L'obbligation de négocier la formation continue dans l'entreprise*, in *Dr. Soc.*, 1986, p. 145, para o legislador revestem a função de fonte privilegiada na matéria (art. 932-2 do *Code du travail*). Ao empreendedor é também atribuído o encargo de negociar anualmente acerca das modalidades de exercício do direito de expressão dos trabalhadores (art. 461-1 do *Code du travail*).

Durante o período no qual a negociação esteja em curso, o empreendedor deve se abster de tomar decisões unilaterais nas matérias sobre as quais se refere a negociação.

É de se concordar com C. ZOLI, que, na sequência das observações formuladas pela doutrina francesa, coloca em evidência, por um lado, a finalidade que inspira as normas em questão, de reforçar a participação dos trabalhadores nas decisões empresariais (a introdução da obrigação de negociar vem destacada como instrumento de cogestão por B. TEYSSIÉ, in *Dr. Soc.*, 1990, p. 579, e por I. BARTHÉLEMY, *La négociation collective, outil de gestion de l'entreprise,* ivi, 1990, p. 580 e ss.); mas nota, por outro lado, o compromisso malsucedido entre um sistema de autêntica cogestão, ou codeterminação, fundado sobre estruturas de representação dos trabalhadores diversificadas em relação ao sindicato, e um sistema fundado na tradicional hegemonia sindical: compromisso no qual, segundo a tradição francesa, sem muitos resultados concretos se colocam também as leis Auroux.

Importante observar, por outro lado, a possibilidade de obter, desde o início da década de 1980, derrogações de leis. A promovida negociação coletiva na esfera da empresa pode substituir algumas normas regulamentares ou mesmo legais (por exemplo, no tocante à jornada de trabalho) no âmbito da flexibilização obtida por meio da dita "empresarialização" da negociação coletiva.

Na Espanha, o art. 37.1 da Constituição — como dito — com norma de natureza programática prevê que a lei garantirá o direito à negociação coletiva entre os representantes dos trabalhadores e dos empregadores. O muitas vezes citado Estatuto dos Trabalhadores concretiza o dispositivo constitucional.

Se, de fato, o art. 89 do *Estatuto de los Trabajadores* impõe às organizações empresariais e aos empregadores singulares uma obrigação de negociar de longo alcance, estendida a todas as matérias sobre as quais a contraparte sindical se manifeste, por meio de comunicações escritas circunstanciadas, a intenção de negociar, porém, a mesma norma contempla causas, legais ou convencionais, que legitimam a recusa a negociar. Entre elas destaca-se a existência de um contrato coletivo vigente, mesmo se em âmbito diverso.

Disso resulta uma obrigação implícita de paz sindical, de tal modo entrelaçando-se a finalidade de promoção da negociação coletiva com a outra finalidade de controle e de redução da conflitualidade, posta em destaque por M. ALONSO OLEA e J. RODRÍGUEZ-SAÑUDO, *Spain,* in R. BLANPAIN (Org.), *International Encyclopaedia for Labour Law and Industrial Relations,* cit., p. 145-150.

Recorde-se que, em sede empresarial, a legitimação para negociar é atribuída — como já ressaltado — além da *seção sindical* ou do *delegado sindical,* ao *comitê de empresa* ou aos *delegados de pessoal,* nos termos do art. 87 do *Estatuto de los Trabajadores,* com a entrada desses organismos, não propriamente sindicais, na *commissìon negociadora.* Deve ser considerado que também com *comité de empresa e delegados de pessoal* vale a obrigação de negociar, mas a lei não regula claramente a repartição dos papéis em relação às seções e aos delegados sindicais empresariais.

Assim, podem surgir contrastes e desencontros também em relação ao direito de sentar-se à mesa de negociações, com o resultado de que eventualmente se acomodem os organismos sobre os quais recaia a escolha discricionária do empregador. Nesse sentido se conclui por parte de M. ALONSO OLEA e G. BARREIRO, *El estatuto de los trabajadores. Texto actualizado, jurisprudencia, comentario,* Madrid, 1987, p. 356, enquanto outros autores optam pela tese, compartilhada pelo *Tribunal Constitucional,* de que o direito compete ao organismo que primeiro efetuou a solicitação para negociar (ver A. VINCENTE SEMPERO NAVARRO, in *Rel. Lab.*, 1985, p. 823).

Depois que se discutiu se pode ser considerada vigente, em virtude da mera previsão constitucional mencionada, uma obrigação de negociar em sentido próprio, a obrigação de negociar é considerada introduzida pelo art. 89 do *Estatuto de los Trabajadores* por um grande grupo de autores, dentre os quais A. MONTOYA MELGAR, *Derecho del trabajo,* Madrid, 1986, p. 169; e foi reconhecida por sentenças do *Tribunal Central de Trabajo,* que admitem que se pode invocar a tutela judicial para o adimplemento de tal obrigação.

Quanto a Portugal, o art. 22.1 do mencionado Decreto-Lei n. 519 de 1979 obriga as associações sindicais, as associações patronais e as empresas a responder e a fazer-se representar em contatos e reuniões destinados à prevenção ou resolução de conflitos. As diretrizes do art. 22 não podem ser interpretadas como regras imperativas de conduta nas quais se corporize um dever positivo de negociar, mas sim como expressão de uma atitude legislativa de sentido promocional relativamente à negociação coletiva. Contudo, observa-se como a reiterada recusa empresarial à negociação ou a implementação de manobras dilatórias com esse escopo legitimam a intervenção normativa do governo.

Ainda em relação a sistemas sindicais europeus onde é vigente uma obrigação legal a negociar, observa-se que, em Luxemburgo, o empregador tem tal obrigação, prevista a partir de seis semanas anteriores à expiração do contrato coletivo, com os sindicatos mais representativos sob o plano nacional (art. 6 da lei supramencionada de 1965 sobre contrato coletivo). Os sindicatos, no caso de recusa a negociar ou se não atingirem o acordo, podem submeter a questão ao Departamento Nacional de Conciliação ou a um colegiado arbitral (art. 7º da mesma lei de 1965), que possuem o poder de emanar um regulamento das condições de trabalho imbuído da mesma eficácia do contrato coletivo.

Passando a examinar sistemas sindicais nos quais, em conformidade com sua inspiração voluntarística, é ausente a obrigação de negociar, observa-se que, na Itália, não é prevista em lei uma obrigação geral de tal natureza, diferentemente do que estabelecia o ordenamento corporativo precedente. E isso segundo sua lógica contrária a deixar, por opção dos sindicatos mesmo temporariamente, lacunas na regulamentação das relações coletivas de trabalho; como também para compensar a proibição penal da greve, instrumento que, em uma lógica de liberdade sindical, diferente daquela corporativista, se presta a servir de instrumento útil para o fim de preencher aquelas lacunas.

Nem o empregador que se recusa a negociar poderia ser justificadamente acusado de conduta antissindical, segundo a norma do art. 28 da Lei n. 300 de 1970 (denominada *Statuto dei lavoratori*). Essa recusa, no sentido da interpretação da Corte de Cassação, impede apenas que sejam discriminados na negociação os diversos sindicatos, sendo afirmado o princípio pelo qual os empregadores podem legitimamente recusar qualquer tratativa, em virtude da liberdade sindical proclamada pelo art. 39, primeiro parágrafo, da Constituição, que abrange qualquer escolha de comportamento das partes sociais em relação à negociação coletiva, inclusive aquela de utilizá-la ou não. Mas se o empregador aceita negociar, deve negociar com todos, não podendo excluir arbitrariamente apenas alguns sindicatos.

Por outro lado, deve-se notar que determinadas normas legislativas italianas, com fins particulares, parecem implicar tal obrigação de negociação: por exemplo, o art. 47 da Lei n. 428, de 1990, que implementou a diretiva comunitária sobre a sucessão empresarial, obriga o alienante e o adquirente da empresa a aceitar a solicitação sindical de exame conjunto dos reflexos sobre os trabalhadores da cessão empresarial, sob pena de enquadrar-se no mencionado art. 28 do Estatuto dos Trabalhadores.

Na França — onde, como dito, ao invés, é vigente a obrigação legal a negociar periodicamente ao nível empresarial —, em caso de reestruturação da empresa por motivo de traspasse, a jurisprudência entende que as empresas cedente e cessionária devem celebrar um acordo de adaptação para regular o estatuto coletivo dos trabalhadores (J. P. CHAUCHARD, *Negociation collective et restructuration d'entreprise*, in Dr. Soc., 1995, p. 379).

Na lei italiana n. 223 de 1981, em harmonia com a regulamentação da União Europeia no tema de despensas coletivas, é prevista a obrigação de negociar com os sindicatos com vista a atingir um acordo sobre a matéria.

Na Alemanha, o legislador — que embora, como já ressaltado, disciplinou, desde os primeiros anos que sucederam o retorno da liberdade sindical depois da queda do regime nazista, a contratação através da *Tarifvertragsgesetz* de 1949 — não se pode dizer que introduziu uma obrigação geral a negociar de forma rígida. Pelo contrário, limitou-se a prever, sob a responsabilidade das organizações empresariais, a obrigação de abrir as tratativas para a renovação dos contratos de categoria expirados dentro de um mês a partir do fim de sua eficácia. Obrigação análoga, entretanto, não é instituída aos empregadores singulares.

A preocupação do ordenamento alemão não parece ser tanto a de promover a negociação coletiva em relação às empresas relutantes a negociar. O sistema alemão de relações coletivas de trabalho pressupõe, como sólido fundamento, uma densa rede de contratos estipulados por *partners* prestigiados e persuadidos pelos benefícios do método negocial; e não há, portanto, necessidade particular de estímulos legais. A preocupação se revela, ao invés, em assegurar, por meio da tempestiva renovação dos contratos que — como veremos — possuem uma eficácia temporal bastante limitada em confronto com aquela dos contratos coletivos de outros países europeus, um constante adequamento da disciplina sindical dos salários e das outras condições de trabalho na evolução da situação econômica. A reduzida relevância da negociação coletiva de nível empresarial não sugeriu dar uma saída legislativa à preocupação acerca da continuidade da regulamentação sindical sobre esse terreno.

Nem mesmo no Reino Unido existe, sob responsabilidade do empregador ou das associações empresariais, uma obrigação legal geral a negociar. C. Zoli, justamente atribui à ausência da introdução de uma tal obrigação à desconfiança, em relação à intervenção legislativa, dos sujeitos do sistema sindical inglês, fiéis a sua tradição voluntarista. Nesse sentido jogou também a escassa simpatia de determinadas maiorias parlamentares nos confrontos com os sindicatos.

Todavia, necessário recordar que foram emanadas disposições específicas tendentes a introduzir a obrigação de negociar com os sindicatos sob responsabilidade de entes públicos administradores de indústrias nacionalizadas, embora O. Kahn-Freund, *Legal Framework*, in A. D. Flanders e H. A. Clegg (Orgs.), *The System of Industrial Relations in Great Britain*, Oxford, 1954, p. 54, tenha ressaltado o valor mais político do que jurídico dessa disposição. E também se o *Code of Practice* de 1971 — que contém normas de conduta, mas desprovidas de obrigatoriedade jurídica — tenha aconselhado ao *management* tratar com os sindicatos reconhecidos de acordo com o I.R.A. de 1971. Lei esta que, porém, sob o ponto de reconhecimento sindical, tem sido, como já mencionado, praticamente não implementada, de forma que se chegou a uma rápida revogação da legislação sobre a matéria.

A lei inglesa — tem-se colocado em evidência — tentou incentivar a negociação coletiva, prevendo, no sentido do *Employment Protection Act* de 1975, que os empregadores deveriam fornecer aos sindicatos informações necessárias com a finalidade da negociação coletiva, em coerência com uma prática de boas relações industriais, e os devesse consultar sobre muitos aspectos importantes da vida da empresa. Se realizava, assim, uma pressão indireta sobre o empregador, que era induzido a iniciar as tratativas solicitadas pelo sindicato, com a consequente extensão do processo contínuo de negociação, típico do sistema de relações industriais britânico. A regulamentação, por outro lado, foi revogada pelo *Employment Act* de 1980, e os sindicatos britânicos foram privados de uma lei de alcance geral que obrigue, ou mesmo atraia, os empreendedores a negociarem com eles.

Na Irlanda, não existe previsão legal de uma obrigação de negociar generalizada, mas no setor particular dos transportes, do ente gestor é exigida por lei a negociação com os sindicatos representativos de seus empregados e a aplicar as condições de trabalho assim pactuadas. Além disso, nos termos do *Protection of Employment Act* de 1977, em harmonia com as linhas estratégicas da regulação comunitária no tema de dispensas coletivas, é obrigatório aos empregadores, que desejam ser declarado o excesso de pessoal em suas próprias dependências, consultar os sindicatos, com vista a atingir um acordo sobre a matéria.

A ausência, em via principiológica, de uma obrigação, sob responsabilidade dos empresários, de negociação e sua faculdade de negar, para esses efeitos, o reconhecimento aos sindicatos, no entanto, tornam o sistema irlandês próximo daquele britânico, mesmo se — como se ressaltou *supra* — seja previsto o reconhecimento público da faculdade dos sindicatos de negociar *(negotiation license)*. O reconhecimento da contraparte empresarial é independente do reconhecimento por parte do governo.

Retornando aos ordenamentos sindicais europeus que preveem obrigações legais a negociar com os sindicatos, ressalte-se que, na Grécia, a Lei n. 1.876, de 1990, introduziu a obrigação de negociar de boa-fé para organizações sindicais dos trabalhadores e empresariais, bem como para os empreendedores singulares.

Além disso, é oportuno deter a análise sobre a peculiariedade que, no tema, apresenta o ordenamento sueco. É possível identificar também na Suécia previsões legais que, segundo uma tradição que remonta aos anos 1930, regulam a obrigação de negociar. Nesse sentido, já havia disposto a mencionada lei de 1936 sobre o direito de associação e de negociação, como recorda F. Schmidt, *Il conflitto di lavoro in Svezia*, in G. Adam, F. Schmidt, R. W. Rideout, cit., p. 123. A já mencionada lei sobre codeterminação de 1976, com a finalidade de desenvolver a democracia industrial, com base naquele sistema sobre sindicatos e sobre negociação coletiva, contempla um direito sindical geral de presença na mesa de tratativas, sem, porém, disciplinar completamente as consequências de eventual inobservância.

A obrigação empresarial de negociar se refere a cada nível contratual e a cada sindicato, mesmo que com apenas um sócio; e diz respeito a quaisquer matérias relativas ao contrato de trabalho, mas também às controvérsias acerca da aplicação dos contratos coletivos e da legislação do trabalho. O empregador é incumbido, ainda, do ônus de negociar com os sindicatos signatários dos acordos coletivos aplicados na empresa, em torno das importantes modificações que querem introduzir em relação à atividade empresarial e aos reflexos sobre as condições de trabalho que delas derivam para os empregados membros das organizações que estipularam o acordo.

A contratação coletiva, então, se insere no processo decisório dos empregadores, que veem limitados seus poderes organizativos. Sustentando uma estratégia similar, aos sindicatos — como já se acenou no capítulo segundo — é reconhecido, ao lado do direito de negociar, outros direitos, como aquele da informação e da prioridade na interpretação das disposições dos contratos coletivos relativas à organização do trabalho.

No entanto, a mencionada circunstância de não serem completamente disciplinadas as consequências do inadimplemento empresarial das obrigações referidas, com a circunstância pela qual o empregador só é obrigado a adiar as escolhas para o momento do exaurimento da negociação, sem ter de se submeter a um direito de veto da contraparte, redimensionam o alcance das mesmas obrigações. Têm-se, de fato, se levado a acreditar que as normas recordadas, salvo nos casos, como já acenado no capítulo segundo, nas quais excepcionalmente atribuem ao sindicato um verdadeiro direito de veto, não subtraem ao empregador a prerrogativa da escolha final. Em suma, não é introduzido pela instituição da mencionada obrigação empresarial um autêntico sistema de codeterminação, mas apenas resulta — podemos dizer — definitivamente procedimentalizado o exercício dos poderes empresariais e reforçado o papel dos sindicatos.

Deve-se acrescentar que tal caracterização da reforma de 1976 pode ser explicada pela já acenada tradição consolidada de negociação coletiva própria dos sistemas sindicais escandinavos. De resto, parece evidente como, em linha de princípio, a eventual introdução legislativa da obrigação de negociar, acompanhada de sanções apropriadas, possa indicar uma certa fraqueza intrínseca do sistema negocial. Ao contrário, o legislador sueco quer dar sustentação ao sistema e à lógica negocial com suas normas sobre a obrigação de negociação, em conformidade com sua própria característica não renegada de confiar às fontes contratuais coletivas a solução dos problemas fundamentais do quadro geral das relações sindicais.

Pode-se concluir, portanto, a análise comparativa das soluções dadas ao problema da obrigação de negociar observando como, nos ordenamento europeus onde as organizações sindicais são fortes e legitimadas, o equilíbrio nas relações industriais é atingido sem uma imposição sancionada da obrigação de negociar. É de se presumir que essa solução leva à convicção de que o sustento legal à força dos sindicatos pode ser oferecida mais proficuamente por outra via: aquela da previsão de procedimentos para a atribuição de eficácia *erga omnes* aos contratos coletivos já concluídos, e, especialmente, aquela do ingresso, nos centros de decisão e gestão das empresas, por meio de canais apropriados de representação dos trabalhadores que constituam expressões dos membros do pessoal das próprias empresas e se façam representantes de seus interesses, ao lado dos sindicatos.

Em situações de intrínseca fraqueza dos sujeitos sindicais, o preceito legal que sanciona a obrigação a negociar pode contribuir para reforçá-los. Vimos que, *a contrario*, nos países europeus saídos do regime sindical do socialismo real, a fraqueza que perdura das organizações sindicais é creditada, dentre outros motivos, à ausência de previsão legal da obrigação de negociar.

Contudo, existem exceções: no Código do Trabalho da Romênia (Lei n. 53 de 2003 e Lei n. 30 de 1996) é prevista a obrigação das empresas maiores (21 empregados no mínimo) de negociar com os sindicatos.

Resta, no entanto, a fundada convicção de que, a longo prazo, a força dos sujeitos sindicais, além de um tal suporte legal, deve ser baseada na adessão, maciça, convicta e ativa, dos trabalhadores representados.

19. ADESÃO AO CONTRATO COLETIVO

O tema da adesão sucessiva de sujeitos sindicais, que apesar de poderem concluir um próprio contrato coletivo, a um contrato coletivo já estipulado por outros sujeitos, na verdade, deve ser tratado não só a respeito da conclusão do contrato, mas também em relação à forma e aos efeitos do mesmo contrato. Neste tópico, portanto, é considerado apenas o procedimento de adesão, enquanto a forma e os efeitos desta serão examinados sucessivamente.

Na França, a adesão ao contrato coletivo é disciplinada pelo art. 132-9 do *Code du travail*, que a permite seja aos sindicatos dos trabalhadores, seja às associações empresariais, seja aos empreendedores singulares. A única condição exigida é que a vontade de adesão seja notificada a todos os sujeitos originalmente estipulantes.

Distingue-se, por um lado, a adesão plena, consentida apenas aos sindicatos majoritariamente representativos sob o plano nacional, mediante a qual o sujeito aderente adquire uma posição idêntica àquela das partes estipulantes, também em relação à aplicação de toda a parte obrigatória do contrato; e, por outro lado, a adesão simples, com a qual o sujeito aderente permanece em uma posição de dependência em relação às partes estipulantes, às quais fica reservado o poder de participar das comissões mistas e às tratativas para as modificações e renovações do contrato.

Na Bélgica, o art. 17 da repetidamente mencionada lei de 1968 prevê a possibilidade de adesão ao contrato coletivo, mediante o consenso de todas as partes originárias, salvo se o próprio contrato não disponha diversamente.

A adesão pode ser inteira (na Espanha a lei requer a adesão inteira: ver S. Olarte Encabo, *El convenio colectivo por adesión Régimen jurídico positivo*, Madrid, 1995) ou parcial, mas nesse segundo caso ocorre um posterior consenso específico de todas as partes originárias. Se o contrato coletivo foi estendido, para ter eficácia *erga omnes*, a adesão pode intervir igualmente, em relação às cláusulas obrigatórias do contrato que, obviamente, não são suscetíveis a essa extensão.

Em Portugal, a adesão implica a aceitação integral do conteúdo do contrato coletivo (art. 28 do Decreto-Lei n. 519 de 1979).

Em Luxemburgo, o art. 8º da lei de 1965 prevê a possibilidade de adesão ao contrato coletivo por todos os sujeitos que teriam capacidade para estipulá-lo (empregadores sigulares, associações empresariais, sindicatos de trabalhadores). Quando da preparação da lei, discutia-se se se deveria se consentir ou não a um empregador aderir a um contrato coletivo sem o consenso de seus empregados, mas o legislador não tomou, então, uma posição a esse respeito, de forma que se deve entender acolhida a solução mais liberal.

Nos Países Baixos, a adesão ao contrato coletivo não é regulada por normas especiais e, portanto, deve ser considerada possível, segundo o direito comum, mediante o consenso das partes originárias, desde que o sujeito aderente possua todos os requisitos necessários previstos pela lei para a conclusão do contrato coletivo.

Tal indicação no sentido da aplicação do direito comum dos contratos deve ser considerada igualmente válida em todos os outros ordenamentos nos quais a adesão ao contrato coletivo não é especificamente disciplinada pela lei, sem prejuízo, obviamente, de eventuais disposições a esse propósito introduzidas pela própria autonomia coletiva.

20. FORMA DO CONTRATO COLETIVO

A notável importância social do contrato coletivo, que em alguns casos chega a interessar muitas dezenas ou centenas de milhares de trabalhadores, aumenta a exigência da previsão de uma forma solene e de um adequado sistema de publicidade, que permitam a qualquer interessado obter facilmente e conhecer com segurança o exato texto contratual.

Com tal finalidade, nos ordenamentos nos quais existe uma lei que regula a generalidade dos aspectos do contrato coletivo, é prevista a forma escrita *ad substantiam* sob pena de nulidade: na França, pelo art. 132-5 do *Code du travail;* em Luxemburgo, pelo art. 3º, primeiro parágrafo, da lei de 1965; na Bélgica, pelo art. 13 da lei de 1968 (o contrato coletivo deve ser redigido nas duas línguas do país, o francês e o flamengo, exceto se não seja destinado a ser aplicado em uma só região, resultando, então, suficiente a redação na língua relativa); na Alemanha, pelo *TVG*; nos Países Baixos, pela lei de 1927; na Grécia, pelo art. 2º da lei de 1955; em Portugal, pelo art. 7º da lei de 1976; na Espanha, pelos contratos "estatutários", pelo art. 90 do *E.T.*; em Portugal, pelo art. 4º do Decreto-Lei n. 519 de 1979; na Suécia, pela lei de 1976; na Finlândia, pela lei de 1946; na Áustria, pela lei de 1974.

Nos países que não possuem uma lei sistemática sobre o contrato coletivo surge, no terreno interpretativo, o problema da conciliação entre a disciplina geral dos contratos, aplicável na ausência de uma tal lei, e a específica função normativa do contrato coletivo. A disciplina geral prevê a liberdade de forma em todos os casos nos quais uma forma determinada não seja prescrita especificamente em lei. Deve-se, portanto, chegar à conclusão segundo a qual, no caso de falta de leis gerais sobre o contrato coletivo, também para o contrato coletivo não é exigida nenhuma forma obrigatória, segundo o princípio geral da liberdade de forma.

Entretanto, a função normativa do contrato coletivo, destinado a regular relações individuais de trabalho, intervindo, assim, entre sujeitos diversos daqueles que o estipularam, coloca exigências de certeza e de capacidade que, plausivelmente, aquele da liberdade de forma não é o sistema mais adequado para satisfazê-las (ver A. Martín Valverde, F. Rogriguez-Sañudo Gutiérrez, J. García Murcia, cit., p. 362).

A solução do problema é encontrada pragmaticamente, tendo em conta os diversos âmbitos espaciais de eficácia da parte normativa dos "contratos coletivos de direito comum". Quando se trate de contratos nacionais, a exigência de certeza já penetrou não apenas na prática, que os vê celebrados na forma escrita, como também no ordenamento, com aquela, entrelaçada, de conhecimento, para cuja satisfação contribui o progresso tecnológico.

Assim, na Itália, a Lei n. 936 de 1986 previu a instituição, junto ao Conselho Nacional de Economia e do Trabalho, do arquivamento, informatizado, dos contratos coletivos, aberto à consulta pública. Por outra parte, o Código de Processo Civil, consentindo ao juiz do Trabalho requerer às organizações sindicais o depósito do texto do contrato coletivo (art. 425, parágrafo 4º), pressupõe sua redação na forma escrita; assim como a pressupõe, para os contratos coletivos do setor público, o art. 47, parágrafo 8º, do texto único sobre o trabalho público aprovado com o Decreto Legislativo n. 165 de 2001, que realmente prescreve sua publicidade, prevendo a publicação dos contratos nacionais de tal natureza pelo Diário Oficial.

Em princípio, não se pode excluir que a conclusão do contrato coletivo pode ser feita também oralmente, podendo inferir-se que um contrato coletivo seja estipulado também pela constante prática de certos tratamentos: mas isso é para dizer propriamente por tudo o que diz respeito à contratação a nível empresarial. Nesse sentido se exprimiu, depois de alguns contrastes, a jurisprudência na Itália.

Ao nível empresarial, pode ocorrer, além disso, que atos de composição de conflitos específicos não sejam transcritos necessariamente em documentos formais, pois, concernendo esses conflitos apenas a grupos particulares do interior das empresas, esses acordos não são celebrados nem mesmo pelos sindicatos, mas são, ao contrário, atingidos por diversos e precários organismos de representação dos trabalhadores, dando, assim, lugar a uma contratação coletiva tanto capilar quanto informal.

21. PUBLICIDADE DO CONTRATO COLETIVO

A publicidade do contrato coletivo se realiza, em geral, por meio de seu depósito perante um órgão público indicado pela lei.

Na França, o art. 132-10 do *Code du travail* prevê o depósito de quatro cópias do contrato perante o secretariado do *Conseil de Prud' hommes* (Conselho de Árbitros) ou, na sua ausência, perante a Secretaria do Tribunal; na Bélgica, o depósito se dá perante o Ministério do Trabalho; na Grécia, o contrato coletivo é igualmente depositado no Ministério do Trabalho, que conservou apenas o poder de controlar sua legitimidade, ao passo que perdeu aquele de apreciar seu mérito, que originariamente a lei de 1955 lhe conferia; nos Países Baixos, o contrato coletivo é comunicado ao departamento dos salários, nos termos da lei de 1973; na Alemanha, em Portugal — onde a autoridade administrativa efetua um controle de mera legalidade: constituem motivos de recusa do depósito as omissões do "contéudo obrigatório" do contrato, a falta dos tiítulos de representação dos mandatários das partes, a entrega prematura do texto do contrato, a omissão de declaração dos contraentes indicando o aumento percentual das remunerações e encargos decorrentes do acordado — e na Espanha — onde o controle se estende ao eventual grave prejuízo de interesses de terceiros — perante o Ministério do Trabalho e em Luxemburgo perante a inspeção do trabalho.

Na Espanha, o contrato coletivo deve ser depositado no prazo de quinze dias desde a assinatura e o Ministério deve, no prazo de dez dias, registrar o contrato e dispor sua publicação no Diário Oficial. Registro, depósito e publicação não podem ser recusados nem mesmo quando ressaltam-se violação da legalidade ou prejuízo de interesse de terceiros: o Ministério só pode recorrer à Justiça do Trabalho.

Tal depósito é previsto como condição obrigatória de eficácia na Bélgica, em Luxemburgo, em Portugal, na Espanha, na Grécia, enquanto na França o contrato coletivo é eficaz mesmo sem o depósito, desde que indique expressamente a data de sua entrada em vigor; na Alemanha, pois, o depósito não constitui condição de validade ou de eficácia do contrato coletivo.

Para difundir o conhecimento do contrato coletivo é prevista também sua afixação nas empresas (França, Luxemburgo) ou a obrigação do empregador de ter uma cópia do contrato aplicado disponível para seus empregados (França, Reino Unido); o descumprimento dessas últimas disposições, porém, não é especificamente sancionada. Na França, no entanto, a jurisprudência tende a reconhecer aos trabalhadores o ressarcimento do dano por eles suportado por conta da falta de publicidade do contrato coletivo. Na Itália, uma limitação legislativa indireta e parcial em direção da afixação nas empresas do contrato coletivo é estabelecida pelo art. 7º da Lei n. 300 de 1970, em matéria de sanções disciplinares. As normas relativas às infrações e às sanções contidas nos contratos coletivos, para que sejam validamente aplicáveis, devem ser levadas ao conhecimento dos trabalhadores mediante a afixação em local acessível a todos.

As legislações examinadas preveem a publicação dos contratos coletivos nos respectivos Diários Oficiais, particularmente quando se trate de contratos coletivos providos de eficácia *erga omnes*.

Na Bélgica, para os contratos coletivos estipulados no âmbito dos específicos órgãos com participação conjunta de empresas e trabalhadores, é prevista também a publicação no "Monitor Belga", publicação que constitui condição essencial para a produção do efeito obrigatório suplementar típico de tais contratos. Na Grécia, o Ministério do Trabalho, perante o qual o contrato coletivo é depositado, assegura a publicação no "Jornal Oficial" nos vinte dias sucessivos: a publicação assinala o início de sua eficácia. De forma análoga dispõem as leis portuguesas e espanholas.

Na Itália, exclusivamente aos contratos coletivos nacionais do setor público — que, aliás, são dotados de eficácia *erga omnes* —, é prescrita a publicação no Diário Oficial.

No Reino Unido, nos termos do *Employment Protection (Consolidation) Act* de 1978, confirmado pelo T.U.R.E.R.A. de 1993, e na Irlanda, nos termos do *Minimum Notice and Terms of Employment Act* de 1973, o empregador é obrigado a entregar a cada trabalhador um regulamento escrito relativo às principais condições de trabalho que serão aplicadas. Por força da norma de 1993 e em sequência da Diretiva n. 91/533 da União Europeia, não é mais permitido ao empregador simplesmente fazer referência ao contrato coletivo aplicável à relação de emprego.

O *Industrial Relations Act* irlandês de 1946 prevê que, para fins de registro perante o *Labour Court* e da consequente extensão *erga omnes*, as partes que solicitem o registro têm o ônus de providenciar a publicação dos relativos contratos coletivos.

22. CONTEÚDO DO CONTRATO COLETIVO. CLÁUSULAS OBRIGATÓRIAS E FACULTATIVAS

O estudo do conteúdo do contrato coletivo, nos ordenamentos examinados, se beneficiaria notavelmente do conhecimento do conteúdo da negociação concretamente desenvolvida pelas partes sociais no exercício de sua autonomia.

Compreende-se, todavia, a dificuldade de tal investigação.

Por outro lado, a vontade de receber as informações oferecidas pelas diferentes ciências sociais, sem recolher-se em um formalismo que resultaria particularmente estéril no campo da comparação dos sistemas de relações coletivas de trabalho, não exclui que este continue a ser um campo colocado para as investigações de juristas, os quais, porém, devem ter bem presentes os limites que se opõem claramente às incursões fora de seu terreno específico.

Bastará, portanto, dar conta sumariamente — particularmente à luz dos dados apresentados pelo estudo sobre *Le relazioni sindacali in Italia e in Europa*, organizado pelo Conselho Nacional de Economia do Trabalho italiano, realizado pelo *C.E.S.O.S.* (*Centro di studi economici sociali e sindacali*) e publicado em 2010 — das linhas gerais de evolução, nos Estados europeus, do conteúdo da negociação coletiva, nos vários níveis: linhas de evolução observadas particularmente em relação a dois significativos indicadores individualizados na disciplina dos salários e do horário de trabalho, desde sempre pilares da negociação sindical.

Sobre o assunto, observa-se como os conteúdos negociais hoje resultam, em larga medida, influenciados pelo impacto da crise econômica e financeira. A negociação dos níveis salariais mínimos, em função de seu crescimento, permanece no centro da estratégia sindical, mas se registram, após o pleno desenvolvimento dos efeitos da atual grave crise econômica que atingiu a Europa (como já ocorrido no passado, sob a pressão de outros graves fatores de crise econômica), acordos de limitações dos aumentos, quando não de verdadeiro congelamento (por exemplo, no setor público da Estônia, em 2009). O estudo citado ressalta que a agenda negocial é sempre mais orientada no sentido de uma redução forçada do horário de trabalho e dos salários.

Não faltam manifestações de arrependimento dos pesquisadores no confronto da recente tendência a redimensionar o papel hegemônico desenvolvido, sob o plano do conteúdo das regras trabalhistas, pela lei, enquanto à negociação coletiva era reconhecida sobretudo a função de intervir derrogando *in melius* as previsões legais.

Na França — observa S. Laulom, no relatório nacional apresentado no várias vezes citado Seminário de Direito Comparado do Trabalho Pontignano XXVI — é permitida, ao contrário, a derrogação também para pior, por parte da negociação ao nível de empresa, das previsões legais e das negociações de categoria.

Essa tendência, que registramos nas páginas precedentes também em relação à Itália, reconfigura o sistema contratual, deslocando o centro de gravidade para o nível de negociação coletiva mais próximo da realidade produtiva (a assim chamada contratação por proximidade) e incide sensivelmente sobre a orientação dos conteúdos contratuais, mesmo que sem representar uma novidade em sentido absoluto, mas com evidente ênfase das manifestações análogas precedentes.

Mesmo o relatório de J. P. Landa, no mencionado Seminário Pontignano XXVI, coloca em evidência, como nota característica da situação espanhola, os acordos para pior, ao nível de categoria e empresarial, autorizados pelo *Estatuto de los Trabajadores,* em matéria de salário e de horário de trabalho, quando ocorrem — e são demonstradas pelos empregadores — particulares situações econômicas, técnicas, organizativas ou produtivas.

De forma mais geral, o relatório C.E.S.O.S. sobre o andamento das relações industriais europeias coloca em evidência como as preocupações dos vários governos em relação ao controle da política de renda em tempos de crise influenciaram a negociação coletiva de categoria ou interconfederativa. E traz, como exemplo, o acordo interconfederativo sobre salário e condições de trabalho assinado na Irlanda em 2008, para o triênio seguinte e os outros acordos interconfederativos similares assinados na Bélgica para os anos 2009-2010, na Grécia para os anos 2008-2009, na Itália em 15 de abril de 2009, bem como na Espanha, Romênia e Eslovênia. O relatório recorda também como numerosos contratos de categoria europeus foram afetados pelos reflexos, quanto à disciplina dos salários, da crise econômica, que também tem, consideravelmente, levado à negociação empresarial a adquirir uma posição de preeminência na estratégia dos empregadores desejosos de "sair" dos contratos coletivos de categoria e de suas rígidas condições salariais.

A matéria salarial de qualquer modo permanece no centro da negociação coletiva e não necessariamente para marcar a deterioração dos níveis salariais, que também revelaram incrementos, e não apenas como contraprestação do correspondente aumento de produtividade. Ao lado dos salários, o conteúdo da recente negociação coletiva europeia revela-se especialmente dedicado ao horário de trabalho, que ganha uma posição de relevo em termos de flexibilidade e variabilidade, enquanto aos outros temas negociais parece ser dedicada uma atenção menos intensa.

São confirmados, de um lado, institutos contratuais tradicionais e, de outro, levados em consideração alguns temas negociais particularmente ligados à crise econômica em curso, como a gestão da denominada alteração demográfica, por meio de medidas especiais de tutela para os trabalhadores idosos (adotadas por acordos de categoria estipulados na França, nos Países Baixos e na Alemanha). Entre os temas referidos ressalte-se aquele inerente às medidas para enfrentar o excedente ocupacional, particularmente nos países da Europa Centro-Oriental e aquele concernente à regulação dos processos de terceirização e de formação e requalificação dos trabalhadores.

Especificamente na Romênia, observa-se a tendência das empresas a inserir no conteúdo dos acordos muitas informações com relação à legislação do trabalho porque os trabalhadores as ignoram, mas desse modo dificultando, sem demasiado benefício, a aplicação dos acordos e o dinamismo da legislação.

Conteúdos tradicionais dos contratos coletivos e inovações estimuladas pela crise cobrem um horizonte europeu tão vasto que o justrabalhista não pode dedicar a eles mais do que algumas palavras.

Portanto, agora é forçoso limitar-se a examinar prevalentemente a regulamentação legislativa do conteúdo do contrato coletivo, notadamente o aspecto relativo às matérias a serem disciplinadas obrigatoriamente no contrato coletivo, bem como as limitações da autonomia coletiva estabelecidas pelo legislador com a finalidade de tutelar o interesse geral da coletividade nacional.

O conteúdo do contrato coletivo, como acenamos *supra*, é subdividido tradicionalmente em uma parte obrigatória e em uma parte normativa. *Vide* F. Di Cerbo, especialmente sobre as elaborações doutrinárias e as soluções legislativas alemãs, francesas, holandesas, belgas, luxemburguesas e dinamarquesas.

Essa essencial distinção é acolhida na grande maioria dos ordenamentos dos Estados-membros da União Europeia. Deve-se ressaltar que nos Países Baixos, além da parte normativa propriamente dita (cujas cláusulas são definidas como "horizontais"), são individualizadas cláusulas denominadas diagonais, que introduzem obrigações entre as partes estipulantes do contrato coletivo e as partes dos contratos individuais. Essa classificação, no entanto, suscita graves problemas, porque algumas cláusulas podem ser consideradas simultaneamente horizontais e diagonais.

Também na Bélgica se registra mais uma subdistinção. A parte normativa é, de fato, subdividida em cláusulas individuais, que constituem a parte normativa como tradicionalmente entendida, e cláusulas coletivas, que regulam as relações coletivas de trabalho na empresa (como, por exemplo, aquelas que instituem fundos empresariais, representação do pessoal ou procedimentos de conciliação).

Todavia, a distinção entre parte normativa e parte obrigatória do contrato coletivo não é acolhida em todos os ordenamentos dos países comunitários. No Reino Unido e na Irlanda, onde — como mais especificamente se dirá nas páginas seguintes — falta eficácia direta e automática do contrato coletivo sobre os contratos individuais, não se pode distinguir, precisamente em relação à eficácia, uma parte normativa de uma parte obrigatória do contrato coletivo. Em vez disso, distingue-se entre acordos procedimentais (como aqueles tendentes a regular os procedimentos de negociação, de dispensa, disciplinares e arbitrais) e acordos substanciais (tendentes a regular as condições de trabalho). Entretanto, para além dos problemas derivados da mencionada peculiaridade da eficácia do contrato coletivo nesses ordenamentos, não é difícil identificar um paralelismo entre o conteúdo dos acordos substanciais que aqui são celebrados e aquele da parte normativa individualizada nos outros ordenamentos por um lado, e o conteúdo dos acordos procedimentais e aquele da parte obrigatória por outro.

Em todo caso, é de se ressaltar que o conteúdo da parte normativa (ou dos acordos substanciais) tende a estender-se, a partir da disciplina original dos salários e do horário de trabalho — típica dos primeiros "contratos de tarifa" — a matérias sempre mais amplas, relativas ao complexo das condições de trabalho e, portanto, todos os vários aspectos do contrato de trabalho e suas ocorrências, bem como — conforme relevado *supra* — a novas temáticas introduzidas pela crise econômica.

Mesmo o conteúdo da parte obrigatória vai progressivamente se estendendo. Demonstra-o a previsão sempre mais rica de cláusulas concernentes não mais somente a duração, rescisão e renovação do contrato coletivo, mas sim tendentes a facilitar sua execução e especialmente as atividades interpretativas e conciliadoras (denominadas administração do contrato coletivo), bem como as cláusulas que vinculam as partes à paz sindical, da qual se dirá *infra* e aquelas relativas aos direitos de informação e de consulta das organizações de trabalhadores, o recolhimento de contribuições sindicais, bem como os denominados *tecnological agreements*.

O contrato coletivo, em alguns ordenamentos, se subdivide em uma parte obrigatória expressa e em uma parte obrigatória implícita, que compreende o dever de paz e de execução do contrato; nesse sentido, na Bélgica, Luxemburgo, Áustria, Suécia, Finlândia, Dinamarca e Alemanha.

Distingue-se, também, cláusulas obrigatórias e cláusulas facultativas do contrato coletivo, baseado em intervenções legislativas que impõem aos sujeitos estipulantes disciplinar obrigatoriamente algumas matérias. As cláusulas relativas a tais matérias são ditas obrigatórias exatamente porque a lei impõe sua inserção no contrato, mesmo que não predetermine seu conteúdo. Por outro lado, para outras matérias, cuja inserção no contrato coletivo é escolhida autonomamente pelas partes, fala-se de cláusulas facultativas.

Em termos gerais, cláusulas obrigatórias são previstas no ordenamento de Luxemburgo. O art. 4º, parágrafos terceiro e quarto, da lei de 1965 exige a disciplina dos salários, do trabalho noturno, dos trabalhos penosos, perigosos e insalubres e da indexação salarial. Nos termos do *AntiDiscrimination (Pay) Act* de 1974, todos os contratos coletivos irlandeses, para afirmar o princípio de não discriminação, devem incluir uma *equality clause*. A lei, entretanto, não prescreve, na Irlanda, nenhuma outra limitação de conteúdo. Em outros ordenamentos, a previsão de cláusulas obrigatórias não possui tal caráter de generalidade. Na França, elas são previstas unicamente para os contratos coletivos suscetíveis de extensão *erga omnes*. Na Bélgica, a lei impõe aos contratos coletivos a menção obrigatória da denominação das associações contratantes, da identidade das pessoas físicas signatárias e da data. A bem ver, não se trata verdadeiramente de cláusulas obrigatórias, enquanto o são aquelas relativas à duração e ao campo de aplicação do contrato coletivo.

A lei portuguesa estabelece que os contratos coletivos obrigatoriamente contenham a indicação dos sujeitos signatários, o campo de aplicação territorial e profissional, a duração e o procedimento de rescisão (art. 23 do Decreto-Lei n. 519 de 1979) e proíbe "cláusulas de garantia sindical", isso é, que, por acordo, seja subordinado o empregador à filiação sindical quer no aspecto positivo quer no aspecto negativo (art. 37 do Decreto 215 de 1975). A lei espanhola (art. 85 do Estatuto dos trabalhadores — E.T.) outorga ampla liberdade às partes quanto à regulação, nos contratos coletivos, de matérias de índole econômica (por isso parece que os contratos podem influir, dentro dos limites gerais de princípios legislativos protetores dos poderes empresariais, nesses mesmos poderes).

Excepcionam tal afirmação A. MARTÍN VALVERDE, F. RODRÍGUEZ-SAÑUDO GUTIÉRREZ. J. GARCÍA MURCIA, que colocam em destaque como a Constituição espanhola, no art. 37, parágrafo 1º, ao reconhecer o direito à "*negociación colectiva laboral*", referindo-se ao caráter trabalhista da própria negociação, restringindo o espaço em relação a matérias econômicas que influenciem diretamente sobre as condições de trabalho do pessoal da empresa. Os trabalhadores — observam os autores — possuem ainda a possibilidade de participarem da definição de outros aspectos da vida econômica da empresa com instrumentos diferentes do contrato coletivo, como órgãos colegiados e procedimentos que visem especificamente a consentir essa participação. Segundo essa reconstrução, portanto, ao contrato coletivo não é reconhecida uma função também para assegurar oportunidades de participação dos trabalhadores na gestão das empresas, que em outros ordenamentos europeus desse modo é postulada e praticada (dessa forma ocorre na Itália, para cuja definição remetemos à concepção de M. GRANDI, à qual foi feita referência no precedente segundo capítulo).

O ordenamento espanhol previu, com normas seja do E.T., seja de outras leis, o âmbito objetivo do conteúdo do contrato coletivo (conforme A. MARTÍN VALVERDE, F. RODRÍGUEZ-SAÑUDO GUTIÉRREZ. J. GARCÍA MURCIA, cit., p. 347-348). O art. 85 do E.T. prevê, "*sin perjuicio de la libertad de las partes para determinar el contenido de los convenios colectivos*", o dever de promover a "*igualdad de trato y de oportunidades*" de homem e mulher. Exige-se também que o contrato contenha dados acerca da unidade de contratação e do âmbito de aplicação, a duração, a rescisão e a solução das questões de aplicação das regras contratuais (ver F. DURÁN LOPEZ, *El contenido de la negociación colectiva a la luz del nuevo sistema (costitucional) de relaciones laborales*, in AA. VV., *Estudios de Derecho del Trabajo en memoria del Profesor Gaspar Bayón Chācon*, Madrid, 1980).

A imposição por parte do legislador das cláusulas obrigatórias responde a uma dúplice exigência. Em primeiro lugar, aquela de incrementar a proteção dos trabalhadores; além disso, a previsão responde a uma exigência de desenvolvimento ordenado da negociação, exigência que, no entanto, contrasta com aquela da valorização da autonomia coletiva.

23. REPARTIÇÃO DE COMPETÊNCIA ENTRE AUTONOMIA COLETIVA, LEI E PROCEDIMENTO ADMINISTRATIVO EM RELAÇÃO AO CONTEÚDO DA NORMATIVA TRABALHISTA

Um outro delicado e relevante problema diz respeito à relação entre a lei e a autonomia coletiva e as consequentes interferências que podem se verificar em relação a específicos conteúdos da normativa trabalhista.

O problema é conexo, mas não se confunde com aquele, mais amplo, da escolha dos sistemas sindicais entre lei e autonomia coletiva como fonte preferencial. Sobre isso, a escolha pode dar lugar à conotação de sistemas, respectivamente, pelo perfil, mais ou menos pronunciado, de regulação caracterizada, se não por aspectos autoritários, ao menos por heteronomia; ou mesmo caracterizada pela índole voluntarista, pronta para contar com os resultados a serem atingidos por força da liberdade sindical.

A questão aqui examinada, ao contrário, não pressupõe a alternativa seca entre a fonte legal e aquela contratual coletiva, nem se propõe a determinar a proporção ideal entre os produtos de uma ou de outra fonte. Em suma, trata-se não de apontar o respectivo peso ideal em um dado sistema sindical, mas, ao invés, de traçar, na premissa da coexistência das duas espécies de fontes, os limites recíprocos de operação.

Tendo como premissa que em nenhum ordenamento da União Europeia se registra uma rígida repartição de esferas entre essas duas fontes, de modo que nem a lei, nem o contrato coletivo possam reivindicar uma reserva exclusiva para a disciplina da matéria, coloca-se a questão da coordenação das disposições contratuais coletivas e legislativas que eventualmente sejam dirigidas a disciplinar o mesmo conteúdo.

O citado relatório, organizado por A. AURILIO, dos trabalhos do Seminario Pontignano XXVI sobre *Contrattazione collettiva nazionale e transnazionale*, demonstra como nos países europeus feitos objetos de exame (as relações nacionais se referiram à França, Espanha, Bélgica, Reino Unido, Países Baixos, Itália e Alemanha, com o acréscimo de uma breve comunicação a respeito da Hungria) aos contratos coletivos é vedado intervir sobre determinados conteúdos, porque esses conteúdos são regulados por outras fontes. Ou seja, são regulados pelas leis nacionais e pelas normativas comunitárias; estas segundas, quando são aplicáveis nos ordenamentos internos dos Estados-membros da União Europeia, são dotadas, embora nem sempre, de força cogente sobre os contratos interprivados que é equivalente, ou até mesmo prevalente com respeito às primeiras.

Em geral, a solução se baseia nos limites funcionais dentro dos quais está contido o conteúdo do contrato coletivo. O primeiro desses limites é, precisamente, aquele que impõe aos acordos se aterem às normas legais, e, acima de tudo, da Constituição. Trata-se de uma fonte de tutela que a autonomia coletiva não pode diminuir, como se vê em relação à solução registrada na Espanha, mas que é um princípio válido para toda a Europa: nesse sentido: A. MARTÌN VALVERDE, F. RODRÌGUEZ-SAÑUDO GUTIÉRREZ, J. GARCÍA MURCIA, cit., p. 353.

Pode-se concluir que a regra fundamental, portanto, é — como dito antecedentemente — a de atribuir à lei uma função de tutela mínima dos trabalhadores, admitindo sua derrogabilidade por parte da autonomia coletiva apenas em *melius*, isto é, a favor dos mesmos trabalhadores. Ao contrário, são nulas eventuais cláusulas contratuais que pioram o tratamento legislativo (conforme G. GIUGNI, *Diritto sindacale*, cit., p. 187).

O art. 3º do Código do Trabalho português enfrenta o tema da relação entre as fontes de regulação colocando em seu n. 1º que os instrumentos de regulamentação coletiva podem afastar a lei, desde que esta não haja previsão em sentido contrário. E no n. 3º estabelece que tais instrumentos apenas prevalecem diante da lei, se se dispuserem em sentido mais favorável aos trabalhadores em relações às seguinte materias: direitos de personalidade, igualdade e não discriminação; proteção na parentalidade; trabalho de menores; trabalhador com capacidade de trabalho reduzida, com deficiência ou doença crônica; trabalhador estudante; dever de informação do empregador; limites à duração mínima das férias; duração máxima do trabalho noturno; forma de cumprimento e garantias da retribuição; prevenção e reparação de acidentes do trabalho e doenças profissionais; transmissão da empresa ou estabelecimento; e direitos dos representantes dos trabalhadores. Tendo em vista essa concepção do concurso de fontes, pode-se indicar uma organização das normas legais do trabalho em decorrência da sua modificabilidade. Essa classificação prevê normas facultativas, que admitem qualquer regulamentação diferente, normas imperativas absolutas, que não admitem qualquer modificação, normas imperativas mínimas, que não admitem qualquer modificação em sentido menos favorável, mas permitem todas as modificações num sentido mais favorável ao trabalhador (ver J. BARROS MOURA, cit., p. 51-53, 73-79, 81-91).

O princípio da norma mais favorável enuncia a ideia de que, havendo uma pluralidade de normas aplicáveis com vigência simultânea a uma mesma relação de emprego, deve-se optar não pela aplicação da norma colocada em posição mais elevada na estrutura piramidal do ordenamento jurídico, mas sim pela norma mais favorável ao trabalhador, independentemente de sua colocação na escala hierárquica.

É interessante observar que, nos Países Baixos — onde, à luz do que é evidenciado no relatório nacional de T. JASPERS no Seminario Pontignano XXVI já mais vezes mencionado, se confrontam a regulação pela lei e aquela fruto de um sistema voluntarista —, um ponto de equilíbrio particular é identificável em normas de lei trabalhistas que não são consideradas essenciais para a tutela dos trabalhadores e que, por isso, escapam ao esquema hierárquico que foi descrito acima sob uma escala geral. Essas normas, portanto, são derrogáveis *in peius* pela autonomia coletiva, mas não também pela autonomia individual; e por consequência referidas normas são três quartos imperativas, isto é, imperativas apenas no confronto com os contratos individuais, mas não com aqueles coletivos.

Analogamente se pode dizer para outros ordenamentos europeus, como os da Alemanha e da Áustria.

Todavia, não todas as normas de lei desenvolvem a função indicada de tutela mínima dos interesses dos trabalhadores, que é postulada pela regra geral acima mencionada. Existem também normas de ordem pública e de interesse geral, que são absolutamente inderrogáveis por parte da autonomia coletiva, que não pode ignorá-las nem mesmo a favor dos trabalhadores. A razão se encontra na indispensável tutela dos interesses gerais da coletividade, que devem prevalecer sobre o interesse coletivo profissional dos trabalhadores, que é sempre um interesse particular (conforme R. DE LUCA TAMAJO, *Leggi sul costo del lavoro e limiti dell'autonomia collettiva. Spunti per una valutazione di costituzionalità*, in R. DE LUCA TAMAJO e L. VENTURA (Orgs.), *Il diritto del lavoro nell'emergenza*, Napoli, 1979, p. 151; G. GIUGNI, cit., p. 187-195).

Deve-se, além disso, reiterar que nos ordenamentos europeus postos em exame o Poder Legislativo pode enfrentar qualquer questão trabalhista sem que, no mérito, possa ser limitado por uma reserva para a negociação coletiva, que, ao contrário, não subsiste, como não subsiste, se não for expressamente prevista. Não fazem exceção os ordenamentos onde a Constituição delimita um programa específico de legislação trabalhista. Tal programa é encontrado, por exemplo, em vários artigos contidos no Título III da segunda parte da Constituição italiana e em uma extensa série de artigos da Constituição espanhola. Uma tal previsão constitucional pressupõe que seja enviada à escolha política discricionária do Poder Legislativo realizar aquele programa por meio de normas legais ou (também) de disposições de contrato coletivo. Por outro lado, onde a Constituição contemple a função da negociação coletiva, deve-se deduzir que à autonomia coletiva é reconhecida uma preferência, mas nunca uma exclusividade em relação à disciplina da matéria (G. GIUGNI, op. ult. cit., p. 129-130).

Encontram-se previsões específicas no sentido da absoluta inderrogabilidade de algumas leis particulares; assim são as leis que vedam a discriminação entre trabalhadores por motivos sindicais, de gênero, de religião, de raça, de língua, de idade e políticos (Irlanda, Países Baixos, Itália, Bélgica, Reino Unido); assim, na Bélgica, a disposição que veta aos contratos coletivos introduzirem cláusulas compromissórias e, na Alemanha, a que veta cláusulas que reservam tratamentos privilegiados para os trabalhadores associados ao sindicato. Na Áustria, a repetidamente mencionada lei de 1974 coloca limites na faculdade das partes de determinar o conteúdo do contrato coletivo por elas estipulado. Consequentemente, exclui que o contrato coletivo possa derrogar previsões legais em temas de estrutura representativa do pessoal no local de trabalho, podendo, por outro lado, o mesmo contrato dar vida, com cláusulas da parte obrigatória, a outros organismos específicos de participação mista que, no entanto, detêm competência apenas em matérias particulares (cf. T. TOMANDL e K. FEUERBOECK, cit., p. 38-39).

A crise econômica em curso, que verificamos incidir no conteúdo dos contratos coletivos dos países europeus que por ela foram afetados, influenciou nesse problema da repartição de competência entre contrato coletivo e lei, em relação ao conteúdo daquele. De fato, em períodos de crise, observamos a intensificação de medidas legislativas que subtraem determinadas matérias do disciplinamento sindical, ou diferenciam seus efeitos, buscando, assim, tutelar o preeminente interesse geral à salvaguarda e recuperação da saúde do sistema econômico nacional.

A estrutura clássica, que foi exposta *supra*, da relação entre lei e contrato coletivo, com base na inderrogabilidade *in peius* e na derrogabilidade *in melius*, também sofreu outro desvio. A lei fixou "tetos" para o contrato coletivo, estabelecendo um limite de inderrogabilidade para cima. Para uma ilustração da aplicação na Itália dessa técnica de intervenção legislativa, confira G. GIUGNI, op. ult. cit., p. 191-195.

Tais medidas, não diversamente do que ocorreu no passado, são inerentes, seja diretamente, seja de modo indireto, ao conteúdo salarial da negociação coletiva; e põem em causa, para além das competências do legislador, aquelas da administração pública.

Necessário examinar, portanto, também o problema da limitação do conteúdo dos contratos coletivos mediante procedimentos administrativos especificamente previstos pela lei. Tratam-se, no entanto, de instrumentos utilizados para a proteção do interesse geral da comunidade nacional em relação ao interesse coletivo profissional, com a consequente questão do respeito ao princípio da liberdade sindical, que encontra dificuldade para tolerar tais ingerências do poder administrativo no campo da disciplina dos contratos de trabalho.

Uma forma intensa de compressão da autonomia sindical foi realizada nos Países Baixos — desde o final da Segunda Guerra Mundial até a revogação, advinda nos anos 1960, das normas correspondentes — em decorrência do poder atribuído ao Conselho de Mediadores de Estado de aprovar ou desaprovar o conteúdo dos contratos coletivos, antes de sua entrada em vigor. Tal poder deveria ser exercitado após consulta das centrais sindicais no âmbito da Fundação do Trabalho, mas a decisão final sempre foi tomada pela autoridade administrativa.

Uma outra forma de controle administrativo sobre os resultados da autonomia coletiva foi prevista, sempre nos Países Baixos, pela lei de 25 de maio de 1937, que reconheceu o poder do ministro dos Assuntos Sociais de declarar ineficazes as cláusulas dos contratos coletivos contrárias aos interesses gerais. Tal poder não foi jamais exercitado até 1964, porque era considerado supérfluo, diante da existência do controle preventivo pelo Conselho de Mediadores de Estado, mas, depois da abolição de tal controle, foi utilizado até 1970, por exemplo, para impedir algumas reduções contratuais do horário de trabalho consideradas excessivas.

A lei sobre a formação do salário de 1973 previu, depois, um poder semelhante ao Ministro, que porém não foi jamais exercitado e que foi revogado em 1976, mantendo-se inadmissível recorrer ao velho sistema da lei de 1937. A mesma lei de 1973 sobre a formação dos salários atribuiu ao ministro dos Assuntos Sociais o poder de "congelar" temporária e excepcionalmente as condições de trabalho "no interesse da economia nacional", após consulta das centrais sindicais. Tal poder foi exercitado algumas vezes, não obstante os protestos sindicais. Sucessivamente, o sistema foi aperfeiçoado, consentindo à autoridade administrativa que adequasse os salários ao incremento do custo de vida também no período de "congelamento". A ameaça governamental de valer-se da faculdade de congelamento induziu as partes sociais à conclusão de pactos sociais tendentes a estabelecer critérios de moderação salarial e, ao mesmo tempo, à reativação da negociação empresarial.

Na Irlanda, uma lei especial e provisória de 1975 para o setor bancário atribuiu ao Ministro do Trabalho o poder de vetar aumentos salariais por um período delimitado, como resultado de investigações da *Labour Court*. Dessa forma, atingiu-se o efeito de estender ao setor em questão o "teto" de tratamento, previsto por acordos gerais nacionais-quadro, que não lhe eram aplicáveis, não sendo as organizações contrapostas da categoria partes desses mesmos acordos. A lei em questão foi ab-rogada em 1976.

Em outros ordenamentos, ao contrário, o legislador, em momentos de crise econômica, interviu diretamente para comprimir os temidos excessos da autonomia coletiva, sem a intermediação do poder administrativo. Dessa forma ocorreu na Bélgica, em que a lei sobre *redressement économique* de 25 de março de 1976 previu um bloqueio temporário por nove meses da indexação dos escalões mais altos dos salários e a destinação temporária de parte dos novos aumentos salariais ao fundo de solidariedade para aposentadoria antecipada. Medidas posteriores foram introduzidas, tendo em vista a contenção do custo do trabalho e o incremento do nível de ocupação, em 1981, 1982, 1983 e 1989: mas não necessariamente para compressão da autonomia coletiva, e sim para solicitar que seja endereçada a atingir tais objetivos, com a ameaça de que, na falta dela, tais objetivos serão atingidos diretamente através da lei.

Na Itália, a Lei n. 797 de 1976 previu, por um certo período de tempo, o pagamento — em substituição aos aumentos salariais devidos por novos incrementos de indenizações de contingência, destinados à recuperação dos efeitos da inflação sobre os salários — de títulos do tesouro não comerciáveis, introduzindo, assim, uma forma de poupança forçada; e o posterior Decreto-Lei n. 12 de 1977, convertido na Lei n. 91 de 1977, eliminou as denominadas "escalas móveis anômalas", estendendo a todos os trabalhadores, antes privilegiados por regulamentações particulares do reajuste salarial à inflação previstos pela autonomia coletiva, o tratamento inferior previsto pelos contratos coletivos para a categoria dos trabalhadores metal-mecânicos.

Na Alemanha, ao contrário, não se encontram intervenções legislativas tendentes a comprimir, diretamente ou pelo trâmite do poder administrativo, a autonomia coletiva, dando-se preferência a uma — parcialmente bem-sucedida — responsabilização perante a opinião pública das partes sociais, que desde

1970 são periodicamente informadas, por parte de um comitê de especialistas instituído pelo ministro, dos efeitos de sua política de reivindicação sobre a economia geral do país.

A exigência de limitar e controlar os resultados da autonomia coletiva e, em particular, o nível dos salários, com a finalidade de assegurar um ordenado desenvolvimento da economia nacional sem graves pontos de inflação e de desocupação é sentida, portanto, profundamente nos países europeus. Trata-se, definitivamente, do problema fundamental do governo da economia, que envolve, dessa forma, o princípio da liberdade sindical, cujo respeito depende da forma e da intensidade da intervenção pública.

24. EFEITOS DO CONTRATO COLETIVO. INDERROGABILIDADE E SUBSTITUIÇÃO AUTOMÁTICA

Em repetidas ocasiões já ressaltamos que o contrato coletivo surgiu com a função de estabelecer, no que diz respeito à retribuição e às outras condições de trabalho, mínimos de tratamento abaixo dos quais as partes do contrato individual de trabalho, ao determinar seu conteúdo, não poderiam validamente fixar. Necessário, portanto, que o contrato coletivo seja provido de uma eficácia jurídica para evitar que o trabalhador singular, destinatário da disciplina ditada pelo próprio contrato coletivo, impulsionado pela necessidade de trabalhar para garantir sua subsistência licitamente, aceite, sob a imposição da contraparte, condições injustas, inferiores àquelas mínimas previstas pela disciplina sindical. O contrato coletivo deve poder exercitar essa eficácia, de cuja vinculatividade em relação aos sigulares empregador e prestador de trabalho é necessário encontrar fundamento e âmbito de aplicação nos ordenamentos examinados.

Em tema de eficácia do contrato coletivo, necessário preliminarmente estabelecer o valor, jurídico ou não, reconhecido a esse contrato: isto é, consiste-se em um ato vinculante sob o plano do ordenamento jurídico do Estado, ou apenas sob o plano social, sem efeitos no ordenamento estatal.

Em todos os Estados da União Europeia foi acolhida a primeira escolha, salvo no Reino Unido, onde o contrato coletivo vincula as partes unicamente "por honra" e sua aplicação não pode ser invocada perante os juízes do Estado (vejam-se *infra* as dúvidas interpretativas inferidas a partir do sistema irlandês). Acerca do enquadramento de uma tal orientação na teoria do *collective laissez-faire* desenvolvida e difundida por O. KAHN-FREUND, veja-se, entre as obras que o autor dedicou ao tema, *Labour Law*, in M. GINSBERG (Org.), *Law and Opinion in England in the 20th Century*, London, 1959, e *Selected Writings*, London, 1978; bem como LORD WEDDERBURN, R. LEWIS, J. CLARK, *Labour Law and Industrial Relations: Building on Kahn-Freund*, Oxford, 1983.

Uma tentativa de modificar tal situação foi efetuada no Reino Unido pelo já citado *Industrial Relations Act* de 1971, mas fracassou em pouco tempo. A lei introduzia a previsão, que podia ser considerada revolucionária para aquele ordenamento, da presunção de vinculatividade, sob o plano do ordenamento estatal, de todos os contratos coletivos estipulados depois da entrada em vigor da lei, desde que as partes não tivessem expressamente inserido uma cláusula de dispensa *(disclaimer clause)*. Na verdade, a novidade legislativa encontrou uma hostilidade difusa por conta de sua contrariedade em relação às tradições consolidadas no ambiente sindical. De fato, a disciplina introduzida pelos arts. 34-36 do *I.R.A.* de 1971 no tema da eficácia do contrato coletivo foi amplamente inutilizada, sem que a orientação contrária à inovação dos representantes dos trabalhadores encontrasse dificuldades excessivas por parte dos empregadores, os quais teminam a excessiva rigidez da nova técnica legislativa, tanto que por lei sucessiva — o *T.U.L.R.A.* de 1974 — não houve dificuldade para se retornar ao sistema tradicional (ver A. RIDEOUT, cit., p. 234-236).

Como resultado, no sistema britânico, a acenada função dúplice do contrato coletivo — de "tratado de paz social" e de fonte de disciplina das condições de trabalho — se realiza com eficácia diferente em relação aos outros ordenamentos europeus. Nem para as partes dos contratos individuais aos quais o contrato coletivo se refere, nem para as partes estipulantes, do contrato coletivo surgem verdadeiras obrigações contratuais, enquanto nos outros Estados da União Europeia os sujeitos estipulantes são juridicamente vinculados, como todos os contratantes, pelas cláusulas da parte obrigatória do contrato coletivo, e em relação às partes dos contratos individuais de trabalho o contrato coletivo exerce a eficácia jurídica específica de sua parte normativa.

A escolha singular própria do direito britânico se fundamenta em uma presunção pela qual as partes do contrato coletivo não teriam, salvo prova de inserção de uma *enforcement clause,* a intenção de concluir um verdadeiro contrato, mas apenas desejavam concluir um mero *gentlemen's agreement* (v. art. 18 do T.U.L.R.A. de 1974). Vale dizer, desejavam um acordo provido apenas por sanções sociais; ou por sanções daquilo que se pode definir como o ordenamento intersindical, se se deseja acolher a doutrina (elaborada, todavia, em uma perspectiva não circunscrita ao esforço de reconstrução do sistema sindical britânico, mas sim voltada a esboçar uma teoria geral em termos de pluralismo jurídico do fenômeno sindical) de G. Giugni, *Introduzione allo studio della autonomia collettiva,* Milano, 1960.

Segundo tal definição, o ordenamento intersindical se apresenta como um particular e autônomo sistema jurídico, ao qual dão origem, para além da normatividade estatal, as partes sociais. A doutrina do ordenamento intersindical se presta a favorecer a compreensão do sistema sindical britânico, o qual, por sua vez, exerceu influências não secundárias nas elaborações de um jurista de *civil law,* como G. Giugni.

O sistema sindical britânico, por outro lado, é caracterizado por um processo de negociação contínuo, no âmbito daquilo que chamamos de ordenamento intersindical. A intervenção da lei não é necessária para assegurar os efeitos do contrato coletivo já celebrado — que, de resto, na perspectiva de negociação permanente entre as partes sociais, não parece de importância decisiva —, mas sim, eventualmente, para facilitar o contínuo processo de negociação.

Conforme perspectiva de O. Kahn-Freund, *Intergroups conflicts and their settlement,* in *op. ult. cit.,* p. 53, os modelos de negociação coletiva podem ser de dois tipos. O primeiro, de natureza procedimental ou dinâmica, consiste em um procedimento de negociação permanente, no curso do qual são celebrados acordos continuamente, que podem até serem privados de valor jurídico formal. Todavia, graças a regras de procedimento que guiam o desenvolvimento desse tipo de atividade, estabelece-se, desse modo, um sistema de acordos permanentes, sob o qual se baseiam as relações industriais britânicas, mas que pode ser considerado não exclusivo daquele sindicalismo. No resto da Europa, prevalece um modelo de negociação definido como estático, que prevê, em intervalos predefinidos, renovações periódicas de acordos sindicais de duração limitada, com obrigação de paz sindical nos intervalos entre as mesmas renovações e função prevalente de produção de normas substanciais, ao invés de regras procedimentais. No entanto, se esse é o modelo prevalentemente adotado na Europa, nos vários países que o aplicam não faltam aspectos das relações sindicais que, na tentativa de enfrentar a ausência de elasticidade que caracteriza o modelo estático, ecoam o modelo que encontra no Reino Unido suas raízes e expressão máxima (ver B. Veneziani, cit., p. 85-90).

Além disso, não se pode ignorar o fato de que, no Reino Unido, não só por força da livre, e sempre revogável, "incorporação", expressa ou tácita, das cláusulas do contrato coletivo nos contratos individuais de trabalho, a eficácia juridicamente vinculante sob o plano do ordenamento estatal do acordo coletivo pode ser determinada, como já mencionado, por uma previsão expressa das partes do próprio acordo coletivo.

É de se ressaltar que a usual ausência de efeitos diretos da negociação coletiva no ordenamento jurídico estatal não prejudica certamente a efetividade do sistema contratual britânico. Ao contrário, o próprio fato de o sistema se manter vital, apesar da falta de uma eficácia do gênero, levou os estudiosos a pesquisar uma eficácia própria dos contratos coletivos a nível do ordenamento intersindical; e a pesquisá-la independente daquela que compete a eles sob o plano do ordenamento estatal, também nos sistemas onde sob esse plano são reconhecidos efeitos aos contratos coletivos. Acredita-se, assim, que se penetra mais a fundo na realidade das relações industriais (ver G. Giugni, *op. ult. cit.*).

Também na Irlanda — não obstante as dúvidas decorrentes da *obiter dicta* da sua Suprema Corte, que qualificam o contrato coletivo como verdadeiro contrato — acredita-se que ele não pode ser invocado perante o magistrado, se não se encontra sua incorporação no contrato individual. Entretanto, não se pode manter a perplexidade que uma solução similar origina, mesmo em face da previsão legislativa de extensão generalizada dos contratos coletivos (*I.R.A.* de 1946).

Constata-se que, na grande maioria dos países da União Europeia, na verdade quase que em sua totalidade, a eficácia (da parte normativa) do contrato coletivo e, portanto, os efeitos de tal contrato sobre os contratos individuais compreendidos em seu campo de aplicação territorial e profissional operam sob o plano do ordenamento estatal, fazendo-se necessário desenvolver essa conclusão. Isto é, explicar como um ato de autonomia privada possa produzir efeitos, vinculantes, não apenas segundo o direito comum dos contratos, entre as partes estipulantes, mas sim também em relação a sujeitos terceiros, que são os trabalhadores e empregadores singulares que não celebraram pessoalmente o contrato coletivo.

Esse é um instrumento fruto da realidade social para estabelecer, graças à força da coalizão sindical e à uniformidade dos tratamentos assim determinados, uma rede de condições de trabalho menos desequilibrada em relação àquela obtida sob o simples plano individual. Foi possível, também nos ordenamentos onde falta uma adequada disciplina legislativa do instituto e devendo, portanto, considerar apenas o direito comum dos contratos, dar conta de seus efeitos em relação aos filiados aos sindicatos estipulantes. Em vista de tais resultados, é relevante a representação para esse escopo conferida pelos mesmos filiados e o fato de que o indivíduo, ao se associar, subordinou seu interesse individual ao interesse da coletividade profissional na qual ingressou, em vista de uma igual subordinação ao interesse coletivo dos interesses individuais dos outros participantes (F. Santoro-Passarelli, *Nozioni di diritto del lavoro,* Napoli, XXXIV ed., 1985, p. 43).

Todavia, de acordo com o direito comum, por um lado, não é possível estender a eficácia do contrato coletivo para além dos trabalhadores inscritos ao sindicato estipulante e, sobretudo, àqueles empregados dos empregadores não aderentes às organizações empresariais signatárias do contrato. Trata-se da consequência lógica que deve ser tirada da natureza jurídica do sindicato, que, com já evidenciado, normalmente se apresenta como associação voluntária de trabalhadores ou de empregadores, que a ele aderem para alcançar a melhor realização dos respectivos interesses coletivos profissionais e que constituem normalmente os únicos sujeitos representados por tal associação. Sobre a eficácia inderrogável do contrato coletivo derivada da adesão do indivíduo ao sindicato, ver A. Cataudella, *Adesione al sindacato e prevalenza del contratto collettivo sul contratto individuale di lavoro,* in *Riv. Trim. Dir. Proc. Civ.,* 1966, p. 562. Em relação à estrutura associativa do sindicato, com referências à situação existente aos primórdios do processo de integração europeia, ver Vários Autores, *Il regime delle organizzazioni professionali nei paesi membri della* CECA, Lussemburgo, 1966.

Por outro lado, a representação conferida pelos filiados ao sindicato é ligada ao interesse coletivo que por esse modo desejam satisfazer. Uma reconstrução semelhante foi proposta a fim de obter a irrevocabilidade de tal representação, destinada a servir interesses que transcendem a dimensão individual e, portanto, não estão sujeitos a disponiblidade individual. A partir dessa abordagem obtém-se a inderrogabilidade das cláusulas coletivas relativas às pactuações individuais disformes (conforme F. Santoro-Passarelli, *op. ult. cit.,* p. 44), mas resta uma última dificuldade conceitual. Na ausência de uma lei destinada a estabelecer efeitos do contrato coletivo apropriados à função social cumprida, ainda se apresenta o problema da intensidade do vínculo que não permite a derrogabilidade, por obra do indivíduo, das condições fixadas pela disciplina sindical. Intensidade que, para permitir a plena realização da função econômico-social do contrato coletivo, deve atingir a substituição automática das cláusulas individuais disformes em sentido pejorativo.

A eficácia normativa do contrato coletivo, essencial para a realização da sua função típica de disciplina inderrogável das condições de trabalho, pode ser prevista pelo legislador, e nesse caso os problemas acima mencionados não possuem razão para ocorrer. Dessa forma se dá nos ordenamentos em que é vigente uma lei geral sobre o contrato coletivo, como nos Países Baixos, Luxemburgo, França, Alemanha, Bélgica, Grécia, Espanha, Portugal, Suécia, Áustria, Finlândia e geralmente os Estados europeus saídos do regime sindical do socialismo real.

Na falta de uma previsão legal semelhante, a eficácia inderrogável do contrato coletivo e a substituição automática com suas cláusulas daquelas disformes e piores dos contratos individuais de trabalho podem se fundamentar em uma construção doutrinária e jurisprudencial, e é o que se registra na Itália, em relação à qual, todavia, se referem as considerações sucessivas, e na Dinamarca. Ou mesmo a eficácia pode ser remetida — conforme estabelecido como premissa — para a discricionariedade das partes do contrato individual afetado pela força sindical dos trabalhadores; ou pode ser remetida à interpretação judicial da relação existente entre contrato coletivo e contrato individual de trabalho (Reino Unido, Irlanda).

Na vigência do ordenamento corporativo, a lei italiana previa expressamente a eficácia inderrogável do contrato coletivo em relação ao contrato individual, consagrada pelo art. 2.077 do Código Civil. Norma que, por outro lado, foi aplicada pela jurisprudência prontamente depois da queda daquele ordenamento e na espera, que depois se revelou longa e vã, da lei sindical prevista pelo art. 39 da Constituição, também aos contratos coletivos pós-corporativos, embora nos limites de um âmbito de eficácia circunscrito aos aderentes das associações estipulantes.

A doutrina criticou não somente as conclusões às quais a jurisprudência atingiu (a eficácia inderrogável dos contratos coletivos pós-corporativos, ditos também de direito comum), como também o *iter* argumentativo seguido com esse escopo, ressaltando como as disposições do art. 2.077 do Código Civil foram ditadas, e deveriam ser consideradas válidas, exclusivamente para os contratos coletivos corporativos, de natureza publicista (conforme F. Santoro-Passarelli, *Inderogabilità dei contratti collettivi di diritto comune,* in *Saggi di diritto civile,* I, Napoli, 1968, p. 299).

Para os contratos coletivos que, na ausência de aplicação da referida previsão constitucional, foram denominados, propriamente, de contratos coletivos de direito comum, é indicado, como fundamento da sua eficácia inderrogável, o princípio — derivado do direito comum — da irrevogabilidade da representação conferida por sujeitos privados (nesse caso os inscritos no sindicato), não em seus interesses individuais, mas sim no interesse coletivo. Quanto a uma panorâmica sobre a posição da doutrina italiana acerca da inderrogabilidade do contrato coletivo de direito comum, ver *Contratto collettivo di lavoro,* Milano, 1968, Anais do III Congresso Nacional de Direito do Trabalho realizado em Pescara-Teramo, nos dias 1º-4 de junho de 1967.

Essa reconstrução, realizada à luz da teoria do interesse coletivo, forneceu o suporte técnico-jurídico da longa "fase transitória" do direito sindical italiano, na inacabada transição do sistema corporativo para o constitucional. Todavia, não faltam objeções a essa reconstrução: o sindicato, quando estipula o contrato coletivo, exercita seu próprio e originário poder de autonomia coletiva, que os filiados singularmente não lhe poderiam conferir: e, em todo caso, a teoria do mandato sindical é inaplicável aos contratos coletivos concluídos por sujeitos cuja estrutura não seja de tipo associativo, mas seja de tipo institucional, que podem ser as representações sindicais empresariais (M. Persiani, *Il problema della rappresentanza e della rappresentatività del sindacato in una democrazia neocorporativa,* cit., p. 8).

O problema foi resolvido, indireta, mas parcialmente, com a nova legislação, introduzida pelo art. 6 da Lei n. 533, de 11 de agosto de 1973, e pelo art. 2.113 do Código Civil, segundo os quais são inválidas, se impugnadas nos seis meses após a extinção do contrato de trabalho, as renúncias e transações envolvendo direitos dos trabalhadores decorrentes de disposições inderrogáveis, bem como da lei, dos contratos e dos acordos coletivos. Ocorre, então, que também os contratos coletivos pós-corporativos (a nova legislativa, como já mencionado, é de 1973) são dotados de eficácia normativa inderrogável, característica do legislador em verdade mais pressuposta que disciplinada (ver L. Mengoni, *Il contratto collettivo nell'ordinamento giuridico italiano,* in *Jus,* 1975, p. 183; P. Ichino, *Funzione ed efficacia del contratto collettivo nell'attuale sistema delle relazioni sindacali nell'ordinamento statale,* in *Riv. Giur. Lav.,* 1975, I, p. 446; U. Runggaldier, *Osservazioni sull'inderogabilità delle disposizioni dei contratti collettivi di cui all'art. 2113 Cod. Civ.,* in *Riv. Trim. Dir. Proc. Civ.,* 1980, p. 290).

Permanece, no entanto, desprovida de resposta de um dado jurídico positivo a substituição automática das cláusulas do contrato coletivo.

Normalmente, o contrato coletivo explica seus efeitos normativos sobre os contratos de trabalho existentes entre dois sujeitos que são ambos associados às respectivas associações estipulantes do contrato coletivo. Trata-se da denominada inscrição sindical bilateral, que em alguns ordenamentos constitui requisito indispensável para a eficácia do contrato coletivo. E isso seja por expressa previsão legal (Alemanha, onde, no entanto, um sentença do Tribunal Federal do Trabalho de 1967 declarou incompatível com a Constituição a distinção entre trabalhadores sindicalizados e não, na aplicação do contrato coletivo), seja por coerente consequência da construção jurisprudencial fundada sob o mandato dos indivíduos — mas no interesse coletivo, e por isso inderrogável — às organizações estipulantes (Dinamarca e Itália, onde, porém, foram estabelecidas orientações jurisprudenciais que admitem a suficiência da mera afiliação sindical do empregador).

Em vários ordenamentos europeus, além disso, para a aplicação da parte normativa do contrato coletivo é expressamente considerada condição necessária e suficiente a afiliação apenas do empregador à associação estipulante. Assim, esse empregador é obrigado a respeitar as condições de trabalho previstas coletivamente em relação a todos os seus empregados, sejam estes associados ou não dos sindicatos estipulantes (França, art. 132-9 do *Code du travail;* Luxemburgo, art. 8 da lei de 1965; Bélgica, art. 19 da lei de 1968; Áustria, art. 12 da lei de 1974; Portugal, arts. 7, 8, 9 do Decreto-Lei n. 519, de 1979; Finlândia). No entanto, em alguns desses Estados, a ausência de filiação sindical dos trabalhadores impede uma plena eficácia automática *interpartes* do contrato coletivo. De fato, em tais casos a obrigação do empregador de respeitar as cláusulas normativas do contrato coletivo pode ser excluída por tal contrato; e, em qualquer caso, não se aplica em relação ao empregado singular, como ocorreria se este fosse sindicalizado, mas sim se destina apenas às associações estipulantes. Disso resulta que a violação de tais cláusulas determina não a nulidade dos pactos individuais em contrário, mas sim apenas uma obrigação ressarcitória do empregador em relação às associações indicadas (Países Baixos).

Na prática se verifica, todavia, que o empregador inscrito à associação estipulante do contrato coletivo aplica sempre o mesmo contrato a todos os seus empregados, prescindindo da existência e do alcance de uma obrigação legal ou contratual em tal sentido, porque, de resto, encontraria graves dificuldades práticas — de gestão contábil, mas não apenas — onde adotasse a solução oposta.

O contrato coletivo pode ainda dirigir-se expressamente, no tocante a seus destinatários, também aos trabalhadores não associados que, porém, podem se inserir em seu campo de aplicação profissional e territorial. Mais delicado é o caso no qual, por outro lado, para incentivar a filiação, os sindicatos introduzem no contrato coletivo cláusulas em virtude das quais se veda a aplicação do próprio contrato aos trabalhadores não filiados. A jurisprudência alemã declarou a nulidade de tais cláusulas, por contrastar com o princípio constitucional da liberdade sindical, a ser entendida não apenas como liberdade positiva de inscrição ao sindicato, mas também como liberdade negativa de não se filiar, destruída por mencionadas cláusulas que penalizam os trabalhadores não filiados, aos quais, entretanto, o empregador gostaria de aplicar a normativa contratual.

25. REMISSÃO DO CONTRATO INDIVIDUAL ÀS CLÁUSULAS DO CONTRATO COLETIVO DE TRABALHO. TRATAMENTOS MELHORATIVOS PARA OS TRABALHADORES: LIMITES

Um sistema muito difuso nos ordenamentos sindicais europeus para a aplicação da parte normativa do contrato coletivo também a sujeitos não filiados aos sindicatos estipulantes deriva dos princípios do direito comum dos contratos: trata-se da recepção —usam-se também as expressões remissão ou incorporação — das cláusulas do contrato coletivo no contrato individual, mediante uma manifestação de vontade, expressa ou implícita, nesse sentido, proveniente das partes do próprio contrato individual. Vê-se que no sistema britânico essa é a única via para atribuir ao conteúdo normativo do contrato coletivo valor jurídico vinculante, sob o plano do ordenamento estatal, nas relações das partes do contrato individual.

Frequentemente, os indivíduos, estipulando o contrato, declaram fazer essa remissão. Existe, ao contrário, remissão tácita à disciplina do contrato coletivo quando as partes do contrato individual apliquem de fato as cláusulas do primeiro e, com seu comportamento conclusivo, demonstram estar vinculadas àquela disciplina, conformando-se também às disposições dos contratos coletivos sucessivamente renovados. A remissão é, portanto, dinâmica ou pela fonte; e tal caráter pode (e deve) ser explicitado quando o remissão é fruto de uma manifestação expressa de vontade dos sujeitos individuais (S. P. EMILIANI, *L'efficacia del contratto collettivo tra iscrizione al sindacato e adesione individuale,* in Arg. Dir. Lav., 2000, p. 725).

O remissão — como já dito, e como teremos oportunidade de precisar nas páginas sucessivas — constitui um sistema para a aplicação a sujeitos não sindicalizados da parte normativa do contrato coletivo, ou também de apenas alguns dos institutos por ele regulados: mas não de sua parte obrigatória, salvo a sua utilização por cláusulas que, à luz do que já foi ressaltado, apresentem caráter misto.

A jurisprudência italiana admite a recepção nos contratos individuais de cláusulas coletivas que, se produzem efeitos jurídicos nas relações entre os sindicatos estipulantes, os quais, portanto, tem por em prática os comportamentos consequentes, todavia não produzem efeitos unicamente quanto a eles, bem como intervêm assim para modificar as situações subjetivas dos contratos individuais de trabalho. Tais as cláusulas relativas à instituição, ao funcionamento e ao financiamento de formas de previdência complementar, de origem contratual coletiva.

Enquanto subsista a aplicabilidade do contrato coletivo a um certo contrato individual de trabalho, por força vinculante própria ou por remissão, ou incorporação, por obra do contrato individual, necessário precisar a relação existente entre a disciplina das condições de trabalho ditadas pelo contrato coletivo e daquela posta pelo contrato individual.

O contrato coletivo pode explicar eficazmente sua função típica de tutela dos trabalhadores — como já observado — com a introdução de uma regra comum que elimine a concorrência entre eles. Eliminação que constitui objeto de interesse coletivo essencial, a partir do qual os trabalhadores são levados à coalizão sindical, apenas quando seja assegurada a prevalência de tal norma comum sobre eventuais cláusulas em contrário pactuadas ao nível individual. Para isso é prevista a inderrogabilidade do contrato coletivo por parte do contrato individual, com a substituição automática das cláusulas do contrato coletivo de eventuais pactos em contrário do contrato individual. Essa é a regra na Itália, França, Luxemburgo, Bélgica, Dinamarca, Países Baixos, Grécia, Portugal, Espanha, Alemanha, Finlândia, Áustria, Suécia e nos novos Estados-membros da União Europeia. São consentidas, ao contrário, derrogações a favor do trabalhador, pois em tal caso é respeitada a função de tutela mínima própria do contrato coletivo.

Tal derrogação *in melius,* excepcionalmente, pode ser vetada. Ressalte-se que eram vetadas nos Países Baixos até 1970, em relação à função diferente exercida pelos contratos coletivos, os quais, por efeito do já mencionado sistema de controles administrativos, fixavam *standards* de tratamento compatíveis com o interesse da economia nacional.

Por outro motivo, não são admitidos tratamentos econômicos coletivos, por si mesmos, em relação ao que for estabelecido pelas disposições legais e contratuais gerais, favoráveis aos trabalhadores seus destinatários específicos, mas correspondentes a finalidades de discriminação antissindical. Assim, na Itália, dispõe o art. 16 da Lei n. 300 de 1970 (denominada Estatuto dos Trabalhadores) que, todavia, não comporta a generalização ao restante do pessoal discriminado dos tratamentos econômicos vetados, mas prevê, a cargo do empregador, a sanção de pagamento a organismos previdenciários de uma soma equivalente ao montante do tratamento discriminatório (E. GHERA, *Commento agli artt. 15 e 16,* in *Commentario allo Statuto dei lavortori,* diretto da U. PROSPERETTI, I, Milano, 1975, p. 404).

Na Bélgica, os contratos coletivos concluídos no seio de órgãos paritários, segundo a regra indicada anteriormente, são dotados de um efeito particular obrigatório supletivo em relação aos sujeitos não vinculados, que são obrigados à observância de tais contratos coletivos, mas podem excluir tais obrigações com uma cláusula escrita do contrato individual. Trata-se de uma espécie de extensão *erga omnes* dos recordados contratos coletivos, mas com eficácia dispositiva e não imperativa, como se vê, ao contrário, nos sistemas de verdadeira e própria extensão instituída em outros ordenamentos, e também na Bélgica.

Deve-se ressaltar, enfim, que todas as regras de eficácia que fazem referência aos sócios dos sindicatos estipulantes valem também para os sócios dos sindicatos que tenham aderido sucessivamente a um contrato coletivo já existente.

26. CAMPO DE APLICAÇÃO PROFISSIONAL E TERRITORIAL DO CONTRATO COLETIVO E COORDENAÇÃO DOS DIVERSOS NÍVEIS DE NEGOCIAÇÃO

Após já observado o jurídico fundamento da eficácia — inderrogável — dos contratos coletivos, necessário examinar a própria eficácia, por assim dizer, no espaço e no tempo.

Em relação ao primeiro dos dois perfis, e com base no entrelaçamento com os supramencionados modelos de organização sindical respectivamente centrados na categoria ou na profissão, aparece numerosa e variada, na União Europeia, tipologia contratos coletivos. Compreende contratos que valem para uma esfera territorial limitada, ou mesmo para o inteiro território nacional; contratos que se referem a ramos e a setores produtivos, ou mesmo limitam sua disciplina a uma determinada empresa; contratos que disciplinam as condições de trabalho de todos aqueles desenvolvem dadas funções ou profissões, independentemente da categoria das empresas ou do setor produtivo onde as desenvolvem, e contratos que disciplinam as condições de trabalhadores individualizados segundo o tipo de atividade produtiva exercitada pela empresa da qual dependem. A determinação do campo de aplicação do contrato coletivo, do ponto de vista profissional (contratos coletivos de profissões ou de categoria) e daquele territorial (contratos coletivos nacionais, locais e empresariais) permite enquadrar em termos mais precisos essa rica tipologia contratual.

Deve ser dito que, na individualização do campo de aplicação do contrato coletivo, a autonomia sindical se conforma à diversidade dos tipos e das dimensões dos interesses coletivos, dos quais torna-se expressão e veículo. É de evidente importância determinar, portanto, se o ordenamento do Estado deixa esse espaço à liberdade sindical, ou mesmo se intervém para limitá-lo.

Nos ordenamentos dos Estados-membros da União Europeia, a autonomia sindical resulta amplamente garantida nesse aspecto. As partes sociais são livres para escolher o campo de aplicação profissional e territorial do contrato coletivo, com algumas exceções. Em Luxemburgo, registra-se uma limitação por força da qual para cada categoria de empresa pode ser estipulado um contrato coletivo para os operários e um outro para os funcionários, não se admitindo contratos coletivos de profissão posteriores.

Do ponto de vista do campo de aplicação profissional nos ordenamentos examinados, encontram-se acordos interconfederais (voltados a regular a posição não dos pertencentes a uma categoria particular ou a um setor particular, mas sim de todos os trabalhadores abrangidos no âmbito interprofissional das confederações ou ao menos de um grupo de setores produtivos), contratos coletivos por ramo de indústria, ou seja, de categoria, contratos coletivos de profissões. Onde os sindicatos dos trabalhadores são organizados com base na profissão (*craft-unions, syndicat de métier*), enquanto as organizações empresariais são constituídas — obviamente — por ramo de indústria, a mesma associação empresarial é obrigada a estipular mais contratos coletivos, em relação às varias organizações sindicais consitituidas pela contraparte.

Acerca do campo de aplicação territorial, registram-se contratos coletivos nacionais, estatais (nos Estados federais), regionais, locais, empresariais, de estabelecimento e, por fim, contratos relativos a diversos grupos de trabalhadores no interior do mesmo estabelecimento (são exemplos desse tipo as *bargaining units* reconhecidas pelo sistema sindical britânico).

O nível negocial prevalente é diverso nos vários ordenamentos. Assim, na Finlândia, na Dinamarca, na Suécia (ordenamentos onde, porém, não faltam articulações com a negociação descentralizada), na Bélgica, na França (mas com mais recentes desenvolvimentos da negociação empresarial e uma experiência de negociação local para certas categorias) e nos Países Baixos, tradicionalmente prevaleceu o nível nacional. Não raro, esse é o mesmo em que agem, com perspectiva interprofissional, as confederações sindicais, que por isso desenvolvem, a um só tempo, uma função de orientação nas relações das federações de categoria e aquela dos sujeitos da política econômica nacional geral, por meio de denominados acordos-quadro.

É de se assinalar, no tema, a experiência belga, que viu o governo ativamente empenhado a fim de que as partes sociais concluíssem acordos interconfederais voltados à superação da crise econômica que surgiu na metade dos anos 1970, mediante a contenção do custo do trabalho. Diante do fracasso das repetidas solicitações governamentais nesse sentido (fracasso em razão de razões objetivas, tais como a dificuldade de disciplinar unitariamente com um único acordo interprofissional setores econômicos sobre os quais a crise registrava repercussões diversas, e um certo enfraquecimento das estruturas sindicais superiores em relação a uma base particularmente irriquieta), o Estado interveio. Em derrogação ao princípio de plena autonomia das partes sociais, característico do sistema belga de relações de trabalho, em fevereiro de 1981 foi aprovada uma lei que contemplava a possibilidade de limitação dos níveis salariais, se as próprias partes não haviam prosseguido em tal escopo mediante a estipulação de acordos nacionais interprofissionais. Por força da lei, de fato, foram superados os obstáculos que impediam a conclusão de acordos do gênero; enquanto, por seu lado, o governo, por uma lei de 2 de fevereiro de 1982, foi autorizado a emanar normas legislativas diretamente limitativas da dinâmica salarial e dos poderes contratuais, em matéria retributiva, de sindicatos e de indivíduos.

Na mesma estratégia se colocou a lei de 3 de julho de 1983, que conferiu ao governo, com o fim de remediar as consequências sobre contratos de trabalho de introdução de novas tecnologias, especiais poderes legislativos a serem exercidos em caso de inércia das partes sociais na matéria. Isso levou, de fato, à estipulação de um acordo-quadro sobre o assunto no mesmo ano de aprovação da lei. Na segunda metade dos anos 1980, com o fim daquela crise econômica, foi registrada uma atenuação da ingerência governamental que, por outro lado, voltou a se manifestar em períodos de crise sucessivos.

Na Alemanha são mais numerosos os contratos coletivos estatais, relativos a um ou mais *Länder*, enquanto é fraca a negociação empresarial, em parte substituída pela atividade dos organismos institucionalizados de cogestão empresarial (ver T. Ramm, cit., p. 60-61).

No Reino Unido, ao contrário, existe uma notável descentralização da negociação, pela qual os salários efetivos são aqueles pactuados ao nível empresarial (ver R. Rideout, cit., p. 238-246).

Um processo de negociação coletiva, em Portugal, pode situar-se no nível da empresa, do ramo de atividade ou da profissão. Se for outorgado por um só empregador, designa-se acordo de empresa; se subscreveram vários isolados, ter-se-á um acordo coletivo. Sendo celebrado por uma ou mais associações patronais, denominar-se-á contrato coletivo. Não existe, em geral, qualquer condicionamento jurídico da escolha de um dos referidos níveis de negociação. A entidade que tome a iniciativa de negociar pode optar livremente pelo interlocutor que mais lhe convenha.

Na Espanha, o art. 83 do Estatuto dos Trabalhadores (E.T.) prevê que os contratos coletivos possuam o âmbito de aplicação acordado entre as partes. Concluem-se, portanto, acordos interprofissionais entre as confederações mais representativas dos empregadores e prestadores de trabalho, para estabelecer a estrutura da negociação coletiva, isto é, os modelos contratuais; contratos coletivos que afetam os trabalhadores de uma pluralidade de empresas pertencentes ao mesmo ramo de indústria no âmbito nacional ou de *Comunidad Autónoma*; contratos coletivos empresariais.

Como critério geral, à regulação de matéria ou de aspectos das relações de trabalho que, como observado *supra*, são suscetíveis de constituir conteúdo legítimo de pactuação coletiva podem endereçar-se contratos coletivos de quaisquer níveis. Além disso, certas matérias ou funções regulatórias são atribuídas, em via preferencial, e por vezes exclusiva, a contratos coletivos de determinado nível: por vezes, particularmente elevado, outras vezes de empresa. Trata-se de uma distribuição de competências de fonte legislativa (na Itália se encontra uma tendência legislativa análoga, com vistas a individualizar o nível de contratação mais idôneo a realizar o que já denominamos como "flexibilização sindicalmente controlada"), mas ao lado desta opera uma distribuição que tem sua fonte na própria autonomia coletiva (conforme A. Martín Valverde, F. Rodríguez-Sañudo Gutiérrez, J. García Murcia, cit., p. 348).

No direito do trabalho português, a definição da área geográfica em que se aplica um contrato coletivo é um dos elementos de seu conteúdo obrigatório (art. 23 do Decreto Legislativo n. 519-C1/79). Essa área pode ser a de todo o território nacional, a de uma província ou distrito, ou simplesmente a de uma empresa, mas não constitui uma referência autônoma: ela será correspondente à zona de interseção dos âmbitos geográficos cobertos pelas entidades interessadas (art. 7º do mencionado decreto).

Na Grécia, segundo a outras vezes citada lei de 1990, são praticáveis cinco níveis de negociação: o nacional geral, remetido às confederações que concluem acordos que tenham por objeto a fixação das condições de trabalho fundamentais (por exemplo, salário mínimo interprofissional); o setorial; o nacional de categoria; o local de categoria; e o empresarial.

Na Itália, do mesmo modo, são praticáveis todos os níveis territoriais ora indicados, com uma ênfase correspondente que sofre, segundo as circunstâncias, as pressões — opostas — relativas à centralização e à descentralização contratual decorrente da variação das condições econômicas dos países e dos endereços de política econômica.

Com o protocolo sobre o custo do trabalho e as relações industriais subscrito pelas confederações de trabalhadores e de empresários e pelo governo em julho de 1993, as partes optaram por um nível duplo de negociação, nacional e local, por meio do qual foi racionalizado o desenvolvimento das relações sindicais, seja no setor público, seja naquele privado. Os arranjos contratuais definidos implicaram que a negociação empresarial tenha relação com matérias e institutos diversos não repetitivos em relação àqueles retributivos, próprios do contrato coletivo nacional. Os tratamentos empresariais, ainda, foram relativos aos resultados obtidos pela realização de programas acordados pelas partes, tendo como objetivo o aumento de produtividade, de qualidade e outros elementos de competitividade das empresas, enquanto ao contrato nacional de categoria coube estabelecer os momentos das negociações empresariais e as matérias e itens em que articulada. Posteriormente, o protocolo foi substituído, mas a situação precisa ainda de uma regulamentação estável.

Apresenta-se particular a situação austríaca, na qual a presença de uma única organização sindical e a legitimação para a estipulação dos contratos coletivos, por parte empresarial, atribuída à Câmara de Comércio tornam os parâmetros supraexpostos dificilmente aplicáveis.

Tais considerações devem ter em mente a evolução que, no âmbito das tradições dos respectivos sistemas nacionais, denotam as estruturas da contratação coletiva, em correspondência a seus fatores de desenvolvimento próprios, mas sobretudo à história geral das economias nacionais nas quais se inserem. À centralização da negociação, em particular ao nível interconfederal, se recorre em particular em períodos de inflação e de desemprego generalizado, nos quais os objetivos de contenção do custo do trabalho e de defesa dos níveis ocupacionais invocam o papel de protagonista das confederações, em razão de sua atitude natural de colocar-se como fatores de política econômica, em estreito diálogo (embora não sem divergências e confrontos) com as instituições às quais compete a disciplina da economia.

Interessante, por outro lado, é o estudo das formas de coordenação entre os diversos níveis profissionais e territoriais de negociação, também por evidente ligação com as questões concernentes ao conteúdo do contrato (v. *supra*) e a obrigação de paz sindical (v. *infra*). Não é excepcional, de fato, o contraste entre a disciplina estabelecida com relação a um mesmo instituto, por contratos coletivos de níveis diversos.

Trata-se do fenômeno do concurso, em um mesmo âmbito de aplicação profissional, de contratos coletivos de níveis diversos; fenômeno que difere daquele, objeto do parágrafo seguinte, da sucessão de contratos coletivos. No concurso, de fato, não se concretizam a substituição ou derrogação de disposições contratuais vigentes, mas sim se verifica a presença simultânea, muitas vezes contrastante, de mais disciplinas coletivas originadas por agentes contratuais de níveis diversos (ver A. Martín Valverde, F. Rodríguez-Sañudo Gutiérrez, J. García Murcia, cit., p. 367). Quando as disciplinas estão em contraste entre si, ocorre uma situação de concurso-conflito, que os ordenamentos examinados enfrentam e resolvem de maneiras diversificadas (ver N. Aliprantis, *Conflictos entre convenios colectivos de distinto nivel*, in Rev. Lab., 1987; M. Grandi, *Rapporti tra contratti collettivi di diverso livello*, in *Rapporti tra contratti collettivi di diverso livello*, Anais do Congresso organizado pela Associazione Italiana del Diritto del Lavoro e della Sicurezza Sociale — AIDLASS, em Arezzo, nos dias 15-16 de maio de 1981, Milano, 1982).

Nos ordenamentos da União Europeia se distinguem dois sistemas diversos. De um lado, aquele que, tutelando o interesse dos trabalhadores acima do interesse geral (a cuja consideração é deixada à boa vontade das partes coletivas), prevê que o contrato coletivo de nível inferior pode derrogar aquele de nível superior apenas em sentido favorável aos trabalhadores (França, Bélgica, Eslovênia, Eslováquia); de outro lado, o sistema fundado em acordos-quadro estipulados ao nível interconfederal, os quais vinculam em todos os casos as associações de categoria em respeito aos princípios gerais de tratamento nele previstos, levando em conta também o interesse geral. Tais princípios constituem *standards* que não são derrogáveis nem mesmo a favor do trabalhador, segundo cláusulas particulares dos estatutos associativos que limitam a capacidade negocial das associações de grau inferior (Suécia, Dinamarca, Países Baixos).

Na Romênia, a lei dispõe que desde 2007 um contrato coletivo nacional único determine o salario mínimo, que pode ser derrogado *in melius* pelos contratos de ramo de indústria e empresarial.

Na Grécia, a lei de 1990 prevê cláusulas de remissão entre os mencionados níveis de negociação e adere, em caso de conflito, ao critério de maior benefício para o trabalhador. A lei espanhola (art. 83 já citado) prevê que os contratos coletivos de nível superior se remetam àqueles de nível inferior, determinando e, assim limitando, as matérias que podem consitutir seu objeto.

Na Itália, no Reino Unido e na Irlanda se discute se o contrato coletivo empresarial possa derrogar *in peius* o contrato nacional, mas parece prevalecer a resposta afirmativa.

Na Itália — depois de uma primeira orientação jurisprudencial inclinada, também em razão da fraqueza das organizações sindicais que naqueles anos induzia a ver com suspeita qualquer derroga desfavorável aos trabalhadores, a dar, no entanto, prevalência à disciplina coletiva favorável a eles — se afirmou a tese que admite a derrogação *in peius*. Todavia, persistem opiniões doutrinárias críticas no mérito de tal derrogabilidade (ver C. Zoli, *Contratto collettivo come fonte e contrattazione collettiva come sistema di regole*, in *Trattato di diritto del lavoro*, organizado por M. Persiani e F. Carinci, v. I, *Le fonti del diritto del lavoro*, Padova, 2010, p. 571).

A críticas semelhantes se respondeu com argumentos embasados sobre uma consideração mais madura das diversas dimensões do interesse coletivo e da liberdade de efetuar avaliações que na matéria devem ser reconhecidas às organizações que dele são portadoras.

Por outro lado, o critério da prevalência do tratamento mais favorável, se se justifica no conflito entre o contrato coletivo e contrato individual pela fraqueza do trabalhador singular, não possui razões correspondentes na relação entre contratos coletivos de níveis diversos, nos quais, em todos os casos, se trata de dar solução ao concurso de produtos da autonomia coletiva. É a própria existência de níveis diversos de contratação que requer o respeito à autonomia dos agentes contratuais que desenvolvem respectivamente sua função adequada às específicas situações locais ou empresariais, no respeito a um critério razoável de especialidade: salvo, é claro, quando esteja negociando um sindicato de conveniência, manobrado pelo empregador (ver M. Grandi, *op. ult. cit.*; M. Tremolada, *Concorso e conflitto tra regolamenti collettivi di lavoro*, Padova, 1984; G. Prosperetti, *L'efficacia dei contratti collettivi nel pluralismo sindacale*, Milano, 1989). O mencionado Protocolo Sindical sobre Custo do Trabalho de julho de 1993, confirmado nesse ponto pelo acordo-quadro de 22 de janeiro de 2009, prefigurando um preciso e articulado sistema de competências contratuais respectivas, ao nível nacional e descentralizado, por sua vez, procurava abordar a própria possibilidade de insurgência de tal gênero de conflito (M. D'Antona, *Il protocollo sul costo del lavoro e l'«autunno freddo» dell'occupazione*, in *Riv. It. Dir. Lav.*, 1993, I, p. 411).

Na Alemanha não existem acordos interconfederais tendentes a limitar a autonomia das associações de categoria, mas elas são co-responsabilizadas, mediante diretivas confederais acordadas com o governo.

No ordenamento espanhol vigora uma disciplina legislativa detalhada sobre o concurso dos contratos coletivos de diversos âmbitos territoriais (ver A. Martín Valverde, *Concurrencia de los convenios colectivos de trabajo*, in *Comentarios a las leyes laborales. La reforma del Estatuto de los Trabajadores*, tomo 12, v. 2, 2. ed., Madrid, 1995). A regra geral é aquela estabelecida pelo art. 84, item 1, E. T., por força da qual um contrato coletivo, na duração de sua vigência, não pode ser modificado ou derrogado por outro contrato coletivo de nível diverso. A tal regra geral fazem exceção os acordos-quadro interprofissionais, nos termos do art. 83, item 2, E. T., que podem estabelecer uma disciplina diferente nesse concurso. Deve-se lembrar que a própria regra prevê a hipótese de concurso-conflito e não se estende à hipótese na qual, ao contrário, o concurso seja fruto de uma escolha das partes pelo próprio contrato coletivo que venha a suportar a competição.

Há, no entanto, regras especiais que permitem o concurso de contratos coletivos empresariais com os *"sectoriales"*, ou seja, de ramo de indústria. Nos termos do art. 84, items 2 e 3, do Estatuto dos Trabalhadores, contratos de nível empresarial podem derrogar e modificar aqueles de nível superior, quando dizem respeito a determinados institutos contratuais: salário, horário e turnos do trabalho, hora extra, adequação empresarial dos sistemas para classificar profissionalmente os trabalhadores, meios para favorecer a conciliação. Os contratos coletivos de nível de *Commidad Autonoma* podem derrogar aqueles de nível estatal quando dizem respeito ao requisito do *quorum* de aprovação da *comision negociadora* e institutos contratuais como período de prova, classificação profissional, horário, sanções, prevenção dos riscos e mobilidade geográfica.

Opera, nessa hipótese, o princípio da especialidade da disciplina relativo a determinados contextos empresariais.

Esse princípio é a base de uma outra exceção, prevista pelo art. 44, item 4, do Estatuto dos Trabalhadores, a favor do contrato coletivo "de origem" dos trabalhadores transferidos à outra empresa, que prevalece provisoriamente sobre o contrato vigente na empresa de nova destinação: regra que deriva da diretiva da União Europeia (ver A. Martín Valverde, cit., J. Mercader Uguina, *Estructura de la negociación colectiva y relaciones entre convenios*, Madrid, 1994) e que se aplica também em outras legislações sindicais europeias.

27. EFICÁCIA NO TEMPO DO CONTRATO COLETIVO

O contrato coletivo introduz, por seu caráter, uma regulamentação de natureza temporária e, portanto, contém disposições destinadas a ter uma duração limitada no tempo, mesmo se aspiram a um mínimo de estabilidade que permita aos trabalhadores e empregadores formularem previsões de curto e médio prazos sobre rendimentos e custos do trabalho. Por outro lado, algumas de tais disposições são particularmente sensíveis às alterações da conjuntura econômica (ver A. Martín Valverde, F. Rodríguez-Sañudo Gutiérrez, J. García Murcia, cit., p. 163-164).

Compreende-se, portanto, como, acerca da eficácia no tempo do contrato coletivo, os vários ordenamentos examinados encontram-se confrontados com a necessidade de conciliar duas exigências opostas: de um lado, a de assegurar — no interesse precípuo da parte empregadora — uma certa estabilidade da regulamentação contratual, para permitir uma previsão justa e certa dos custos do trabalho no período respectivo; por outro, a de permitir — no interesse dos trabalhadores — uma constante adequação dos conteúdos contratuais às modificações da realidade econômica e social e da organização produtiva. Nesse sentido preveem vários institutos juslaborais, alguns mais diretamente relacionados com o tema do contrato coletivo (como a obrigação de paz sindical, da qual trataremos no tópico sucessivo) e outros, ao contrário, menos relacionados a referido tema. Por isso aqui não será examinado o mecanismo de indexação salarial.

Examina-se, em primeiro lugar, a solução que à questão enunciada é oferecida, nos ordenamentos estudados, através da disciplina da duração do contrato coletivo. Nesse propósito, tais ordenamentos se distinguem, também nesse caso, entre aqueles que deixam mais liberdade às partes sociais (Itália, Alemanha, Reino Unido, Irlanda, Suécia, Dinamarca) e aqueles que disciplinam legislativamente a matéria, dando lugar a uma normatização própria de notável complexidade e sofisticação, associada com a articulação dos níveis de contratação e com a multiplicidade dos centros de poder autônomo que os operam (França, Luxemburgo, Países Baixos, Bélgica, Grécia, Portugal, Espanha, Áustria, Finlândia). Veja-se, além da doutrina já mencionada no tema do concurso de contratos coletivos, A. Desdentado Bonete, *Problemas de concurrencia y articulación de convenios colectivos*, em AA. VV., *Problemas actuales de la negociación colectiva*, Madrid, 1994; G. Giugni, *op. ult. cit.*, p. 177-187.

A eficácia no tempo do contrato coletivo diz respeito, por um lado, à prévia determinação ou não da sua duração e, por outro, à cessação de sua eficácia. Quanto à primeira, é de se considerar a alternativa entre duração determinada e duração indeterminada do contrato. Apenas um Estado-membro da União Europeia desde muito tempo (Luxemburgo) impõe a estipulação do contrato coletivo por tempo determinado, enquanto nos outros é permitida às partes sociais a escolha nessa matéria.

Diferentemente colocam-se os ordenamentos de países saídos sucessivamente do socialismo real (a Romênia, por exemplo, onde a lei prevê a duração mínima de doze meses).

Quando a escolha é no sentido da duração indeterminada, deve-se considerar admitida em todos os casos a denúncia, ou rescisão unilateral, pelo princípio geral que não suporta vínculos jurídicos perpétuos, ou seja, vínculos que para liberação se requer o consenso da outra parte.

A lei pode prever, para a parte normativa (aquela direcionada a disciplinar os contratos individuais de trabalho) dos contratos coletivos estipulados a tempo determinado, uma duração máxima, com a finalidade de que não seja por muito tempo cristalizada a evolução contratual. Essa duração máxima varia: é de três anos em Luxemburgo e de cinco nos Países Baixos e na França (art. 132-6 do *Code du travail*). Uma duração mínima (seis meses) é prevista apenas em Luxemburgo.

Na prática, a duração escolhida de costume pelas partes é de um ano na Alemanha, França e Países Baixos; de dois anos na Dinamarca, Bélgica e Luxemburgo; de três anos na Itália. Por isso mesmo o já mencionado Protocolo italiano sobre o custo do trabalho de julho de 1993 previu renovações a cada quatro anos da parte normativa, devendo, nesse caso, entender-se por isso aquela que discipline os aspectos dos contratos individuais de trabalho diferentes da retribuição, segundo o significado que assumiu a palavra "normativa" na linguagem sindical; e renovações bienais da parte retributiva. Porém, com o acordo-quadro de 2009, retornou-se à duração trienal, seja para a parte normativa, seja para a parte retributiva. Vejam-se, na matéria, F. Carinci, *Una dichiarazione di intenti: l'Accordo quadro 22 gennaio 2009 sulla riforma degli assetti contrattuali*, in *Riv. It. Dir. Lav.*, 2009, I, p. 177; A. Pandolfo, *L'accordo quadro sugli assetti della contrattazione collettiva: una regolamentazione in fieri*, in *Mass. Giur. Lav.*, 2009, p. 208; M. Magnani, *I nodi attuali del sistema delle relazioni industriali e l'accordo quadro del 22 gennaio 2009*, in *Arg. Dir. Lav.*, 2009, p. 1.278. Todavia, essas indicações variam muito também levando-se em consideração o nível territorial do contrato.

Por outro lado, no Reino Unido, geralmente não são prefixados termos de eficácia, em relação ao já ressaltado caráter dinâmico daquele sistema de negociação coletiva, no qual organismos permanentes de negociação desenvolvem um processo contínuo de revisão dos resultados atingidos. Exatamente por causa desse contínuo aperfeiçoamento ocorre de os contratos coletivos, em sua função de acordos procedimentais, permanecerem em vigor por muitos anos.

Nos ordenamentos europeus onde a publicidade do contrato coletivo se realiza através de seu depósito perante um órgão público indicado pela lei, o contrato coletivo entra em vigor, salvo disposição em contrário, a partir do dia seguinte ao do depósito no órgão competente. Tal depósito só pode ser realizado após expirado o prazo para oposição à entrada em vigor do contrato coletivo (França).

A cessação dos efeitos do contrato coletivo por tempo determinado pode advir automaticamente pela expiração do prazo (assim se dá na Bélgica), ou é prevista a necessidade da rescisão, ou denúncia, do contrato (assim ocorre na Áustria, três meses antes do término do prazo, e em Luxemburgo, onde esta pode também ser parcial). Rescisão que, ao contrário, é sempre obviamente indispensável para o contrato a tempo indeterminado ou quando existem, em um contrato a tempo determinado, cláusulas de renovação automática.

Segundo o direito espanhol, a expiração do prazo final previsto no contrato coletivo não dá origem à perda automática da sua vigência, a qual requer que seja satisfeito o requisito adicional da rescisão formalmente efetuada, de forma bilateral ou (mais frequentemente) unilateral, pelas partes contratuais. O contrato coletivo que atinge o prazo final, mas não rescindido, prorroga sua vigência ano a ano, nos termos do art. 86, parágrafo 2º, da lei sobre o estatuto dos trabalhadores (ver A. Arrufe Varela, *La denuncia del convenio colectivo*, Madrid, 2000).

A rescisão é, geralmente, precedida de um preaviso exigido por lei (Países Baixos, Áustria, Finlândia), ou mesmo previsto pelo próprio contrato coletivo (Irlanda, Reino Unido, Dinamarca). Às vezes a lei prevê também a duração do preaviso, além da forma e da publicidade da rescisão (Países Baixos e Grécia). A rescisão dos contratos coletivos ingleses por tempo indeterminado é disciplinada pelos próprios contratos, que frequentemente preveem um preaviso de duração proporcional ao período em que aqueles são aplicados.

Intervindo a expiração do prazo prefixado, ou mesmo se tiver se dado a regular rescisão, necessário esclarecer a situação que assim se configura. De fato, nem sempre ocorre de o contrato ser tempestiva e totalmente renovado. O contrato coletivo que sucede aquele terminado ou rescindido, normalmente, não o substitui integralmente, mas se limita a introduzir modificações concernentes a uma parte das disposições precedentes, deixando o restante inalterado.

Em cada caso, a dúvida, no período em que se desenvolvem as tratativas para a renovação, é a se deve ser considerado que o antigo contrato deixou de ter eficácia.

No caso em que as tratativas sindicais para a renovação do contrato terminado ou rescindido são iniciadas com antecipação em relação à expiração do prazo, ou no contexto de um preaviso razoável da rescisão, pode ocorrer que o procedimento de renovação se conclua tempestivamente, de forma que o novo contrato coletivo substitui o outro sem solução de continuidade. Onde, contudo, o procedimento de renovação não se exaure antes do termo de cessação de eficácia do antigo contrato, pode ocorrer um vácuo normativo em relação à disciplina das relações de trabalho; vácuo que se propõe preencher a previsão de ultratividade do contrato coletivo findo, isto é, aquela pela qual este continue a produzir seus efeitos até quando passe a intervir um novo contrato coletivo.

A ultratividade pode estar prevista pela lei (por exemplo, na França) ou pela própria autonomia coletiva: assim se dá na Dinamarca, onde, contudo, a ultratividade falta se oposta ao surgimento de um conflito coletivo no qual uma parte procura escapar totalmente da disciplina coletiva já estabelecida pelo antigo contrato, sem substituí-la por uma nova. Na Suécia, a prática sindical favorável à ultratividade foi várias vezes confirmada pela jurisprudência.

Na Espanha, nos termos do art. 86, parágrafo 3º, do Estatuto dos Trabalhadores (E.T.), estão em vigor duas regras distintas. A primeira atribui à autonomia coletiva plena competência acerca da solução considerada mais conveniente no intervalo entre a expiração do prazo do contrato coletivo e a sua renovação. Ou seja, é devolvida, em sua essência, ao próprio contrato a escolha de estabelecer uma sobrevivência provisória das disposições de sua parte normativa ou mesmo sua definitiva cessação. No caso em que as partes do contrato coletivo não disponham sobre a questão, em via supletiva, a lei prevê a ultratividade daquelas disposições (conforme A. Martín Valverde, F. Rodríguez-Sañudo Gutiérrez, J. García Murcia, cit., p. 365; A. Pastor Martinez, *La vigencia del convenio colectivo estatutario. Analisis juridico de su dimensión temporal* (e-book), 2006).

Mesmo na Itália — onde, para os contratos corporativos, era dada solução ao problema, aliás em conformidade a sua natureza de atos normativos publicistas, pelo art. 2.074 do Código Civil, que previa a continuação de sua eficácia até a estipulação do novo contrato coletivo — os contratos coletivos de direito comum contém normalmente cláusulas que explicitamente sancionam a ultratividade. Às vezes — em caso de renovação tardia — são, ao contrário, inseridas cláusulas que preveem a — também parcial — retroatividade, isto é, fazem decorrer efeitos a partir de data anterior à de estipulação, especificando-se, como regra, que os benefícios anteriores à estipulação dizem respeito apenas aos trabalhadores em serviço quando da entrada em vigor do novo contrato.

É posta em dúvida, porém, a legitimidade das cláusulas dos contratos coletivos que, concluída a renovação, preveem seus efeitos a partir da data em que se conclui o novo acordo e não daquela da expiração do antigo contrato: estabelecendo, contudo, para compensar a redução consequentemente sofrida pelo melhoramento retributivo a partir apenas da renovação, o pagamento de uma quantia fixa (mas unicamente em favor dos trabalhadores em serviço no momento em que se inicia a nova disciplina). As opiniões da doutrina italiana são divididas: ver L. Riva Sanseverino, *Sull'efficacia nel tempo della disciplina collettiva e della disciplina individuale dei rapporti di lavoro*, in *Dir. Lav.*, 1961, I, p. 55; A. Cessari, *Il "favor" verso il prestatore di lavoro subordinato*, Milano, 1966, p. 177; G. Alibrandi, *Sulla "retrodecorrenza" dei contratti collettivi di diritto comune*, in *Mon. Trib.*, 1968, p. 1.983.

Onde, ao contrário, na espécie, faltem tais cláusulas, não se pode invocar a mencionada norma legal, em razão da natureza diversa dos contratos coletivos para os quais ela foi inserida no código (conforme V. Simi, *L'efficacia del contratto collettivo*, in *Nuovo trattato di diritto del lavoro*, diretto da L. Riva Sanseverino e G. Mazzoni, I, Padova, 1971, p. 347; R. Scognamiglio, *Sulla controversa ultrattività dei contratti collettivi*, in *Mass. Giur. Lav.*, 1995, p. 552).

Deve-se ressaltar que, de fato, as partes — e em particular as partes empregadoras — geralmente aderem a uma prática que continua a dar aplicação ao contrato coletivo expirado. E tanto mais quando a expiração diz respeito a contratos de conteúdo amplo e complexo, como são os contratos de categoria, cujo desaparecimento repentino deixaria as relações coletivas de trabalho em uma situação de anomia, motivo de dificuldade para todos. O raciocínio é parcialmente diverso no caso de contratos coletivos que regulam um limitado número de institutos contratuais, se não um único instituto (como acontece nos acordos interconfederais e naqueles empresariais, frequentemente apenas integrativos dos contratos coletivos nacionais); e aqui, de fato, a prática registra a suspensão da execução depois da expiração de tais contratos coletivos, não seguida da renovação tempestiva.

Deve-se acrescentar que, perdurando o atraso na renovação do contrato coletivo expirado, o empregador que, no entanto, continuou a dar aplicação àquele, pode sempre suspendê-la, em consonância com o mencionado princípio geral que exclui os vínculos jurídicos perpétuos; e já que tal aplicação prática não vincula a própria parte a uma verdadeira ultratividade, se não se prove que, com seu comportamento concludente ou até mesmo com sua manifesação expressa, tenha havido a intenção de obrigar-se nesse sentido.

Entretanto, a diminuição da retribuição, em relação ao montante previsto pelo contrato coletivo com contrato expirado ou rescindido, pode originar um problema em relação ao princípio pelo qual a retribuição deve ser proporcional à qualidade e quantidade do trabalho prestado; proporcionalidade realizada, precisamente, por meio do piso salarial estipulado por negociação coletiva. E quando, em um ordenamento, falte a determinação legislativa do salário mínimo, e o princípio da suficiência da retribuição em relação às exigências de vida pessoais e familiares dos trabalhadores não tenha outra via para encontrar aplicação, se não aquela da determinação judicial da retribuição suficiente que tenha como parâmetro os pisos salariais da negociação coletiva, pode-se deparar também com o problema da violação do princípio da retribuição suficiente.

Ambos os problemas, no ordenamento italiano, podem encontrar solução através de uma intervenção do juiz que, na dita determinação, recupere, aguardando a renovação contratual, a proporcionalidade e suficiência da retribuição fazendo referência ao contrato coletivo expirado ou rescindido (à doutrina italiana sobre o tema citada anteriormente, *adde* M. Esposito, *L'efficacia nel tempo del contratto collettivo* in R. Santucci e L. Zoppoli (Orgs.), *Contratto collettivo e disciplina dei rapporti di lavoro*, Torino, 2004, p. 117; M. F. Del Conte, *Durata ed efficacia del contratto collettivo: la ricorrente tentazione dell'ultrattività*, in *Mass. Giur. Lav.*, 2003, n. 10).

O mencionado Protocolo sobre o Custo do Trabalho de 1993 se propôs a evitar o surgimento de questões semelhantes no período compreendido entre a expiração do antigo contrato e a edição do novo (denominado "vacância contratual"), estabelecendo o direito dos trabalhadores de perceber uma indenização, denominada exatamente de vacância contratual, e proporcional, em parte, à taxa de inflação, quando transcorrerem três meses sem que o contrato coletivo seja renovado. O acordo de 2009, já citado, delegou a outros entendimentos entre as partes o melhoramento desse mecanismo, com antecipação da vigência da indenização à data de expiração do prazo do contrato anterior.

A questão do vácuo normativo que visa superar a ultratividade não se apresenta nos ordenamentos britânico e irlandês, quando o contrato coletivo — como ressaltado *supra* — é incorporado ao contrato individual, cuja eficácia, portanto, permanece insensível em relação ao vencimento do contrato coletivo. Por outro lado, em sistemas onde prevista a eficácia da parte normativa do contrato coletivo sob o plano do ordenamento jurídico estatal, a recepção das cláusulas do contrato coletivo pelo contrato individual — mediante uma manifestação de vontade, expressa ou implícita, pelas partes do contrato individual — está equipada por um dúplice significado. Além de valer para estender a aplicação do contrato coletivo a sujeitos não afiliados ao sindicato, são também utilizadas para assegurar a continuidade da eficácia da disciplina coletiva no período sucessivo à expiração do prazo de um contrato no qual não seja prevista a ultratividade (Alemanha, Luxemburgo).

Outra questão relacionada com a eficácia temporal do contrato coletivo é aquela que se coloca quando o novo contrato, que geralmente traz melhoramentos na retribuição e em outras condições de trabalho, contém, ao contrário, em relação a determinados aspectos, novidades prejudiciais aos trabalhadores, eventualmente em troca de concessões dos empregadores sobre outros aspectos considerados mais importantes pelo sindicato. Trata-se do fenômeno que pode ser encontrado em períodos de crise econômica e de transformação da estrutura produtiva direcionada à redução dos custos, inclusive aquele do trabalho.

Sustentando a tese que admite essas modificações prejudiciais, observa-se que o princípio da inalterabilidade *in peius* válido na relação entre contratos coletivos e contratos individuais de trabalho, ao contrário, não é aplicado nas relações entre contratos coletivos.

A solução do problema está condicionada, por outro lado, pela reconstrução da relação existente entre autonomia coletiva e autonomia individual. Se a relação é configurada nos termos da incorporação das cláusulas do contrato coletivo no contrato individual de trabalho (o que no Reino Unido se considera o próprio fundamento da eficácia jurídica do contrato coletivo e constitui concepção teórica geralmente aceita em outros países europeus, como na Alemanha, onde é defendida por E. Jacobi, *Grundleheren des Arbeitsrechts*, Leipzig, 1927, e na França, onde encontrou um apoiador em M. Despax, *Convention collettives*, in *Traité de droit du travail* diretto da G.H. Camerlynk, Paris, 1966), deve-se excluir a possibilidade de alterações prejudiciais. De fato, as cláusulas coletivas incorporadas tornam-se parte integrante do contrato individual, resultando, portanto, alteráveis, à luz do princípio que regula as relações entre autonomia coletiva e autonomia individual, unicamente as disposições de contratos coletivos posteriores que importem em melhorias.

Se, ao contrário, se considera que a autonomia coletiva, enquanto regula de forma vinculativa os contratos individuais de trabalho, não é transfundida a eles, que permanecem distintos e expostos a todas as modificações realizadas pela autonomia coletiva, é admissível que contratos coletivos posteriores modifiquem também de forma prejudicial; e essa pareceu a solução mais conveniente para um desenvolvimento não emperrado da dinâmica negocial (conforme G. Giugni, *op. ult. cit.*, p. 178-179; sobre a relação entre autonomia coletiva e contrato individual de trabalho, na vastíssima doutrina italiana sobre o tema, por todos confira-se M. Persiani, *Saggio sull'autonomia privata collettiva*, Padova, 1972).

A conclusão exposta encontra, todavia, um limite objetivo, constituído pela intangibilidade dos direitos já incorporados ao patrimônio jurídico dos trabalhadores, relativos aos serviços já prestados, e por isso no contexto de uma relação exaurida ou de uma fase já concluída (denominados direitos adquiridos). Se esse contrato coletivo posterior, em ausência de um mandato específico, não for adequado para dispor sobre esses verdadeiros e próprios direitos subjetivos que o trabalhador acumulou em virtude de prestações efetivamente efetuadas, não se pode esperar que força jurídica análoga sustente a pretensão de que tal contrato mantenha a disciplina que permitiu a acumulação desses direitos. Nessa segunda hipótese, trata-se de mera expectativa de direito, que não vincula juridicamente a futura negociação coletiva a eventualmente não modificar também em sentido prejudicial os tratamentos assegurados no passado.

O poder do sindicato de dispor dos direitos individuais dos trabalhadores foi objeto de um amplo debate da doutrina italiana. A esse respeito, confira-se, para uma síntese, G. Giugni, *op. ult. cit.*, p. 179 e 185, e T. Treu, *Poteri dei sindacati e diritti acquisiti dagli associati nella contrattazione collettiva*, in *Riv. It. Dir. Lav.*, 1965, I, p. 333; A. Maresca, *Diritti individuali del lavoratore e poteri del sindacato*, in *Gior. Dir. Lav. Rel. Ind.*, 1985, p. 685, e Id, *Ancora sulla disponibilità in sede collettiva dei diritti individuali*, in *Riv. It. Dir. Lav.*, 1988, II, p. 910; G. Pera, *Sulla disponibilità sindacale dei diritti individuali*, ivi, 1986, p. 927.

Desejando traçar considerações conclusivas sobre a questão, deve-se dizer que, colocando em foco a disciplina que, na União Europeia, é reservada à eficácia no tempo do contrato coletivo, está confirmada a ampla influência exercitada, também a esse propósito, pela especificidade do contexto social nacional e pelas escolhas mais gerais feitas pelos ordenamentos estatais singulares.

28. OBRIGAÇÃO DE PAZ SINDICAL

Em todos os ordenamentos — também naqueles aqui examinados — se coloca o problema da relação entre contrato e conflito coletivo e, portanto, da admissibilidade da continuação da luta sindical mesmo depois da conclusão do contrato. A função essencial do contrato coletivo — como dito — é aquela de resolver o conflito coletivo ditando a disciplina a que devem uniformar-se os contratos individuais, isto é, a função de fazer a paz social. Portanto, poder-se-ia razoavelmente acreditar que sua própria estipulação determine, como efeito natural, a imposição de um dever de paz a cargo dos sujeitos estipulantes. Ou seja, determina o dever de não utilizar, na vigência do contrato coletivo, a ação direta, com finalidade de obter modificações do contrato antes de sua expiração ou que se verifique uma condição resolutiva.

A obrigação de paz sindical poderia ser considerada implícita, enquanto essencial à mencionada função do contrato coletivo de compor, através de suas disposições vinculantes, o conflito entre as partes sociais pelo período de sua duração, à luz do princípio fundamental do *pacta sunt servanda*. Por tal período, as partes teriam renunciado a fazer uso dos meios de luta (greve, *lockout*), aos quais poderiam recorrer novamente apenas no momento da expiração do antigo contrato, com a finalidade de estipular o novo (conferir, para um primeiro olhar sob a perspectiva comparatista, G. Aubert, *L'obbligation de paix du travail: etude de droit suisse et comparé*, Genève, 1981).

Uma tal conclusão, por outro lado, pressupõe que um dado sistema de relações sindicais acolha efetivamente a concepção baseada na funcionalização do conflito ao contrato coletivo. Objetivo essencial a perseguir, em tal sistema, surge, assim, a paz social, enquanto o conflito coletivo e seus meios de luta são considerados como instrumentos à disposição das partes sociais contrapostas em vista da única finalidade da estipulação do contrato e também para não recolocar em discussão as condições já pactuadas.

Tal concepção, todavia, não é compartilhada — pelo menos não é compartilhada com a mesma intensidade — em todos os ordenamentos examinados. No mérito da questão, retorna o contraste, do qual já fizemos referência anteriormente, entre o interesse do empregador à estabilidade da disciplina contratual coletiva acordada, com a finalidade de beneficiar-se de uma segura programação empresarial, por um lado, e o interesse dos trabalhadores de modificar os acordos firmados em um sentido mais favorável, por outro lado. Na verdade, ambos os interesses se fundam em exigências objetivas, pelo que a solução do problema da relação entre contrato e conflito coletivo — e por isso da paz ou trégua sindical — depende do equilíbrio concretamente atingido entre essas exigências opostas nos ordenamentos singulares. E também, a bem ver, no interior desses em sucessivas e diversas fases da história das relações sindicais.

O dever de paz sindical é considerado, assim, em alguns ordenamentos como efeito natural da estipulação do contrato coletivo (Alemanha, Países Baixos, Bélgica, Luxemburgo, Dinamarca, Suécia, França, Espanha, Grécia, Áustria, Finlândia), seja por previsão de lei (Luxemburgo, Suécia e Espanha, ordenamento, último este, no qual o dever subsiste em relação ao mesmo nível de contratação, podendo ser rediscutido em nível inferior — como já ressaltado — o melhoramento das condições fixadas naquele superior), seja como consequência de um princípio jurisprudencial (Alemanha, Países Baixos, Grécia, Áustria), seja como efeito de natureza convencional previsto por acordos quadro (Dinamarca).

Ao revés, o art. 1.3 da Lei portuguesa n. 65 de 1977 dispõe que o direito de greve é irrenunciável, e com base nesse preceito, tem-se entendido inaceitável a consagração convencional do dever de paz social.

Em outros ordenamentos, ao contrário, uma obrigação de paz sindical é registrada apenas quando prevista expressamente pelas próprias partes estipulantes do contrato coletivo (Reino Unido, Irlanda, Itália). A esse propósito, *vide* G. Giugni, *The peace obligation*, in B. Aaron et al. *Industrial Conflict. A Comparative Legal Survey*, London, 1972, p. 127.

É, contudo, de se recordar que, no sistema britânico, o valor jurídico das cláusulas de paz sindical — não raro introduzidas nos contratos coletivos — não pode se basear no valor do contrato que a contém. Portanto, enquanto ele esteja privado de eficácia vinculante no ordenamento geral, também a cláusula de paz deve ser considerada vinculante apenas sob o plano social, ou do ordenamento intersindical. Não por acaso, para a incorporação da *no-strike clause* no contrato individual, o T.U.L.R.C.A. de 1992 — confirmando a norma de 1974 — requer que o contrato coletivo que a introduza seja estipulado por escrito por parte de uma organização sindical independente e contenha a previsão expressa da possível incorporação, além de ser acessível aos trabalhadores na empresa.

No ordenamento irlandês, a cláusula de paz sindical deve estar contida nos contratos coletivos em relação aos quais se pode requerer a extensão da eficácia, nos termos do *Industrial Relations Act* de 1946. Então, em tal caso, a cláusula tem pleno valor jurídico.

Na Itália, cláusulas de paz sindical foram introduzidas, ao início dos anos 1960, em uma fase de passagem da negociação centralizada à negociação denominada articulada. Baseava-se na remessa da disciplina de dadas matérias da negociação nacional a de nível regional ou empresarial, com o dever das partes de não iniciar conflitos, durante a duração do contrato, acerca de matérias já reguladas em sede nacional. Cláusulas análogas de trégua, todavia, não foram mais inseridas nos contratos sucessivos, por uma recusa sindical de uma negociação vinculada nesses termos. Em tempos recentes, por outro lado, se assiste a um certo retorno às cláusulas de trégua, na perspectiva da busca de um quadro de coordenação nos níveis contratuais passível de restabelecer uma ordem das relações sindicais comprometida com a denominada conflitualidade permanente. O repetidamente mencionado Protocolo sobre o Custo do Trabalho e as Relações Industriais de 23 de julho de 1993 e também o acordo-quadro de 22 de janeiro de 1999, como já tivemos oportunidade de antecipar, substancialmente traçam um quadro geral de articulação da negociação coletiva, em virtude de tal restabelecimento (conforme L. Bellardi, *Concertazione e contrattazione dal Protocollo Giugni agli accordi separati del 2009*, in *Riv. Giur. Lav.*, 2009, p. 208).

O dever de paz sindical se distingue, então, em absoluto, quando veda o conflito coletivo sobre qualquer objeto, e relativo, quando veda o conflito apenas para matérias já reguladas no contrato coletivo. Compreende-se como o dever implícito de paz sindical seja, por sua natureza, relativo, já que um dever absoluto parece em contraste com o princípio de liberdade sindical e, em especial, com o reconhecimento do direito de greve. De resto, também nos Países Baixos, onde é consentido às partes estipulantes incluir no contrato coletivo a previsão de uma obrigação de paz absoluta, é, contudo, ressalvada a legitimidade da luta sindical em caso de modificações profundas da situação de fato na qual foi estipulado o contrato coletivo, segundo um princípio análogo àquele da resolução por onerosidade excessiva sobrevinda, típico do direito comum dos contratos.

Além disso, o dever de paz sindical pode consistir em uma proibição de luta sindical por toda a duração do contrato coletivo (Luxemburgo, Bélgica, Alemanha, Países Baixos, Espanha, Grécia, Dinamarca, Suécia, Finlândia, Áustria), ou mesmo uma proibição temporária (denominada período de *cooling off*), na espera do procedimento de conciliação (Reino Unido, Irlanda). Nessa segunda hipótese, o vínculo se torna menos grave, pois as partes, uma vez experimentando inutilmente a tentativa de conciliação, readquirem a plena liberdade de luta sindical também para as matérias já reguladas pelo contrato coletivo.

Com exceção apenas da Dinamarca, que por outro lado possui uma disciplina orgânica, embora convencional, do contrato coletivo, a obrigação de paz sindical por toda a duração do contrato coletivo é prevista apenas nos ordenamentos providos de uma lei orgânica a propósito. Essa consideração encontra confirmação no sistema da Irlanda, onde a obrigação de paz constitui, segundo a lei, uma das condições essenciais para a extensão *erga omnes* do contrato coletivo.

Passando do conteúdo da obrigação de paz sindical ao seu alcance, é de se observar que esta pode vedar o conflito coletivo ou a qualquer nível (Alemanha, Áustria, Suécia, Finlândia) ou mesmo unicamente ao nível em que é estipulado o contrato coletivo. A diferença é considerável, já que, no segundo caso, as associações estipulantes conservam o direito de repropor a nível local ou empresarial o conflito sobre as mesmas matérias já reguladas com um contrato coletivo nacional. Resulta claro, assim, como o diverso conteúdo da obrigação de paz condicione em modo decisivo a estrutura da negociação coletiva e a coordenação entre seus diversos níveis.

Mesmo na presença de uma obrigação de paz sindical, o conflito é considerado lícito em algumas hipóteses, entre cujas violações da obrigação de paz ou das cláusulas do contrato coletivo por parte dos outros contratantes (Alemanha, Bélgica, Países Baixos, Dinamarca, onde, porém, há o ônus de fazer recurso a um órgão conciliativo), segundo a geral exceção de inadimplemento; quando o que for proclamado seja uma greve de solidariedade (Dinamarca, Bélgica, Suécia e Alemanha, mas na condição de que a abstenção principal não viole a mesma obrigação de paz sindical); a recusa da substituição dos trabalhadores drante a greve (Dinamarca); a notável mutação da situação existente no momento da estipulação do contrato coletivo, invocando-se a condição *rebus sic stantibus,* em consequência do princípio essencial de correlação e equilíbio entre as obrigações contratuais que estão na base do instituto da resolução por onerosidade excessiva sobrevinda (Países Baixos, Itália, Reino Unido).

Em todos os casos de obrigação de paz sindical, necessário individualizar os sujeitos a ela vinculados. Em alguns ordenamentos, a obrigação vincula apenas as associações estipulantes (Bélgica, Luxemburgo, Alemanha, Países Baixos, Grécia, Suécia); em outros ordenamentos, vincula não só os sindicatos, mas também as partes do contrato individual (Dinamarca); ainda em outros ordenamentos, a obrigação pode vincular os sindicatos e os indivíduos, de acordo com o conteúdo das cláusulas que a introduzem. Essa é a solução adotada no Reino Unido e na Itália. Nesse segundo caso, parece que o concreto conteúdo das cláusulas estipuladas deixa presumir um empenho apenas para os sindicatos estipulantes, mesmo porque se duvida de que as partes coletivas contraentes possam legitimamente, além de assumir obrigações próprias, dispor do direito de greve constitucionalmente garantido aos trabalhadores individuais.

Na maior parte dos casos, portanto, a obrigação de paz sindical (de resto, em harmonia com sua relevância, quando deriva da cláusula contratual especial, na parte obrigatória do contrato coletivo) vincula as associações estipulantes, as quais são necessárias não apenas para não organizar diretamente ações de luta sindical, mas também a atuar, segundo uma típica obrigação de comportamento, a fim de que os respectivos filiados não recorram autonomamente a tais ações (Alemanha, Dinamarca, Suécia, Bélgica, Luxemburgo, Países Baixos, Áustria).

Deve-se observar, todavia, que na prática se verificam frequentemente greves em violação da obrigação de paz sindical (Reino Unido, Dinamarca, Alemanha), sem que os empregadores reajam concretamente sob o plano judiciário, com o fim de obter o ressarcimento do dano correspondente.

Para uma mais precisa compreensão do fenômeno, como em geral para toda a problemática da obrigação de paz sindical — na virada entre contrato e conflito coletivo —, remeta-se ao que foi ilustrado no quarto capítulo sobre meios de luta sindical.

29. EXTENSÃO DA EFICÁCIA DO CONTRATO COLETIVO

As considerações sobre a eficácia normativa do contrato coletivo, desenvolvidas nas páginas precedentes, são completadas pelo exame dos sistemas mediante os quais tal eficácia é estendida *erga omnes*: ou seja, a todos os contratos individuais de trabalho que são firmados no campo de aplicação, profissional e territorial, do contrato coletivo, em virtude da subsistência dos requisitos que os respectivos ordenamentos colocam como necessários para tal aplicação.

Entre os requisitos, essencial aquele da filiação sindical dos destinatários da norma contratual e, por isso, surge o problema dos efeitos do contrato em relação aos não associados, e em particular às empresas não associadas às organizações empresariais que os estipularam. Trata-se de sujeitos que possuem a qualidade para pertencer à categoria profissional, ou à outra diversa delimitação do campo de aplicação do mesmo contrato. Então, participam — mesmo se não ativamente — do interesse coletivo para cuja satisfação o grupo organizado desenvolve a ação de tutela e estipula o contrato coletivo. No entanto, não são filiados às organizações estipulantes e, segundo a opinião generalizada, não se enquadram na esfera de eficácia do poder representativo daqueles que, enquanto livres associações de direito privado, consideram-se dotadas de uma simples representação de vontade.

Observou-se como seja tradicional a aspiração do sindicato dos trabalhadores (mas também, pensando bem, das organizações empresariais, interessadas a um correto desenvolvimento da concorrência entre as empresas, não poluída por vantagens obtidas pelos custos de produção inferiores das empresas que fujam da observância dos pisos salariais e das outras condições de trabalho garantidas pela negociação coletiva) para uma aplicação vinculante e, ainda, generalizada do contrato coletivo. Mas a aspiração se choca com a tese de acordo com a qual o contrato é estipulado com base em uma representação voluntária conferida pelos indivíduos no momento de sua filiação.

Os não associados, que não concederam às associações o poder de agir por sua conta e em seu nome, portanto, coerentemente com a mencionada teoria majoritária, são excluídos do âmbito de eficácia normativa própria do contrato coletivo. Todavia, participam, pelo menos de forma não ativa, do interesse coletivo defendido pelas organizações sindicais, de modo que permanecem, contudo, livres para aproveitar do conteúdo do contrato coletivo, recebendo tal conteúdo em seus contratos individuais de trabalho através da remissão, da qual já tratamos *supra*. Além disso, a organização sindical tem, por si mesma, interesse na extensão da eficácia da disciplina contratual coletiva. De fato, apenas assim se realiza completamente a eliminação da concorrência na determinação das condições de trabalho que constitui a finalidade essencial da estipulação do contrato coletivo.

Em suma, da indivisibilidade do interesse coletivo, relevante seja aos associados, seja aos não associados, realizado através da ação sindical, surge a exigência de garantir a eficácia geral da negociação coletiva. Essa extensão é tendente, exatamente, a assegurar condições mínimas de tratamento coletivamente pactuadas também para aqueles trabalhadores que, de outra forma, segundo o mencionado critério que coloca a eficácia daquele tratamento baseado no mandato conferido pelos indivíduos por meio de sua filiação ao sindicato, não as poderiam invocar.

A concepção pela qual o contrato coletivo é estipulado com base na concessão, por parte dos indivíduos associados, de representação voluntária às organizações sindicais estipulantes é difusa, mas encontra a crítica de uma parte da doutrina, segundo a qual o poder de estipular o contrato coletivo, e assim exercitar a autonomia privada coletiva é, ao contrário, um poder originário do sindicato, a ele atribuído diretamente pelo ordenamento jurídico.

A constituição da organização sindical — conforme aquela doutrina — por um lado, assinala a relevância jurídica do interesse coletivo para cuja satisfação aquela organização foi constituída; por outro, determina, por si mesmo, a atribuição do poder de autonomia coletiva, cujo exercício é adequado, e necessário, para satisfazer tal interesse. Por outro lado, a doutrina mencionada observa como não se explica que os indivíduos confiram ao sindicato um poder (aquele de exercitar a autonomia coletiva) que eles não possuem, já que os transcendem. Quanto à doutrina italiana, que manifestou a insatisfação em relação à teoria da representação voluntária como fundamento do contrato coletivo, além dos autores já citados quando foi enfrentado o tema da eficácia normativa inderrogável do mesmo contrato, *vide* M. Persiani, *I soggetti del contratto collettivo con efficacia generale*, in Dir. Lav., 1958, I, p. 95; B. Montanari, *Diritto soggettivo ed esperienza sindacale*, Padova, 1978.

As argumentações críticas voltadas para a concepção tradicional devem notar que a orientação do ordenamento aqui examinado (aquele italiano) é no sentido de delimitar a esfera de eficácia normativa do contrato coletivo. Por si só, o âmbito natural é circunscrito aos associados das organizações estipulantes; para que se estenda *erga omnes*, devem subsistir elementos adicionais. Pode-se considerar, portanto, que a eficácia, na esfera delimitada dos filiados, seja baseada não sobre o mandato associativo por eles conferido, mas sim sobre o reconhecimento ao sindicato de um poder próprio representativo: porém, em cada caso, esse reconhecimento permanece limitado entre as fronteiras associativas, porque é nesses termos que o ordenamento o atribui ao sindicato. Para que se atinja uma eficácia generalizada, é necessário algo a mais.

Nos ordenamentos em que vigente uma lei orgânica sobre o contrato coletivo, são previstos específicos sistemas de extensão *erga omnes*, em geral mediante procedimentos solicitados pelas partes estipulantes às autoridades administrativas (conforme F. Di Cerbo, cit., p. 31-32), ou judiciária, mas também por força do procedimento particular adotado na estipulação do contrato.

Na França, nos termos do art. 311 e seguintes do *Code du Travail*, a concessão de eficácia geral advém com um decreto do Ministro do Trabalho, após ouvido o parecer da Comissão Superior dos Contratos Coletivos, composta por vários ministros, representantes das partes sociais e de representantes de interesses familiares, isto é, dos consumidores. Chama a atenção a presença dessa última categoria de sujeitos, porque denota como na extensão *erga omnes* da eficácia dos contratos coletivos deve-se ter presente, ao lado dos interesses coletivos profissionais, também o interesse geral. E é precisamente em relação à própria avaliação do interesse público que o ministro detém o poder de intervir com finalidade de modificar a disciplina coletiva buscada pelos sindicatos.

Na Grécia, igualmente, a mencionada lei sobre a regulamentação dos contratos de trabalho previu a extensão *erga omnes* dos contratos coletivos vinculantes dos empregadores dos quais dependam ao menos três quintos dos trabalhadores interessados, com decreto emanado pelo Ministro do Trabalho, ouvido um Conselho específico. Por outro lado, a lei grega previu também um outro procedimento a fim de que os contratos coletivos obtenham eficácia geral: que estes sejam negociados e firmados perante o Ministro do Trabalho ou os órgãos autorizados a este escopo. São levadas em consideração, portanto, mais variáveis incluídas no leque de itinerários por meio dos quais pode se obter o resultado da eficácia generalizada do contrato coletivo.

Também em Portugal e na Espanha, suprimidos os respectivos ordenamentos corporativos e as respectivas fontes de disciplina sindical, eficazes para todos os pertencentes às categorias profissionais, no novo regime de liberdade sindical se intencionou conservar a eficácia *erga omnes* dos contratos coletivos. Prevista por específicos provimentos governamentais, em Portugal, onde é regulada pelo art. 29 do Decreto-Lei n. 519 de 1979, podendo ampliar-se o âmbito originário nas direções de entidades patronais do mesmo setor econômico e trabalhadores da mesma profissão ou de profissão análoga, desde que exerçam sua atividade no âmbito territorial do contrato coletivo ou também fora desse âmbito, quando não existem associações sindicais ou patronais e se verifique identidade ou semelhança econômica e social; e é *ex se* própria dos contratos coletivos que são negociados na forma prevista no citado Título III da Lei sobre o *Estatuto de los Trabajadores* (E.T.), sem a necessidade de atos administrativos específicos de extensão, na Espanha. Por outro lado, subsiste também no direito espanhol a faculdade do Ministério do Trabalho de estender um contrato coletivo a outro ramo de indústria onde exista uma especial dificuldade para a negociação coletiva, por causa da ausência de sujeitos legitimados. Requer-se uma intervenção administrativa a fim de que seja dada extensão a um contrato coletivo também fora do próprio âmbito profissional natural, quando em outro ramo de empresas, no qual se deseje produzir tal extensão, faltam contratos coletivos (F. Durán López, *Problemas de la extensión de los convenios colectivos*, in AA.VV., *Los problemas actuales de la negociación colectiva, Comisión consultiva de convenios colectivos — Min. Trab. Sec. Soc.*, Madrid, 1994).

Também na Alemanha, nos termos da mencionada *Tarifvertragsgesetz*, de 1949, lei emendada em 1969, os efeitos do contrato coletivo, originalmente eficaz somente para os filiados às associações sindicais estipulantes, por força de ato administrativo — dependendo do caso, pelo Ministro do Trabalho federal ou aquele do *Länder* — depois podem estar generalizados por meio de "ratificação" pelo Escritório Nacional de Conciliação, por proposta dos grupos de comissão paritária lá instituída e conforme parecer das câmaras profissionais (T. RAMM, cit., p. 58). A lei subordina a emanação do provimento de extensão a um tríplice requisito: requerimento de uma das partes contratuais; consistência especial da parte empregadora, no sentido de que os empregadores originalmente vinculados pelo contrato ocupem ao menos 50% dos trabalhadores abarcados pela esfera de aplicação contratual; razões de interesse público que imponham a declaração de eficácia geral do contrato. No entanto, é possível prescindir desses requisitos, quando a extensão resulte necessária para a remoção de um estado de necessidade social.

Nesse sentido, os trabalhadores de setores onde as taxas de sindicalismo são baixas têm sido favorecidos, para evitar a discrepância de tratamento entre os empregados sindicalizados e os demais.

Da mesma forma, na Bélgica, Luxemburgo e nos Países Baixos funcionam sistemas de extensão *erga omnes* dos contratos coletivos, por meio de provimentos estatais. Trata-se de decretos reais, na Bélgica, onde a eficácia do contrato coletivo não era, antes da entrada em vigor de uma lei de dezembro de 1968, que reforçou seus efeitos jurídicos, de natureza automática, nem mesmo em relação aos filiados. Apenas os contratos coletivos concluídos no seio de comissão paritária detinham tal força e eram, e ainda são, suscetíveis de extensão mediante decreto. A extensão se aperfeiçoa com decretos do Grão-Duque, em Luxemburgo. Nos Países Baixos, a autoridade administrativa que provê a extensão dos contratos coletivos que, em cada caso, já é aplicável à maioria dos trabalhadores daquela categoria, com provimento próprio, é o Ministro do Trabalho, segundo o critério adotado normalmente nos ordenamentos europeus (F. DI CERBO, cit., p. 32).

Os provimentos são requeridos pelo órgão paritário de negociação ou por uma das associações que dele participem, no primeiro caso, e de uma das partes do contrato coletivo, no último.

Na Irlanda, o *Industrial Relations Act* de 1946, modificado em 1969, prevê que se pode obter eficácia estendida a todos os pertencentes à categoria, ou aos diversos grupos de trabalhadores aos quais os contratos se referem, dos contratos coletivos registrados pela *Labour Court*. Para o registro se exige o consenso das partes estipulantes do contrato coletivo, as quais são organizações substancialmente representativas das respectivas categorias; e se requer que o contrato não contenha cláusula restritiva do emprego (*closed shops*); enquanto inclui, outras vezes, a proibição ao recurso aos meios de luta sindical na espera da tentativa de procedimentos conciliatórios.

O texto do contrato a ser estendido deve ser publicado, antes do registro, a cargo das partes requerentes, a fim de que todos os interessados dele tomem conhecimento e possam eventualmente impugnar o registro, perante a *Labour Court*. As violações dos contratos coletivos registrados podem ser invocadas, como inadimplementos contratuais, perante o juiz ordinário, ou mesmo perante a *Labour Court*, como um procedimento especial que confia ao Ministro do Trabalho a implementação das decisões da Corte.

Necessário ressaltar que os contratos registrados, na Irlanda, não são muito numerosos, pela relutância dos sindicatos. Os contratos não registrados — é o caso de recordar — não são apenas privados da eficácia geral, mas também não possuem eficácia sob o plano do ordenamento jurídico estatal.

No direito austríaco, a eficácia *erga omnes* é a regra; no escopo, lei de 1974 prevê que contratos coletivos firmados corretamente segundo as disposições normativas, em relação a um número relevante de contratos de trabalho no setor, são estendidos *erga omnes* depois da emissão de um certificado de regularidade (*Satzung*), por parte da Autoridade Federal de Conciliação (T. TOMANDL e K. FEUERBOECK, cit., p. 39-40).

É interessante notar como, nos ordenamentos examinados, os provimentos de extensão generalizada podem ser adotados, com a condição de que se prove que o contrato coletivo em relação ao qual é requerida a extensão já seja, por si só, equipado de ampla aplicação (nesse sentido se prevê, por exemplo, na Alemanha) ou mesmo seja concluído por organizações sindicais majoritariamente representativas (nos sistemas sindicais dotados, na prática, de uma pluralidade de sindicatos para uma mesma categoria, como, por exemplo, na França). A bem ver, as duas condições são, apenas aparentemente, diversas, porque relativas, a primeira, à dimensão da cobertura concretamente assegurada pelo contrato, ou seja, a um dado objetivo; e a outra, a um dado subjetivo, aquele deduzido da capacidade de interpretar e exprimir, com efetiva e ampla força, os interesses das categorias e de mediá-los de forma responsável com o interesse geral. Porém, funcionalmente, não é difícil perceber as semelhanças dessas exigências que induzem a exigir essas condições: consistência das normas sucetíveis de extensão, autoridade e senso de responsabilidade das organizações das quais as normas provêm. Também o requisito posterior pelo qual, com a finalidade da extensão, se exige que o contrato coletivo tenha um conteúdo determinado (assim se dá, por exemplo, na França), do ponto de vista funcional, apresenta uma nova semelhança (F. Di Cerbo, cit., p. 33-34).

Em outros ordenamentos estudados, não encontramos sistemas institucionais destinados à extensão *erga omnes* da eficácia dos contratos coletivos, mesmo que se sinta a necessidade de tutelar a generalidade dos trabalhadores.

Na Itália, com o fim do ordenamento corporativo e seus atos de disciplina sindical publicista, eficazes para todos os pertencentes às categorias profissionais, tornou-se inaplicável o sistema, previsto pelo art. 39 da Constituição, para a estipulação, por parte dos sindicatos livremente registrados (e assim, portanto, dotados de personalidade jurídica) e representados unitariamente na proporção de seus filiados, de contratos coletivos com eficácia geral.

Com o fim de compensar a inoperância do sistema previsto pela Constituição e a carência de tal eficácia, própria dos contratos coletivos estipulados no regime de direito comum, a Lei n. 741 de 1959 delegou ao governo a possibilidade de emanar — mas *una tantum,* cada reiteração sendo declarada inconstitucional pela Corte Constitucional, por contrariar o mecanismo contemplado pelo mencionado art. 39 — decretos, dotados de força de lei, de conteúdo conforme aqueles dos contratos coletivos depositados *ad hoc* perante o Ministério do Trabalho e assim providos de eficácia *erga omnes.*

O legislador se encontrou na impossibilidade de implementar a norma constitucional, pelos obstáculos opostos pelos próprios sindicatos, que influenciaram as forças políticas representadas no Parlamento. Os sindicatos temiam que a lei sobre seu registro implicasse o controle de sua liberdade por meio do requisito do ordenamento interno de base democrática, requerido com finalidade de registro; e cristalizasse as recíprocas relações de força entre sindicatos, que uma das confederações, minoritária, não teria interesse em colocar em evidência e a consolidar, graças ao mecanismo legislativo da proporcionalidade dos filiados aos vários sindicatos em que se baseia a representação unitária *ex* art. 39 da Constituição. Além disso, os obstáculos surgiram de objetivas e notáveis dificuldades técnicas relacionadas à verificação desses filiados; as quais exigem um cadastro dos trabalhadores pertencentes às várias categorias, considerado, porém, de quase impossível predisposição, depois que o enquadramento coletivo *ex lege,* válido no sistema corporativo, caiu com aquele sistema, e sua restauração parece inconciliável com o princípio da liberdade sindical.

Portanto, o legislador se direcionou, com vistas à extensão, a um sistema diverso daquele vigente nos outros ordenamentos examinados, onde a generalização do contrato coletivo é possível com a intervenção da autoridade administrativa. O governo italiano, de fato, não interveio declarando, com seus provimentos administrativos, eficazes *erga omnes* os contratos coletivos estipulados pelas associações sindicais. Ao contrário, fixava diretamente — por força de sua faculdade de emanar, sem sofrer eventuais reservas de negociação coletiva em favor dos sindicatos, atos legislativos, ou seja, os decretos previstos pela mencionada Lei n. 741 de 1959, voltados à determinação de mínimos de tratamento para os pertencentes às diversas categorias profissionais — as disciplinas relativas: uniformizando-as, porém, às cláusulas dos contratos coletivos estipulados e depositados (ver Ist. Dir. Lav. Univ. Firenze, *Problemi di interpretazione e di applicazione della legge n. 741 del 1959 sui minimi di trattamento economico e normativo dei lavoratori,* Milano, 1962).

Essa foi, contudo, uma legislação excepcional e transitória, que já perdeu, sobretudo ao que concerne às tarifas salariais, importância prática com o transcorrer do tempo desde o momento em que foram emanados os decretos.

Segue-se que o único temperamento na falta de uma legislação sobre a extensão *erga omnes* da eficácia dos contratos coletivos e de uma legislação atualizada sobre o mínimo salarial, atualmente, é feito pela via jurisprudencial. A jurisprudência aplica o princípio constitucional da suficiência retributiva (art. 36

da Constituição) aos casos em que as condições dos contratos individuais, não abarcados pelo âmbito de eficácia dos contratos coletivos de direito comum e, portanto, não vinculados por seus pisos salariais, fixam salários insuficientes para assegurar aos trabalhadores e às suas famílias aquela existência livre e digna que a norma constitucional exige, com preceitos diretamente aplicáveis às relações privadas. O juiz, ao determinar, então, a justa retribuição no lugar daquela insuficiente pactuada pelas partes individuais, refere-se, como parâmetros adequados, exatamente aos pisos salariais dos contratos coletivos, os quais atingem assim, ao menos em relação à parte salarial e, no entanto, caso a caso, quando o pedido é formulado e acolhido em juízo, uma eficácia estendida para além dos limites dos filiados às organizações estipulantes (ver M. RUSCIANO, *In tema di efficacia del contratto collettivo e art. 36 della Costituzione* in *Riv. It. Dir. Lav.*, 1970, I, p. 240; M. L. DE CRISTOFARO, *La giusta retribuzione*, Bologna, 1971).

No sistema britânico, em vista da aplicação generalizada das cláusulas das partes normativas do contrato coletivo (ou melhor, como já foi observado *supra*, dos acordos sindicais denominados substanciais), não é dada possibilidade de estender a eficácia do mesmo contrato, o qual, sob o plano do ordenamento geral, não resulta automaticamente vinculante nem mesmo para os filiados aos sindicatos estipulantes. Sob tal plano, a aplicação do contrato coletivo é remetida à sua incorporação nos contratos individuais, que os particulares deverão determinar, independentemente de sua filiação sindical. Já ressaltamos, porém, como na legislação irlandesa é possível estender *erga omnes* contratos coletivos que, por si só, são privados de eficácia sob o plano do ordenamento estatal.

O problema de assegurar a mais vasta aplicação possível das normas de fonte sindical, nos ordenamentos onde o contrato coletivo não produz efeitos sob o plano do direito estatal, no entanto, é precisamente aquele de intervenções legislativas tendentes a incentivar a vontade individual a adequar os contratos de trabalho individuais à disciplina coletiva, prescindindo de filiação às organizações sindicais que as criaram. O legislador, de tal modo, pode compensar a fraqueza dos sindicatos de trabalhadores que não conseguem garantir o respeito geral a esta disciplina. A intervenção legislativa pode servir para estimular a vontade individual, também nos ordenamentos em que ao contrato coletivo é reconhecida eficácia jurídica, mas não estendida *erga omnes*, como, por exemplo, obrigando a administração pública que celebre contratos públicos inserindo uma cláusula contratual vinculante ao contratante de aplicar aos seus próprios empregados condições não menos favoráveis daquelas estabelecidas pelos contratos coletivos estipulados por sindicatos que representam uma "porção substancial" da categoria. Na Itália, o referido art. 36 do Estatuto dos Trabalhadores se inspirou nessa norma para impor respeito análogo às condições contratuais coletivas.

Na Dinamarca, o objetivo da eficácia geral dos contratos coletivos é atingido através do apoio aos procedimentos contratuais, em sede do Serviço Nacional de Conciliação ou com intervenções legislativas específicas (F. DI CERBO, cit., p. 32).

30. LEGITIMAÇÃO PARA NEGOCIAR CONTRATOS COLETIVOS SUSCETÍVEIS DE EXTENSÃO GENERALIZADA; MULTIPLICIDADE DE ITINERÁRIOS TENDENTES À EXTENSÃO E TUTELA DA AUTONOMIA COLETIVA COMO FONTE PREFERENCIAL DE DISCIPLINA DO CONTRATO DE TRABALHO

A legitimação para negociar contratos coletivos suscetíveis de extensão constitui — como já acenamos — um aspecto fundamental do mecanismo que os vários ordenamentos adotam para atingir o resultado da eficácia contratual *erga omnes*. Tais contratos são estipulados por sujeitos, especificamente indicados pela lei, que garantem, por seu caráter representativo, a correspondência do conteúdo do contrato coletivo aos efetivos interesses da categoria profissional correspondente, em uma razoável distribuição do poder contratual entre os diversos sujeitos coletivos presentes em um regime de pluralismo sindical; e garantem a melhor consideração do próprio interesse geral, por parte de organizações experientes e socialmente responsáveis.

Na França, a estipulação do contrato coletivo, aos efeitos da extensão, deve ocorrer no seio de comissões mistas especiais convocadas pelo Ministro do Trabalho e das quais participem sindicatos majoritariamente representativos. Na Irlanda, os sujeitos estipulantes dos contratos coletivos, para os quais opera o sistema de extensão *erga omnes* segundo as normas do *I.R.A.* de 1946, devem ser associações substancialmente representativas. Da mesma forma na Bélgica, onde se prevê para os sujeitos a quem é confiada a conclusão, no seio de um órgão paritário, do contrato a ser estendido. Na Grécia, os contratos coletivos devem ser, contudo, celebrados pelos sindicatos mais representativos, mas, para efeitos do provimento ministerial de extensão, se requer — como relevado — também uma consistência particular, expressa como um percentual de empregados sobre o total da categoria, das empresas vinculadas ao contrato. Também a lei espanhola exige que os contratos coletivos com eficácia geral sejam concluídos por associações sindicais majoritariamente representativas, cujos requisitos — segundo o que já foi ressaltado — são disciplinados diversamente em relação à negociação empresarial e àquela de nível superior. O requisito da maior representatividade concerne também às associações empresariais.

Em outros ordenamentos se considera, mais do que a maior representatividade das partes estipulantes, os elementos análogos idôneos a garantir que o contrato exprima o interesse do grupo ao qual se refere. Nos Países Baixos, tal escopo é perseguido com a disposição segundo a qual o contrato coletivo pode ser estendido somente se já é aplicado a uma porção importante dos pertencentes à categoria profissional. Na Alemanha, da mesma forma, se exige a aplicação do contrato a um percentual importante dos pertencentes à categoria profissional (50% dos trabalhadores interessados).

B. Aurilio, em seu relatório de síntese desenvolvido ao término dos trabalhos do Seminário Pontignano XXVI sobre o tema *Contrattazione collettiva nazionale e trasnazionale*, cit., XLV, ressalta como, na perspectiva comparativa, da análise da eficácia normativa vinculante do contrato coletivo emergem três percursos diversos para atingi-la: a afiliação sindical, a remissão do contrato individual de trabalho ao contrato coletivo, a extensão *erga omnes*. A observação merece ser recuperada no final da nossa exposição.

Quanto ao primeiro percurso, já vimos como a filiação, como pressuposto de eficácia normativa do contrato coletivo, pode operar segundo duas distintas modalidades: em alguns ordenamentos, é suficiente que seja filiado somente o empregador, mas isso pode provocar a notável lacuna, que em tais ordenamentos pode ser verificada (o fenômeno é identificável na França), entre a baixa taxa de sindicalização e o elevado número de trabalhadores tutelados pela negociação coletiva. Situação essa que certamente não é propícia a uma forte ação sindical.

Em outros ordenamentos, por exemplo no alemão, é necessário que o empregador e o trabalhador sejam inscritos nas organizações respectivas e isso, inversamente, pode dar razão à elevada taxa de sindicalização por lá registrada.

Recorde-se que a remissão por parte do contrato individual de trabalho tem uma importância especial no ordenamento britânico, motivado pela peculiar eficácia, não propriamente jurídica, que é reconhecida aos contratos coletivos; e que essa remissão desenvolve um papel não pouco significativo também em outros ordenamentos, como o alemão e o italiano, onde o contrato coletivo, ao contrário, é dotado de eficácia jurídica, mas não estendida *erga omnes;* destaque-se como as vias são justamente direcionadas para tal generalização, nos ordenamentos europeus, representando o perfil de maior interesse e variedade: e sobretudo aquele em que ressaltam as mais delicadas questões de composição do equilíbrio entre a lei e a negociação coletiva.

Em alguns casos, o efeito *erga omnes* é atingido pela lei, quando o contrato é concluído com o respeito a um procedimento particular. Todavia, também é necessário que os sujeitos do contrato coletivo integrem um particular requisito substancial de maior representatividade, nos países onde exista um modelo sindical de pluralismo organizativo. Tal requisito pode ocorrer, também, nos sistemas onde a eficácia *erga omnes* vem como resultado de provimentos administrativos de extensão, para os quais se requeira, como na França, que os sujeitos do contrato coletivo a ser estendido disponham de segura representatividade.

Existem, ainda, variantes bastante particulares, como aquela que, no caso italiano, permitiu — em razão da perdurante incapacidade de implementação, por parte do legislador, do mecanismo constitucional prefigurado aos efeitos da extensão *erga omnes* dos contratos coletivos — uma parcial, mas não marginal, substituição. Essa se dá através da supramencionada jurisprudência de determinação da justa retribuição, nos casos em que o contrato coletivo não seja aplicável ao trabalhador que demanda em juízo, invocando essa determinação por parte do magistrado.

São condições adicionais para a eficácia geral do contrato coletivo a conformidade de suas cláusulas às disposições imperativas da lei, bem como a compatibilidade das mesmas cláusulas com o interesse geral da economia nacional (e aqui, especialmente, não são fáceis os problemas em relação à autonomia coletiva). Assim, na França, o Ministro do Trabalho tem o poder de excluir da extensão as cláusulas ilegítimas, bem como aquelas inoportunas, sem alterar o equilíbrio contratual; em Luxemburgo são excluídas as cláusulas ilegítimas e, na Bélgica, também aquelas inoportunas.

Com a finalidade de avaliar tal conformidade e compatibilidade, os procedimentos estabelecidos para a edição do provimento administrativo de extensão contemplam investigações ministeriais e pareceres de órgãos em que são representadas as partes sociais: na França, a Comissão Superior para os Contratos Coletivos; na Alemanha, o Comitê para os Contratos Coletivos; em Luxemburgo, o Escritório Nacional de Conciliação; nos Países Baixos, a Fundação do Trabalho; na Áustria, a Autoridade Federal de Conciliação. Apenas no ordenamento alemão e, para casos particulares, no francês, o parecer é vinculante.

É fácil compreender como a negativa, total ou parcial (nessa segunda hipótese, sem alterar a postura contratual original), de extensão do contrato por parte das autoridades governamentais traz problemas complexos na relação entre Estado e sindicatos, particularmente quando a negativa se funda em razões de oportunidade.

B. Veneziani, cit., p. 99, apropriadamente, observa como a comparação entre os diferentes expedientes técnicos utilizados com o fim da extensão da eficácia normativa do contrato normativo se torna um critério útil para medir a taxa de democracia interna dos sistemas de relações industriais.

O perigo é que não se respeite o princípio pelo qual uma correta política dos poderes públicos é aquela que não altera a rota natural da negociação coletiva em direção aos objetivos de difusão espontânea aos quais o contrato atinge, além do círculo dos filiados das organizações sindicais estipulantes, sob o impulso de sua robusteza associativa.

Mais uma vez, a análise comparativa demonstra, assim, quanto pode-se revelar delicado o equilíbrio sobre o qual se estabelecem as relações entre a lei e autonomia coletiva (ver U. Prosperetti, *Lezioni di diritto sindacale comparato. L'efficacia generale del contratto collettivo*, Milano, 1962).

Resulta evidente, ainda, como a intervenção da lei para estender os resultados da negociação coletiva acaba com a atribuição às cláusulas contratuais originais a natureza diversa de fonte heterônoma, com os consequentes limites e finalidades próprios de tal tipo de fonte.

É legítimo perguntar se, dessa maneira, as garantias que o legislador busca, com os efeitos da extensão generalizada da eficácia, para o contrato coletivo podem modificar a própria função que ele executa: de que — como já foi dito: B. Veneziani, cit., p. 100 — de "programa" negociado reforçado pelos trabalhadores ao instrumento de controle de mercado.

É inegável, no entanto, o valor de equalização da extensão das condições mínimas contratuais como instrumento de estabilidade do sistema econômico.

O respeito à autonomia coletiva como fonte preferencial para a disciplina do contrato de trabalho vem, todavia, assegurado mediante a previsão da derrogabilidade *in melius* dos contratos coletivos estendidos *erga omnes* por parte dos contratos coletivos de direito comum, salvo algumas exceções previstas no interesse geral. Além disso, o respeito à autonomia coletiva é assegurado mediante a previsão da iniciativa das partes estipulantes como condição necessária para o legítimo exercício do poder administrativo de extensão (Países Baixos, Bélgica, Alemanha, Luxemburgo, Irlanda).

Nesse sentido, é relevante também a ligação entre o contrato coletivo e o regulamento heterônomo de acordo com ele, no sentido de que o respeito à autonomia coletiva é certamente mais amplo onde os efeitos da extensão cessam com o fim da eficácia do contrato coletivo estendido (Bélgica), e não nos ordenamentos em que o regulamento heterônomo possui uma vida independente daquela do contrato coletivo ao qual está alinhado (Luxemburgo).

31. O CASO BRASILEIRO: ORGANIZAÇÃO SINDICAL E AÇÃO SINDICAL; PAPEL MARGINAL DO CONTRATO COLETIVO NO BRASIL; INFLUÊNCIA DA TRADIÇÃO NA DEBILIDADE OU FORÇA NA NEGOCIAÇÃO COLETIVA

Se, como ensina M. dell'Olio — G. Branca, *L'organizzazione e l'azione sindacale*, v. 1, *Enciclopedia giuridica del lavoro diretto da G. Mazzoni,* Padova, 1980), a ação sindical é a contraface da organização sindical, fácil se torna explicar a debilidade da ação dos sindicatos brasileiros.

Como já explicitado em linhas anteriores, o sindicato brasileiro, docemente constrangido, perdeu as batalhas relativas à exigência de um registro — ofertado, por exemplo, pela Constituição italiana, mas altivamente recusado pelas entidades sindicais, temerosas de que ele implicasse algum tipo de submissão ao Estado —, ao modo de organização — que se impôs continuasse a ser determinado pelo vago conceito sociológico de "categoria", que não se assimila exatamente a profissão, já que, de um lado, pode se pertencer a uma categoria apenas por se dividir um trabalho em comum, e, de outro, o conceito se aplica também a empregadores, unidos pela solidariedade dos interesses econômicos decorrentes do exercício de atividades idênticas, similares ou conexas (Consolidação das Leis do Trabalho, art. 511) e à liberdade — imposta aos sindicatos a unicidade e uma forma de estruturação (em sindicatos, federações e confederações, já que as centrais sindicais não podem negociar contratos coletivos).

Em contrapartida, impôs-se aos integrantes da respectiva categoria, associados ou não, uma contribuição, garantindo-se-lhe, assim, uma fonte de renda.

Perdeu duas vezes, em 18 de setembro de 1946, com a promulgação da Constituição que deu fim à ditadura estado-novista (Vargas) e em 5 de outubro de 1988, com a promulgação da Constituição que aboliu o regime militar.

Possuindo 5.570 municípios, o Brasil conta com 10.167 sindicatos de trabalhadores, além de 4.840 patronais. Estima-se que 3.000 desses sindicatos de trabalhadores jamais participaram de alguma negociação coletiva. Qual seria, então, sua razão de ser? A arrecadação da já referida contribuição sindical, que somou 2,4 bilhões de reais em 2011, parece a ser a resposta. Surgem a cada ano 250 novos sindicatos, embora a taxa de sindicalização seja de apenas 17,2%. Os dados aqui mencionados foram extraídos de uma reportagem publicada em 29 de abril 2013 no sítio <oglobo.globo.com/.../com-mais-de250-novos-sindicatos-por-ano-o-Brasi-já-tem-mais-de 15 mil-entidades-8237463>. Capturado em 1º de dezembro de 2013. Estão em grande parte amparados na Pesquisa Nacional de Amostras por Domicílio do IBGE relativa a 2011.

Esses dados nos fazem suspeitar da falta de exatidão dos dados do Registro de Convenções e Acordos Coletivos de Trabalho capturável no portal eletrônico do Ministério do Trabalho e Emprego, que registra 32.662 instrumentos arquivados no ano de 2008, o que significaria mais de dois por sindicato, em média, mesmo não considerado que de 2008 a 2011 o número de sindicatos aumentou. Média tanto mais suspeita quando se sabe um acordo ou convenção coletiva podem, no Brasil, vigorar por até dois anos (Disponível em: <Portal.mte.gov.br/data/files/FF8080812BCB2790012BCEC5621130CA/est_4644.pdf>. Acesso em: 1º dez.2013. O Brasil é conhecido por sua pobreza em matéria de tabulação de dados. Quase nada se encontra em matéria de números no referido portal).

De tal conjuntura não poderia resultar senão um papel marginal reservado ao contrato coletivo no Brasil.

As normas de proteção trabalho são principalmente as outorgadas pela Constituição Federal e pela CLT, objeto não raro de interpretação extensiva e analogia pelos Tribunais do Trabalho. Mais comum do que a construção de uma norma verdadeiramente mais benéfica pela autonomia coletiva é a desautorização de suas normas pela jurisprudência trabalhista, a pretexto de que desafiadora de normas de indisponibilidade absoluta contidas na lei, como já narrado.

Podemos citar os exemplos da Súmula n. 423, do Tribunal Superior do Trabalho, que admite que se negocie coletivamente a extensão da jornada daquele que trabalhe em turnos ininterruptos de revezamento, conforme já autorizado expressamente na Constituição, desde que, entretanto, tal extensão não implique jornada superior a oito horas. A Súmula n. 364, do mesmo Tribunal, por sua vez, representou a desautorização de uma jurisprudência que se consolidava no sentido (Orientação Jurisprudencial n. 258) de que legítima a negociação coletiva para o pagamento de um adicional de periculosidade na proporção da exposição pelo trabalhador ao risco. A Súmula n. 437, a seu turno, invalida cláusula coletiva que negocie a redução do intervalo para alimentação e descanso, muito embora a CLT autorize que isso seja feito unilateralmente pelo Ministro do Trabalho, desde que suficientemente organizado o refeitório da empresa. A Orientação Jurisprudencial n. 322 (espécie de súmula *in erba*) não admite que um acordo coletivo de trabalho possa vigorar por prazo indeterminado. A Orientação Jurisprudencial n. 372 chega a proibir a flexibilização, por negociação coletiva, do que deve ser entendido como tempo de trabalho a ser remunerado. As frações, acusadas nos registros de ponto, superiores a cinco minutos, deverão como tal ser entendidas, não podendo a autonomia coletiva alargar esse tempo, ainda que uma empresa, por exemplo, tenha em seu espaço interior, após o local em que instalado o relógio de ponto, um centro de convivência, na qual o empregado poderia, por exemplo, verificar seu saldo bancário, pagar uma conta ou pôr sua correspondência eletrônica em dia.

Essa marginalidade não deve ser, contudo, exagerada. Há categorias que se impuseram apesar de todas as barreiras, como as dos bancários (o Brasil, líder nas taxas de juros, possui bancos poderosíssimos), dos professores e dos metalúrgicos em certas regiões (Lula era líder sindical no ABC paulista), como veremos melhor abaixo.

O grau de força do sindicato na negociação coletiva está relacionado à sua tradição na ação sindical. Nesse sentido cabe estabelecer um paralelo entre a fraqueza relativa dos sindicatos brasileiros e dos sindicatos do leste europeu, ambos acostumados a viverem à sombra do Estado nos períodos de regime autoritário.

Nunca houve, entre nós, a negativa de assimetria de forças nas relações de trabalho, porque sempre vigorou no Brasil um regime capitalista de produção. O Estado brasileiro, entretanto, se propôs a atenuar essa assimetria com uma legislação protetiva e com a criação de um ramo do Poder Judiciário (a Justiça do Trabalho) cujos membros estavam imbuídos no espírito de tal proteção. Os sindicatos não deveriam servir como correia de transmissão das decisões de um "partido", até porque os regimes autoritários brasileiros nunca se assumiram como totalitaristas e nunca adotaram o sistema de partido único, mas, da mesma forma do que ocorria no leste europeu, o protagonismo lhe era reservado em serviços sociais (assistência educacional e médica, auxílio na alimentação e assistência judiciária, por exemplo), não na fixação das condições de trabalho. O conflito não era negado, em si mesmo. Mas o Estado pensa que pode administrá-lo, com os mecanismos já mencionados, atuando o sindicato nesse cenário como mero personagem coadjuvante.

De que maneira os conteúdos da negociação refletem a fraqueza ou força dos sindicatos brasileiros?

Tomemos exemplos práticos.

Colhamos o modelo de uma categoria relativamente fraca (trabalhadores em asseio e conservação) de um Estado relativamente atrasado (o de Pernambuco), isso é, convenção coletiva celebrada para o período de 2003/2004 (cujo conteúdo foi capturado em 5 de dezembro de 2013 no <portal.mte.gpv.br/data/files/FF8080812C1CBDF2012C2645E4E4C6>). Neles observamos uma garantia de emprego no período de pré-aposentadoria do empregado, a obrigação de contratação pelo empregador de um seguro de vida (no modesto valor correspondente a três vezes o menor salário da categoria), de pagamento das despesas com funeral (no limite do menor salário da categoria), o fornecimento de uniformes, com a periodicidade de sua renovação, licença remunerada de meio expediente, para recebimento de singelo benefício de assistência social, transporte de ida e volta para trabalho em mutirões (que de qualquer forma há de ser subsidiado pelo empregador, mediante incentivo fiscal, por força de lei) e um vago compromisso de promoção dos empregados situados na base, desde que existentes vagas. Em compensação, pisos salariais pouco superiores ao mínimo legal, a jornada de doze horas por trinta e seis de descanso, que, por não ser prevista na Constituição, só se legitima por negociação coletiva e o pagamento de um adicional de insalubridade apenas na proporção da exposição aos agentes insalutíferos (de toda forma desautorizada pela jurisprudência trabalhista, com vimos linhas atrás).

Fixemos agora numa categoria forte (a dos professores), de um Estado, para padrões brasileiros, adiantado (Minas Gerais). Faz-se referência à convenção coletiva de trabalho celebrada com o sindicato das escolas particulares para o período 2013/2015 (cuja versão em PDF foi capturada em 6 de dezembro de 2013 no sítio <www.sinprominas.org.br/conteúdos/ default. aspx?idCanal=98>). Os pisos salariais são bem maiores, variando entre quase três vezes a quase nove vezes o mínimo legal. Acorda-se um aumento real (acima da inflação acumulada, se bem que modestamente). Ajustam-se gratificações (por tempo de serviço, por atividades extraclasse — como preparação das aulas e correção de provas, por exemplo e por excesso de alunos). Condiciona-se a validade da redução da carga horária, com prejuízo salarial, à intervenção do sindicato. Proíbe-se a dispensa em certos períodos, para não inviabilizar a obtenção de novo emprego pelo professor, isto é, em meio ao período letivo. Proíbe-se que seja imposta ao professor a mudança da disciplina a ser lecionada. Obriga-se o estabelecimento ao fornecimento de equipamentos de ampliação de voz. Garante-se o acesso do sindicato aos locais de trabalho e as informações dos estabelecimentos de ensino, tudo isso sem prejuízo da já mencionada garantia de emprego no período pré-aposentadoria.

Conclui-se que um sindicato pouco consegue algo além do que já garantido, de toda forma, pela lei. Já outro, formado por uma categoria esclarecida e protagonista de algumas greves bem-sucedidas, consegue a obtenção de benefícios verdadeiramente representativos, sem contrapartidas que acabem por anular tais ganhos.

Sindicato forte no Brasil, contudo, insista-se, constituem-se exceções que confimam a regra de fraqueza. Supõem a superação de uma série de barreiras, algumas delas já aludidas neste estudo: a hipertrofia do Estado, seu histórico de repressão a qualquer manifestação de autonomia das associações e de mecanismos de cooptação, para não dizer de corrupção, como a própria contribuição sindical, obtida sem nenhum esforço e a participação remunerada em seus órgãos e serviços (como acontecia com a própria Justiça do Trabalho e ainda acontece, p. ex., no Instituto Nacional do Seguro Social (INSS), sem falar no individualismo do povo brasileiro, que parece ser resultado do já mencionado fato de o mesmo Estado ter precedido à nação.

32. CONTRATO COLETIVO NOS SETORES PRIVADO E PÚBLICO; DEFINIÇÃO LEGISLATIVA DO CONTRATO COLETIVO; DISCIPLINA LEGISLATIVA DO CONTRATO COLETIVO: EFEITOS; CAMPO DE APLICAÇÃO, RENOVAÇÃO E PRORROGAÇÃO, COORDENAÇÃO DOS NÍVEIS DE NEGOCIAÇÃO

A detalhista Constituição brasileira elenca entre os direitos mínimos da classe trabalhadora o reconhecimento das convenções e acordos coletivos de trabalho (art. 7º, XXVI). Ao servidor público, todavia, tal reconhecimento não foi estendido (art. 39, parágrafo 3º — Súmula n. 679 do Supremo Tribunal Federal), embora, incoerentemente, reconheçam-se os direitos à associação sindical e até o de greve (art. 37, VI e VII). Segundo a jurisprudência do Supremo Tribunal Federal, cabe ao chefe do Poder Executivo, federal, estadual ou municipal, deflagrar o processo legislativo relativo à revisão da remuneração dos servidores públicos. Não são considerados servidores públicos, em todo caso, para tal efeito, os trabalhadores das empresas controladas pelo Estado (empresas públicas e sociedades de economia mista), quando ele explore, nas hipóteses admitidas na Constituição, diretamente uma atividade econômica (art. 173, II).

Portanto, não há, no Brasil, um regime diverso do contrato coletivo nos setores público e privado, já que, ou bem ele não é aplicável ao servidor público, ou é aplicado da mesma forma que no setor privado, havendo, por vezes, entretanto, uma espécie de foro privilegiado, como no caso do Banco do Brasil, cujos dissídios coletivos são apreciados apenas pelo Tribunal Superior do Trabalho (Precedente Normativo n. 10 desta Corte).

A Consolidação das Leis do Trabalho brasileira, como já mencionado várias vezes neste estudo, divide o contrato coletivo em convenção coletiva, que define (art. 611, *caput*) como "acordo de caráter normativo, pelo qual dois ou mais sindicatos representativos de categoriais econômicas e profissionais estipulam condições de trabalho aplicáveis, no âmbito das respectivas representações, às relações individuais do trabalho" e acordo coletivo (parágrafo 1º do artigo citado), que é contrato coletivo celebrado entre o(s) sindicato(s) profissional(is) diretamente com empresa(s) da correspondente categoria econômica. O parágrafo 2º deixa claro que, não organizada a categoria (profissional ou econômica) no âmbito sindical, pode a convenção ou acordo coletivo ser firmado pela respectiva federação e, na falta também desta, confederação.

A CLT condiciona a celebração do contrato coletivo à aprovação dada pela respectiva assembleia geral, com os quóruns mínimos especificados.

Chega a fixar requisitos de sua forma, devendo ser ressalvado que nem mesmo na ditadura estado-novista ou militar sua validade chegou a ser questionada pela inobservância de tais formalidades. Normas para conciliação de divergências e disposição para o processo de sua prorrogação ou revisão, por exemplo, não costumam estar presentes.

Em seu art. 614, a CLT obriga o depósito de uma via do respectivo instrumento em órgão do Ministério do Trabalho, condicionando mesmo a vigência do contrato a tal depósito. O Tribunal Superior do Trabalho vem entendendo, contudo, que no atual regime de liberdade sindical tal depósito serve apenas à publicidade do instrumento e sua oposição a terceiros interessados, não condicionando, mais, a eficácia do negociado (ver, por exemplo, o decidido pela respectiva 4ª Turma no julgamento do Recurso de Revista 781540-89-2002.5.12.0037, proferido em 6 de agosto de 2008 e relatado pelo ministro Fernando Eizo Ono).

As convenções coletivas e acordos coletivos vigoram por um período máximo de dois anos (CLT, art. 614, parágrafo 3º). *Quid iuris* se não há sua renovação ou prorrogação? Até 14 de setembro de 2012 prevalecia o entendimento de que as categorias ficavam ao desabrigo de qualquer proteção contratual coletiva, já que o disposto na convenção ou acordo coletivo expirado não se integrava definitivamente, como disposição mais benéfica, ao contrato individual de trabalho. Nessa data, o Tribunal Superior dos Trabalhos alterou sua posição e modificou a redação de sua Súmula n. 277, passando a entender pela integração ao contrato individual, com a possibilidade de modificação da disposição mais benéfica por ulterior convenção ou acordo coletivo. A virada de posição pareceu necessária. Até a Emenda Constitucional n. 45, de 2004, inviabilizada a negociação coletiva, qualquer das categorias interessada poderia provocar um juízo arbitral, a ser exercido pela Justiça do Trabalho, cujo laudo, denominado sentença normativa, tinha efeito vinculativo. Após a emenda, a intervenção da Justiça do Trabalho passa a depender, a princípio, de um consenso entre os envolvidos.

A prorrogação automática da convenção coletiva ou acordo coletivo, por outro lado, funciona como um instrumento de pressão, principalmente sobre a categoria econômica, para a negociação. No Brasil, o que costumava ocorrer, na prática, era uma recusa dos patrões à negociação, seja pelo conservadorismo da Justiça do Trabalho no estabelecimento de novas condições coletivas de labor (com, porém, algumas interessantes exceções recentemente), inclusive pela ignorância dos possíveis reflexos econômicos do que eventualmente concedido, seja pelos inúmeros empecilhos opostos pela vigente de lei de greve para que se possa deflagrar um movimento que possa ser declarado legal.

O art. 617 da CLT prevê a possibilidade de um acordo diretamente celebrado entre um grupo de empregados e uma ou mais empresas. Isso, contudo, apenas se, notificadas, as entidades sindicais se recusarem ou simplesmente se omitirem no tomar à frente das negociações.

O art. 619, por sua vez, consagra a prevalência das normas coletivas sobre o pactuado individualmente entre empregado e empregador, razão de ser, aliás, do reconhecimento constitucional das convenções e acordos coletivos do trabalho (art. 7º, XXVI).

Já o art. 620 estipula a prevalência das convenções coletivas sobre os acordos coletivos: as normas desse último só prevalecerão na medida em que mais favoráveis do que as da primeira. A matéria não está imune a controvérsias. Defendem não poucos juristas e juízes que esse maior benefício há de ser buscado no instrumento como um todo e não em cláusula isoladamente considerada, já que, não raro, um benefício extra foi concedido como contrapartida à renúncia a outro, previsto na convenção coletiva.

33. A AUTONOMIA COLETIVA NO CONJUNTO DAS FONTES DO DIREITO BRASILEIRO; LEI E CONTRATO COLETIVO: PREVALÊNCIA E CONVERGÊNCIA NO DIREITO BRASILEIRO; DEVER DE PAZ SINDICAL

A esse respeito expõe M. GODINHO DELGADO, *Curso de Direito do Trabalho*, São Paulo, 2004, p. 178, a posição que parece ser a predominante no Tribunal Superior do Trabalho, Corte a qual, aliás, passou a integrar e que dá a última palavra em matéria trabalhista, ressalvada uma eventual repercussão constitucional:

"O critério normativo hierárquico vigorante no Direito do Trabalho opera da seguinte maneira: a pirâmide normativa constrói-se de modo plástico e variável, elegendo para seu vértice dominante a norma que mais se aproxime do caráter teleológico do ramo justrabalhista. À medida que a matriz teleológica do Direito do Trabalho aponta na direção de conferir solução às relações empregatícias segundo um sentido social de restaurar, hipoteticamente, no plano jurídico, um equilíbrio não verificado no plano da relação econômico-social do emprego —, objetivando, assim, a melhoria das condições socioprofissionais do trabalhador —, prevalecerá, tendencialmente, na pirâmide hierárquica, aquela norma que melhor expresse e responda a esse objetivo teleológico central justrabalhista. Em tal quadro, a hierarquia de normas jurídicas não será estática e imutável, mas dinâmica e variável, segundo o princípio orientador de sua configuração e ordenamento.

O princípio direcionador basilar do Direito do Trabalho, que melhor incorpora e expressa seu sentido teleológico constitutivo é, como visto, o princípio da norma mais favorável ao trabalhador. Assim, aplicar-se-á ao caso concreto — sendo naquele caso hierarquicamente superior — a norma mais favorável ao empregado. O vértice da pirâmide normativa, variável e mutável — ainda que apreendido segundo um critério permanente —, não será a Constituição Federal ou a lei federal necessariamente, mas a norma mais favorável ao trabalhador. Não há, assim, contradição inconciliável entre as regras heterônomas e regras autônomas privadas coletivas (entre o Direito do Estado e o Direito dos grupos sociais), mas uma espécie de harmoniosa concorrência: a norma que disciplinar uma dada relação de modo mais benéfico ao trabalhador prevalecerá sobre as demais, sem derrogação permanente, mas mero preterimento, na situação concreta enfocada.

Há, entretanto, limites à incidência desse critério hierárquico especial no Direito do Trabalho — fronteira a partir da qual mesmo no ramo justrabalhista se respeita o critério rígido e inflexível do Direito Comum. Tais limites encontram-se nas normas proibitivas oriundas do Estado. De fato, o critério justrabalhista especial não prevalecerá ante normas heterônomas estatais proibitivas, que sempre preservarão sua preponderância, dado revestirem-se do *imperium* específico à entidade estatal. Tais normas — como dito — encouraçam-se em sua incidência de um inarredável matiz soberano".

Com a devida reverência ao talento do autor, vê-se que tal posição, dentro, aliás, da tradição brasileira, acaba por negar qualquer protagonismo aos sindicatos na formação da norma trabalhista aplicável. Prevalecerá a mais favorável, mas caberá ao Estado (Poder Judiciário) dar a última palavra sobre qual seja a norma mais favorável, a dele mesmo (Poderes Legislativo ou Executivo) ou a construída pela autonomia privada. O Estado (Poderes Legislativo e Executivo) se reserva ainda a possibilidade de proibir, ainda que pontualmente, qualquer ensaio de autonomia.

Poderia ser vitoriosa no Brasil a tese de uma prevalência do negociado sobre o legislado, a partir de um patamar mínimo definido na própria na própria Constituição (arts. 6º a 11, principalmente), bastante detalhista se comparada à americana ou mesmo à italiana.

Dominou, como não poderia deixar de ser, aliás, considerada nossa tradição estatista, a tese de prevalência do legislado sobre o negociado, admitida a eficácia ampla da autonomia coletiva como exceção, isto é, naqueles casos em que a própria Constituição explicitamente reservou-lhe um campo de livre incidência. Faz-se referência à possibilidade de se negociar uma redução do salário (art. 7º, inciso VI) respeitado um mínimo (art. 7º, IV, V e VII), compensação de jornada e redução de horários (art. 7º, inciso XIII) e aumento da jornada em turnos ininterruptos de revezamento (art. 7º, inciso XIV), desde que observado limite de oito horas diárias, segundo interpretação restritiva do Tribunal Superior do Trabalho.

Numa eventual convergência, o intérprete deverá ser orientado pelo citado princípio da norma mais favorável.

Há no Brasil um dever de paz sindical? A resposta é positiva, já que, no Brasil, a princípio, a greve na vigência de acordo ou convenção coletiva do trabalho é tida como abusiva, a menos que objetive pressionar pelo cumprimento de suas cláusulas, ou seja motivada por fato novo ou imprevisível, suscetível de alterar o equilíbrio do contrato (lei de greve, art. 14).

CAPÍTULO IV

Meios de luta: greves e *lockouts*

1. HOMOGENEIDADE SUBSTANCIAL DA DISCIPLINA DE CONFLITO COLETIVO NOS ESTADOS-MEMBROS DA UNIÃO EUROPEIA COMO RESULTADO DE UMA COMPLEXA EVOLUÇÃO HISTÓRICA

Com o advento da Revolução Industrial, e em conexão com as transformações tecnológicas, econômicas, sociais e políticas que, desde então, se desencadearam, o conflito de trabalho surge com a importância que tem vindo a revestir no continente europeu, atropelado pelo consequente desequilíbrio de forças entre detentores do capital, por um lado, e os que se veem obrigados a oferecer-lhes seu trabalho em troca de um salário indispensável para a sobrevivência, por outro.

A contraposição de interesses das partes na relação de trabalho provoca, entre trabalhadores e empregadores, frequentes situações de conflito, relacionadas a causas diversas, que vão desde contrastes surgidos nos processos de negociação coletiva às divergentes opiniões sobre a aplicação das normas e até posições diferentes em relação às modificações a serem introduzidas nas condições de trabalho.

Nesses casos, é frequente recorrer ao uso de meios de ação direta, ou seja, a luta coletiva, vez que são coletivos os interesse em jogo, bem como os conflitos nos quais tais meios são utilizados para fazer valer as próprias posições e para pressionar, no intuito de que essas sejam bem-sucedidas.

O principal e mais comum desses meios de ação direta para os trabalhadores é a greve, a qual os empregadores respondem, às vezes, com o *lockout*. A importância da greve, que constitui o mecanismo adequado para os trabalhadores conseguirem, em plano coletivo, uma força de pressão — contratual e mesmo sociopolítica que os compense da desigualdade que os marca quando singularmente considerados — é demonstrada pelo fato de que o direito ao conflito coletivo, que é exercido mediante a greve, é também considerado como o substrato do direito de organização sindical (cf. O. Kahn-Freud, *Labour and the Law*, London, 1984; G. Giugni, *Diritto sindacale*, VIII, Bari, in P. Davies e M. Freedland (Orgs.), p. 215; R. Dahrendorf, *Classi e conflitto di classe nella società industriale*, Bari, 1963). Como conflito coletivo de trabalho — ou, podemos apenas denominar, como conflito industrial — entendemos, no mesmo sentido de A. Martín Valverde, F. Rodríguez-Sañudo Gutiérrez e J. García Murcia, que são situações de contenção que têm suas raízes — mais ou menos diretamente — nas relações de trabalho, das quais se originam ou sobre as quais se repercutem; e concernem de modo indiferenciado a um grupo de trabalhadores considerado em suas relações com o empregador ou com um grupo de empregadores.

Poderemos analisar em seguida como tal conflito coletivo, nos Estados-membros da União Europeia, é hoje caracterizado nos termos das raízes mencionadas ou pelo conteúdo profissional, o que o distingue de outros tipos de conflito, que são igualmente coletivos em razão da dimensão das questões controversas e que também concernem aos trabalhadores. Contudo, nos outros casos, trata-se de conflito relacionado com interesses mais gerais e de responsabilidade dos poderes públicos, vez que não envolve diretamente os empregadores. Essa é a distinção entre conflitos trabalhistas e conflitos políticos, que não exclui, todavia, em certos casos, uma simbiose tão intensa entre as duas espécies, que leva a aplicar o tratamento dos meios de conflito coletivo de trabalho também ao resultado dessa simbiose.

Os sistemas sindicais dos Estados-membros da União Europeia, coerentemente com o reconhecimento geral da liberdade sindical e do direito à negociação coletiva — que inspiraram sua legislação, ainda que com muitas especificidades de aplicação — apresentam, em matéria de disciplina de conflito coletivo do trabalho, uma homogeneidade substancial, o que não exclui totalmente, no entanto, as peculiaridades nacionais.

Observa corretamente R. BIRK, no ensaio *Il conflitto industriale: la disciplina giuridica degli scioperi e delle serrate*, in *Diritto del lavoro e relazioni industriali nei paesi industrializzati ad economia di mercato*, cit., p. 405, que os conflitos coletivos do trabalho assumem formas e dimensões variáveis, e tal multiplicidade de expressão não depende unicamente da diversidade das condições sociais, mas é também um produto da legislação. Além disso, no âmbito da União Europeia, as diferenças que o autor considera em geral na disciplina de tais conflitos revelam-se particularmente, se tal fenômeno é observado sob uma perspectiva diacrônica, em vez de uma perspectiva sincrônica. A análise e a avaliação comparativa efetuada, seguindo a evolução histórica dessa disciplina, certamente podem evidenciar algumas diferenças, conceituais e de detalhes, que no entanto resultam suficientemente redimensionadas na situação contemporânea dos Estados da União Europeia. Para uma breve síntese da tendência evolutiva da disciplina do conflito coletivo de trabalho em alguns Estados europeus, ver P. HORION, *Relazione ricapitolativa* in G. BOLDT, P. DURAND, A. KAYSER, L. MENGONI, A. N. MOLENAAR, *Sciopero e serrata*, volume V da coleção publicada pela Comunidade Europeia do Carvão e do Aço, dedicada ao Direito do Trabalho Comunitário, Luxemburgo, 1961, p. 19-20; F. DI CERBO, *Il diritto del lavoro nei paesi dell'Europa continentale partecipanti alla CEE*, tomo I, volume n. 14 dell'Enciclopedia Giuridica del Lavoro, sob a coordenação de G. MAZZONI.

A escolha fundamental, na Europa contemporânea, é a opção pelo modelo pluralista conflitual, no qual a livre competição entre as forças sociais possa implicar o uso da ação direta. Essa escolha não é, em si mesma, contrastante com o interesse geral, não obstante os custos envolvidos na competição. Custos que são estimados como menores, seja quanto ao impacto econômico, seja quanto ao ordenado desenvolvimento do complexo das relações sociais, comparativamente àqueles que se pode suportar, em tema de liberdade e dinamismo do sistema econômico, em razão de uma organização burocrática, mais ou menos autoritária, à qual fosse remetido obrigatoriamente o conflito coletivo.

A referida competição não é somente estimada não contrastante com o interesse geral, como também imune às reações repressivas, que seriam incompatíveis com os princípios e regras da democracia (para todos, ver R. BIRK, cit., p. 413). Além disso, a competição emerge — na quase totalidade de sistemas europeus contemporâneos — também como instrumento essencial ao alcance da justiça social. Essa percepção induz à qualificação do principal meio de luta coletiva dos trabalhadores, ou seja, a greve, como direito, que, na maioria das vezes, é assegurado constitucionalmente.

Tal reconhecimento é realizado pelo art. 28 da Carta dos Direitos Fundamentais da União Europeia. A Carta, proclamada em Nice, em dezembro de 2000, era destinada a formar a segunda parte da Constituição europeia, assinada pelos então 25 Estados-membros, em Roma, em 2004 e que visava a renovar a estrutura comunitária, a fim de simplificar o processo de tomada de decisão e de conceder à União Europeia uma maior homogeneidade e poder. Essa Constituição, no entanto, não foi promulgada, por causa dos contrastes irreconciliáveis entre os Estados e o fracasso dos referendos populares, que eram uma das condições impostas por alguns dos próprios Estados para a ratificação do tratado que estabelece a Constituição. Contudo, isso não impediu que muitas das suas disposições — inclusive aquelas provenientes da Carta de Nice supracitada — fossem incorporadas em modificações de precedentes tratados comunitários, aprovadas mediante o Tratado de Lisboa de dezembro de 2007, que entrou em vigor em 2009 (a propósito, ver G. PERONE, *I diritti sociali nella nuova Costituzione europea*, in *Quaderni del Dottorato di ricerca in Diritto ed*

Economia dell'Università degli Studi di Napoli Federico II, n. 2, 2005, p. 217). A Carta de Nice, ao reconhecer aos trabalhadores e às suas organizações o direito de negociação e conclusão de acordos coletivos em nível apropriado, também reconheceu, em caso de conflito, seu direito de ação coletiva, incluindo a greve, para defender seus interesses. Sobre o entendimento segundo o qual a garantia do direito de greve já podia ser deduzida antes da Carta de Nice, mediante análise da disciplina da Comunidade Econômica Europeia, ver L. BETTEN, *The Right to Strike* in *Community Law*, Amsterdam — New York — Oxford, 1985.

O reconhecimento explícito da greve na Carta de Nice, porém, não é avaliado elemento suficiente para considerar aquele direito pertencente ao patrimônio constitucional da União Europeia pela doutrina que queria consequentes vínculos mais enérgicos com respeito ao poder do legislador, do mercado e das mesmas partes sociais de dispor da greve (ver G. ORLANDINI, *Sciopero e servizi pubblici essenziali nel processo d'integrazione europea. Uno studio di diritto comparato e comunitario*, Torino, 2003, p. 227).

O equilíbrio que é alcançado mediante uma composição autônoma do conflito em toda a comunidade europeia é considerado mais seguro e preferível em relação àquele que não provém da dialética entre as partes sociais, mas de uma solução de cunho autoritário.

Os meios de luta sindical, todavia, não se apresentam com um perfil unitário e homogêneo. Assim, especialmente não se apresenta o direito de greve, que na sua evolução histórica assumiu uma variedade de formas e manifestações e — o que aqui é o mais importante de ressaltar — adquiriu uma pluralidade de enquadramentos jurídicos, decorrentes de diversas atitudes do direito positivo. Para uma abrangente abordagem comparativa do fenômeno, ver P. HORION, *Relazione ricapitolativa*, cit.; B. AARON ET AL., *Industrial Conflict — A Comparative Legal Survey*, London, 1972; R. BIRK, *Gesetzliche und autonome Reagelung des Arbeitskampfrechts im Aussland*, in *Recht der Arbeit*, 1986, p. 205 e ss.; e em particular sobre a evolução da qualificação jurídica da greve na Itália, P. CALAMANDREI, *Significato costituzionale del diritto di sciopero*, in *Riv. Giur. Lav.*, 1952, I, p. 221; G. PERA, *Problemi costituzionali del diritto sindacale italiano*, Milano, 1960; U. ROMAGNOLI, *Il diritto di sciopero ieri e oggi*, in *Riv. Trim. Dir. Proc. Civ.*, 1991, p. 1.165.

Dentre as várias posições adotadas pelos ordenamentos jurídicos em relação à greve, mediante uma difusa classificação doutrinária, se destacam três hipóteses gerais, assim denominadas: greve-delito, greve-liberdade e greve-direito.

É preciso destacar que o fenômeno da greve não se vincula só ao capitalismo e à estruturação jurídico-econômica da empresa privada. O sistema capitalista mostra-se como o lugar de origem da greve, que porém tem manifestações ainda em diversos contextos nos quais se verificam conflitos de interesses em que, de qualquer modo, está empenhado um grupo de trabalhadores. Comportamentos grevistas aparecem com relação a diferentes sistemas econômicos e políticos que se sucederam na Europa.

R. BIRK, afirma que nenhum sistema jurídico pode ficar completamente indiferente ao conflito coletivo do trabalho, na medida em que é um problema legal que não se pode elidir, mas diferentes apresentam-se as soluções adotadas por cada ordenamento, em razão de peculiares fatores políticos, sociais e econômicos. As correlatas diversas espécies de regulamentação e os princípios que as sustentam são suscetíveis de enquadramento no mencionado tríplice modelo de atuação do Estado, que de qualquer modo estimula investigações sistemáticas mais profundas.

Verifica-se, portanto, que na greve são postos em evidência e em contraste interesses de natureza e âmbitos diversos. Internamente a cada relação de trabalho, o interesse individual do trabalhador grevista, que se abstém de trabalhar, entra em conflito com o interesse individual do empregador, que contratualmente possui direito à prestação de trabalho. Em um nível superior, o interesse coletivo da categoria dos trabalhadores, que mediante a greve visa atingir seus objetivos sindicais, entra em conflito com o interesse coletivo da oposta categoria empresarial. Em um nível mais elevado, acima do conflito sindical, o interesse geral de todos os cidadãos que não fazem parte das categorias envolvidas pode ser atingido por repercussões desse conflito.

Os diversos sistemas adotados para a regulamentação jurídica da greve se identificam na questão da relevância atribuída a tais interesses diversos. Quando o Estado considera que a greve afeta especialmente o funcionamento geral da economia e a paz sindical, a greve é proibida por motivos de ordem pública e é punida como delito (greve-delito). Se o Estado considera determinada greve exclusivamente como a soma de infrações aos contratos individuais de trabalho, ignora a greve como fato coletivo e a concebe como uma pluralidade de inadimplementos contratuais, em face da qual é suficiente a aplicação de ordinárias sanções de direito privado, sem consequências penais (greve-liberdade). Quando o Estado entende que, acima dos direitos individuais contratuais seja relevante a satisfação de interesses coletivos pelos quais o grevista foi estimulado, então resta configurada a greve como exercício de um verdadeiro direito (greve-direito), situação na qual também deve ser tutelado, não obstante o interesse geral dos cidadãos que não participam do conflito, mas que estão diretamente envolvidos.

Em suma, dependendo se a greve for considerada como um fato socialmente danoso, ou indiferente, ou útil, a greve será proibida, permitida ou protegida.

As três hipóteses são expressões de diversas concepções do Estado. A greve-delito responde à hostilidade do Estado liberal em sua origem, no qual o *laissez-faire* ilimitado induziu ao temor da greve como uma prática monopolista fatal para o bem supremo da liberdade comercial; ou então responde à concepção do Estado autoritário, qualquer que seja sua ideologia, que se propõe a resolver imperiosamente os conflitos coletivos de trabalho.

A greve-liberdade se enquadra na concepção de Estado liberal maduro, que se desinteressa pela greve, concebida como episódio de luta somente entre categorias econômicas, no qual o Estado permanece como um simples espectador, tolerando a greve e intervindo apenas excepcionalmente, quando é constada violência e turbação à ordem pública.

A greve-direito corresponde à visão do Estado democrático, que tem como finalidade a justiça social e não considera a greve "atomisticamente", ou seja, como uma junção de fatos isolados, que por si só seria um inadimplemento contratual, mas como um fenômeno coletivo único e como um instrumento capaz de garantir a justiça social.

Conforme os vários regimes de greve e as particularidades que assumem em cada ordem jurídica, o problema da noção de greve tem sua solução. Subsiste, porém, uma ideia geral da questão, isso é, uma ideia básica em que sempre está subjacente a fisionomia e as dimensões particulares da figura de greve, consagrada positivamente nos ordenamentos europeus. Fundamentalmente, a noção de greve deduz-se a partir da conexão com os conflitos coletivos de trabalho e com um comportamento dos agentes — os trabalhadores —, que consiste na interrupção temporária, coletiva e concertada, da prestação de trabalho, com o fim de exercer pressão sobre as entidades patronais.

A greve é privilegiada, pois não viola obrigações individuais laborais derivadas do contrato de trabalho, mas suspende a validade desse último, representando uma justificativa coletiva daquilo que, em outros casos, seria considerado uma violação individual: R. Birk. Posto que a função própria do direito do trabalho é aquela de elaborar instrumentos jurídicos que removam a efetiva desigualdade social, que é representada pela posição do trabalhador em confronto com o empregador, visando à criação de um Estado de bem-estar social onde a igualdade entre os cidadãos não seja apenas formal, mas também substancial, o direito à greve surge como um meio de participação dos trabalhadores na transformação das relações econômicas e sociais: nesse sentido, ver P. Calamandrei, cit., e G. Giugni, cit.

Clara, portanto, resulta a relevância da greve também em um âmbito mais amplo do que aquele das partes conflitantes na relação individual de trabalho. Sua regulamentação positiva como uma expressão de um direito público de liberdade não qualifica somente um determinado sistema de relações profissionais. O reconhecimento ou não da legitimidade do recurso à greve é também um aspecto essencial da fisionomia do Estado.

Onde a greve é penalmente reprimida, porque é considerada por sua natureza intrínseca em contraste com o interesse geral do Estado, esse último possui sempre um caráter autoritário e antiliberal, independentemente de quais sejam as motivações adotadas para justificar sua atitude repressiva e de qual seja a autoqualificação dada pelo Estado a si próprio.

Naturalmente, aqui nos referimos a uma proibição penal do princípio, que atinge o fato de realizar greve por si só, independentemente das formas concretas e modalidades de atuação de greve. Tal proibição geral é fruto do desconhecimento da lógica do conflito coletivo, que é negado *a priori* e que tem suas expressões concretas combatidas com intransigência, como manifestações intrinsecamente patológicas.

Um julgamento diverso requer uma eventual série de proibições, também reprimidas penalmente, as quais, no entanto, não atingem todas as formas de greve, mas somente alguns modos de exercer tal direito, considerados, também nos casos em que é aceito um sistema conflitual, como especificamente nocivos ao interesse público. É claro que, quando essa série de proibições específicas cresce exageradamente, estaríamos diante de uma tentativa de proibição geral da greve na prática restringindo sua legalidade apenas ao contexto de princípios abstratos. Por outro lado, a transição da mera liberdade ao direito de greve marca uma transformação significativa do regime estatal, que deixa de ser liberal e torna-se democrático.

Os ordenamentos sindicais dos Estados-membros da União Europeia confirmam sua homogeneidade fundamental — a despeito da inegável e múltipla diversidade, que é evidenciada mediante aspectos particulares da disciplina dos meios de luta sindical — também em relação ao reconhecimento do direito de greve. Exceções a esse princípio são representadas por aqueles poucos ordenamentos europeus que reconhecem uma mera liberdade de greve, não admitindo, durante a ação direta, a suspensão da relação de trabalho que é consequência do exercício do direito de greve. O reconhecimento assim tão limitado é resultado da posição de abstenção geral do Estado nas relações sindicais.

O reconhecimento do direito de greve em cada ordenamento é efetuado através de vários acontecimentos, em diferentes épocas e por vezes com um percurso marcado pelo recuo e fases regressivas, mas se verifica que, na área da União Europeia, o regime jurídico de autotutela sindical em geral é aquele próprio dos Estados democráticos.

2. FONTES DE DISCIPLINA DA GREVE: CONSTITUIÇÃO E LEIS CONSTITUCIONAIS

A relevância que, portanto, a disciplina da greve apresenta para efeitos de determinação da forma de governo em vigor de um determinado Estado faz que a greve, apesar de não ocorrer em todos os Estados europeus, seja progressivamente atraída pela matéria constitucional. De fato, os textos constitucionais recentes vêm prestando atenção nos meios de luta dos conflitos coletivos do trabalho. Todavia, essa tendência não alcançou todos os Estados-membros da União Europeia, em alguns dos quais (e tratam-se de Estados de antiga tradição sindical) não é possível verificar a consideração e a tutela da greve como direito consagrado por uma fonte constitucional.

É, entretanto, o caso de recordar que o reconhecimento da greve como direito, que o legislador conduz independentemente do reconhecimento da garantia constitucional, ultrapassa a mera revogação da incriminação, que é característica da hipótese de greve-crime, encontrada em fases históricas atravessadas, no passado, pelas legislações europeias. E vai além disso, vez que não se limita a restaurar a liberdade de greve deixando intacto o ilícito no plano contratual, pois — como é observado por F. Santoro-Passarelli, *Autonomia collettiva, giurisdizione, diritto di sciopero*, in *Riv. It. Sc. Giur.*, 1949, hoje in *Saggi di diritto civile*, I, Napoli, 1961, p. 177, e in *Nozioni di diritto del lavoro, XXXIV,* Napoli, 1985, p. 59 — o reconhecimento da greve como direito elimina também o aspecto do inadimplemento contratual. Isso torna legítima a recusa da prestação laborativa pelo trabalhador grevista, que está sujeito apenas à perda de salário correspondente ao período de abstenção do trabalho.

O estudo comparado da regulamentação jurídica da autotutela sindical nos ordenamentos dos Estados europeus tem como oportunidade — em semelhança com aquilo que consideramos oportuno aplicar quando foram examinadas nesta pesquisa as organizações sindicais e a negociação coletiva — uma dúplice abordagem metodológica. Em primeiro lugar, neste capítulo, em consonância com o tema das fontes da disciplina que permitem uma ótica privilegiada, que abranja as várias realidades nacionais, parece oportuno uma abordagem comparativa vertical dos meios de luta coletiva. Uma abordagem que, por conseguinte, compare cada país em sua singularidade ou compare aqueles que são ligados por extrema afinidade, de tal modo que possibilite o encontro da conformidade com modelos gerais e a peculiaridade dos subtipos nacionais. Em seguida, será realizada uma abordagem horizontal que examine como são disciplinados os diversos perfis dos meios de luta na multiplicidade dos contextos sindicais.

É oportuna, contudo, uma advertência: dessa vez, a distinção da abordagem metodológica pode ser menos nítida. Enquanto anteriormente a matéria observada aplicando uma diferente abordagem — organização sindical e negociação coletiva — era de caráter dúplice e a diversidade do objeto facilitava a evidência da diversidade metodológica, agora a unicidade da disciplina analisada — autotutela sindical — não oferece vantagem análoga.

Segundo o primeiro tipo de abordagem, são destacados, dentre os Estados europeus nos quais as Constituições garantem expressamente o direito de greve, a França e a Itália. A formulação do preceito constitucional é idêntica, mas — conforme observa P. Durand, *Lo sciopero e la serrata nel diritto francese*, in *Sciopero e serrata*, cit., p. 203 — de notável indeterminação. Essa indeterminação decorre da dificuldade dos legisladores francês e italiano em encontrarem um acordo sobre um texto mais preciso. Análoga dificuldade induziu o legislador constituinte alemão — como veremos — a renunciar a inserção na Carta Constitucional de uma norma expressamente dedicada à greve.

O preâmbulo, alínea 7, da Constituição francesa de 1946, ao qual a Constituição de 1958 se refere, dispõe: "O direito de greve deve ser exercido no âmbito das leis que o regulam". O art. 40 da Constituição italiana de 1948 reproduz a mesma elaboração da norma. Contudo, as referidas leis de atuação não foram emanadas, se desconsideramos a normativa relativa ao exercício de greve nos serviços públicos essenciais, cuja importância, por outro lado, cresce na perspectiva da denominada terceirização do conflito, que parte do original e clássico âmbito industrial e se desloca para o setor de serviços.

Foi ressaltado por G. Giugni, *op. ult. cit.*, p. 212-213, que o reconhecimento constitucional do direito de greve confere efetividade à liberdade de organização sindical, permitindo que essa liberdade opere efetivamente em um sistema econômico centrado no mercado e na iniciativa econômica privada.

Nos ordenamentos europeus em que, por mais tempo, sobreviveram sistemas sindicais corporativistas, que proibiam, em linha de princípio, toda forma de greve — ou seja, em Portugal, Espanha e na Grécia durante a "ditadura dos coronéis" — com a recuperação da democracia, foi constitucionalmente reconhecido o direito de greve. Assim estabelecem o art. 57 da Constituição portuguesa, o art. 28 da Constituição espanhola e o art. 23 da Constituição grega, e as leis ordinárias que regulamentaram seu exercício.

A greve, então, após a fase de repressão, tornou-se parte dos direitos subjetivos que se elevam à categoria de direitos fundamentais e constituem um elemento essencial do Estado Social e Democrático de Direito, como é ressaltado por A. Martín Valverde, F. Rodríguez-Sañudo Gatiérrez, J. García Murcia, cit., p. 378; ver também M. Alonso Garcia, *La huelga y el cierre empresarial*, Madrid, 1976, I, Garcia Blasco, *El derecho de huelga en España*, Madrid, 1983 e B. Xavier, *Direito da greve*, Lisboa, 1984.

A greve também era proibida nos ordenamentos sindicais das democracias populares de marca soviética, pois, conforme a configuração discutida no capítulo segundo precedente, uma vez que a classe operária, mediante sua vanguarda política, conseguiu o controle do Estado, único detentor do poder econômico, o recurso à ação direta prejudicaria aquela planificação centralizada. E, na medida em que, por dogma ideológico, em tal contexto, postulava-se a impossibilidade de insurgência de qualquer conflito coletivo de trabalho.

Sobre a tese segundo a qual a eliminação da classe dos capitalistas pela revolução proletária e a nacionalização dos meios de produção deveriam conduzir, necessariamente, à convergência das finalidades e dos interesses da classe operária, representada pelos sindicatos, e do Estado socialista, governado pelo partido comunista, com a consequente erradicação dos conflitos sociais (M. Sewerynski, *Les particularités du syndicalisme des pays de l'Est et les tendences recentes dans ce domaine*, in *Rev. Int. Dr. Comp.*, 1990, p. 115).

R. Birk, ressalta que, por essa razão, foram negados os próprios pressupostos da greve, pois ninguém poderia realizar uma greve contra si mesmo, destacando, porém, que, nos últimos anos de experiência daqueles sistemas sindicais, marcados pela *perestroika*, a afirmação teórica foi contrariada pelo desenvolvimento da greve, bem como pela tentativa de legalização de formas de greve. M. Sewerynski, *Droit Comparé, Les modalités de réglement des conflits collectifs d'intérets* — relatório apresentado sobre esse tema no XIII Congresso Mundial da Associação Internacional de Direito do Trabalho e da Seguridade Social, realizado em Atenas em 18-21 de setembro de 1991, Atenas, 1991, p. 10-11, lembra que, naqueles anos, foi manifestada por uma parte da doutrina soviética uma atenção especial ao contraste de interesses entre os administradores das empresas públicas e seus trabalhadores; e que, em outros países socialistas, militantes sindicais e teóricos (dentre os quais em particular o polonês T. Zieli ski, autor do breve mas exaustivo estudo, *Le rôle et les fonctions des syndicats in Pologne*, sob a coordenação de A. Anastasi, in *Lavoratori e Sindacati in Europa*, cit., p. 112) concluíram que os contrastes entre os diferentes interesses de grupos constituíam, nos países socialistas, um fenômeno normal e inevitável. Restaurada a liberdade política, civil e econômica, as Constituições se preocuparam em garantir a dialética social através do reconhecimento do direito de greve.

Restaurada a liberdade nos Estados que ficaram independentes da órbita soviética, o direito de greve foi reconhecido em nível constitucional. Assim estabelecem as Constituições da Bulgária (art. 50), Estônia (art. 29), Letônia (art. 108), Lituânia (art. 51), Polônia (art. 59), República Tcheca (art. 27), Romênia (art. 40), Eslováquia (art. 37), Eslovênia (art. 77) e Hungria (art. 70). Relativamente a outros dois Estados que ingressaram recentemente na União Europeia, a Constituição do Chipre garante, em seu art. 27, o direito de greve. Já a Constituição de Malta, no entanto, se silencia sobre o assunto.

Confirma-se, desse modo — tendo em vista aquilo que é analogamente inferido a partir da experiência dos ordenamentos sindicais que passaram por uma fase corporativista — que, onde a autonomia e autotutela sindicais sofreram feridas mais profundas, houve particularmente a necessidade de estabelecer garantias legais de nível hierárquico mais alto no intuito de restaurar o livre desenvolvimento da autotutela coletiva.

Recente é também o reconhecimento constitucional do direito de greve (e, nesse caso, também do direito de *lockout*) na Suécia: o art. 17 da Constituição sueca — o Instrumento de Governo de 1974 — torna legítimo o recurso às ações diretas efetuadas pelos sindicatos dos trabalhadores, pelas associações dos empregadores e pelos empregadores singularmente considerados, estendendo tal garantia à outros meios de luta similares, salvo previsões contrárias da lei ou da autonomia coletiva.

Além disso, não estava em discussão, mesmo antes de 1974, a legitimidade da greve — realmente utilizada com moderação pelos sindicatos suecos — na medida em que a norma constitucional não realiza desvio nesse sentido e manifesta, se refletirmos, seu maior interesse na equiparação do tratamento reservado aos meios de luta do trabalhador e do empregador. Por outro lado, a elaboração da norma constitucional remete à concreta determinação do âmbito de aplicação da garantia, para ambas as partes, à escolha do legislador e das forças sociais. A mencionada lei de 1976 sobre a codeterminação, na mesma perspectiva, regulamenta uniformemente a ação direta dos trabalhadores e dos empregadores.

Em numerosos Estados-membros da União Europeia, diante do silêncio das suas respectivas Constituições em matéria de conflito coletivo de trabalho, a jurisprudência entendeu que a tutela estabelecida pelas Constituições à liberdade sindical e, de forma mais geral, à liberdade de associação, abrange o direito de greve (e, em alguns ordenamentos pode-se afirmar que também é compreendido o direito de *lockout*).

Em Luxemburgo, onde o direito de greve não é disciplinado expressamente pela Constituição, é reconhecido mediante uma interpretação extensiva das liberdades sindicais constitucionalmente garantidas, dentre as quais se inclui o direito em exame. A legitimidade da greve decorre, desde o fim do século passado, da interpretação extensiva da liberdade de associação, reconhecida pelo art. 11, parágrafo 5º, da Constituição. Por sua vez, uma lei constitucional de 1948, ao se referir à liberdade sindical, também consagrou, entendendo a liberdade em si mesma em uma concepção dinâmica, o direito de ação sindical e, por conseguinte, o direito de greve, que constitui meio essencial para o referido direito de ação (A. Kayser, *Lo sciopero e la serrata nel diritto Lussemburghese*, in *Sciopero e serrata*, cit., p. 329). Contudo, deve-se ressaltar que se a Constituição proclama expressamente a liberdade sindical (e implicitamente o direito de ação sindical), não regula o conceito, nem o exercício ou os efeitos da greve.

Na Alemanha, com procedimento análogo de interpretação extensiva da Constuição Federal, que não trata expressamente da greve, se faz referência à liberdade de associação profissional (art. 9º, parágrafo 3º, da Lei Fundamental) e à tutela do livre desenvolvimento da pessoa humana (art. 2º, primeiro parágrafo). Todavia, é realizado um reconhecimento indireto, derivado do art. 9, parágrafo 3º, resultado da emenda de 1969, que estabelece a impossibilidade de emprego de medidas de emergência contra conflitos sindicais. As constituições de alguns *Länder*, em oposição, reconhecem como direito a greve proclamada por um sindicato (G. Boldt, *Lo sciopero e la serrata nel diritto tedesco*, in *Sciopero e serrata*, cit., p. 91-94).

É interessante notar que, em presença de uma previsão constitucional quase idêntica do direito de associação, na Áustria, não foram derivadas consequências semelhantes daquelas que ocorreram na Alemanha. Na verdade, exclui-se a existência de um direito subjetivo de greve, que o torne lícito no plano civil, mas não se discute sua licitude penal. Sobre a disciplina dos meios de luta nos conflitos coletivos de trabalho na Áustria, ver T. Tomandl, *Streik and Aussperrungsrecht*, Wien — New York, 1965, em cuja obra é relacionada a ausência da previsão de uma garantia constitucional do direito de greve à raridade com a qual, no país, se recorre a tais meios. E é ressaltada a peculiaridade pela qual os conflitos coletivos de trabalho encontraram soluções, após o fim da Segunda Guerra Mundial, não mais através da ação direta, mas sim em razão de um articulado sistema de mediação, explicado pelos específicos acontecimentos históricos.

A Guerra Fria por muitos anos — poderíamos dizer — congelou a Áustria no centro da Europa. Certamente, o *status* de neutralidade assim imposto ao país lhe assinalou originalidade em relação ao resto do continente, em uma primeira fase sob uma contínua ocupação militar e posteriormente por um mesmo regime de neutralidade sujeito a controle internacional. Dessa situação surgiu uma específica caracterização nacional que — ressaltamos — contribuiu para diferenciar a Áustria em relação ao seu passado, no que concerne à sua propensão ao conflito industrial, que anteriormente não era inferior àquela encontrada em outros Estados europeus.

Em cada caso, devidamente compartilhada a perspectiva comparativa atenta ao contexto histórico, é acentuada — sempre em relação a uma perspectiva similar, mas por ângulos um pouco diversos — a osmose que registramos entre países próximos não somente geograficamente, tais como a Alemanha e Áustria. Se os intérpretes austríacos não sentiram a necessidade em realizar uma operação interpretativa análoga àquela efetuada na Alemanha, que consentiu ao direito de greve um fundamento constitucional, no entanto, uma afinidade deve ser reconhecida. O espírito de *Socialpartnerschaft*, ou seja, de harmoniosa e vantajosa colaboração entre as partes sociais, foi difundido em ambos os países e influenciou suas atuações nesse campo.

A Constituição holandesa é silenciosa no que concerne ao direito de greve, bem como no tocante à liberdade de associação sindical. Assim, tais *species* devem ser incluídas no *genus* mais amplo representado pelo direito de associação e reunião e da liberdade e democracia, que são tutelados pela Carta fundamental (A. N. Molenaar, *Lo sciopero e la serrata nel diritto olandese*, in *Sciopero e serrata*, cit., p. 357). Sua Corte Suprema, em 1986, entendeu que o art. 6º, parágrafo 4º, da Carta Social, aprovada em 1961 pelo Conselho Europeu, aplica-se diretamente, consequentemente reconhecendo aos trabalhadores holandeses — tendo como exceção os empregados públicos — o direito de greve assegurado.

Nenhuma disposição constitucional tem como objeto o direito ou a liberdade de greve, e também é impossível realizar interpretação extensiva ou analógica no Reino Unido, onde — como é notório — não existe uma Constituição escrita, assim como também faltam disposições constitucionais sobre a greve na Bélgica, Irlanda, Finlândia e Dinamarca, países nos quais os sistemas sindicais não questionam a legalidade da greve e por isso sua prática deve ser isenta de consequências, tanto em nível criminal, quanto em nível de relação de trabalho.

3. A DISCIPLINA DA GREVE SANCIONADA PELAS LEIS ORDINÁRIAS

Sobre a intervenção do legislador ordinário no que concerne à regulamentação dos meios de autotutela sindical, a análise comparada dos ordenamentos europeus faz surgir claramente um primeiro dado: é aquele concernente às diferenças encontradas. Enquanto em determinados países, de fato uma minoria, existe uma disciplina legislativa suficientemente detalhada do fenômeno, em outros — também em contraste com explícitas previsões constitucionais — a intervenção legislativa é fragmentada e episódica. Em alguns países ainda a intervenção do legislador é quase inexistente, estando ausente todas as garantias, exceto pela eliminação da antiga proibição de caráter penal.

R. Birk, entende que nenhum país industrializado tenha ainda emanado uma disciplina legislativa completa sobre greves e *lockout*, em razão das graves dificuldades políticas que existem; e que, portanto, possamos explicar a ausência, no âmbito da União Europeia, de uma regulamentação legislativa ampla e orgânica da matéria.

J. Pérez Rey, *El esquirolaje tecnológico: Un importante cambio de rumo de la doctrina del Tribunal Supremo (TST de 5 de diciembre de 2012)*, in *Rev. Der. Soc.*, 2013, n. 6, p. 163, afirma que, por força de serem a expressão de um delicado equilíbrio ou compromisso político, as normas legais sobre a greve têm permanecido numa espécie de hibernação, sendo a causa de um rosário de dificuldades jurídicas. O regime legal da greve — salienta J. M. Vieira Gomes, *Da proibição de substituição de grevistas a luz do artigo 535º do Código do Trabalho*, in *Vinte anos de Questões laborais,* cit., p. 62 — é bastante lacônico e lacunoso.

Tal variedade de situações legislativas e suas dificuldades podem subestimar a real consistência do problema da intervenção legislativa, desviando a atenção sobretudo quanto à efetiva estrutura das relações industriais e aos procedimentos que as forças sociais contrapostas estejam elaborando para resolver ou para governar o conflito coletivo de trabalho.

Na realidade, a negociação coletiva em vários sistemas sindicais acompanha a lei (ou em algumas hipóteses acaba por substituí-la) nas regulamentações dos conflitos coletivos de trabalho. Proximidade, essa que sugere a B. Veneziani, cit., p. 205, apresentar lei e negociação coletiva como instrumentos do direito do trabalho constantemente relacionados na disciplina da assimetria de poderes sociais antagonistas, seja para as relações individuais, seja para coletivas.

Pensando bem, no entanto, se, às vezes — observa R. Birk — os contratos coletivos conseguem estabelecer soluções aos limites desencadeados pela intervenção legislativa direta nos conflitos coletivos de trabalho, muitas vezes somente a jurisprudência consegue elaborar tais soluções, atuando onde não só o legislador mas também as partes sociais tiveram seus esforços frustrados no que concerne à elaboração de uma regulamentação eficaz.

Por outro lado, a eventual subestimação da consistência do problema da intervenção legislativa negligencia a relevância que, mesmo no que concerne à efetividade, detém uma disciplina legal apoiada por um verdadeiro consenso social. Relevância que emerge, inversamente, considerando o vazio e incertezas da regulamentação presentes, durante a deterioração da situação econômica e social em países em que a gestão de conflitos concerne exclusivamente às partes envolvidas, sem qualquer tipo de intervenção regulamentador do legislador.

Seja como for, o segundo — e significativo — dado emergente do exame dos ordenamentos dos Estados-membros da União Europeia é aquele que indica, em média, a escassez de disposições legais sobre essa matéria. Portanto, se o problema da intervenção legislativa não deve ser injustamente menosprezado, é impossível ignorar a dificuldade em enquadrar o fenômeno da greve, que se manifesta na sua inata fluidez e nas suas próprias margens de indeterminação, em esquemas racionais e precisos da lei, mas que também tendem a ser rígidos e inadequados para a modificação.

É compreensível, portanto, a relutância do legislador em atuar a regulamentação da disciplina, apesar de esta consistir dever constitucional. A dificuldade das democracias europeias em estabelecer regras sobre a greve que limitem a liberdade de ação das organizações do trabalhadores influenciou as próprias democracias — como ressalta R. Birk — para que não fossem ultrapassados princípios gerais relativos a essa delicada matéria e para que a disciplina legislativa não fosse disposta de forma detalhada, deixando essa função aos juízes.

O terceiro dado emergente da análise da disciplina legislativa — mas o mesmo vale para a disciplina que possui como fonte a autonomia coletiva — dos conflitos coletivos trabalhistas é que ambas as fontes executam, em larga escala, uma função compositiva, senão de prevenção, de potenciais conflitos. Isso observa B. Veneziani, ressaltando que os três modelos recordados — respectivamente, de repressão, de tolerância e de reconhecimento da greve — todos, de forma mais ou menos intensa e com inegáveis diferenças — respeitariam o objetivo de reafirmar em cada caso o primado do poder público sobre os poderes dos grupos sociais. Quando o conflito, nos sistemas democráticos pluralistas, é aceito como uma de suas funções essenciais, à lei é confiada o cuidado para que a atuação dessa função respeite modalidades compatíveis com as características dos sistemas nacionais e com a primazia do interesse geral.

Deve-se destacar mais uma característica da intervenção legislativa em matéria de greve. R. Birk, ressalta que muitos países (referindo-se também aos países que são membros da União Europeia) regulamentam por lei apenas alguns aspectos específicos do conflito industrial e de seus meios de ação, sobretudo em relação a seus efeitos sobre outras questões jurídicas, em vez de regulamentarem as condições específicas e suas limitações; ou tais aspectos são regulamentados como reflexos de uma outra disciplina, que interferem no próprio conflito.

Passando ao reconhecimento de várias soluções nacionais, na Bélgica, onde a lei — que compartilha a característica do tipo de intervenção legislativa por fim discutido — não se ocupa expressamente da greve e também não determina seus efeitos, é possível ressaltar somente algumas disposições não expressamente destinadas a regulá-la, mas das quais, não obstante, foram retirados certos elementos de regulamentação da greve. Em primeiro lugar, a lei de 19 de agosto de 1948, relativa à prestação de serviços de interesse público em tempos de paz e a eventuais recrutamentos de trabalhadores, cujo art. 1º concedeu à doutrina substrato para a definição de greve como suspensão voluntária e concertada de trabalho que bloqueia a produção como instrumento de pressão sobre o empregador ou sobre terceiros: ver P. Horion, *Lo sciopero e la serrata nel diritto belga,* in *Sciopero e serrata,* cit., p. 160.

Também nos Países Baixos apenas escassas disposições legislativas são utilizadas para a regulamentação da greve, mas que não foram originalmente destinadas para isso. Dentre essas disposições, cuja aprovação não é recente, ressaltamos a lei de 1930, sobre serviços de inserção do trabalhador no mercado de trabalho, cujo art. 6º, no intuito de evitar eventuais "fura-greves", estabelece que o referido serviço não funciona durante a greve (ou *lockout*), e a lei de 1949 sobre seguro-desemprego, no que concerne aos efeitos das ações diretas em relação à indenização por desocupação. Também devem ser mecionadas as modificações realizadas em 1903 no Código Penal, com a finalidade de proibir suspensões de trabalho realizadas por trabalhadores ferroviários e funcionários estatais. Tratam-se, na verdade, de disposições que foram aplicadas raramente e que depois foram consideradas ilegítimas pela Suprema Corte e definitivamente revogadas em 1980. Sobre o tema, ver F. Di Cerbo, e A. N. Molenaar, *Lo sciopero e la serrata nel diritto olandese,* no volume supracitado da Comunidade Europeia do Carvão e do Aço — C.E.C.A., in *Sciopero e serrata,* p. 361-362.

Em Luxemburgo, ao contrário, encontramos uma vasta série de normas legais que disciplinam o exercício da greve. O decreto grão-ducal de 6 de outubro de 1945, que retoma decreto análogo de 1936, pune quem provoque, por ocasião de um conflito coletivo, uma suspensão de trabalho sem preventivamente consultar o *Office National de Conciliation*. O exercício do direito de greve, então, é condicionado, por lei, à prévia tentativa de procedimentos de conciliação. A lei de 12 de junho de 1965 impôs a obrigação de paz sindical, inibindo as partes de atuarem ou ameaçarem greves ou *lockouts* durante a vigência do contrato coletivo. Correlativamente, a lei de 20 de abril de 1962 e a lei de 24 de junho de 1970 excluíram o que constituía causa de resolução do contrato de trabalho ou demissão por justa causa relativamente à deliberação de greve efetuada de modo lícito, ou seja, seguindo os procedimentos de conciliação. Uma lei posterior de 1979 estabeleceu que a escolha de realizar uma greve pertence somente aos próprios trabalhadores e introduziu a limitação da greve nos serviços públicos. Sobre tais disposições legislativas ver F. Di Cerbo, e a A. Kayser, *Lo sciopero e la serrata nel diritto lussemburghese,* no volume supracitado da C.E.C.A. — *Sciopero e serrata,* p. 330-338.

Um cenário particular é aquele inglês, também no que concerne à disciplina legislativa em matéria de conflito industrial.

O ordenamento do Reino Unido — que depois da legitimação da greve sancionada pela fundamental intervenção legislativa de 1906, até o início dos anos 1980, tinha excluído, tendo em vista o pressuposto da sua licitude penal, de disciplinar legislativamente, de modo explícito e sistemático, a ação sindical direta — apresentou, posteriormente, uma radical transformação. Numerosas intervenções legislativas são efetuadas em seguida a partir da *Trade Union Act* de 1984, até chegar-se à *Trade Union and Labour Relations (Consolidation) Act* de 1992, alterada pela *Trade Union Reform and Employment Rights Act* (T.U.R.E.R.A.) de 1993, transformando o modelo de relações sindicais britânico no exemplo mais relevante de regulamentação heterônoma da greve na União Europeia. Sobre as restrições progressivamente impostas à greve pela legislação inglesa, em consonância com as transformações gerais verificadas na posição das forças políticas, que se tornou desfavorável em relação ao sindicatos, ver P. Davies e M. Freedland, *Labour legislation and public policy: a contemporary history,* 1995.

Para classificar tais intervenções é necessário observar o cenário no qual se desenvolvem. Conforme a *common law,* as organizações que a proclamam e os trabalhadores participantes de uma greve podem ser considerados autores de ações ilícitas e serem responsabilizados pelos danos se tais ações não são protegidas com imunidade. Importante também ressaltar que o sistema britânico não reconhece o direito de greve em relação a um trabalhador individualmente considerado. Aquele, ao realizar uma greve, exceto no caso de incidência da imunidade sindical, viola sua obrigação contratual de trabalho e por isso estaria sujeito às correspondentes sanções efetuadas pelo empregador.

Todavia, importante lembrar que é atribuída imunidade às organizações sindicais que proclamam a greve. Tal imunidade foi estabelecida pelo supracitado *Trade Disputes Act* del 1906, consentindo que tais organizações estejam isentas da responsabilidade civil geralmente prevista pela *common law,* em caso de obstrução da liberdade de comércio e de troca (cf. O. Kahn-Freund, *op. ult. cit.,* p. 227).

Essa situação deixou ao sindicato amplos espaços de ação. Em 1968, a *Commissão Donovan* firmou que a greve, bem tutelada, não precisava de reforma (*Royal Commission Report* on *Trade Union and Employers Associations 1965-1968,* par. 935). O principio de *collective laissez-faire* parecia bastante garantido.

Contudo, com as intervenções citadas de 1984, 1992 e 1993, o legislador, em primeiro lugar, restringiu fortemente o âmbito de aplicação das isenções e também inseriu limites relativos à proclamação da greve, impondo a obrigação de pré-aviso de sete dias e o desenvolvimento de uma votação preventiva entre os inscritos, pela qual a maioria deve se declarar favorável à ação. O não cumprimento desse procedimento elimina a imunidade.

A *immunity* sindical — como já foi mencionado — reflete-se sobre a posição dos trabalhadores individualmente considerados que estão em greve, excluindo que tal abstenção do trabalho configure um inadimplemento da obrigação laboral e, assim, protegendo-os das reações dos empregadores: mas apenas nos termos em que a lei prevê a operatividade dessa *immunity.*

Os inadimplimentos das obrigações contratuais legitimam demissões dos trabalhadores quando trata-se de obrigações fundamentais (*repudiatory breach of contract*): ver M. Freedland, *The Contract of Employment,* Oxford, 1976.

A lei sobre a relação de trabalho de 1999 (*Employment Relations Act [E.R.A.]* 1999) considera sem justa causa demissões de trabalhadores em razão da participação em greves tuteladas por imunidade, quando o trabalhador é demitido entre doze semanas do início da ação coletiva ou até mesmo mais tarde, se o empregador não utilizou os procedimentos necessários que deveria razoavelmente aplicar para solucionar o conflito coletivo.

Antes do E.R.A. avaliavam-se ilegítimas só as demissões seletivas de grevistas, enquanto o empregador demitia legitimamente também os trabalhadores que tomassem parte em uma greve lícita, contanto que demitisse todos os empregados.

Na Alemanha não existe uma lei específica sobre conflito coletivo. Qualquer disposição referente à greve pode ser encontrada em algumas normas particulares: na lei de 1946, sobre o Conselho de Controle da Empresa, na parte relativa à conciliação; na lei de 1952, que concerne ao ordenamento empresarial *(Betriebsverfassungsgesetz)*, que em seu art. 74, parágrafo segundo, proíbe o órgão de representação dos trabalhadores *(Betriebsrat)* recorrer à greve em face do empregador, que, por sua vez, não pode utilizar o *lockout* contra o Conselho dos Trabalhadores; na lei de 1965 sobre a representação dos trabalhadores nos serviços públicos *(Personalvertretungsgesetz);* na lei de 1986 sobre a inserção do trabalhador no mercado de trabalho e sobre o seguro-desemprego *(Arbeitsforderungsgesetz)*.

Não diversamente da Constituição, também a lei ordinária austríaca ignora os conflitos coletivos de trabalho, deixando, portanto, a greve sem o reconhecimento como direito: isto, no entanto, não impediu que a ação direta sindical fosse considerada legítima, salvo em casos especiais em que, em razão de suas formas de concretização, viesse a integrar hipóteses de crime contempladas em geral pela lei (T. Tomandl e K. Fuerbueck, cit., p. 55-56).

Na França, a intervenção legislativa, não obstante o legislador tenha sido formalmente requisitado pela Constituição no intuito de regulamentar o direito de greve, não criou uma disciplina orgânica do instituto. A lei de 11 de fevereiro de 1950, sobre o sistema de negociação coletiva, estabeleceu que a greve não provoca a resolução do contrato de trabalho, salvo em caso de culpa grave do trabalhador grevista. Uma regulamentação precisa sobre a greve foi elaborada para os serviços públicos essenciais, que posteriormente será examinada.

Em Portugal e na Espanha, como já ressaltamos, o legislador concretizou as previsões constitucionais sobre a regulamentação legislativa do exercício do direito de greve reconhecido pela lei fundamental. Tal direito é garantido pela Lei portuguesa n. 65, de 26 de agosto de 1977 (Lei da Greve), modificada pela Lei n. 30, de 20 de outubro de 1992, e pelo Decreto-Lei real espanhol n. 17, de 4 de março de 1977, mediante soluções que serão mencionadas posteriormente.

Deve ser lembrada a reforma da disciplina das resoluções de conflito coletivo na Grécia, estabelecida pela Lei n. 1.876, de 1990, pela qual os procedimentos de conciliação, mediação e arbitragem, que antes eram obrigatórios, tornaram-se facultativos. Para uma ilustração da regulamentação preexistente, ver T. Mitsou, *Les relations professionelles en Grêce,* Athènes, 1980. Posteriormente, uma lei emanada em dezembro de 1990 disciplinou a greve nos serviços públicos essenciais.

A regulamentação do uso de meios de luta sindical, na Dinamarca, deriva indiretamente — nos termos da Lei n. 317 de 1973, que instituiu o Tribunal de Trabalho *(Arbejdsretten)* competente para julgar também a licitude do emprego dos meios de luta coletivos — da fundamental distinção entre conflitos coletivos de interesses, que surgem na ausência de uma disciplina jurídica válida que vincule as partes, e conflitos coletivos jurídicos, relativos à interpretação e aplicação dessas disciplinas. É legítimo o recurso aos meios de ação direta sindical apenas nos casos de conflito de interesses, enquanto na outra hipótese não é admitido o uso de greve ou *lockout*. As partes que não conseguem encontrar por tais vias uma solução devem consultar o Tribunal do Trabalho, órgão arbitral e de composição mista, com membros designados paritariamente dentre trabalhadores, empregadores e magistrados. Sobre a questão, ver F. Di Cerbo.

Na Suécia, — país em que o sistema jurídico trabalhista, como já ressaltamos no capítulo segundo, há mais de um século é caracterizado pela relevância dada à autonomia coletiva, maior que aquela concedida à lei, na disciplina de ações sindicais — na Áustria e na Finlândia — ordenamentos nos quais a escassa vontade das partes sociais em recorrer às ações diretas respalda a limitada intervenção do legislador na matéria —, a supracitada legislação sobre negociação coletiva exige um requisito de legitimidade da greve, isso é o respeito da paz sindical decorrente do próprio contrato.

Nos termos da lei sueca de 1976 já citada, o recurso à greve é limitado somente aos conflitos coletivos de interesse, atribuindo-se ao juiz a resolução de controvérsias jurídicas coletivas. A Lei filandesa n. 420, de 1962, sobre mediação nos conflitos trabalhistas, estabelece instrumentos que são usados para a prevenção de conflitos coletivos de interesse.

A tendência de garantir juridicamente a greve, após uma longa fase de sua repressão, induziu às "novas democracias" que recentemente tornaram-se países-membros da União Europeia a introduzir em suas constituições o direito de greve, produzindo uma disciplina legal ordinária mais ou menos detalhista sobre o referido direito. Na Bulgária, foi estabelecida lei sobre a composição de conflitos trabalhistas em 6 de março de 1990 (ver K. SREDKOVA, *Labour Dispute Settlement* in *A Transitional Country: The Bulgarian Experience*). Na Estônia, dispõe de forma análoga a lei de 5 de maio de 1993, sucessivamente alterada. Na Letônia, a lei de 26 de setembro de 2002, que disciplina sistematicamente a matéria, foi modificada e completada por posteriores intervenções legislativas. Na Lituânia, o Código do Trabalho impõe disposições sobre limites, condições e procedimentos relativos ao exercício do direito de greve. Na Polônia, a lei de 23 de maio de 1991, sobre conflitos coletivos trabalhistas, regulamenta e limita o exercício do direito de greve, fazendo atuar o art. 59, parágrado 3º, da Constituição. No mesmo ano foi emanada, na República Tcheca, a Lei n. 2, sobre negociação coletiva, que contém disposições em matéria de greve. A lei romena sobre conflitos coletivos trabalhistas é de 1999, enquanto na Eslováquia é aplicada a supracitada Lei n. 2 de 1991, vigente também na República Tcheca, que foi elaborada quando os dois Estados ainda não eram separados. Na Eslovênia, a lei é a mencionada regulamentacão sindical de 1991, com as modificaçoes realizadas em 2003, enquanto na Hungria a lei é de abril de 1989.

4. JURISPRUDÊNCIA EM MATÉRIA DE GREVE: RELEVÂNCIA COMO FONTE ATÉCNICA

A escassez de disposições legislativas relativas à greve, verificada nos Estados-membros da União Europeia, fez que, também nos ordenamentos de *civil law*, o trabalho da jurisprudência atuasse em sentido substitutivo, como uma fonte atécnica que, no entanto, possui eficácia indubitável. Esse ativismo da magistratura na matéria representa uma constante relevante em toda a União Europeia. P. CALAMANDREI, cit., observou que a greve, a partir do momento em que é reconhecida como direito, deve submeter-se necessariamente às condições e restrições de exercício que, se não forem estabelecidas pela lei, devem ser determinadas, mais cedo ou mais tarde, mas, inevitavelmente, pela jurisprudência. Tal previsão foi elaborada pelo autor em um momento imediatamente seguinte à entrada em vigor da Constituição italiana de 1948; e ele identificava na norma dedicada à greve — ou seja, no supracitado art. 40 — a base para a intervenção supletivo da jurisprudência. A previsão foi confirmada, mas a observação tem um alcance não apenas limitado ao ordenamento italiano.

A questão acima exposta não exclui que a jurisprudência possa ainda concorrer, na qualidade de fonte atécnica, com o legislador ordinário — que por sua vez deu seguimento às disposições constitucionais — para que seja realizada uma delimitação mais precisa dos instrumentos de luta nos conflitos coletivos de trabalho. Para análise de uma função similar realizada na Espanha, especificamente do Tribunal Contitucional, ver A. P. BAILOS GRAU, *Diez años de jurisprudencia costitucional: el derecho de huelga*, in M. R. ALARCON CARACUEL (Org.) *Derecho del Trabajo: 1981 — 1991 (Analisis de diez años de jurisprudencia costitucional)*, Madrid, 1992.

R. BIRK, *op. ult. cit.*, p. 420, identifica, corretamente, na jurisprudência a fonte principal — ainda que não formal, o que deve ser salientado — da disciplina da greve em todos os ordenamentos dos países industrializados, atuando com um papel proeminente também nos casos nos quais as leis regulamentam com riqueza de detalhes os vários aspectos da greve. Cita-se, como exemplo, o caso britânico, no entanto singular, tendo em vista as funções de "freio" e de liberalização, as quais observamos que são exercidas respectivamente pelas duas fontes, com inversão de funções relativamente à lógica verificada nos outros ordenamentos europeus.

Não devemos ignorar o fato de que aqui (como no outro caso citado pelo Autor, nos Estados Unidos) trata-se de um ordenamento de direito jurisprudencial e não de direito escrito. Portanto, o Poder Judiciário concorre plenamente com o Parlamento na função de produção normativa.

No entanto, o supracitado exemplo espanhol esclarece, em consonância com as premissas de ordem geral desenvolvidas no primeiro capítulo sobre a relevância, para o comparatista, das famílias de ordenamentos e dos modelos políticos e sociais, as causas da extensão do papel da jurisprudência. Papel que depende essencialmente, antes de considerar a espécie de ordenamento no qual isso venha a ser realizado, do equilíbrio político entre os poderes do Estado e das caraterísticas dos vários sistemas nacionais de relação industrial. E a função não é destituída de relevância somente por ser uma fonte considerada atécnica.

Na Bélgica, uma verdadeira transformação do ordenamento no tocante ao conflito industrial ocorreu com duas sentenças da Corte de Cassação, respectivamente em 1967 e 1970, que tratavam dos efeitos civis da greve. Na primeira decisão, a Corte afirmou o princípio segundo o qual a participação na greve não determina uma violação do contrato, vez que não significa por si só uma vontade em tal sentido. Consequentemente, foi especificado que as causas de suspensão do contrato de trabalho previstas nas leis não são consideradas taxativas. Com a segunda decisão, foi reconhecido indiretamente o caráter legítimo da suspensão do contrato de trabalho em razão da greve. Por fim, em 1981, a Corte de Cassação reconheceu a greve como direito subjetivo de titularidade individual, legitimando, desse modo, a adesão de um trabalhador também a uma greve que não tenha sido proclamada por um sindicato.

Também nos Países Baixos, o reconhecimento da legitimidade do exercício do direito de greve, além da decisão supracitada, emanada em 1986 pela Suprema Corte em referência ao art. 6º, parágrafo 4º, da Carta Social do Conselho de Europa, deve-se a precedentes decisões jurisprudenciais, dentre as quais uma outra sentença da Suprema Corte de 1960 e uma sentença da Corte de Amsterdã de 1972, que definiu a greve como direito subjetivo pertencente à uma comunidade profissional.

Em Luxemburgo, a jurisprudência definiu repetidamente a greve como um elemento essencial da liberdade sindical, reconhecida e garantida pelas leis, e definiu seu conceito particularmente em uma decisão de 1959.

Na Alemanha, à fundamental sentença da Corte Federal de 1955, bem como às sucessivas de 1971 e 1980, é necessário referir-se, para a especificação dos princípios básicos relativos aos conflitos coletivos. Teremos a oportunidade de abordar esse assunto nas páginas seguintes.

Na França e na Itália, onde o legislador pela Constituição foi incumbido da regulamentação do direito de greve, ela, substancialmente, resulta da elaboração jurisprudencial (na França, aquela proveniente da *Cour de Cassation*, do *Conseil d'État* e do *Conseil Constitutionnel*; e na Itália, analogamente, daquela proveniente da *Corte Costituzionale*, em primeiro lugar, mas também elaborada pelos juízes ordinários e administrativos). Também analisaremos mais detalhadamente tais decisões no decorrer deste capítulo.

As modalidades de atuação do direito de greve constituem terreno sobre o qual é particularmente requisitada uma intervenção da jurisprudência, em uma função que resulta objetivamente mediadora entre a exigência de consentir aos trabalhadores o pleno exercício do direito que lhes foi atribuído, tendo em vista a realização da justiça social, de um lado, e, do outro, a tutela do interesse geral e também o interesse das empresas em não sofrer, em razão da abstenção dos empregados, prejuízos irreparáveis. Sobre esse terreno intervieram ampla e incisivamente os juízes franceses e italianos, e não somente eles. Uma decisão da Corte Suprema grega de 1987 estabeleceu que, no início de cada ano, devem ser publicadas listas dos trabalhadores que, no caso de greve, devem continuar em serviço nas empresas nas quais são empregados, com a consequência de que a greve seja considerada ilegal se tais listas não forem publicadas ou se os trabalhadores indicados nas listas participarem da proclamada abstenção.

A Alta Corte irlandesa, em duas importantes decisões em 1990 e em 1994, teve a oportunidade de especificar a fisionomia da greve legítima.

Devemos enfatizar que, em todos os casos de decisões jurisprudenciais significativas, a função do juiz, natural e inevitavelmente, em maior ou menor medida, não é exclusivamente declaratória do direito vigente, mas criativa, interpretando as orientações difusas na consciência social. Muitas vezes as decisões foram intensamente discutidas. Não poderia ser de outra forma, dada a sutileza, social e também jurídica, dos problemas subjacentes; sutileza que é, aliás, a base da ausência de uma regulamentação legislativa precisa, que as próprias decisões devem compensar.

5. A AUSÊNCIA DA ATUAÇÃO LEGISLATIVA PERANTE OS DISPOSITIVOS CONSTITUCIONAIS: AS CONSEQUENTES ELABORAÇÕES DA DOUTRINA E DA JURISPRUDÊNCIA NA EXPERIÊNCIA FRANCESA

Ressaltamos a escassez das fontes legislativas europeias no tocante aos meios de luta sindical. Consequentemente, o próprio conceito de greve, diante da ausência ou da incompletude da intervenção legislativa, é remetido, prevalentemente, à elaboração da doutrina e, sobretudo, da jurisprudência.

Assim ocorre nos ordenamentos em que também são vigentes normas constitucionais semelhantes que prescrevem a intervenção do legislador, dentres os quais — como foi supramencionado — França e Itália.

Observa P. DURAND, cit., p. 205, com referência direta à experiência francesa, mas que pode ser estendida à italiana, que a jurisprudência, ao sanar a falta de atuação do legislador que se absteve da elaboração de uma disciplina geral do exercício da greve, teve de definir o âmbito do referido direito e seus limites. Isso conforme o declarado pressuposto de que o reconhecimento do direito de greve não poderia implicar a exclusão dos limites que devem ser fixados para esse direito, assim como para qualquer outro, para que seja evitado um emprego abusivo ou contrário às necessidades de ordem pública.

No primeiro dos dois ordenamentos citados, o conceito de greve, tutelada pela Constituição como direito, que se induz da jurisprudência — especialmente daquela proveniente da *Cour de Cassation* — não corresponde integralmente ao conceito proposto pela doutrina.

Uma perspectiva útil para esclarecer a questão é aquela que H. SINAY propõe no Tomo VI do *Traité du droit du travail,* coordenado por G. H. CAMERLYNK, 1966. A greve é definida como a abstenção concertada e coletiva do trabalho que manifesta a intenção dos assalariados em estar, provisoriamente, fora do contrato de trabalho com o fim de assegurar o sucesso das suas reivindicações.

Por sua vez, para o *Conseil Constitutionnel* francês, são abrangidas nos dispositivos constitucionais as abstenções concertadas e coletivas do trabalho, postas em prática com o objetivo de sustentar determinadas reivindicações coletivas que os empregadores se recusam a satisfazer. No mesmo sentido, ver também o *ârrêt* de 2 de fevrero de 2006 da *Chambre sociale de la Cour de cassation.*

Assim, emerge, então, em concordância, o elemento coletivo e concertado prévio de abstenção dos trabalhadores, sobre o qual insistem os intérpretes também em outros ordenamentos dos Estados-membros da União Europeia. O acordo requisitado exclui a qualificação da greve como suspensão do trabalho decorrente da decisão individual de um único trabalhador ou imposta aos trabalhadores de uma empresa por iniciativa de poucos sem um consenso ao menos tácito dos trabalhadores chamados para participar do movimento paredista. Também não se pode qualificar como greve, obviamente, a interrupção temporária da atividade de trabalho provocada por força maior (G. ADAM, *Il conflitto collettivo di lavoro in Francia,* in *Il conflitto di lavoro in Francia, Svezia e Gran Bretagna,* cit., p. 40).

A abstenção do trabalho deve ser decidida por um sindicato ou de uma parte considerável dos trabalhadores interessados, ainda que eles não constituam a maioria: de qualquer forma, a concertação expressa o essencial perfil coletivo da ação de luta deliberada. Coletiva deve também resultar a abstenção do trabalho, mas não se exige que ela envolva a totalidade ou a maioria dos trabalhadores interessados.

A jurisprudência francesa não indicou algum critério para determinar um número mínimo necessário para esse fim. O que é necessário — e que encontra realização seja na concertação em relação à abstenção do trabalho, seja no caráter coletivo da sua atuação — é que a greve seja um resultado inspirado nos interesses coletivos (G. ADAM, cit., p. 41).

A suspensão coletiva do trabalho deve ser movida pela intenção de sustentar as próprias reivindicações. Também nesse aspecto não é perceptível discordância entre doutrina e jurisprudência. Então, a greve pressupõe um elemento material, ou seja, a abstenção coletiva do trabalho, bem como um elemento intencional, qual seja a modificação e o aprimoramento das condições de trabalho.

Nesse sentido, a *Cour de Cassation* da França, por um lado negou a possibilidade de equiparar à greve a interrupção do trabalho em que os trabalhadores de uma empresa sejam forçados por condições temporariamente incompatíveis com a continuidade da atividade laboral, como, por exemplo, o insufiente aquecimento do local de trabalho; e, por outro lado, a Corte francesa negou que sejam abrangidas pelo dispositivo constitucional do direito de greve as abstenções coletivas inspiradas, ainda que por interesses coletivos, mas que possuem também caráter político e não econômico-profissional.

Essencial para concepção de greve é sua relação com as reivindicações sociais, compreendidas em sentido amplo, para desse modo abranger toda ação de luta provocada por motivos relacionados ao trabalho, mas não aquelas que apresentam uma natureza exclusivamente política estranha à empresa. Nesse sentido se expressa repetidamente, na década de 1950, a *Cour de Cassation*. Sobre a matéria, ver G. ADAM, cit., p. 40-41.

A greve denominada de surpresa — não sendo prevista, como ocorre nos serviços públicos, a obrigação do pré-aviso — é considerada legítima. Nem mesmo a duração da interrupção coletiva do trabalho constitui elemento decisivo para o conceito de greve legítima, mas apresenta em cada caso um perfil indubitavelmente impreciso desse conceito, sobre o qual — na França, não diversamente dos outros ordenamentos — são manifestadas disparidades de opiniões.

A jurisprudência francesa admite abstenções do trabalho de duração breve, que, no entanto, não são inspiradas pela única intenção de perturbar o regular funcionamento da empresa. Ao contrário, uma ação de luta que se traduza em interrupção momentânea e reiterada do trabalho é suscetível de ser considerada estranha ao conceito de greve legítima acolhido pela jurisprudência (ver sobre o assunto F. DI CERBO, cit., p. 54).

Conceito que é diferenciado daquele elaborado por parte da doutrina — conforme a citada configuração da greve de autoria de H. SINAY, mas também presente em G. ADAM — tendente, no silêncio do legislador, a considerar como elemento caracterizador da greve, não tanto a modalidade de interrupção temporária do trabalho, mas sim a ruptura do seu ritmo ordinário. Consequentemente, tal doutrina abrange no conceito de greve legítima formas de luta como a grave intermitente, ou greve "soluço" (que é traduzida na abstenção de duração inferior ao horário de trabalho, repetida pelo trabalhador no âmbito da jornada laboral), a greve rotativa, na qual se sucedem abstenções do trabalho em cada parte ou departamento de uma empresa, de modo que haja sempre uma parte da empresa que esteja paralisada e a greve de produtividade.

O contraste consiste no fato de que uma parte da doutrina acentua a apreciação da legitimidade da abstenção do trabalho, em detrimento do elemento material da interrupção total, visando a um fim coletivo de reivindicação, mediante o qual também é considerado instrumento legítimo uma diminuição do ritmo de trabalho e não somente sua suspensão. Na jurisprudência, em sentido contrário, essas formas de greve, enquanto direcionadas à perturbação da organização empresarial, como os acordos de não colaboração (ou seja, estipulados relativamente ao desenvolvimento da prestação laboral, que deve ser realizado de modo diverso daquele que assegura a completa observância das obrigações de trabalho), são consideradas inadimplementos contratuais. Nesse sentido se manifestou a Corte de Cassação, em julho de 1986, declarando ilegítimas as greves influenciadas por reivindicações irracionais e excessivas, de modo a não permitir uma aceitação plausível do empregador.

Outra disparidade entre as orientações da jurisprudência e as opiniões da doutrina é a concernente ao escopo de reivindicação, que a doutrina tende a alargar, no tocante ao âmbito político em divergência com respeito as orientacões, mas progressivamente mais elásticas, da jurisprudência (em contrapartida, é muitas vezes difícil notar a distinção entre greve política e greve econômica, de modo que, nos casos incertos, os empregadores não reagem) e no que tange à greve de solidariedade, na qual a legitimidade, no entanto, é garantida pelo fato de que ela assegura os interesses que são comuns a todos os grevistas (sobre a matéria ver G. ADAM, cit., p. 45-46)

6. ELABORAÇÕES DA DOUTRINA E DA JURISPRUDÊNCIA NA EXPERIÊNCIA ITALIANA

Na Itália, o legislador constituinte esforçou-se muito para encontrar um acordo sobre a elaboração da norma — já mencionada — pela qual se reconheceu o direito de greve (art. 40 da Constituição). O compromisso entre aqueles que almejavam uma pura e simples proclamação do direito de greve e aqueles que na Assembleia Constituinte desejavam que já a Carta Constitucional regulasse diretamente a atribuição e o exercício do direito foi alcançado mediante a garantia de um direito de eficácia imediata, remetida à lei ordinária a concreta regulamentação do seu exercício.

Normas de leis ordinárias que visassem à concretização do art. 40 da Constituição, no entanto, não foram emanadas, à exceção da Lei n. 146 de 12 de junho de 1990, em matéria de serviços públicos essenciais.

A ausência de leis regulamentadoras, desse modo, caracteriza toda a problemática italiana da greve, que foi forçada a se desenvolver baseada nas formulações da doutrina e jurisprudência, bem como nos elementos concretos decorrentes da experiência sindical. Tais dados são privados da certeza característica das leis e naturalmente, mesmo que indiretamente, influenciados por propensões ideológicas, bagagem cultural, sensibilidade, interesses de estudiosos e de juízes. O resultado é um quadro em que dúvidas acompanham aquisições seguras e que, no entanto, continua em uma evolução ininterrupta.

Por outro lado, o preço da certeza de uma intervenção legislativa não parecia tolerável pelas organizações sindicais (que influenciaram as forças políticas), vez que as organizações dos trabalhadores temiam que tal interventção causaria uma perda irremediável da liberdade sindical. Todo projeto de lei — com a mencionada exceção da regulamentação da greve nos serviços públicos essenciais — foi combatido, com sucesso, pelo sindicato, na medida em que era concebido como fonte de inaceitáveis sacrifícios para o bem jurídico fundamental da liberdade.

A posição sindical de recusa prejudicial à intervenção legislativa encontrou equilíbrio exclusivamente em relação às greves que atingem algumas atividades de essencial relevância para o exercício de direitos constitucionalmente garantidos dos usuários dos serviços públicos, persistindo, contudo, uma dura aversão à uma intervenção generalizada.

O resultado da insuficiência da referida intervenção geral é que, enquanto subsiste um universal consenso dos intérpretes sobre os efeitos do exercício do direito de greve, isto é, sobre a consequente suspensão do vínculo empregatício e suas fundamentais obrigações, o consenso é muito menos difundido sobre o próprio conceito de greve e seus limites internos, que consequentemente podem ser identificados somente diante da definição do próprio direito.

Para ilustrar o debate em matéria, uma boa solução interpretativa surge da jurisprudência proveniente da Corte Constitucional. Sobre esse trabalho essencialmente criativo da jurisprudência, com particular atenção as intervenções da Corte Constitucional, ver G. GHEZZI, *Diritto di sciopero e attività creatrice dei suoi interpreti*, in Riv. Trim. Dir. Proc. Civ., 1968, p. 24; G. PERONE, *La giurisprudenza costituzionale in materia di sciopero e serrata*, in R. Scognamiglio (ordenador), *Il lavoro nella giurisprudenza costituzionale*, Milano, 1978; M. DELL'OLIO, *Giurisprudenza costituzionale e diritto sindacale*, in *Lavoro: la giurisprudenza costituzionale*, Roma, 1987, p. 9; G. SUPPIEJ, *Trent'anni di giurisprudenza costituzionale sullo sciopero e sulla serrata*, in Riv. It. Dir. Lav, 1989, I, p. 25.

A Corte Constitucional teve reiteradas ocasiões de se pronunciar sobre a legitimidade das normas emanadas na vigência do ordenamento corporativo que, considerando crime qualquer forma de ação direta no quadro de um conflito coletivo, aplicavam sanções de gravidade progressiva às diversas formas de luta dos trabalhadores e dos empregadores (ver os arts. 330, 333 e 340, bem como os arts. 502 e seguintes do Código Penal).

O ordenamento italiano, se não contém — além da Lei n. 146 de 1990 e suas modificações e integrações, introduzidas pela Lei n. 83 de 11 de abril de 2000 — outras leis gerais que regulamentam o art. 40 da Constituição, não obstante, também contém normas em matéria de greve: normas não direcionadas à regulamentação do direito em si, mas, como os mencionados artigos do Código Penal, a reprimir a autotutela; ou, como no caso de algumas disposições da Lei n. 300 de 1970 (arts. 15 e 28), a tutelar a greve. Tais regras atribuem ao direito de greve garantias específicas; contudo, não definem seu conceito, nem traçam os limites do seu exercício.

Deve ser salientado que, na ausência da lei regulamentadora em matéria de greve, a Corte Constitucional, como já ocorreu com os magistrados ordinários e administrativos, teve de intervir para compensar o vazio normativo. A Corte rejeitou a tese de revogação do complexo normativo de normas penais de origem corporativa, concernentes aos meios de luta sindical, logo após a queda do sistema corporativo: rejeição provavelmente devida à preocupação de não agravar a mencionada situação de vazio legislativo (ver especificamente a sentença n. 29 de 1960). Portanto, a Corte interpretou a expressão contida no art. 40 da Constituição "leis que regulamentam" como referente não apenas às leis futuras, mas também em relação àquelas normas de leis preexistentes à Constituição. Desse modo, a Corte examinou individualmente a compatibilidade de cada norma em relação à Constituição, e o complexo das sentenças emitidas, com os precedentes da justiça ordinária administrativa, e, com as opiniões da doutrina, representou uma insubstituível contribuição para a reconstrução da disciplina de greve na Itália.

É interessante observar como tal orientação corresponde àquela defendida na França por P. DURAND, o texto da norma constitucional, segundo o qual o direito de greve se exerce no âmbito das leis que o regulamentam, significa que tal direito não pode ser exercitado fora do âmbito da legalidade. E esse âmbito não é definido somente por leis futuras, mas igualmente pela legislação anterior, na medida em que tais normas possam ainda serem consideradas vigentes, bem como pelos princípios gerais de direito, definidos pelas jurisdições superiores.

À semelhança do que já foi verificado, por exemplo, na França, mas diferentemente da convergência de opiniões e avaliações registradas em outros ordenamentos em que, de fato, a estrutura do conflito e a regulamentação dos seus instrumentos se demonstram mais firmes, como, por exemplo, ocorre na Alemanha, que discutiremos a seguir, as conclusões extraídas da jurisprudência constitucional italiana foram marcadas pela diversidade de pontos de vista que, com o tempo, foram superadas, em relação à jurisprudência ordinária. Por sua vez, a doutrina — especialmente no passado — destacou divergências entre as conclusões das duas jurisprudências, acusando-as de apriorismo, senão ideologismo (ver G. TARELLO, *Teorie e ideologie nel diritto sindacale*, Milano, 1972; G. NEPPI MODONA, *Sciopero, potere politico e magistratura*, Bari, 1969).

Na verdade, nos anos recentes, o debate na doutrina e entre esta e a jurisprudência demonstrou-se ser menos tenso, também em relação a tons menos azedos do conflito social, mas com uma evolução não uniforme; conflito que encontrou seus pontos mais agudos no setor público, onde, no entanto, é possível exercer a atividade avaliativa dos conflitos (e, indiretamente, reconstrutiva da espécie legal da greve nos serviços públicos essenciais) pela Comissão de Garantia, órgão administrativo independente instituído pela Lei n. 146 de 1990.

A Corte Constitucional, que não hesitou em rejeitar a tese de que o direito garantido pelo art. 40 da Constituição não poderia ser exercido até que fossem emanadas novas leis para disciplina-lo, também rejeitou a tese conforme a qual, até aquele momento, tal direito seria ilimitado. O juiz constitucional afirmou, mesmo com a ausência de leis regulamentadoras, sua competência de identificar diretamente limites do direito de greve.

A doutrina sobre a questão propôs, não sem controvérsias, que tais limites fossem divididos em limites internos, que seriam aqueles derivados do próprio conceito de greve, nos termos do art. 40 da Constituição, com a consequência de não se poder incluir na garantia constitucional prevista por essa norma os meios de luta coletiva que não se enquadrassem em tal conceito; e em limites externos, inerentes aos eventuais conflitos e à coordenação de interesses garantidos pelo art. 40 e outros interesses que a Constituição tutela com proeminente ou igual relevância: portanto, aqueles interesses concernentes à utilização dos serviços públicos essenciais.

Aqui nos interessa particularmente os limites da primeira espécie.

A jurisprudência, especialmente aquela da *Corte di Cassazione*, e uma parte da doutrina (ver L. Mengoni, *Limiti giuridici del diritto di sciopero*, in *Riv. Dir. Lav.*, 1949, I, p. 257; V. Simi, *Il diritto di sciopero*, Milano, 1956, e *Sui limiti dell'esercizio del diritto di sciopero*, in *Mass. Giur. Lav.*, 1980, p. 179; para um reexame da perspectiva histórica do problema, ver C. Zoli, *La revisione dei limiti apposti al diritto di sciopero e «autoregolazione guidata»*, in *Riv. Trim. Dir. Proc. Civ.*, 1984, p. 806) estabeleceram uma série de limites internos ou intrínsecos ou naturais da greve, em razão dos quais era possível se determinar a configuração de uma greve legítima. Uma outra parte da doutrina, todavia, questionou tais limites, que foram considerados conceitos arbitrariamente estipulados e de conteúdo muito restritivo, elaborados sem o respaldo do texto constitucional, da praxe ou da opinião sindical. Sobre a matéria, ver G. Giugni, *Aspetti e problemi del diritto di sciopero*, in *Dir. Lav.*, 1950, I, p. 92; C. Smuraglia, *Alcune considerazioni generali in tema di diritto di sciopero*, in *Riv. Giur. Lav.*, 1960, II, p. 437; U. Natoli, *Sullo sciopero politico, ivi*, 1967, p. 11.

A jurisprudência da Corte Constitucional, no entanto, seguiu a orientação que postula a existência de tais limites intrínsecos; e, depois de uma longa e complexa evolução, formulou as seguintes conclusões sobre a matéria.

Foi constantemente identificada a conduta em que a greve consiste em uma abstenção do trabalho por parte de uma pluralidade de trabalhadores para a defesa dos interesses que lhes são considerados comuns. Nesse sentido, é plena a correspondência entre a posição da Corte constitucional e a definição de greve sobre a qual concordam doutrina e jurisprudência ordinária, em que é ressaltada a prevalência do direito de greve sobre a obrigação de trabalho, pois trata-se de uma suspensão da obrigação laboral dirigida à tutela de um interesse coletivo, enquanto o trabalhador individualmente considerado, assumindo aquela obrigação, dispôs do seu interesse individual.

A ilustrada identificação do comportamento qualificável como greve consequentemente levou à exclusão da garantia do art. 40 relativamente a outras formas de lutas sindicais estruturalmente diferentes da greve, na medida em que não consistiam em uma abstenção do trabalho alcançada mediante concertação, como é o caso do boicote: sobre a matéria, ver P. Zanelli, *Boicottaggio nel diritto del lavoro*, in *Digesto, Sez. Comm.*, IV ediz., vol. II, Torino, 1987, p. 236. A referida identificação também excluiu meios de luta que ultrapassam os limites de tal abstenção, como a ocupação de uma empresa e a sabotagem. Sobre a ocupação de estabelecimentos, com ou sem comprometimento da atividade produtiva, ver as orientações diversas de G. Mazzoni, *Le forme affini allo sciopero e l'occupazione d'azienda*, in *Dir. Econ.*, 1962, p. 189, e G. Pera, *Sull'occupazione dei luoghi di lavoro per ragioni sindacali*, in *Dir. Lav.*, 1971, II, p. 168, autores que consideram ilícita essa forma de luta, em oposição à opinião de L. Bigliazzi Geri, *L'occupazione d'azienda come possibile forma di autotutela*, in *Riv. Giur. Lav.*, 1969, I, 435; sobre a hipótese de sabotagem, que é menos debatida, ver M. Persiani, *Diritto di sciopero e delitto di danneggiamento*, in *Giur. Cost.*, 1970, p. 1.499. A Corte Constitucional, com as sentenças n. 84 de 1969 e n. 220 de 1975, admitiu a legitimidade constitucional dos arts. 507 e 508 do Código Penal de 1930 que puniam tais meios de luta coletiva.

Se pacífica foi a identificação da greve como uma abstenção do trabalho, mais debatidas foram as características próprias de tal abstenção, questão que envolveu não apenas os limites internos, mas também aqueles externos e, portanto, as formas de exercício do direito de greve. As primeiras sentenças da Corte Constitucional (ver sentença n. 123 de 1962) exigiam — assim como a jusrisprudência ordinária e a doutrina prevalente — uma abstenção total. Isso significava a exclusão do âmbito de proteção do art. 40 da

Constituição das formas de greve parciais, como a greve a *scacchiera* (efetuada em turnos e tempos diversos), isto é, a rotativa — que não concerne a todos os trabalhadores da empresa ou de seu estabelecimento, mas somente aos empregados de alguns departamentos, que se abstêm consecutivamente, conforme um regime de rotação — ou a greve a *singhiozzo* (intermitente), na qual a duração do movimento paredista não atinge toda a jornada de trabalho, mas períodos inferiores alternados entre a prestação laboral e a abstenção do trabalho. Tais formas de abstenção do trabalho são desprovidas daquela contemporaneidade ou contextualidade inerentes à abstenção do trabalho efetuada por sujeitos que aderem à greve, exigidas pelo requisito da totalidade. Posteriormente, o elemento da totalidade não foi mais exigido em sede judiciária ou pela doutrina.

A jurisprudência — que primeiro considerou ilegítima tais formas "anômalas" de greve, em razão do princípio de boa-fé e por constituir causa de dano injusto ao empregador — posteriormente, diante da ausência de normas positivas nesse sentido, negou a existência dos limites internos à greve, que poderiam excluir a legitimidade de formas de luta semelhantes. Entretanto, ressaltou a possibilidade de tais formas de luta — ao impor a paralisação de empresas que estão aptas a retornarem ao funcionamento somente após um determinado período de tempo, com a correlata suspensão produtiva — determinarem a inutilidade da prestação laboral de todos os trabalhadores durante a interrupção do ciclo produtivo e diante do tempo necessário para retomá-lo: e concluiu que nesses casos o empregador pode legitimamente recusar as prestações de trabalho, não as retribuindo.

A jurisprudência, de qualquer modo, negou legitimidade a greves que, em razão das concretas modalidades de atuação e da situação econômica, geral e empresarial, prejudiquem a produtividade da empresa, ou seja, a possibilidade de continuar produzindo, tutelada pelo art. 41 da Constituição. Nesse sentido, foi emanada a sentença, pela Corte de Cassação, de n. 711 de 1980. Sobre referida sentença, ver R. Mancuso, *Lo sciopero articolato nella giurisprudenza dopo la sentenza n. 711 del 1980 della Cassazione*, in *Giust. Civ.*, 1985, II, p. 299. Na concepção de que a greve deve significar somente a suspensão temporária, mas total, da atividade dos trabalhadores, mas se manifestou posteriormente a mesma Corte de Cassação, na sentença n. 2.214 de 1986, sobre a qual consulte-se R. Scognamiglio, *Una nuova svolta nella giurisprudenza del Supremo Collegio in tema di limite di legittimità dello sciopero*, in *Mass. Giur. Lav.*, 1986, p. 472.

Uma outra significativa evolução concerne à delimitação dos sujeitos que são aptos a realizar uma greve. Em harmonia com a opinião dominante da doutrina, — também em conformidade com a jurisprudência — que considera que a greve, como instrumento de pressão e de reequilíbrio à disposição da parte mais vulnerável da relação de emprego, seria tecnicamente inconcebível quando a abstenção da atividade produtiva normalmente exercida fosse realizada por parte de sujeitos diversos dos trabalhadores subordinados, que se encontram, por razão de natureza social, em condições de inferioridade — a Corte Constitucional havia inicialmente restringido aos trabalhadores subordinados o âmbito da titularidade do direito de greve (nesse sentido, as sentenças n. 123 de 1962 e n. 31 de 1969). Todavia, declarando posteriormente ilegítima a criminalização dos denominados *lockouts* dos pequenos empreendedores, quando tais sujeitos são desprovidos de empregados (tal condição permite que a suspensão da atividade dos pequenos empreendedores não seja considerada um *lockout* autêntico, na falta de possível conflito de encontro aos empregados), porque tal criminalização seria contrastante com o art. 40 da Constituição, a mesma Corte pareceu mudar opinião. E entendeu que dentre os sujeitos titulares do direito de greve consideram-se também aqueles trabalhadoes definidos como autônomos, enquanto desvinculados de qualquer relação de subordinação; contudo, trabalhadores que também são caracterizados por uma subproteção social semelhante àquela do trabalho subordinado (sentença n. 222, de 1975).

Entretanto, uma sentença posterior da Corte Constitucional (sentença n. 171 de 1996), em referência à disciplina da greve nos serviços públicos essenciais, declarou inconstitucional a abstenção dos advogados quanto ao comparecimento em audiências, diante da ausência de previsão legislativa sobre a obrigação de pré-aviso e sobre a duração razoável de tal abstenção, bem como da falta de regulamentação concernente às prestações indispensáveis em cada caso. Mas a Corte estabeleceu esse entendimento considerando tal abstenção estranha ao direito de greve e, ao invés, como uma atuação de outras liberdades constitucionalmente garantidas. Sobre o assunto, ver A. Vallebona, *Limiti allo sciopero degli avvocati*, in *Arg. Dir. Lav.*, 1997, p. 151, e G. Suppiej, *Sciopero degli avvocati, Corte Costituzionale, Commissione di Garanzia e Consiglio Forense*, *ivi*, 1997, p. 237.

Consequentemente, em razão da atualização realizada pela lei n. 83 de 2000, a Lei n. 146, de 1990, foi modificada, no sentido de incluir as abstenções das prestações de trabalhadores autônomos, dos profissionais liberais e dos pequenos empreendedores — que por si só não são consideradas autênticas formas de greve — não obstante as regras concernentes à greve nos serviços públicos essenciais terem sido praticadas somente por trabalhadores subordinados. Sobre a nova disciplina de abstenção de tais categorias de trabalhadores, ver L. Galantino, *L'astensione dei lavoratori autonomi*, in *Dir. Lav.*, 2002, I, p. 133.

Ainda com relação ao conceito de greve, a Corte Constitucional considerou estranha ao conceito a determinação das modalidades que dizem respeito ao momento — coletivo — de deliberação da greve e da obrigação de pré-aviso ao empregador, remetendo a disciplina à eventual intervenção de discricionariedade política do legislador. Geral é, todavia, o convencimento de estudiosos e juízes de que a greve exija uma concertação, na qual sejam valorados os interesses coletivos em conflito e seja decidida sua tutela mediante a arma da abstenção do trabalho. Sobre a matéria, ver P. Calamandrei; F. Santoro-Passarelli; G. Pera, *Sciopero*, in *Enc. Dir.*, Milano, 1989, v. XLI, p. 699; F. Santoni, *Lo sciopero*, Napoli, 1991, p. 20.

Portanto, é indiscutível que a legitimidade da greve resulta condicionada somente a tal ato coletivo de deliberação, que vem externalizado mediante a proclamação da própria greve. A abstenção deve ser decidida por uma pluralidade de trabalhadores, não importando se expressa em uma estrutura sindical do tipo associativo ou em outra de caráter institucional (como já vimos no capítulo segundo, na forma de conselhos de fábrica) ou também expressada em uma estrutura ocasional e informal, da espécie de "comitês de agitação".

Entende-se que a proclamação — mas deveria ser considerado, mais precisamente, o ato de concertação da greve, que com a proclamação vem externado e comunicado — seja qualificada como um ato de autorização, livremente implementado por estruturas coletivas superiores e idôneo a remover o obstáculo ao exercício do direito que lhes foi reconhecido, na ausência da proclamação, pelos trabalhadores, que também já são titulares daquele direito nos termos do art. 40 da Constituição: assim entende F. Santoro-Passarelli. À objeção de que a proclamação efetuada por um determinado sindicato não teria efeito em face dos trabalhadores não inscritos M. Persiani, *Diritto sindacale*, IX, Padova, 2008, p. 171, responde que todos os trabalhadores — aderentes ou não àquele sindicato — são titulares do direito de greve e podem exercitá-lo com a condição de que qualquer organização portadora de interesses coletivos manifeste, com a proclamação, a exigência de que esses interesses, dos quais são co-itulares os trabalhadores individuais, sejam protegidos mediante o uso de meios de luta.

Fulcro do debate sobre os limites instrínsecos da greve é a questão da sua finalidade. Nos primeiros anos seguintes à aprovação da Constituição, a opinião predominante, confirmada por mais de uma sentença pela Corte constitucional (ver sentenças n. 47 de 1958 e n. 29 de 1960), considerava como finalidade legítima almejada pela greve somente aquela de caráter econômico. Greve legítima era concebida como unicamente aquela que fosse inerente à relação de trabalho e exercitada em face das contrapartes contratuais, para a resolução de conflitos coletivos concernentes a essa relação; a greve política era considerada ilegítima e, por isso, suscetível de sanção nos termos do artigo correspondente no Código Penal.

Na verdade, não foram registrados casos concretos de condenação, nem de ação penal proposta na hipótese de greves políticas, que ocorreram naquele período. No entanto, o problema conservava sua importância no plano civil, vez que se a greve política não fosse considerada legítima, os grevistas violariam de qualquer modo a obrigação de trabalho em face do empregador, ficando sujeitos às suas sanções.

Paralelamente à difusão da prática de greve como instrumento de reforma social, a Corte Constitucional dilatou significativamente o conceito de greve econômica, incluindo todas as greves que eram destinadas a alcançar bens econômico-sociais que o sistema constitucional relaciona às exigências de tutela e de desenvolvimento da personalidade dos trabalhadores (ver sentença n. 31, de 1969 e n. 1, de 1974). Assim, foi adotado um conceito de greve como um meio de luta que, diferentemente daquele tradicionalmente praticado, não é apenas destinado a influenciar o empregador ou a organização da qual ele faça parte, vez que tem como finalidade a obtenção de um melhor tratamento econômico e normativo. Portanto, uma greve que não possui finalidade estritamente contratual ou econômica profissional, mas que também visa a fins econômicos-políticos, destinada a atuar não sobre o empregador, que não possui disponibilidade para aceitar às reivindicações dos grevistas, se bem que suporta suas respectivas consequências, mas que atue sobre o legislador e sobre os poderes públicos de modo geral. Entretanto, com a condição de que tais reivindicações contenham interesses econômico-profissionais relacionados às condições dos trabalhadores (greve política-econômica ou de imposição política-econômica).

Tal espécie de greve transcende o quadro e a lógica da relação de trabalho, mas não as condições econômicas e sociais dos trabalhadores, determinadas por um complexo de fatores que superam aquele quadro e aquela lógica. Considera-se que o perfil finalístico da greve legítima deve compreender esse entrelaçamento progressivamente mais intenso entre estratégia sindical e as escolhas de competência do poder político.

A Corte Constitucional teve consciência dessa interdependência entre fenômenos econômicos, sociais e políticos e da correlativa dificuldade de separar claramente o perfil econômico do político nas lutas dos trabalhadores. Por isso, foram restritas a uma esfera muito limitada as hipóteses de greve puramente política e que, portanto, passam dos limites da garantia constitucional: ver G. PERA, *La Corte Costituzionale e lo sciopero politico*, in *Dir. lav.*, 1974, II, p. 400; G. MAZZONI, *Diritto di sciopero, diritti fondamentali e sovranità popolare*, in *Mass. Giur. lav.*, 1975, p. 151; U. NATOLI, *Cronache del diritto di sciopero*, in *Riv. Giur. Lav.*, 1975, I, p. 159.

Por fim, também as greves realizadas com finalidade puramente política foram julgadas como lícitas pela Corte, pelo menos no plano penal (sentença n. 290 de 1974). O art. 503 do Código Penal de 1930, que tipificava tal crime, foi declarado inconstitucional, exceto para as hipóteses de greves que visavam a subverter o ordenamento constitucional ou destinadas a impedir ou criar obstáculos ao livre exercício dos poderes mediante os quais se expressa a soberania popular. Mas como pensar que quem pretende subverter as instituições com uma greve revolucionária se preocupe em usar, para tanto, um instrumento em que a legalidade seja garantida pelo ordenamento que tais pessoas querem combater e substituir?

Todavia, para a greve política, a Corte não afirmou a existência de um verdadeiro direito, mas de uma simples liberdade: o que significa — conforme tal entendimento — a não punibilidade de tal greve, mas com sujeição dos grevistas a eventuais sanções por parte do empregador, por violações das obrigações contratuais.

7. PREVISÕES CONSTITUCIONAIS DO DIREITO DE GREVE E DISPOSIÇÕES LEGAIS CONCERNENTES AOS PROCEDIMENTOS DE CONCILIAÇÃO E DE ARBITRAGEM

Em vários ordenamentos europeus os dispositivos constitucionais relativos ao direito de greve são acompanhados por disposições legais que estabelecem procedimentos de conciliação e de arbitragem. Essas disposições possuem resultados diversos em cada um dos ordenamentos e incidem, de forma significativa, não somente sobre o exercício, mas também sobre o próprio conceito de greve; e oferecem elementos relevantes que são úteis para delinear comparativamente a fisionomia do modelo de autotutela sindical.

Já tivemos a oportunidade de verificar, no capítulo terceiro, como várias leis europeias sobre contrato coletivo, quando institucionalizam a fase de negociação sindical, incluem aquele tipo de procedimento, dando espaço para aquilo que —com as normas de paz sindical — representa o reflexo mais visível, no tocante à disciplina de greve, da legislação sobre contrato coletivo. Parece, então, oportuno ilustrar tais procedimentos de conciliação e de arbitragem nessa parte da nossa pesquisa na qual se se examina, com particular atenção ao tipo de fonte que prevalentemente estabelece as regras, as várias espécies de regulamentação da ação direta que os Estados europeus dispõem individualmente.

A exposição das soluções aceitas positivamente sobre os procedimentos de conciliação e arbitragem pelos ordenamentos examinados e a avaliação da sua incidência nos meios de ação direta nos conflitos de trabalho pode oportunamente partir da limitação que, na matéria, é dotada de maior consistência: na realidade, de uma clara imcompatibilidade com a mesma lógica da autotutela sindical. Referimo-nos aqui à arbitragem obrigatória, a qual, antes da repetidamente citada lei grega de 1990, nesse ordenamento era necessário submeter as soluções de conflitos coletivos de trabalho, nas hipóteses de frustração de negociações sindicais.

Não era difícil perceber que a previsão de arbitragem obrigatória era contraditória com o reconhecimento do direito de greve pela Constituição grega (art. 23), razão pela qual a efetiva atuação da previsão foi substancialmente inibida. A lei grega de 1990 fez que o instituto passasse de obrigatório a facultativo, oferecendo às partes sociais um meio de composição de conflito que, com os procedimentos de conciliação, tem sua eficácia baseada na livre determinação de uso das partes sociais e na autoridade de árbitros independentes do governo. Sobre essa questão, útil é o estudo dos dois relatórios nacionais elaborados por I. Lixouriotis e por C. Papadimtriou no XIII Congresso Mundial de Direito do Trabalho e da Previdência Social, publicados em livro que reúne os relatórios nacionais relativos ao segundo tema discutido no referido Congresso, *Les modalités de réglement des conflits collectifs d'intérets*, p. 255 e 267. A legislação ordinária grega, por causa dessa modificação, recuperou a congruência relativamente à previsão constitucional.

No direito luxemburguês, a disciplina legal concernente aos procedimentos de conciliação e de arbitragem exerceu tradicionalmente uma forte influência sobre a configuração jurídica da autotutela sindical. O mencionado decreto grão-ducal de 1936, que instituiu o Conselho Nacional do Trabalho, posteriormente substituído pelo Instituto Nacional de Conciliação em 1945, que detinha funções análogas, submeteu cada greve a um procedimento de conciliação. No caso de recusa do empregador em negociar ou na ausência de estipulação de um acordo, o órgão paritário, presidido pelo Ministro do Trabalho, recebeu o poder de fixar as condições de trabalho, mas a pedido dos sindicatos. Desse modo, o decreto estabeleceu as bases para a definição de greve como direito constitucionalmente garantido: definição elaborada pela jurisprudência sem as dificuldades interpretativas que verificamos ao examinar os outros ordenamentos em que, ao reconhecer constitucionalmente o direito, não estipularam posteriormente uma regulamentação legislativa da greve. Desse modo, verifica-se a idoneidade das normas procedimentais em exame que contribuíram, bem além de seu âmbito específico, para a definição de problemas gerais concernentes à ação direta.

Recebendo o dado incorporado pela consciência social, segundo o qual a greve consiste em uma suspensão coletiva de trabalho e valorizando, por um lado, o perfil coletivo e não meramente individual da própria suspensão, e de outro, a idoneidade da finalidade que possui a greve proclamada, de modo a constituir objeto de um procedimento de conciliação perante a instituição supracitada, a jurisprudência luxemburguesa delimitou o conceito de greve. E identificou a greve constitucionalmente legítima na suspensão coletivamente deliberada do trabalho para sustentar reivindicações contratuais.

Controvérsias que dão origem a um legítimo recurso à ação direta, de fato, são consideradas aquelas atinentes à regulamentação de matérias às quais se remetem a disciplina dos contratos coletivos. No entanto, por orientação concordante da doutrina e da jurisprudência, foi considerada ilícita a greve política, baseando-se também nos trabalhos preparatórios da supracitada lei constitucional de 1948, que restringem o direito de greve ao caráter econômico profissional. Por outro lado, posteriormente ao decreto grão-ducal de 1945, concernente ao Instituto Nacional de Conciliação, a greve poderia ser considerada lícita somente quando seu fim fosse suscetível, no tocante especificamente às condições de trabalho, a constituir objeto de um procedimento de conciliação perante a mesma instituição.

Ademais, foi considerada ilícita a greve que pretenda modificar um contrato coletivo antes do seu término natural.

A mencionada relação estabelecida entre legitimidade da greve e sua compatibilidade em face dos procedimentos de conciliação perante a competente instituição nacional excluiu, consequentemente, a titularidade do direito dos funcionários públicos, que não possuem uma relação regulamentada por um contrato coletivo, mas por um estatuto de direito público. Também resultaram na exclusão as greves que tenham caráter de mera manifestação sem reivindicações concretas (R. Birk, *op. ult. cit.*, p. 408 e 428, ao distinguir as greves baseando-se nas suas finalidades, diferencia aquelas que pretendem exercitar pressão sobre o empregador daquelas em qual a finalidade é realizar uma advertência ou assumir uma determinada posição ou expressar um protesto), bem como as greves de solidariedade. Outras restrições ao direito de greve, em Luxemburgo, foram derivadas dos princípios gerais em tema de abuso de direito, no tocante às modalidades que ultrapassam o confronto normal de posições recíprocas (a mencionada greve em regime de rotação, de não colaboração, greve de zelo).

A definição jurisprudencial do conceito de greve legítima, menos discordante comparando-se com o que foi analisado em outros ordenamentos, pode ser atribuída, assim como aos elementos normativos peculiares da disciplina de ação sindical destinados a incidir também sobre a especificação de limites entre os quais é possível realizar legitimamente a ação direta, ao clima mais geral das relações sindicais em Luxemburgo. Clima, inquestionavelmente, menos conflitual em relação àquele existente em outros países europeus. Entretanto, deve-se considerar e estabelecer, no quadro de inter-relações entre contexto social e mecanismos institucionais, o quanto os procedimentos de conciliação dos conflitos legislativamente estabelecidos influíram nesse clima, na medida em que conceberam como um fato excepcional o recurso à greve.

Contudo, deve-se ressaltar que houve uma intervenção frequente do legislador luxemburguês em matéria de autotutela sindical, depois que a jurisprudência contribuiu para uma primeira e fundamental consolidação do instituto. Assim, foi confirmada, em uma lei de 1970 sobre contrato individual de trabalho, a natureza de direito da greve legítima — isto é, precedida por uma conciliação perante o Instituto Nacional de Conciliação — razão pela qual foi excluída a possibilidade de demissão de um trabalhador grevista. Posteriormente, o legislador regulamentou de modo mais orgânico a matéria, sancionando em 1979, entre outras coisas, que o direito de participar ou não da greve cabe aos trabalhadores individuais.

Também na Finlândia, nos termos da Lei n. 420, de 1962, a legitimidade da greve é subordinada à prévia tentativa de um procedimento de conciliação perante um órgão nacional de conciliação: procedimento que integra aquela que — à luz da abordagem dada ao conflito coletivo própria dos sistemas escandinavos — foi estabelecida por fontes de autodisciplina sindical. A obra supracitada, que reúne os trabalhos do XIII do Congresso Mundial do Direito do Trabalho e da Previdência Social, publicou o relatório nacional finlandês de K.P. Tittinen, que ressalta o papel das partes sociais, determinante na gestão dos mecanismos legislativos.

A lei italiana que disciplina a greve nos serviços públicos essenciais, com o objetivo de evitar, quando possível, sua proclamação, prescreve que os acordos coletivos, aos quais a própria lei impõe o dever de regulamentar o exercício da greve, incluam previsões atinentes aos procedimentos de "resfriamento" e de conciliação do conflito, que devem ser realizados antes da proclamação (art. 2º, parágrafo 2º, da Lei n. 146, de 1990). A omissão de tais procedimentos nos acordos coletivos determina sua inidoneidade em exercer a função que a lei lhes determina; com a consequência de que a regulamentação provisória da greve, nos setores nos quais deveriam ser aplicadas as disciplinas provenientes dos acordos, é remetida à Comissão de Garantia instituída pela lei. As organizações dos trabalhadores, a administração pública e as empresas prestadoras de serviços são obrigadas a executar tais procedimentos preventivos, salvo nos casos em que a lei estabeleça procedimentos sindicais específicos (dispensa coletiva, transferência de empresa, concessão de indenização previdenciária relativamente ao trabalhador suspenso integralmente ou em parte da atividade laboral) ou também quando a reivindicação dos grevistas não está ao alcance do empregador (greve política e greve política-econômica). A lei (art. 4º, parágrafos 2º e 4º) prevê expressamente sanções nas hipóteses de violação da obrigação dos referidos procedimentos preventivos, que contribuem para a determinação do conceito de greve legítima no setor dos serviços públicos essenciais.

8. AINDA SOBRE A AUSÊNCIA OU ESCASSEZ DAS NORMAS REGULAMENTADORAS EM MATÉRIA DE GREVE, MAS COM A ATUAÇÃO SUBSTITUTIVA DE DOUTRINA E JURISPRUDÊNCIA CONCORDANTES: A EXPERIÊNCIA ALEMÃ

A ausência de uma definição legislativa do instituto (nem mesmo os contratos coletivos regulamentam sistematicamente o conflito, salvo pela previsão, em alguns acordos interconfederais, de procedimentos de conciliação e arbitragem de conflitos coletivos) também na Alemanha faz que o conceito de greve e sua regulamentação sejam frutos da elaboração da doutrina e jurisprudência.

Além disso, nesse aspecto existe uma homogeneidade e uma consolidação maior de posições da doutrina e da jurisprudência, comparando-se com aquelas verificadas em outros ordenamentos examinados anteriormente, como França e Itália, nos quais os intérpretes também podem contar com o apoio de normas constitucionais, que regulamentam expressamente a matéria. Homogeneidade e consolidação que não são inferiores relativamente a outros ordenamentos, como em Luxemburgo, onde as normas regulamentadoras sobre o procedimento de conciliação e arbitragem oferecem um apoio em sentido positivo ao intérprete, na Alemanha são resultados de uma considerável osmose entre as funções dos estudiosos e magistrados.

A Corte Federal do Trabalho *(Bundesarbeitsgericht)*, instância suprema da Justiça do Trabalho alemã, cujas sentenças gozam de grande prestígio — mesmo não sendo vinculantes para os juízes de instâncias inferiores, que, na prática, porém, seguem sua orientação — desde sua instituição em 1954, foi presidida por H. C. Nipperdey. Ele, que já era considerado um dos estudiosos mais célebres da Alemanha na área juslaborista à época da República de Weimar, exerceu uma influência determinante sobre a doutrina, bem como na jusrisprudência, especificamente na matéria relativa à greve (ver T. Ramm, *Il conflitto di lavoro nella Repubblica Federale Tedesca,* cit., p. 83 e 90).

No direito alemão entende-se que a greve é a abstenção do trabalho, coletivamente programada e de atuação sistemática, realizada por um determinado número de trabalhadores no âmbito de uma categoria profissional ou de uma empresa, para a consecução de um objetivo concernente ao aprimoramento ou conservação das atuais condições de trabalho, com a vontade de continuar trabalhando após o fim do conflito (cf. O. Kissel, *Germania,* relatório nacional publicado no já mencionado compêndio do XIII Congresso Mundial do Direito do Trabalho e da Previdência Social, p. 35).

É obtido de tal conceito o caráter coletivo e concertado da greve, segundo uma concepção compartilhada pela generalidade dos ordenamentos europeus aqui examinados, de acordo com a qual a greve está a serviço do interesse coletivo, avaliável e realizável por meio da iniciativa não de trabalhadores individualmente considerados, mas de um grupo de trabalhadores, embora não seja necessário que ele seja excessivamente numeroso.

A doutrina alemã acentua (T. Ramm, cit., p. 120, ressalta a contribuição nesse contexto realizada por G. A. Bulla, aluno de Nipperdey, que, no entanto, sobre essa questão específica, possui uma concepção divergente daquela do mestre: cf. G. A. Bulla, *Das zweiseitg kollektive Wesen des Arbeitskampfes,* in *Festschrift für H.C. Nipperdey,* München, 1955, p. 163) que, para que a greve seja configurada, a suspensão da atividade produtiva por parte do trabalhador não pode consistir em um ato isolado, vez que isso resultaria em um ato sem efeito e sem sentido. Dessa forma, são decisivas ações solidárias, decididas conscientemente. A greve é concebida como um ato coletivo, seja na sua deliberação, seja na sua atuação, efetuada por trabalhadores que suspendam às suas prestações. Assim, na greve, não é o trabalhador individualmente considerado que age, mas sim os grevistas em conjunto. Segue-se a essa "teoria coletivista" da greve que as ações de cada trabalhador devem ser avaliadas juridicamente naquele contexto coletivo no qual não se qualificam como fato isolado, individual, mas como um ato coletivo de um membro de um grupo ao qual, precisamente em razão da participação na greve, o indivíduo pertence.

A Corte Federal do Trabalho, em uma sentença fundamental de 1955, adotou a teoria coletivista, reconhecendo que na greve a ação individual não possui um significado autônomo, mas no fim recai em uma ação coletiva, razão pela qual um ato que seria ilícito, em nível individual, torna-se lícito, ao nível coletivo (princípio da sindicalidade da greve).

O objetivo da greve assumiu importância decisiva na análise realizada pela doutrina e jurisprudência alemãs. Se a greve é atuada em razão das condições de trabalho, tem-se uma greve "de direito do trabalho" *(arbeitsrechtlicher Streik)*, distinta daquela que propõe objetivos políticos *(politischer Streik)*, na qual o destinatário da pressão não é o empregador, mas o Estado (R. BIRK, *op. ult. cit.*, p. 409).

Sobre a premissa da legitimidade da *arbeitsrechtlicher Streik,* na mencionada sentença da Corte Federal do Trabalho, foram sancionados alguns princípios fundamentais relativos ao conflito coletivo, que depois foram desenvolvidos em sentenças posteriores (ver T. RAMM, cit., p. 124-131, para uma exposição acompanhada de avaliações também críticas da orientação da Corte).

O conflito é danoso econômica e socialmente, razão pela qual a luta sindical deve ser considerada como uma *ultima ratio* (princípio da necessidade); as partes no conflito devem ser consideradas em posições de absoluta paridade, de modo que os empregadores possam rejeitar as reivindicações dos trabalhadores utilizando-se de um meio de luta coletiva próprio, representado pelo *lockout*, considerado correspondente, em geral, ao princípio da proporcionalidade (M. WEISS, *International Encyclopaedia for Labour Law, Repubblica Federale Tedesca*, 1987, p. 141-143); o conflito não deve afetar o direito de exercício à atividade econômica e também não deve ser contrário aos bons costumes, entendido em sentido amplo, e, portanto, não pode prejudicar definitivamente o patrimônio do outro (arts. 823 e 826 do Código Civil); o conflito não deve violar a obrigação de paz sindical, e tal obrigação, que impede a ação direta dos trabalhadores durante a vigência do contrato coletivo, é derivada da função do pacto de paz estabelecida pelo próprio contrato (R. BIRK, *op. ult. cit.*, p. 423); o conflito não deve ser socialmente desprovido de justificação e desproporcional quanto aos meios, fins e danos provocados à contraparte ou a terceiros (princípio da adequação social ou da proporcionalidade do dano); a greve pode ser somente dirigida contra o empregador. Ver sobre a matéria G. BOLDT, *Sciopero e serrata nel diritto tedesco,* no supracitado livro editado pela C.E.C.A. sobre greve e *lockout;* R. BIRK, *op. ult. cit.*, p. 425-426).

A Corte Federal do Trabalho, em 1971, confirmou esses princípios, destacando a responsabilidade das partes no conflito com respeito à coletividade e lembrando que o princípio da lealdade impede o prosseguimento do conflito até a aniquilação do adversário.

R. BIRK, ressalta como o conceito que, na terminologia jurídica alemã é expressado — em relação à justificação da greve e do *lockout*, das suas dimensões e da modalidade de atuação e do equlíbrio de custos e benefícios para as partes em conflito — pelo princípio da proporcionalidade, em outros ordenamentos europeus é concretizado, através da configuração das hipóteses de abuso de direito da greve.

Dos princípios recordados podem ser inferidos uma série de rigorosos limites coessenciais ao próprio conceito de greve e à explicação do conflito coletivo. Tais limites, estabelecidos com vigor pela jurisprudência alemã no mesmo momento em que foi definida a forma da greve lícita, são os seguintes:

Em primeiro lugar, foi estabelecida a ilegitimidade da greve que não seja exercida em face do empregador. A Corte Federal do Trabalho, na verdade, entendeu como socialmente justificada somente a greve destinada às estipulações de contratos coletivos: dirigida, isso é, à melhoria das condições de trabalho. Então, é considerada ilegal a greve política, exceto quando desencadeada no intuito de salvar as instituições, vez que, nesse caso, equivale ao direito de resistência, consagrado constitucionalmente em 1969. É interessante a inversão da perspectiva com respeito ao sistema italiano, no qual a greve política é considerada penalmente lícita, exceto no caso de subversão das instituições (ver a citada sentença da Corte Constitucional italiana n. 290 de 1974). Deve ser ressaltado que na Alemanha a greve geral é sempre considerada como política, em razão de sua dimensão, mesmo se for destinada à melhoria das condições de trabalho. Todavia, a ilicitude da greve política não impede que seja admitida a greve de dependentes públicos que não sejam titulares de elevadas funções *(Arbeitern e Angestellten* e não os *Beamten)* em face da administração pública-empregadora. Nesse caso trata-se de greve econômica, que é encerrada com a estipulação do contrato coletivo, que na Alemanha é mecanismo idôneo para disciplinar a relação desses trabalhadores subordinados.

Ademais, foi estabelecida a ilegitimidade da greve realizada contra a liberdade de associação sindical. Tal liberdade é constitucionalmente protegida (art. 9º, parágrafo 3º, da Lei Fundamental), razão pela qual é inadmissível um conflito direcionado à sua restrição. Isso ocorreria, por exemplo, em uma greve proclamada para impor ao empregador demitir os empregados não sindicalizados ou uma greve realizada para impor um contrato coletivo empresarial a um empregador que já aplica um contrato coletivo de associação, na qualidade de seu membro.

Além disso, foi sustentada a ilegitimidade da greve destinada ao extermínio do adversário.

A ilegitimidade da greve é também sustentada quando ela é proclamada por controvérsias jurídicas (no direito alemão distingue-se claramente as controvérsias jurídicas, que dizem respeito à interpretação e à aplicação da disciplina vigente, do conflito econômico) ou a controvérsias de outra forma solucionáveis. A proibição deriva do princípio do conflito como *ultima ratio* e tende a privilegiar os meios não conflituais de resolução das controvérsias, como o recurso ao Poder Judiciário ou órgãos de conciliação e arbitragem (cf. R. BIRK, *op. ult. cit.*, p. 425).

Ilegítima é considerada a greve não funcional à estipulação de um contrato coletivo. Tal proibição, em grande parte análoga àquela concernente à greve não realizada contra do empregador, deriva da reconstrução da greve como mero instrumento para o alcance do equilíbrio social mediante o contrato coletivo. Essa reconstrução determina a ilicitude da greve política, enquanto não destinada à estipulação de um contrato coletivo e da greve não sindical, visto que somente o sindicato pode estipular um contrato coletivo.

Também foi estabelecida a ilegitimidade da greve exercida por meios ilícitos. Entre tais meios estão compreendidos aqueles contrários aos bons costumes, à ideia de lealdade e ao princípio de proporcionalidade. Citamos como exemplo a ocupação da empresa, a greve de zelo, a resistência passiva, a greve de braços cruzados e a greve violenta.

Ademais, foi considerada a ilegitimidade da greve que não é "organizada" (*organisierter Streik*), ou seja, aquela em que a proclamação não seja proveniente de um sindicato e em que o sindicato não direciona sua execução. Nesse sentido, a greve não sindical proibida é definida como *wilder Streik*, literalmente greve selvagem.

Antes de avaliar juridicamente as duas diversas espécies de greve, deve-se focar nas respectivas características estruturais e, em particular, nos fatores que determinaram suas características, não por força externa — ou seja, não por resoluções legislativas ou por orientação jurisprudencial —, mas por evolução interna na organização sindical. T. RAMM, cit., p. 93, ressalta que a diferença, na realidade social, entre a greve sindical e aquela não sindical está crescendo em razão da consolidação — a qual acenamos no segundo capítulo — da estrutura organizativa e patrimonial dos sindicatos; consolidação que lhes permitiu financiar greves garantindo subsídios aos inscritos que, no período de abstenção do trabalho, perderam a remuneração.

Por outro lado, a alta taxa de sindicalização alemã, também já aqui ressaltada, reforça a perspectiva de êxito da ação de luta, em que os protagonistas, em número consistente, graças à consistência financeira dos sindicatos, possuem condições de enfrentar o sacrifício da perda salarial em razão do subsídio supracitado.

A objetiva situação de peso social diverso se refletiu na orientação da jurisprudência, que privilegiou a espécie de greve que já era mais forte na realidade, com a proibição da greve selvagem.

A Corte Federal do Trabalho sancionou essa proibição especificamente com duas sentenças, uma de 1963 e a outra de 1969. A razão da proibição consiste na desaprovação do conflito, no sentido de que a decisão de entrar em greve deve ser confiada a grupos responsáveis, precisamente os sindicatos, que não abusem do referido direito em detrimento da coletividade. Consequentemente, foram proibidas as greves "espontâneas", e, por expressa previsão legal, as greves organizadas por conselhos empresariais, que são órgãos de colaboração e não de conflito (art. 74, parágrafo segundo, da lei de 1952, sobre o ordenamento empresarial). Todavia, o sindicato pode legitimar a greve não sindical. Verifica-se na prática, às vezes, em nível empresarial, greves não sindicais — denominadas *Warnstreik* ou greves de pré-aviso —, que são, contudo, de curta duração e em face da qual o empregador não reage, como poderia, com a demissão ou com requisição de indenização para ressarcimento dos danos. Nos anos mais recentes, tais formas de agitação foram muitas vezes praticadas segundo uma estratégia coordenada, fazendo surgir, sobre sua legitimidade, perplexidade, por enquanto ignorada pela jurisprudência.

Requer atenção a comparação entre a disciplina — que em todas as situações consideradas é proveniente predominantemente das fontes jurisprudenciais e doutrinárias — da greve na França e na Itália, de um lado, e da Alemanha, do outro.

Com R. Birk, verificamos uma notável diversidade. Inquestionavelmente, a regulamentação jurídica da realização dos interesses coletivos utilizando-se dos instrumentos de autotutela sindical depende da relação intercorrente entre a negociação coletiva e o direito de greve. A conexão pode ser forte ou fraca e sua intensidade se reflete sobre as soluções de problemas do gênero daqueles concernentes à paridade das partes coletivas em conflito, do tratamento, homogêneo ou não, dos seus respectivos meios de luta, da sindicalidade da greve, do dever de paz sindical, da extensão da regulamentação do conflito coletivo do trabalho, limitada ou não à greve.

O autor citado ressalta que na França e na Itália o direito ao conflito coletivo consiste essencialmente em um geral direito de greve, garantido pela Constituição dentro de limites cuja determinação é remetida à lei, mas que ainda não foram emanadas. A paridade entre as organizações de empregadores e trabalhadores e seus meios de luta é declinada pelo fato de os trabalhadores possuírem menos poder. Portanto, a greve é privilegiada, reconhecida como direito, enquanto o *lockout* é somente tolerado e não possui o efeito de suspensão das obrigações decorrentes da relação de trabalho. A distinção entre greve oficial, proclamada pelos sindicatos, e não oficial ou selvagem, é juridicamente pouco relevante. A obrigação de paz sindical é suspeita.

Entretanto, na regulamentação jurídica dos conflitos coletivos vigente na Alemanha são atribuídos valores equivalentes à greve e ao *lockout*, como consequência da paridade que o ordenamento reconhece às organizações dos trabalhadores e dos empregadores. As greves proclamadas pelos sindicatos desfrutam de uma tutela jurídica que é negada às selvagens, consideradas ilegais. A obrigação de não entrar em greve, ou de não recorrer ao *lockout*, antes do termo final do contrato coletivo, vincula as partes que o estipularam. O princípio da proporcionalidade — entre os sacrifícios dos grevistas e os danos causados pela abstenção do trabalho — e o princípio da necessidade da greve não encontram correspondência na França ou na Itália, países nos quais a extensão e as formas de greves não são limitadas com a precisão alemã.

Uma outra reflexão é estimulada pela relação entre os sistemas francês, italiano e alemão. Na verdade, os estímulos da comparação não se esgotam na análise dos referidos sistemas, vez que também soluções adotadas por outros países europeus oferecem perspectivas na mesma direção.

O interesse dessa comparação diz respeito à identificação da greve como direito do indivíduo ou do sindicato. Emergem, de fato, duas diferentes concepções de greve, relacionadas às tradições sociais e políticas respectivamente enraizadas nos mencionados contextos nacionais; e emergem dois modelos diversos de relações industriais.

Nos ordenamentos francês e italiano — e não somente neles — a greve é considerada um direito individual do trabalhador, como uma espécie de liberdade civil que, para ser efetiva, não requer necessariamente que sua iniciativa seja subordinada ao sindicato. O ordenamento exige que atrás da atuação do indivíduo exista um interesse coletivo, mas sem demandar uma fisionomia organizativa — e precisamente aquela sindical — pelo qual o interesse seja sustentado. Assim B. Veneziani, cit., p. 209, que acentua como o modelo alemão, em oposição, não se contenta com o segundo plano do elemento coletivo em relação a um direito reconhecido ao indivíduo, mas ressalta a prevalência do sindicato, seja na titularidade ou, pelo menos, claramente, no exercício da ação direta.

Ela configura-se estritamente complementar à negociação coletiva, permitindo, com a própria pressão, obter resultados que a negociação não conseguiu obter (ver O. Kahn-Freund, *Il diritto di sciopero, la sua estensione e i suoi limiti*, in *Riv. Dir. Lav.*, 1978, p. 378). B. Venezioni, ressalta que, reconduzindo o conflito coletivo ao esquema do procedimento de negociação coletiva inaugurado e gerenciado pela organização sindical, a ela é conferida uma peculiar carga de confiabilidade com relação à luta e à definição do seu conteúdo. Carga que, no entanto, pode interferir negativamente nas dinâmicas de reivindicação e de protesto, as quais, pelo contrário, são mais livres para se desenvolver nos modelos francês e italiano.

9. OUTROS EXEMPLOS DA INSUFICIÊNCIA DE NORMAS LEGISLATIVAS QUE SÃO COMPENSADAS PELA DOUTRINA E PELA JURISPRUDÊNCIA: AS EXPERIÊNCIAS BELGA E HOLANDESA

A ausência de uma definição legislativa da greve faz que na Bélgica não seja simples a identificação do seu conceito e o enquadramento das várias formas de ação direta em uma precisa tipologia. A "timidez" normativa — consequência da vontade das organizações dos trabalhadores e empregadores de reduzir o quanto possível a intervenção do Estado, que já havíamos ressaltado, em relação à matéria, contribuiu para tornar hesitante e discordante — à semelhança do que ocorreu na Itália e na França e em contraste com o que foi mencionado sobre a Alemanha — também a intervenção da doutrina. A qual, no entanto, é necessário remeter-se para a própria definição de greve (P. Horion, *Lo sciopero e la serrata nel diritto belga*, cit., p. 160).

Isso ressalta, por outro lado, a importância do clima geral de relações sindicais estabelecido em um determinado país, a propósito da substituição, em relação ao legislador, realizada pelos intérpretes, na regulamentação dos conflitos sindacais. Onde tal clima seja caracterizado por motivos colaborativos significativamente prevalentes sobre aqueles conflituais — em razão da influência do princípio de *partnerschaft*, positivamente regulamentado pela normativa sobre *Mitbestimmung* e baseado na força de organização e autoridade dos sujeitos sindicais alemães — é mais simples para o intérprete, no quadro da *sozial Marktwirtschaft* e da *Friedenspflicht*, obter sólidas conclusões acerca da disciplina de conflitos coletivos do trabalho. E é para o intérprete mais simples fugir da acusação de usar um método apodítico de definição de meios legítimos de luta sindical, acusação na qual incorrem análogas conclusões interpretativas em contextos menos pacíficos, como o italiano.

A única disposição normativa belga inerente ao conceito de greve — como já ressaltamos — é encontrada na lei de 19 de agosto de 1948, sobre prestações dos serviços públicos indispensáveis em tempos de paz, garantidas em caso de greve. Sua definição de greve é como uma interrupção temporária, coletiva e voluntária do trabalho de um grupo de empregados com o objetivo de impedir o funcionamento de uma ou mais empresas, com a intenção de exercitar pressão seja sobre o empregador seja sobre terceiros (cf. P. Horion, *op. ult. cit.*, p. 160-162). Não é, portanto, necessário que a greve seja dirigida somente em face do empregador. O conflito coletivo que desencadeou a abstenção dos trabalhadores das prestações que esses eram obrigados a realizar pode ser estendido a um inteiro setor ou também à política econômica e industrial nacional.

A partir dessa definição e da Carta Social Europeia, ratificada com a lei de 11 de julho de 1990, que reconhece o direito de greve, é possível obter elementos de inquestionável relevância. Primeiramente, faz-se referência a uma interrupção do trabalho. Parece, então, excluir da hipótese legal de greve, para entrar naquela não da abstenção, mas sim da irregular prestação da atividade laborativa, várias espécies de ação direta cuja natureza é controversa: a greve de zelo (meticulosa observância das regulamentações e diretivas empresariais, de modo a tornar impossível ou dificultoso o alcance dos resultados da atividade prestada); a administrativa (prestação de trabalho com a simultânea recusa em fornecer as consequentes obrigações administrativas); a de rendimento ou de produtividade (diminuição do ritmo de trabalho); a denominada greve de amabilidade (prestação da atividade laborativa de maneira pouco educada, por exemplo em relação às lojas de departamento). Resulta evidente que todas essas hipóteses não tratam de suspensão do trabalho. Do mesmo modo, fica excluída da hipótese legal a ocupação de terras e de empresas, que recai no âmbito do Direito Penal.

O segundo elemento decorrente da disposição citada é aquele concernente à natureza coletiva do exercício de tal direito, mas não da titularidade, que é individual, segundo a sentença da Suprema Corte de 1981. Assim é resolvida em sentido negativo, também na Bélgica, a *vexata quaestio* sobre se é possível o exercício da greve por parte de um único trabalhador. Surge, no entanto, o outro problema de estabelecer qual seja o número mínimo para que uma interrupção da atividade laborativa possa ser qualificada como coletiva. Problema solucionável tendo em vista o critério empírico, fundamentado na relação entre participantes da greve e trabalhadores potencialmente interessados.

O terceiro elemento é aquele da natureza voluntária da suspensão da atividade laborativa. A partir desse elemento é possível a decorrência de importantes consequências. A primeira consiste na negação da validade da tese segundo a qual o trabalhador inscrito em um sindicato é necessariamente obrigado a participar da greve, uma vez que proclamada pelo sindicato ao qual seja filiado. Ao invés, cria-se uma tendência para a ideia de uma voluntária submissão preventiva dos trabalhadores à vontade do sindicato: o que, em qualquer caso, parece ressaltar a exigência de fazer referência à avaliação inerente ao ordenamento intersindical, em vez do ordenamento geral do Estado.

A segunda consequência é aquela da ilicitude do piquete. Se grupos de grevistas, ao ingresso do local de trabalho, se limitam em realizar uma atividade de convencimento dos indecisos, para que eles não se apresentem ao trabalho, mediante informações, propagandas, não é questionável a licitude de tal atividade. Onde, entretanto, a atividade dos piquetes é expressada em modos mais vigorosos que, além da possibilidade de violação da lei penal, em virtude de seu caráter violento, em certa medida limitam ou incidem substancialmente na livre escolha dos interlocutores, pode ser comprometido o requisito da voluntária, e não coagida, participação na greve.

A última consequência é aquela pela qual não devem ser considerados em greve os denominados grevistas involuntários, ou seja, aqueles trabalhadores que submetem-se meramente aos efeitos da suspensão da atividade laborativa, na medida em que esta torna impossível à prestação das suas respectivas atividades. No entanto, acentua-se que não é fácil, em concreto, identificar situações de tal gênero.

A partir da mencionada norma de lei não podem ser extraídos elementos básicos para a solução das outras, também importantes, questões concernentes à discutida licitude ou não das outras formas de greve (greve rotativa e intermitente), denominadas anômalas, e das greves realizadas em razão de determinadas exigências e motivações que não fazem parte das reivindicações por melhores condições econômicas e normativas em face dos próprios empregadores (greve de protesto, de solidariedade, demonstrativa, política). Em razão de tais problemas, também na Bélgica ocorreu a intervenção substitutiva e regulamentadora da doutrina e da jurisprudência, diante da ausência de específicas indicações normativas; intervenção, entretanto, dotada — como foi previsto — de uma considerável perplexidade.

Pelo conceito de greve, também nos Países Baixos, na ausência de uma legislação específica, deve-se recorrer à elaboração da doutrina e da jurisprudência. Do mesmo modo, a greve é identificada como a abstenção do trabalho por parte de uma pluralidade de trabalhadores até quando suas reivindicações não sejam acolhidas: assim A. N. Molenaar, cit., estabelece, em consonância com as opiniões concordes da doutrina. Não é admitido, então, o exercício por parte de um único trabalhador, e é configurado inadimplemento contratual, com todas as correspondentes consequências, e não como greve, a denominada não colaboração.

A elaboração jurisprudencial sobre os limites coessenciais da greve leva primeiramente à conclusão de que o conceito de greve legítimo implica a natureza econômico-social, e não política, das reivindicações dos grevistas. Além disso, em 1986, a Suprema Corte decidiu pela legitimidade das greves de protesto contra as supramencionadas regulamentações publicistas de salário, não obstante o fato de que as greves fossem voltadas contra a autoridade política.

O sistema social dos Países Baixos foi marcado pela denominada ideologia de colaboração social, realizada mediante o método da concertação, por meio de acordos preventivos entre grupos sindicais e empresariais e poderes públicos e sob um controle estatal. E tal abordagem se refletiu na regulamentação dos conflitos de trabalho, prescrevendo à greve o respeito das disposições assim emanadas.

Já uma lei de 1923 previa a figura institucionalizada de mediadores públicos, com o fim de dirimir conflitos sociais, também em ausência de um contrato coletivo e até mesmo de autônoma iniciativa. No pós-guerra, com uma lei de 1945, reapareceu a figura dos conciliadores do Estado, com funções diversas daquelas exercidas pelo seus antecessores: qual seja, o controle preventivo de todos os contratos coletivos de trabalho, considerando as indicações do governo. Na metade dos anos 1960, como tivemos ocasião de observar quando tratamos de negociação coletiva, houve um retorno ao método da negociação livre.

Até 1960, ano da notável sentença da Suprema Corte denominada *"anti-Panhonlibco"*, os empregadores poderiam agir mediante procedimentos de urgência perante o juiz ordinário para coagir os grevistas a desistir do seu comportamento, sob pena de pagamento de uma indenização, baseada na aplicação do art. 1.639 do Código Civil, no qual vem expressamente consagrada a obrigação do trabalhador de efetuar o trabalho pactuado. No entanto, deve ser lembrado que, nos casos em que fosse impetrada uma ação judicial nesse sentido, não era fácil a obtenção da indenização, em razão da insolvência do trabalhador grevista. Em razão dessa suposta insolvência, os empregadores começaram a interpor tais ações, com o fim de obter a proibição da greve ou a retirada do ato de proclamação, em face dos sindicatos, que ofereciam, obviamente, maiores garantias de solvência.

Tal prática tornou-se tão constante que induziu a doutrina, em relação à greve, a realizar uma distinção entre ilícito contratual, concernente ao trabalhador, e ilícito extracontratual, concernente ao sindicato. Tal distinção é realizada na supracitada sentença de 1960 da Suprema Corte que, mesmo fundamentando-se em uma visão ainda rigorosamente civilística e definindo a suspensão voluntária — também coletiva — do trabalho como inadimplemento contratual, todavia admite algumas exceções, quando o objetivo da greve põe em jogo interesses de ordem geral ou princípios morais. E lhes confere, em consequência, um caráter de urgência que justifica, relativamente ao empregador, a ausência da observação, por parte dos trabalhadores grevistas, dos vínculos contratuais.

Em 1972, com uma orientação de notável originalidade, a Corte de Amsterdã definiu a greve como um direito subjetivo pertencente a uma comunidade profissional.

No que concerne aos mencionados limites coessenciais da greve, a jurisprudência, remetendo-se ao artigo 1.401 do Código Civil, que prevê a responsabilidade por dano injusto, entendeu violado o dever de diligência no caso de desproporcionalidade entre os benefícios buscados pelos grevistas e o dano provocado ao empregador: assim, se as reivindicações são *contra legem* (por exemplo, melhores salários além dos níveis vinculantes estabelecidos pelas normas estatais); se a greve é política; se almeja obter resultados alcançáveis por vias legais; se a greve é proclamada em violação do dever de paz sindical.

A essas interpretações limitativas por parte da jurisprudência são adicionados limites de origem propriamente convencional, considerados plenamente legítimos; em particular, são acentuadas a submissão das controvérsias aos árbitros e a previsão de obrigação de pré-aviso (cf. A. N. MOLENAAR, cit., p. 365-366).

10. A INTERVENÇÃO LEGISLATIVA NA CONTRAPOSIÇÃO ENTRE FORMAS DE LUTA SINDICAL E A REPRESSÃO JUDICIAL: A DENOMINADA TUTELA NEGATIVA DO LEGISLADOR BRITÂNICO

Os sistemas de disciplina de ação direta até aqui examinados mostram como solução do problema a combinação de várias fontes: legal — constitucional e ordinária — jurisprudencial e doutrinária. Combinação na qual o espaço ocupado pela jurisprudência e pela doutrina resulta inversamente proporcional àquele efetivamente abrangido pela primeira categoria de fontes. A relação que é estabelecida entre as fontes é concebida em termos de substituição, mais ou menos intensa e extensa.

Entretanto, a relação pode ser apresentada também em termos diversos. Antes de serem considerados intérpretes que substituem a escassez e a mora do legislador, a análise comparada reconhece casos nos quais esse último é chamado a intervir para enfrentar obstáculos de autotutela sindical interpostos por orientações jurisprudenciais hostis, especialmente em ordenamentos nos quais ao juiz é atribuída uma função que transcende a mera declaração do direito vigente, à formação do qual ele também concorre.

A análise comparada ressalta, ainda, casos nos quais o vazio legislativo não é preenchido substancialmente por via de interpretação jurisprudencial e doutrinária, já que a heterodisciplina cede espaço à autodisciplina sindical, no sentido de que a ação direta vem enquadrada — e encontra seu regime — quase exclusivamente em uma densa rede de disposições de autonomia coletiva.

No tocante ao primeiro dos mencionados papéis desempenhados pelo legislador em tema de greve, pode acontecer — e aconteceu especialmente no sistema britânico — que seja verificada uma contraposição entre movimento sindical e suas formas de luta, de um lado, e orientações jurisprudenciais, do outro. Contraposição que aconselha o legislador, mesmo que relutante em disciplinar organicamente a matéria sindical, em intervir, com a técnica da denominada tutela negativa da ação sindical, quando em sede judicial sejam declarados princípios limitativos da própria ação.

A singularidade de tal intervenção legislativa está no fato de que ela atua, principalmente, mas não exclusivamente, mediante especiais disposições de exoneração, em favor da autotutela sindical, das regras gerais sancionadas, com a força e o valor que naquele ordenamento apresentam, pela jurisprudência de *common law*. Regras que, portanto, não são negadas em sua raiz, nem anuladas pelo legislador, mas resultam, por assim dizer, circum-navegadas em relação ao seu conteúdo prejudicial no tocante aos interesses e às formas de luta do sindicato.

No Reino Unido, o legislador introduziu uma série de normas (*statutory provisions*) aptas a garantir a imunidade penal, em primeiro lugar, e civil, das organizações sindicais e dos seus dirigentes, bem como dos trabalhadores individualmente considerados que, em previsão ou em apoio a um conflito coletivo do trabalho, cometem atos que seriam, por si mesmos, processáveis judicialmente pelo fato de constituírem interferência ao comércio, aos negócios e aos empregos de outras pessoas, ou ao direito de dispor livremente do seu capital ou trabalho (ver K. W. Wedderburn, *The Worker and the Law*, Harmondsworgh, 1971, p. 327). Com uma certa esquematização, é possível afirmar que, em face da orientação "reacionária" das cortes, foram realizadas correlatas intervenções em sentido "progressista" do legislador.

B. Veneziani, afirma que, no Reino Unido, a greve, como um pêndulo, sempre oscilou entre os juízes e o Parlamento. Na ausência — que já ressaltamos — de uma proclamação constitucional ou legislativa do referido direito, o Parlamento teve de exonerar os grevistas da responsabilidade penal, primeiramente, e civil, posteriormente, que os magistrados estavam prontos a cobrar daqueles que organizavam e participavam das greves.

A definição legal de greve (*industrial action*) — veja-se aquela estabelecida pela *section* 219 do T.U.L.R.C.A. de 1992 — parece vaga, entrando naquela definição todo ato posto em prática por um indivíduo em vista ou em razão de uma controvérsia em matéria de trabalho (*"in contemplation or furtherance of a trade dispute"*). Deve-se, no entanto, considerar que, mesmo com similares contornos vagos, sobre a greve o legislador britânico interveio, a partir de 1906, repetidamente, dando lugar às mencionadas disposições legislativas que excluem a responsabilidade penal dos grevistas e criam uma área de imunidade também civilística para os sindicatos. A garantia de imunidade oferecida aos atos postos em prática pelas *Unions* no caso de *industrial action* torna-os não acusáveis como *torts* de *restraint of trade*, nem sequer submetendo aqueles que proclamaram a greve à responsabilidade civil pelos *torts* de *conspiracy* o de *inducing a breach of contract*, exceto se os próprios atos resultam por si mesmos ilícitos, independentemente da circunstância de serem realizados no contexto de um conflito coletivo do trabalho.

Em 1965, a imunidade estabelecida por indução ao inadimplemento contratual *(inducing a breach of contract)* foi estendida também ao *tort* de *intimidation,* ou seja, aos atos dos sindicatos que poderiam ser considerados como interferência na atividade econômica das empresas. O problema foi verificado em relação à ameaça de proclamar greves em razão de violação das cláusulas contratuais que estabelecem o dever de paz sindical: a integração legislativa de 1965 destinou-se a abranger com imunidade também hipóteses similares.

O *Trade Union and Labour Relations (Amendment) Act* de 1976 revisou a matéria inteira, sancionando a imunidade concernente a todos os atos, desde que realizados previamente ou durante um conflito de trabalho, com os quais é possível induzir outros a violarem um contrato, bem como interferir, ou induzir outra pessoa a interferir, na execução de um contrato; ou tratam-se de atos que consistem na ameaça da violação ou obstáculo na execução de um contrato, ou também para induzir outros a tais condutas. A disposição, por um lado, determina que a imunidade vale para todas as hipóteses de interferência, direta ou indireta, e, por outro lado, faz referência genérica à violação de qualquer contrato, sem especificar que se deve tratar de um contrato de trabalho, contrariamente às orientações, em sentido restritivo, da jurisprudência.

O sistema inglês, baseado nessas imunidades, mostrava um exemplo característico de autodisciplina espontânea e pura do conflito industrial (E. ALES, *Lo sciopero nei servizi pubblici in Europa tra interesse generale e autotutela. Spunti comparatistici,* Torino, 1955, p. 153).

Como já foi ressaltado, ao contrário, as leis sindicais de 1992 e 1993 coletaram algumas sugestões jurisprudenciais e limitaram a extensão das *immunities,* sobretudo em matéria de licitude dos piquetes, ampliando, além disso, a gama de requisitos procedimentais exigidos para a proclamação de uma greve legítima.

Notável mudança de fonte legislativa deve ser registrada também no terreno da relação individual de trabalho, no qual a greve, à luz da disciplina de *common law,* equivale a um inadimplemento contratual e, portanto, suscetível de sanção. Embora, na verdade, em um primeiro momento, os empregadores não reagissem contra a greve no plano do ordenamento geral, prevalecendo a avaliação de licitude da ação direta que era alcançada no plano do ordenamento sindical (cf. R. W. RIDEOUT, cit., p. 269), posteriormente eles começaram a recorrer ao drástico remédio da dispensa coletiva dos grevistas. Na verdade, a crescente regulamentação legislativa em sentido restritivo da greve gerou uma diminuição, por parte do empregador, da necessidade de conservar uma regular relação com os sindicatos dos trabalhadores.

Em matéria de conflito, então, contrariamente ao que foi visto em relação à efetividade do contrato coletivo, o funcionamento do sistema é sempre menos fundado na força do sindicato dos trabalhadores e nas regras do ordenamento intersindical, prevalecendo a qualificação formal do ordenamento estatal.

É também interessante recordar a tipologia da greve que a experiência britânica conhece. São distinguidas as greves "oficiais", isto é, organizadas ou reconhecidas pelos sindicatos, nas quais frequentemente os mesmos sindicatos pagam indenizações de greve aos próprios inscritos empenhados na luta, das greves "não oficiais", espontâneas e proclamadas pelos *shop stewards.* Essas últimas — que em um recente passado constituíram, certamente, a grande maioria das ações de luta: R. W. RIDEOUT, cit., p. 264, calcula que eram 95% do total — são muitas vezes efetuadas em violação dos acordos relativos ao experimento de procedimentos preventivos de conciliação (denominadas greves inconstitucionais, para as quais, ainda ver R. W. RIDEOUT, cit., p. 264). Todavia, essas formas de ação direta, à luz da evolução da normativa, vêm demonstrando uma tendência em perder sua relevância.

O direito britânico, não reconhecendo no plano do ordenamento geral o direito de greve, não distingue formalmente algumas formas de luta das outras, tendo em vista proibições específicas (cf. R. W. RIDEOUT, cit., p. 275). Pode-se afirmar, porém, que, a tal efeito, sejam destacados alguns objetivos pelos quais as greves são proclamadas: em primeiro lugar no que concerne à *secondary action* ou greve de solidariedade, na qual a proclamação não cobre a organização sindical com as supracitadas *immunities,* não sendo dirigida contra o empregador dos grevistas, mas contra outro empresário.

Assim, foi levantado o problema de se a imunidade concerne também à greve política. Deve ser ressaltado, todavia, que na experiência inglesa é muito difícil que seja realizada uma greve política "pura", vez que sempre são encontradas conexões, mesmo que indiretas, das reivindicações com as condições de trabalho. A mesma preponderância das greves locais cria obstáculos para que se desenvolvam greves com objetivo político. Entretanto, considera-se que a greve política em sentido próprio — isto é, aquela em que o *predominant object* é externo à matéria suscetível de negociação sindical — não entra na definição de ação praticada em vista ou em curso de uma controvérsia de trabalho, pela qual o *Trade Disputes Act* de 1906 e suas sucessivas modificações e integrações sancionaram a supracitada imunidade. As organizações podem, então, ser chamadas para ressarcir os danos sofridos pelo empregador decorrentes de suas condutas, enquanto subsiste sua responsabilidade penal somente no caso em que a conduta em si mesma seja constituída por extremos de uma "conspiração" criminal (cf. R. W. Rideout, cit., p. 275-276).

Outras distinções concernentes às modalidade de exercício da greve — diminuição do ritmo *(slow-down strike)*, greve de ocupação ativa *(work-in)*, greve de ocupação passiva *(sit-in)*, greve de surpresa, greve de zelo *(work-to-rule)* — são meramente descritivas, vez que, na reconhecida ausência de uma definição legislativa ou jurisprudencial no plano do ordenamento estatal, as distinções em si mesmas não conseguem, em tal plano, qualificações jurídicas específicas.

O citado *Industrial Relations Act* del 1971 fazia referência, especificamente, à greve de surpresa, qualificando-a inadimplemento contratual na ausência do razoável pré-aviso; com a revogação da disposição de 1974, tornou-se, no entanto, a um quadro de irrelevância das modalidades de proclamação da greve para fins de sua qualificação e das responsabilidades conexas, segundo o direito estatal. A introdução, com o *T.U.R.E.R.A.* de 1993, da obrigação de pré-aviso mais uma vez destaca a importância do problema.

A jurisprudência se interessou por duas particulares formas de greve, aquela que concerne à abstenção das horas extras *(ban of overtime)* e a greve de tarefas *(blaking)*, julgando-as ilegítimas enquanto exercidas em violação ao dever de colaboração com o empregador.

Passando a outro sistema sindical que possui afinidade com o inglês, que ressaltamos anteriormente, para enquadrar o problema da identificação do conceito jurídico da greve e da sua qualificação na experiência irlandesa, é oportuno tornar a destacar um dado histórico fundamental: até 1921, a Irlanda e o Reino Unido possuíam um ordenamento comum. Por tal razão, são vigentes na Irlanda disposições de *common law* inglês concernentes às supramencionadas restrições à atividade sindical, dentre as quais a proibição de incitar a violação do contrato, de limitar o livre comércio, de tramar conspirações. Deve também ser ressaltada a vigência da citada lei inglesa (o *Trade Disputes Act* de 1906), que assegurou a imunidade dos sindicatos e dos seus inscritos, em contraposição às restrições da *common law*. Mas sobretudo, da mesma forma em que foi observado no direito sindical inglês (salvo algumas de suas relevantes inovações em contraste), também o irlandês desejava basear seu funcionamento na força do sindicato dos trabalhadores e no consenso básico dos *partners*, mesmo em conflito. Assim, as regras do ordenamento intersindical são suscetíveis de impor-se independentemente da qualificação formal do ordenamento estatal. Por outro lado, a mudança do comportamento empresarial, também na Irlanda, põe em discussão a força substancial das regras do ordenamento intersindical.

Em Malta, em grande escala, foi aplicado o direito do trabalho então vigente no Reino Unido até 1982, sendo aplicáveis também em relação aos meios de luta sindical os princípios de máxima que inspiraram o ordenamento britânico.

11. A AUTODISCIPLINA SINDICAL DA AÇÃO DIRETA: O SISTEMA ESCANDINAVO

Ressaltamos no item precedente como a análise comparada destaca casos nos quais o vazio da disciplina legislativa dos meios de luta sindical é coberto, mais do que pela interpretação jurisprudencial e doutrinária, pela autonomia coletiva.

Possuindo algumas características semelhantes ao modelo britânico — mas também consistentes diversidades —, o sistema escandinavo é baseado no princípio da autodisciplina das partes sociais. Deve ser esclarecido que, nesse sentido, pode-se propriamente falar de um modelo de regulamentação do conflito industrial baseado na autodisciplina das partes, pois constitui a principal fonte de regulamentação. A autodisciplina é recorrente também em outros sistemas sindicais, mas unicamente por setores específicos (para a greve nos serviços públicos essenciais, na Itália, como veremos), e portanto a solução estabelecida na autorregulamentação por si só não corresponde ao modelo nacional em um modo característico.

Como o modelo britânico é conotado tradicionalmente pelo princípio de abstenção legislativa (de fato, progressivamente abandonado, principalmente no tocante à disciplina da ação direta), assim também nas democracias industriais escandinavas se registra, senão uma abstenção da lei, pelo menos um papel limitado dessa na disciplina de relações coletivas de trabalho e dos correspondentes conflitos coletivos. A característica peculiar da experiência escandinava é observada em um complexo de acordos sindicais, que já ressaltamos no segundo capítulo e que servem como um quadro no qual é regulamentado o desenvolvimento das relações e dos seus conflitos coletivos de trabalho, à luz do princípio da inerência do conflito às relações de trabalho intercorrentes entre as partes e do dever de paz sindical. Dos quais é derivada a ilegitimidade das greves políticas (na Dinamarca, exceto aquelas de curta duração: F. Di Cerbo, cit., p. 64). Na elevada taxa de sindicalização, também ressaltada anteriormente, bem como na consistente representatividade dos sindicatos que estipulam os acordos, reside a garantia da sua aplicação efetiva.

No âmbito desse sistema de acordos-quadro e de robusta representatividade sindical são disciplinados os procedimentos mediante os quais entende-se dar regulamentação e soluções aos conflitos coletivos. As formas mais eficazes da disciplina da greve se encontram, portanto, na negociação coletiva, pela qual usa-se estabelecer (mas também é prevista por normas de lei) a obrigação de avisar a contraparte, com antecedência, da intenção de efetuar a greve, com o fim específico de facilitar a mediação (cf. F. Di Cerbo, cit., p. 50 e 55, com particular referência à situação dinamarquesa).

Na Finlândia, o pré-aviso de catorze dias é fixado pela citada Lei n. 420, de 1962, enquanto o mesmo prazo é estabelecido por um acordo-quadro de 1973, modificado em 1992.

O voluntário modelo escandinavo, além disso, não exclui, se for o caso, intervenções dos autoridades públicas, com diretivas, vinculantes ou substitutivas, do ausente acordo. Nesse ponto, no entanto, deve-se reconhecer uma diferença que não pode ser negligenciada com o sistema britânico.

F. Schmidt, ressalta que a disciplina sueca de autotutela sindical presta particular atenção na obrigação de paz sindical, incorporada no direito coletivo. Em uma perspectiva semelhante já era orientada a lei de 1928 sobre contratos coletivos.

Nos anos 1930, o problema da regulamentação jurídica do conflito coletivo do trabalho foi muito controverso, até quando aprovado o projeto de lei que o governo havia apresentado a respeito, vem assinado, em 1938, pelo sindicato *LO* e pela organização empresarial *SAF*, o acordo de *Saltsjöbaden*, do qual nos ocupamos no segundo capítulo. O acordo, que em linhas essenciais reproduziu o conteúdo do projeto de lei, previa o compromisso das partes sociais em colaborar na realização de uma gestão autônoma dos motivos de conflito, excluindo a intervenção estatal em questões que as partes reservaram à própria regulamentação.

O acordo foi precedido pela aprovação, em 1935, de um norma de lei que instituiu a obrigatoriedade de pré-aviso, de notificar a contraparte e o mediador do Estado, pelo menos sete dias antes do início da ação. A obrigação vem sendo escrupulosamente respeitada pelas organizações sindicais e empresariais, ainda que sua observância não incida sobre a legitimidade da sua ação. Ao contrário, a violação é relevante no caso em que o acordo sindical prescreva o pré-aviso e o acordo fundamental de 1938 o estabelece: F. Schmidt.

No ordenamento sueco, que — em semelhança ao alemão — equipara os meios de luta sindical das duas partes sociais (greve e *lockout*), já antes da mencionada legitimação constitucional em 1974, a jurisprudência, em ausência de disposições legislativas que qualificassem como crimes tais meios de ação sindical, havia considerado ambos penalmente lícitos: salvo a hipótese em que as modalidades, violentas ou ameaçadoras, de seu concreto exercício fizessem que tais ações se enquadrassem como tipos de crimes comuns.

A jurisprudência, sempre com o pressuposto de que não sejam admissíveis restrições impostas às ações diretas sindicais, diante da ausência de dispositivos legislativos específicos, rejeitou a tese que o recurso à ação em si mesma possa implicar responsabilidade extracontratual, pelo simples fato de possuir caráter coletivo. Nesse sentido se expressou a Corte Suprema, em uma decisão de 1935, lembrada por F. Schmidt, a posição nitidamente diversa em relação àquela adotada pelos juízes ingleses de *common law*. E destaca que essa posição própria resulta centrada na distinção entre controvérsias de direito e de interesses.

A partir dessa distinção decorre que aqueles que são vinculados pelo contrato coletivo não possam recorrer a greves ou *lockout*, quando seja controvertida, no mérito, a existência, validade, correta interpretação e violação de cláusulas de tal contrato, bem como quando haja intenção de introduzir modificações do seu conteúdo, antes do seu termo final ou quando a controvérsia não se refira a relações existentes entre as partes. O autor, mesmo convidando a não enfatizar acriticamente a distinção entre controvérsias jurídicas e econômicas, atribui essencial relevância à obrigação de paz sindical e à regra — todavia, não sempre de fácil aplicação nos casos concretos —, segundo a qual a matéria regulamentada pelo contrato coletivo em vigor não pode formar objeto legítimo do conflito coletivo.

Na Dinamarca, em conformidade com o supracitado modelo de autotutela sindical, a intervenção estatal no conflito, confiada, como *supra* recordado, ao Tribunal do Trabalho, se põe em termos de complementariedade em relação à autocomposição das controvérsias. Entretanto, tal intervenção pública não é auxiliada por uma detalhada disciplina legislativa da ação direta.

Princípio fundamental do direito do trabalho dinamarquês é o de que as partes, somente nos casos de um conflito coletivo de interesses (mas não, de acordo com o que estabelece o modelo escandinavo, no caso de controvérsias sobre a interpretação ou aplicação de contratos coletivos), podem usar meios de luta sindical.

Na matéria, mas em relação à experiência sueca, F. Schmidt, ressalta sobre a circunstância segundo a qual, em razão da aplicação da obrigação da paz sindical, e, portanto para retirar a legitimidade ao recurso da ação direta efetuado em sua violação, não é sempre suficiente que a reivindicação seja baseada em um direito derivado do contrato coletivo. Se a contraparte não suscita qualquer exceção relativamente à reivindicação — geralmente, esse é o caso em que reivindicado pelos grevistas o pagamento dos salários causado por dificuldades financeiras do empregador —, não existe uma autêntica controvérsia jurídica coletiva. Cabe à parte chamada ao adimplemento, nas relações contratuais, a decisão acerca de medidas que devem ser colocadas em prática com o objetivo de cumprir as próprias obrigações. Antes da suposta insuficiência da prestação efetuada, e por isso antes de uma greve motivada no sentido supramencionado, o empregador — observa F. Schmidt — pode decidir fornecer ou não as sucessivas prestações retributivas.

Quando decide por não fornecê-las, a questão passa ao juiz e a autotutela sindical será considerada legítima no caso em que o juiz entenda que subsiste a obrigação do empregador em pagar as prestações. Entretanto, o fato de o empregador, durante o processo, aduzir que o conflito coletivo realizado pelos empregados concerne à matéria contida no contrato coletivo faz que, enquanto isso, se aplique a obrigação de paz sindical.

Resta o fato, ressaltado mas não desenvolvido criticamente pelo autor, da dificuldade em resolver o problema crucial, concernente à precisa delimitação da matéria regulamentada no contrato coletivo.

Retornando à outra experiência escandinava, para examinar uma hipótese simétrica àquela que acabamos de discutir, observamos como na Dinamarca é considerado que, em determinadas situações, também nas hipóteses de conflito coletivo de interesses, o uso da greve possa demonstrar-se ilegítimo: por exemplo, quando a parte que recorre à autotutela coletiva não seja capaz de demonstrar um efetivo interesse em obter uma disciplina coletiva das próprias posições. A recordada lei de 1973 entrega ao Tribunal do Trabalho o julgamento da legitimidade do emprego da greve e do *lockout* e em relação à obrigação de pré-aviso.

Na Dinamarca, as greves que violam os acordos sindicais que as regem geram a interrupção das relações de trabalho individuais. Portanto, para chegar a um novo acordo, será necessário estabelecer expressamente que os trabalhadores devam retomar à atividade no fim do conflito. Caso contrário, não poderiam retornar à empresa: F. Di Cerbo.

Pelo modelo escandinavo, em conclusão, é necessário identificar, no sistema de relações sindicais de fato consolidado, a primeira e essencial fonte de qualificação e limitação da autotutela coletiva. Analogamente ao que observamos no modelo alemão, o direito do conflito é incluído em uma geral disciplina das relações coletivas de trabalho e as normas sobre autotutela são estritamente ligadas àquelas concernentes à autonomia coletiva: R. Birk.

Contudo, pelo menos em via complementar relativamente às avaliações e às regras emanadas do ordenamento intersindical, também operam normas e instituições do ordenamento geral capazes de colocar em prática diretivas cogentes ou também de substituir as partes sociais. O exercício da autotutela sindical, entretanto, é lícito, se não especificamente proibido ou quando não entra em contraste com específicas limitações. E à luz dessa geral previsão o espectro de ações diretas consentidas é consideravelmente amplo.

12. LEGISLAÇÕES REGULAMENTADORAS DO DIREITO DE GREVE APÓS UM PROLONGADO REGIME DA SUA PROIBIÇÃO

Não faltam na União Europeia ordenamentos em que é observada a existência de uma disciplina legislativa da greve suficientemente ampla e detalhada, em aplicação das previsões constitucionais.

Não deve surpreender que isso tenha ocorrido em contextos jurídicos nos quais, anteriormente, por muito tempo, a greve era proibida e qualificada como ilícita no plano penal. Em razão da escassez de uma prévia e consolidada experiência de livres lutas sindicais, a que a tradição possa se referir, foi imposta uma correspondente intervenção legislativa.

A intervenção da legislação regulamentadora do direito de greve, após um regime de sua prolongada proibição, é observada em Estados caracterizados, durante anos, seja pelo corporativismo, seja pelo socialismo real. A análise pode ser iniciada pela primeira categoria de Estados, a partir da qual é possível obter pontos de reflexão comparada mais substanciais, tanto em termos de desenvolvimento decorrente da legislação nesses contextos, como em elaborações teóricas em torno desse desenvolvimento.

Ambas situações ressaltadas são exceções à reconstrução de R. Birk, segundo a qual nenhum país industrializado emanou até o momento uma disciplina legal exaustiva sobre greve e *lockout*. A partir da fraqueza política demonstrada pelas democracias modernas, relativamente à capacidade de emanar tal disciplina, de fato o autor entendeu que não é possível esperar por uma exaustiva regulamentação legislativa. Por isso, somente as partes diretamente interessadas — organizações sindicais de trabalhadores e empresários — estariam em condições de fixar as regras do conflito coletivo do trabalho. No parágrafo precedente demonstramos uma significativa confirmação desta proposição.

Só que, na verdade, a fraqueza política das novas democracias pode levar a resultados opostos. Não a fragilidade dos mecanismos institucionais em relação à força das organizações e das ações sindicais, mas a fragilidade de ambas tornou indispensável a reconstrução de uma iniciativa legislativa de ampla ambrangência, mas de efetividade duvidosa. E, nesse contexto, a afirmação de R. Birk não está plenamente contrariada, porque dúvidas legítimas podem avançar sobre o caráter exaustivo dessa legislação concernente à greve.

Já observamos que, por quase meio século, de 1926 a 1974, o direito do trabalho português manteve-se enquadrado em um rígido esquema de um sistema corporativo inspirado nos princípios da Carta do Trabalho italiana e, como ela, baseado na negação da liberdade sindical e na proibição da greve e do *lockout*.

A "Revolução dos Cravos" de 1974 deu lugar, mesmo enfrentando consistentes forças de atrito, a medidas legislativas que pretendiam libertar as organizações sindicais do Estado e permitir manifestações de autotutela sindical. O processo de recuperação da liberdade sindical, todavia, não foi fácil. O tumultuoso desdobramento dos acontecimentos sociais, após uma longa compressão, resultou na adoção de normas regulamentadoras que se revelaram tributárias de posições de caráter intermediário entre a lógica do velho regime (compartilhada, com relação à desconfiança, senão hostilidade, relativamente ao pleno desenvolvimento da livre dialética sindical, uma parte de componentes revolucionários também ideologicamente opostos àquele regime) e de um sistema pluralista e confiante na autonomia e na autotutela das forças sociais.

O reconhecimento do direito de greve já havia sido realizado por um decreto-lei de agosto de 1974, mas ainda com sensíveis restrições. Depois que a Constituição de 1976, no art. 57, reafirmou tal reconhecimento, interveio a Lei n. 65, de 1977, modificada pela Lei n. 30, de 1992, para regulamentar novamente seu exercício. A abstenção do trabalho, no caso em que ocorra a atuação da comissão dos trabalhadores, mencionada em páginas precedentes, requer que a maioria dos trabalhadores não esteja representada por associações sindicais e decisões da assembleia de trabalhadores da empresa resultantes de votações secretas, alcançadas mediante um significativo *quorum* de trabalhadores interessados, que é antecipado por um outro e mais elevado *quorum* de trabalhadores presentes. A lei também regulamenta o prazo de pré-aviso, o efeito suspensivo da relação de trabalho e as garantias dos grevistas.

No capítulo segundo ressaltamos como as organizações sindicais portuguesas são caracterizadas por um duplo canal de representações dos trabalhadores: o constituído pelas associações sindicais e, ao lado dessas estruturas associativas verticais e horizontais, o outro, constituído por uma estrutura unitária das comissões dos trabalhadores. A simultaneidade dos dois canais levanta o problema da definição das respectivas competências, mas — como assinala F. G. Coutinho de Almeida — a proclamação da greve, nos termos do art. 2º, parágrafo primeiro, da supracitada Lei n. 65, de 1977, entra na competência comum de ambas as estruturas.

A formulação do reconhecimento constitucional, *ex* art. 57, do direito de greve (enquanto é proibido o *lockout*) é de ampla extensão. Primeiramente, a norma constitucional ressalta como o direito de greve deve ser defendido; e remete o emprego das decisões dos trabalhadores a uma esfera de interesses que não pode ser compactada pela lei: o que não impede que a greve seja exercitada dentro do quadro estabelecido pela lei. Também em Portugal é aplicável a obrigação de paz derivada da negociação coletiva.

R. Birk, *op. ult. cit.*, p. 419, ressalta como a Constituição portuguesa expressa com clareza o propósito de garantir o direito ao conflito coletivo unicamente aos trabalhadores, mesmo se nos limites de leis especiais, enquanto é clara a intenção de negar simétrico reconhecimento à ação direta efetuada pelos empregadores. Outras Constituições não são assim claras, a começar por aquela da Espanha, que reconheceu o direito dos trabalhadores em realizar greves em defesa de seus interesses, remetendo à lei a regulamentação do seu exercício (art. 28, parágrafo segundo), e no caso do empregador se refere simplesmente ao direito de ação coletiva, segundo o qual é possível adotar medidas relativas ao conflito de trabalho (art. 37, parágrafo segundo). Assim, fica subentendida uma não precisa paridade entre as partes coletivas conflitantes.

Analogamente aos acontecimentos portugueses, na Espanha, o reconhecimento constitucional do direito de greve foi precedido de uma longa fase de sua proibição penalmente sancionada, em correspondência aos princípios do sistema corporativo então vigente. A Constituição de dezembro de 1978, além de ter reconhecido — como já ressaltamos — genericamente o direito dos trabalhadores e dos empregadores em adotar meios idôneos de ação nos conflitos coletivos, salvo a garantia do funcionamento dos serviços públicos essenciais (art. 37, parágrafo segundo), no art. 28, parágrafo segundo, dentre os direitos fundamentais sobre os quais é baseado o Estado Social e Democrático de Direito, reconhece aos trabalhadores o direito de greve para a defesa dos seus interesses (A. Martín Valverde, F. Rodríguez-Sañudo Gutierrez e I. García Murcia, cit., p. 378).

A lei de atuação da previsão constitucional não foi emanada, como já observamos nos casos da França e da Itália. É necessário, entretanto, considerar que, antes da promulgação do texto constitucional, o Decreto-Lei real n. 17, de 4 de março de 1977, declarado constitucionalmente legítimo pelo Tribunal Constitucional em 1981 (cf. A. Martín Valverde, *El derecho de huelga en la Constitución de 1978*, em *RPS*, 1979, n. 121), havia elaborado uma disciplina bastante detalhada do instituto, identificando o conceito de uma greve legal com aquela atinente aos interesses profissionais dos grevistas e excluindo, portanto, a greve política (art. 11-a).

Vem, portanto, observado que, se a lei conecta a greve à tutela de interesses profissionais, a greve, nos fatos e nas considerações da jurisprudência, demonstrou-se instrumento válido para a tutela de interesses econômicos e sociais dos trabalhadores e para pressionar em favor da igualdade substancial e efetiva dos indivíduos e dos grupos sociais: A. Martín Valverde, F. Rodríguez-Sañudo Gutierrez e I. García Murcia.

O decreto-lei disciplinou, além disso, com disposições que teremos a oportunidade de discutirmos nas páginas sucessivas, procedimento e forma da greve (arts. 3º, 4º, 5º, 6º, 7º), seus efeitos na relação de trabalho (art. 6º), a tutela dos grevistas (arts. 6º e 8º). Por outro lado, as garantias exigidas na citada sentença do Tribunal Constitucional, no interesse da generalidade dos cidadãos, não foram ainda fixadas pela lei. Pode-se, então, concluir que a intervenção do legislador ordinário, na Espanha, não exauriu as questões concernentes ao exercício do direito de greve.

Na Grécia, a greve teve o recordado reconhecimento constitucional, bem como uma detalhada regulamentação, mediante as leis sindicais de 1976, 1982 e 1990. A última dessas leis — como foi *supra* ressaltado — reestabeleceu a harmonia entre aquele reconhecimento e a regulamentação do instituto reservada ao legislador ordinário, subtraindo do direito de greve o vínculo sufocante da arbitragem obrigatória, que havia sido estabelecido por norma legal anterior à Constituição.

A proclamação da greve é reservada aos sindicatos e deve ser decidida, por voto secreto, mediante assembleia geral. A ação direta deve inspirar-se em objetivos de ordem econômica e social, mas são admitidas greves de imposição econômica-política, como aquelas contra os rumos da política social do governo, e em tempos de aguda crise econômica sucederam tais formas de luta. Específicos limites são estabelecidos para as greves nos setores públicos.

13. O MODELO DE AUTOTUTELA COLETIVA: FISIONOMIA, FONTES E EFEITOS DO EXERCÍCIO DO DIREITO DE GREVE NOS ESTADOS-MEMBROS DA UNIÃO EUROPEIA; TENDÊNCIAS GERAIS

As considerações precedentes permitem reconstruir o modelo — ou os modelos — de regulação do conflito industrial que seja possível individualizar na União Europeia por meio da comparação das normativas nacionais. Comparação focada não menos que sobre os conteúdos dessas normativas, sobre as formas de regulação e, logo, sobre as fontes de disciplina dos meios de ação sindical.

A respeito disso, reconhece-se a evidente correspondência entre o conteúdo da disciplina do conflito coletivo de trabalho e o tipo de fonte de onde a disciplina provenha.

Pode-se discutir, e é discutido, se em linha geral, no direito do trabalho a autonomia coletiva seja preferível à lei, como fonte de produção não somente mais flexível e mais sensível às especificidades das situaçãoes a regular, mas também mais idônea a evitar regulamentações inoportunamente limitativas da liberdade das forças sociais e individuais.

O exame das experiências europeias concernentes à disciplina do conflito coletivo confirma o vínculo entre o conteúdo normativo e sua fonte.

Homogeneidade de modelo, no âmbito examinado, de qualquer modo emerge por quanto se atém à exclusão das concepsões autoritárias e repressivas. A ação sindical direta, em toda a área da União Europeia, passa imune à proibição de princípio, e na grande maioria dos casos os ordenamentos nacionais reconhecem à autotutela coletiva a categoria de instrumento indispensável à democracia e à persecução da justiça social. No entanto, subsistem divergências, entre os vários ordenamentos nacionais, acerca do legítimo raio de ação dos meios do conflito industrial. Em vez disso, verificou-se uma substancial convergência no limitar a tipologia dos que são usados licitamente: somente a abstenção concertada do trabalho (ainda que com divergências acerca da sua concreta modalidade), mas não outras formas de lutas estruturalmente diversas.

As divergências são reconduzíveis à relação entre contratação coletiva e meio de luta sindical: relação que incide sobre as finalidades que legitimam o recurso à ação direta — mais ou menos ligada a razões econômicas e profissionais — e à diferença entre momentos de conflito e fases de pacificação durante a vigência do contrato coletivo. A relação, originalmente estreita em todos os ordenamentos comparados, sucessivamente se soltou em alguns desses, com o efeito de qualificar a greve como instrumento de dialética não somente econômica, mas também política e como recurso primário para o desenvolvimento dos Estados democráticos.

O resultado confirmou a configuração assimétrica de greves e *lockout*, uma vez que a natureza do direito exercível em vista da construção e do reforço do Estado democrático é atribuível somente à greve. Deve-se notar, consequentemente, como o modelo em que a ligação entre autotutela coletiva e autonomia coletiva seja mais intensa, aquele que põe em posição de perfeita igualdade as partes do conflito industrial e os meios de luta, ou seja, luta e *lockout*.

Pode-se considerar, à luz do que dissemos, que a característica do modelo individualizado na União Europeia é constantemente influenciada pelos poderes atribuídos, respectivamente as fontes de heteronomia legislativa ou de autonomia sindical, na disciplina do conflito coletivo de trabalho. Todavia, no pressuposto do valor de mérito reconhecido a escolha favorável às fontes de autodisciplina, deve-se acrescentar que a análise comparativa não confirma a opinião que, naturalmente, poderia ser amadurecida, pela qual as margens de ação dos instrumentos de luta sindical são sempre maiores quanto mais limitado o alcance da intervenção do legislador. Também outras fontes de disciplina, como foi o caso da jurisprudência de *common la*w, foram capazes de exercer uma efetiva função limitadora, enquanto, em alguns casos, temos visto que à lei deve ser reconhecido o papel de libertação das restrições impostas por diretrizes tradicionais de orientações jurisprudenciais.

O cenário europeu não é estático, nem oferece indicações unívocas nos detalhes, também importantes. Os modelos de regulamentação do conflito industrial variam de país a país; e variam, no tempo, dentro das individuais realidades nacionais. O que distingue hoje, de maneira incontestável, o cenário geral europeu é o reconhecimento da legitimidade da dialética sindical e — embora com diferentes tonalidades — da sua positividade para a democracia e o progresso social.

A análise das arrumações estabelecidas, nos países-membros da União Europeia, a propósito de conflito industrial, conforme com uma perspectiva comparativa adequada, não pode se eximir de pesar cuidadosamente os elementos obtidos a partir das normas e aqueles inferidos a partir do contexto em que as normas são inseridas. A presença de disposições legais que lhes dizem respeito, por si só, não estabelece a força efetiva dos instrumentos de ação direta, quando — como aconteceu em alguns ordenamentos nacionais depois de uma longa fase de repressão — o legislador se preocupa em preparar um estatuto jurídico para garantir sua legitimidade. Por outro lado, a avaliação de soluções nacionais para os problemas jurídicos suscitados pelo conflito coletivo de trabalho precisa ser feita tendo em mente que espíritos gerais, conflituosos ou cooperativos, enraizados nas tradições nacionais das forças sociais, influenciam o comportamento de fundo das partes sociais.

Diante do exposto, com relação aos resultados de uma análise comparativa de caráter vertical, passando a uma abordagem horizontal, precisa em primeiro lugar insistir no que diz respeito ao conflito industrial nos sistemas sindicais europeus. Em todos os países-membros da União Europeia, observou-se que a abstenção concertada do trabalho não é considerada contrária ao interesse público nem à soberania do Estado. É, ao invés, uma forma de competição em que o próprio Estado não vê um ataque à economia nacional.

Também pode-se dizer, antes da analítica comparação dos elementos relacionados como a greve, que os ordenamentos europeus examinados em geral legitimam o meio de luta sindical ativado por causa de um conflito de interesse, no entanto, nem mesmo de litígios relacionados com a interpretação e aplicação de normas já estabelecidas.

Tal meio de luta é identificado na abstenção coletiva (também exigida por alguns ordenamentos como total, o que resulta na exclusão da legitimidade das formas de greve parcial) de trabalho para a proteção dos interesses coletivos. Abstenção que deve ser coletiva na avaliação dos interesses em conflito e na determinação de recorrer à ação direta; e coletiva nas modalidades de atuação, subsistindo, porém, divergências de orientações acerca dos elementos concretos que integram esse segundo aspecto.

Existem diferenças de opinião nos respectivos ordenamentos dos Estados-membros da União Europeia acerca do perfil teleológico da greve, na premissa, no entanto, de uma quase exclusão geral da legitimidade da greve política. Enquanto uma parte, consistente, dos ordenamentos circunscreve a legitimidade do meio de luta à greve contratual, vemos, no entanto, uma extensão gradual da área em que é reconhecida a legitimidade da aquela hipótese híbrida constituída pela greve chamada de imposição político-econômica.

No entanto, a participação na greve, deixando de lado sua finalidade (salvo em caso de operações insurreicionais ou subversivas de uma instituição ou, em qualquer caso, tais que integram, para as modalidades específicas, casos criminais) não é mais perseguida penalmente. Se a greve não constitui em si mesma um crime, isso não significa, portanto, que os grevistas não estão sujeitos a sanções penais, quando, durante uma greve, violem leis penais comuns. Além disso, chama-se atenção para o fato de que, como melhor se especificará abaixo, algumas legislações examinadas, ao excluir a titularidade do direito de greve de certas categorias de funcionários públicos, deixam sobreviver contra eles sanções penais, se eles recorrem à luta sindical.

Uma segunda série de considerações pode ser derivada a partir de observações anteriores sobre as consequências da greve na relação de trabalho, e esse tem sido um dos perfis mais interessantes sobre o tema em exame. Sem a proteção estendida ao plano civil, a simples remoção das sanções penais prejudicaria as reais utilizações da ação direta da parte de trabalhadores que, nesse sentido, permanecem expostos às reações da outra parte no terreno contratual. Reações que podem chegar facilmente à demissão — como sanção da abstenção de trabalho considerada inadimplência da obrigação contratual —, bem como ao pedido de indenização por eventuais danos.

Na grande maioria dos países analisados, estabeleceu-se a teoria coletivista, fundada na prevalência dos interesses coletivos defendidos pelos grevistas em relação ao interesse individual do empregador ao cumprimento da obrigação do trabalho, excluindo, assim, a ilegitimidade civil da greve, reconhecida como um direito sob as leis expressas, colocada no mesmo nível de fontes constitucionais (assim, na França, Itália, Suécia, Grécia, Espanha, Portugal e nas novas democracias da Europa Central e Oriental). Ou com base na aplicação judicial: como na Alemanha, com um aprofundamento completo da teoria coletivista, e nos Países Baixos. Aqui, a jurisprudência a esse respeito, no entanto, tem sido lenta a emergir, antes a uma predominante orientação inclinada a aplicar o direito comum dos contratos e, portanto, reconhecer ao empregador o direito de rescindir o contrato de trabalho, exceto no caso em que as circunstâncias são tais de não se consentir razoavelmente a continuação das prestações do empregado, forçado a parar a sua atividade.

Por outro lado, na Áustria, no Reino Unido e na Irlanda, para o ordenamento estatal a greve, que não recebeu o reconhecimento de direito, representa um inadimplemento contratual. Note-se que, nos últimos dois ordenamentos, quando as ações de luta sindical tornaram-se objeto de reação, no plano civil, por parte dos empregadores, foi necessária a intervenção do legislativo para que as cobrisse com idôneas *immunities*.

O reconhecimento — legislativo e jurisprudencial — do direito de greve implica que seu exercício não constitua inadimplemento da obrigação laboral, já que se pode invocar o princípio: *qui iure suo utitur, neminem laedit*. O exercício do direito de greve determina, como seu efeito direto, a suspensão da relação de trabalho e das suas duas obrigações fundamentais: a de trabalhar e a de retribuir a prestação laboral.

Até que, cessada a greve, a relação saia da fase de suspensão, os trabalhadores, participando da mesma greve, perdem a retribuição. Problemas delicados surgem em decorrência das consequências da suspensão da retribuição sobre parcelas retributivas pagas em via diferida (por exemplo, o décimo terceiro salário), sobre o qual pode ser considerada legítima a dedução de uma parte proporcional ao período de greve (nesse sentido, a jurisprudência italiana).

Outros problemas surgem em razão das greves breves, ou seja, de duração inferior à jornada de trabalho, ou articuladas, ou seja, intermitentes e rotativas.

Onde é considerado existente o limite, coessencial à greve, da chamada adequação social, pelo qual ao dano inflingido pela abstenção do trabalho deve corresponder um proporcional sacrifício da retribuição da qual os grevistas se privam (assim, na Alemanha, mas também vamos ver noutros Estados-membros da União Europeia), a perda de remuneração deve ser proporcional não à duração da greve, mas à diminuída utilidade que a prestação efetuada realizou.

Recorde-se, a esse respeito, a tendência da jurisprudência italiana que, considerada a legitimidade das formas de greve parcial como uma expressão de liberdade de organização e ação sindical, tem, no entanto, atraído as consequências no que respeita à obrigação de pagar encargos para o empregador. E as consequências preveem que, quando a forma de ação coletiva realizada envolva a presença do trabalhador no local de trabalho, mas com uma redução concomitante de desempenho e produção, sem o que se qualifique tal forma como ilegítima, a correlação necessária entre o trabalho e a retribuição causa uma diminuição, calculada em relação à média dos períodos anteriores, da retribuição correspondente a esse declínio. Além disso, as consequências tendem a ser estendidas a todos os trabalhadores que tornam inoperantes essas formas de luta, incluindo aqueles que não entraram em greve. A inutilidade de suas prestações retém legítima a rejeição dos empregadores de tais serviços, sem que subsista *mora accipiendi* (ver G. PERA, *Scioperi parziali e sospensione dell'attività in tutta l'azienda, diritto o no alla retribuzione dei lavoratori non partecipanti all'agitazione?* in *Riv. Dir. Lav.*, 1971, II, p. 58; S. MAGRINI, *Gli effetti dello sciopero sull'obbligazione retributiva nelle tendenze della giurisprudenza italiana*, in *Dir. Lav.*, 1978, i, p. 137; L. RIVA SANSEVERINO, *Sciopero a singhiozzo e organizzazione del lavoro*, in *Mass. Giur. Lav.*, 1978, p. 697; G. MAZZONI, *sciopero "aziendale" parziale e suoi effetti sul rapporto di lavoro dei dipendenti non scioperanti*, ivi, 1980, p. 186; G. PROSPERETTI, *Sciopero anomalo e messa in libertà: l'avvicendabilità delle prestazioni incompatibili con il ciclo produttivo programmato*, in *Dir. Lav.*, 1988, II, p. 20; F. SANTONI, cit., p. 39).

14. NOÇÕES E MODALIDADES DE EXECUÇÃO DA GREVE: CONCERTAÇÃO E PROCLAMAÇÃO; SINDICALIDADE DA GREVE E PARTICIPAÇÃO DA BASE À DECISÃO DE ENTRAR NA LUTA, NUMA LÓGICA DE "ENXERTO" DE DEMOCRACIA DIRETA NA DEMOCRACIA REPRESENTATIVA SINDICAL

Iniciamos, no parágrafo precedente, o exame dos elementos sobre os quais se baseia a configuração da greve recebida pelos ordenamentos europeus; e, portanto, afrontamos o tema dos chamados limites coessenciais ou internos da greve, que qualificam sua noção e sua legitimidade nos próprios ordenamentos. Consideramos útil passar a analisar alguns aspectos da greve que requerem ser enquadrados com exatidão na noção resultante dos ditos limites coessenciais, ou para serem incluídos entre as modalidades que os ordenamentos preveem para as ações de luta sindical que estão dentro dessa noção.

No caso de simples modalidades de execução, deve-se considerar que não contribuem para integrar o conceito de greve, mas, em muitos casos, são de inegável importância pelo cumprimento das regras das quais deriva a legitimidade da própria greve. E é oportuno examiná-las agora, com o objetivo de contribuir

— se possível — para a clareza: ou seja, distinguindo o que diz respeito à noção de greve daquilo que, ao invés, se refere aos modos nos quais se pode corretamente empregar tal instrumento de luta sindical.

Naturalmente, deve ser feita a distinção não na base de abstratas construções lógico-formais, mas de dados que são obtidos a partir da análise comparativa dos sistemas jurídicos europeus. Pode-se, assim, observar que os aspectos que, num ordenamento, estão limitados ao âmbito das modalidades de implementação, num outro tipo, fazem surgir os elementos do conceito de greve legítima.

Na mencionanda perspectiva de pesquisa, é oportuno examinar, em primeiro lugar, a concertação da greve, que deriva imediatamente da natureza desse meio de luta posto a serviço de interesses coletivos dos trabalhadores.

A generalidade dos ordenamentos europeus considera a concertação da greve elemento essencial do caso, que define precisamente o perfil coletivo. Em toda a União Europeia acredita-se que, realmente, a greve apresente uma estrutura dicotômica, em que se distingue um momento (e um poder) coletivo de avaliação dos interesses em conflito e da decisão de entrar na luta; e um momento (e um direito) individual, à luz da qual o trabalhador executa, livremente, a greve deliberada pelo organismo portador do interesse coletivo à satisfação pela qual a greve é dirigida.

Sem dúvida, esse é um aspecto que não diz respeito às modalidades de regulamentação da greve, mas sim de seu conceito, sendo inerente — segundo aquilo que observamos — a elementos estruturais.

No entanto, deve-se notar que existem divergências doutrinárias sobre a reconstrução da relação jurídica intercorrente entre a fase preliminar constituída pela concertação, realizada pelo sujeito coletivo competente (fase, por sua vez, susceptível de ser decomposta em ato, interno, da deliberação, que propriamente diz respeito à estrutura, e, portanto, à noção de greve, e em ato, externo, de proclamação, com o qual são especificadas data de início, duração e justificação da abstenção do trabalho), e a fase de atuação individual.

A qualificação *supra* indicada como ato de autorização ao exercício do direito de greve por trabalhadores individuais, que uma parte importante da doutrina europeia atribui ao ato de proclamação, não encontra um consenso geral e vem criticada pela outra parte da doutrina como tentativa de sindicalizar a greve até mesmo onde o legislador não quis assim caracterizá-la (G. Giugni, *Diritto sindacale*, cit., p. 218). Todavia, pela doutrina a atuação individual vem concordemente reputada subordinada à prévia intervenção de uma determinação coletiva. Mesmo quando a legitimação de avaliar de recorrer à ação direta não resulte circunscrita ao sindicato e, por outro lado, a avaliação pode ser realizada diretamente pelos mesmos trabalhadores grevistas, isso, em todo caso, necessita ser feito em sede coletiva: e, portanto, por meio de um confronto de opiniões e uma concordância ou pelo menos vontade majoritária do grupo portador do interesse coletivo que se fez valer com a greve.

Se, então, vem unanimemente postulado, na doutrina e jurisprudência, um prévio momento coletivo de concertação, diferentes, no entanto, são as orientações dos vários ordenamentos europeus acerca da forma em que se expressa a deliberação de tomar medidas para lutar pelo sujeito coletivo que se compromete; mas, antes disso, as diferenças surgem em relação à identificação da comunidade legitimada a tomar essa decisão.

Surge, na verdade, distinção entre ordenamentos (por exemplo, o alemão) que reservam a legitimidade à associação sindical, por um lado, e os ordenamentos que, como o italiano, a estendem a qualquer coalizão de trabalhadores, mesmo se ocasional, destinada a agir para a realização de seus interesses coletivos, por outro.

A legitimidade da greve, em alguns dos ordenamentos examinados, deriva, portanto, da sindicalidade, ou seja, da circunstância que a determinação de fazer greve venha tomada pela associação sindical. A sindacalidade da greve é estabelecida na Alemanha, Luxemburgo, Suécia, Finlândia, Grécia, Portugal (em que o ordenamento, porém, com uma abertura, no entanto, a alguns exemplos de democracia direta do trabalho, admite que as greves sejam declaradas também por assembleias de trabalhadores, desde que a maioria desses últimos não estiver já representada por sindicatos) e substancialmente na Irlanda, Lituânia, Polônia e Romênia. Em outros lugares, o ordenamento não exige, para a greve, esse requisito de sindicalidade.

Trata-se de questão que não se limita à esfera de simples modalidades para a execução da greve, mas toca a sua essência. As diferentes soluções da questão em si, no entanto, não se aplicam — vale a pena repetir — ao contrário do que poderia ser considerado, para pôr em causa a estrutura dicotômica da greve. Na verdade, se dados ordenamentos admitem que à consulta da greve se proceda não somente em sede de associação sindical, mas também em outro organismo, embora ocasional, representativo do grupo ou pelo menos expressivo de seu interesse, ainda há a necessidade de a abstenção individual de trabalho, para qualificar-se como um exercício do direito de greve, enquadrar-se na prévia determinação de fazer a greve realizada e proclamada por esse organismo, a nível coletivo.

Diante do exposto, para confirmar a relevância substancial da questão relativa à sindicalidade da greve aplicam-se as seguintes considerações.

O surgimento na Europa — de acordo com o que vimos no segundo capítulo — de novos sujeitos, portadores de interesses coletivos dos trabalhadores, mas diferentes dos sindicatos tradicionais e em concorrência com eles (cf. *Des droits et des fonctions des syndicats dans l'entreprise. Actes du VIII ème congres international de droit du travail et de la securité sociale*, Selva di Fasano (Brindisi), 17-19 de setembro de 1974, volume I, Milano, 1977, e em particular a introdução de L. Mengoni), resultou em um diverso comportar-se, mas não na desvalorização do momento organizativo e coletivo da greve. No entanto, a expansão — na verdade, muitas vezes contingente — desses organismos espontâneos implica uma atribuição diferente de responsabilidade da ativação dos meios de luta e indica uma maior ou menor propensão a fazer uso, em relação ao grau de disseminação e fortalecimento de organismos similares.

Foi salientado (B. Veneziani, cit., p. 214-215) como o princípio de sindicalidade da greve, na Europa, se afirma em países dotados de um sindicalismo escarsamente avesso a estratégias conflituais, ao contrário avesso a estratégias de relações industriais consensuais e dirigidas à composição das tensões por meio do controle preventivo dos protagonistas da luta.

Tais estratégias, porém, capazes de funcionar em tempos de crescimento econômico e de pleno emprego, quando é regulável a sintonia do sindicato com o sistema político, entrariam em graves dificuldades — salienta-se — nos momentos de crises econômicas. A insistência dessas destruiria as estratégias de gestão do conflito industrial predispostas pelo Estado e sindicato e acentuaria a centralização das técnicas de composição, em resposta às tensões centrífugas e espontâneas emergentes no mundo do trabalho.

As dificuldades dos sistemas tradicionais de controle dos conflitos sociais que dependem de maneira relevante da autodisciplina sindical, no momento em que a situação econômica se deteriora gravemente, são inegáveis, e é inegável, assim, o estímulo à centralização das técnicas de composição (e prevenção) dos conflitos. Exceto que as fases em que a sindicalidade das greves na Europa parecia entrar em maior dificuldade eram aquelas não de mais aguda dificuldade econômica, mas, ao contrário, de expansão da economia e do emprego. Basta recordar o "vento selvagem" de contestação, mesmo ao sindicato "oficial", que assolou a Europa entre as décadas de 1960 e 1970 (M. De Cristofaro, *L'organizzazione spontanea dei lavoratori*, Padova, 1972).

Em tempos de emergência — como aconteceu nos anos de crise econômica seguintes a tal período, e ainda hoje acontece — assistimos a uma direção que resultou em formas de assíduas coordenação e convergência entre forças políticas e partes sociais. No contexto da troca política consequente, tendo em vista a flexibilidade das condições de trabalho por meio da qual se pretendia lidar com a crise econômica e facilitar a transformação dos sistemas de produção nacionais sob a preocupação da concorrência em escala global, o sindicato tradicional adotou uma especial estratégia. Aceitou que, para favorecer a defesa dos níveis de emprego, que se tornou objetivo fundamental, fossem introduzidas tipologias de utilização flexível da força de trabalho, embora controladas e contratadas sindicalmente. E consentiu que a autonomia coletiva fosse chamada a estabelecer disciplinas protetivas menos rígidas e tendencialmente harmonizadas com o interesse público à contenção da inflação e com o interesse das empresas no desenvolvimento de processos de reestruturação produtiva e de inovação tecnológica.

A técnica de coordenação entre legislação e contratação coletiva estabeleceu-se, não somente em base às numerosas remissões da primeira à segunda e da recessão legislativa do conteúdo de contratos coletivos, mas graças à participação das partes sociais na função legislativa, em via informal, mas substancialmente relevante. Falou-se, a propósito, de leis contratadas e de modelo neocorporativo das relações industriais. Por outro lado, o sindicalismo tradicional, em contraposição, obteve apoio e privilégios que lhe permitiram enfrentar com sucesso a concorrência das organizações espontâneas nos ambientes de trabalho (ver C. CROUCH e A. PIZZORNO (a cura di), *Conflitti in Europa,* Milano, 1977; G. VARDARO, *Diritto del lavoro e corporativismi in Europa: ieri e oggi,* Milano, 1988; E. GHERA, *La concertazione sociale nell'esperienza italiana,* em *Riv. It. Dir. Lav.,* 2000, I, p. 115; A. MARESCA, *Concertazione e contrattazione,* em *Arg. Dir. Lav.,* 2000, p. 197).

O pano de fundo é, portanto, aquele que — mesmo fora dos países que, como a Alemanha, sempre centraram a disciplina da greve na sindicalidade — a greve resultou em arma recuperada, de fato, pelas mãos do sindicalismo oficial, que a utilizou com prudência, seguindo uma linha estratégica que, precisamente nas fases mais agudas de crise econômica, mistura conflito e colaboração (ver G. ORLANDINI, cit., p. 1-2).

Por outro lado, em lugares em que por muitos anos os sistemas sindicais nacionais, sob a bandeira do corporativismo ou do socialismo real, reprimiram a liberdade sindical e autotutela coletiva dos trabalhadores, é compreensível que, em reação à formalização jurídica da organização e da ação sindical vista, consequentemente, com justificada suspeita, têm permissão para declarar greves (não oficiais) também coletividades de trabalhadores diversas das associações sindicais oficiais. Isso não exclui, no entanto, que vários Estados que abandonaram o modelo soviético consideraram oportuno reservar o anúncio de greve unicamente ao sindicato.

Permanece, porém, uma interrogação: quando em uma determinada empresa não existem sindicatos — o que, nesses países, não é uma situação rara — quem pode concertar e declarar uma greve? Vê-se, a propósito, M. SEWERYNSKI, *Droit Comparé: Réglement des conflits collectifs du travail dans les pays de l'Europe de l'Est,* cit., p. 20.

É certo, no entanto, que nos países da Europa onde temos visto ser o sindicato mais forte — por mais elevada taxa de sindicalização — e com mais autoridade (a referência é à Alemanha e aos países escandinavos), o anúncio das greves é reservado ao mesmo sindicato, que, assim, mantém firmemente em suas mãos um essencial instrumento de governo do sistema das relações industriais.

Chegando àquelas que podem ser consideradas autênticas modalidades de implementação, tais são seguramente as relativas à forma e momento da decisão de entrar em greve. Reconduzi-las, não aos elementos essenciais da noção da greve, mas a suas modalidades de atuação não significa, porém, negligenciar a importância real.

No âmbito das modalidades que regem a deliberação de entrar em greve, asume particular importância a previsão de que a deliberação em questão seja precedida por um referendo por meio do qual todos os trabalhadores interessados manifestem sua vontade sobre o assunto. Em geral, sobre as relações de possível complementariedade, que também em tal modo mostram-se, com um tipo de democracia do trabalho qualificável — em razão da participação nas decisões que por seu trâmite se realiza — como direta, da tradicional forma de democracia exercida no interior das estruturas associativas sindicais, consulte G. PERONE, *L'organizzazione e l'azione del lavoro nll'impresa,* cit.

Esses procedimentos não só asseguram a conformidade das avaliações dos vértices dos sindicatos às opiniões e intenções da base com vista ao conflito coletivo na acenada perspectiva de integração entre democracia representativa e democracia direta do trabalho, mas podem entrar especificamente no projeto de evitar que lideranças sindicais minoritárias arrastem os trabalhadores a lutas com as quais não concordam. Nesse sentido, o referendo atua como meio de prevenção em relação aos arriscados recursos a ações de luta; e em todo caso funciona como freio à determinação de recorrer à autotutela sindical, mesmo independentemente da preocupação de verificar a conformidade entre as determinações dos vértices sindicais e as orientações da base.

Na Alemanha, T. Ramm, cit., p. 158, nota como a greve qualificável no sentido dito sindical se distinga da greve "selvagem" em três aspectos: regulamentação do processo decisional, contida nos estatutos sindicais (essencialmente naqueles das federações aderentes à confederação *DGB*); consentimento dado pelos trabalhadores à determinação dos vértices sindicais de entrar em luta, a qual corresponde o apoio dado aos inscritos durante desenvolvimento da greve; responsabilidade, assumida pelo sindicato, para o decorrer da greve no sentido de garantir a continuidade das atividades lavorativas indispensáveis e de impedir excessos durante a própria greve.

Quanto ao processo decisional, enquanto no passado a escolha na Alemanha cabia unicamente aos inscritos nos sindicatos, com o tempo as direções dos sindicatos adquiriram um direito de codecisão. Sua posição foi gradualmente reforçando-se paralelamente — observa o autor — ao incremento das prestações oferecidas pelos sindicatos aos grevistas (subvenção sindical, substitutiva dos salários perdidos). Portanto, a proclamação da greve requer o prévio experimento de um articulado procedimento, buscando acertar a concorrente vontade dos vértices e da base do sindicato. O procedimento de votação (*Urabstimmung*) estabelecido nos estatutos dos sindicatos dos trabalhadores, constitui uma forma de autolimitação, bem como um requisito requerido pela jurisprudência para a legitimidade da ação. Cabe ressaltar que o enxerto do instrumento de democracia direta, qual seja o referendo, no processo decisional da organização de democracia representativa do trabalho, qual seja o sindicato, surgiu sem muita dificuldade num contexto em que é elevado o prestígio e é forte a autoridade da organização sindical.

O procedimento começa com a decisão dos órgãos diretivos do sindicato de submeter a proposta de greve aos trabalhadores filiados empregados em empresas onde a greve deve ocorrer. Em casos extraordinários, quando não é postergável a decisão de entrar em greve, T. Ramm, relata que os estatutos sindicais dão a faculdade de decidir às direções sindicais. Normalmente, a proposta de entrar em greve é aprovada se votam, a escrutínio secreto, a seu favor um elevado *quorum* (pelo menos 75%) dos trabalhadores. No entanto — ainda ressalta T. Ramm, cit., p. 160 —, alguns estatutos sindicais referem-se à porcentagem de votantes, enquanto outros ao complexo dos membros com direito a voto. O *quorum*, ainda que elevado, facilita a submissão da minoria vencida à decisão de entrar greve e visa a garantir a efetiva participação na greve dos trabalhadores que contribuíram com seus votos para a escolha. Em caso de aprovação, a direção sindical pode, mas não deve, proclamar a greve. A proclamação pode ser revogada em qualquer momento, seja pela apresentação de novas propostas por parte dos empregadores, seja por apreciação discricionária da liderança sindical.

Os estatutos sindicais alemães consentiram a constituição de *Tarifkommissionen*, órgãos consultivos chamados a ajudar os responsáveis da conduta sindical no curso do conflito, a começar da sugestão à liderança sindical de abrir um procedimento, uma vez fracassadas as tratativas com o empregador ou com sua associação (T. Ramm, cit., p. 160-161).

É dado discernir, na solução alemã para a questão das modalidades de proclamação da greve, o fato de que os próprios procedimentos não são impostos por uma fonte externa, mas são o resultado de autodisciplina sindical, uma orientação que não é hostil, em princípio, a greve. Sem dúvida, as modalidades adotadas manifestam a cautela com que é considerada uma arma social que tem efeitos e repercussões tão relevantes. Mas o uso responsável do instrumento não significa por si só indiscriminada desconfiança ou contrariedade. Por outro lado, o procedimento evidencia também a eficiência que do uso do instrumento pode advir a partir da assunção direta de responsabilidade assumida pelos grevistas com seu voto.

Será interessante avaliar, à luz das experiências que com o tempo se amadurecerão, se análogo simples enxerto de democracia direta na representação sindical poderá funcionar nas novas democracias sindicais da Europa centro-oriental, em numerosas das quais a proclamação da greve exige o prévio voto favorável da maioria dos trabalhadores abrangidos. Tal requisito é previsto na Bulgária, Letônia, Lituânia, Polônia, República Tcheca, Romênia, Eslováquia, por leis que requerem *quorum* qualificados (sobre procedimentos a serem seguidos na proclamação da greve nos Estados da Europa centro-oriental, veja-se M. Sewerynski, cit.). A circunstância pela qual, ao contrário do que é visto no modelo alemão, o requisito é previsto pela lei e não pela autonomia coletiva, de fato, marca uma significativa divergência.

Compreende-se que o autor a pouco citado, referindo-se às observações de R. Ben Israel, *International Labour Standards. The case of freedom to strike*, Deventer, 1988, p. 118-120, ressalta como o rigor de tais disposições em tema de *referendum* sobre a greve possa suscitar reservas à luz da disciplina da Organização Internacional do Trabalho.

Além disso, cabe avaliar a extrema dificuldade que encontrariam soluções fundadas somente em regras ditadas da autodisciplina sindical em contextos nacionais caracterizados por décadas de extrema fragilidade sindical. Certamente, a força das relativas organizações sindicais não é paragonável àquela do sindicato alemão, e, portanto, deve-se aguardar um período de adaptação antes de se poder responder à questão se a transposição por via legal do enxerto de democracia direta no corpo, ainda frágil, da representação sindical teria tido sucesso, provando ser um mecanismo de sábio equilíbrio da democracia do trabalho, representativa e direta, ou somente um obstáculo à ação dos trabalhadores.

A introdução de procedimentos decisionais da greve que preveem o necessário voto favorável dos trabalhadores interessados — já afirmamos — pode responder a várias finalidades. Para reconhecê-las, é útil fazer atenção à fonte, de heteronomia legislativa ou de autodisciplina sindical, que introduza as previsões correspondentes.

No Reino Unido, a escolha legislativa de submeter a legitimidade da greve ao requisito da prévia realização de um procedimento eleitoral para confirmação, pela base, da determinação sindical de entrar em luta, na verdade, parece ditada, como antecipamos no segundo capítulo, mais do que pela preocupação de reavivar a participação dos trabalhadores nas estratégias sindicais, na perspectiva de democracia direta, pelo propósito de impedir a iniciativa conflitual dos *Unions*.

Em particular o *Trade Union Act* de 1984 estabeleceu o requisito da prévia votação realizada pela organização sindical proclamante. A necessidade do dito procedimento foi confirmada pela *T.U.R.E.R.A.* de 1993, introduzindo-se, assim, uma série de requisitos específicos que tornam complexa a proclamação. Em primeiro lugar, da votação *(ballot)* devem participar exclusivamente os trabalhadores que serão chamados a fazer greve. A participação, porém, de sujeitos não legitimados ou a exclusão de algum dos legitimados invalidam todo o procedimento. A cédula deverá ser entregue a cada membro do sindicato que tem o direito de votar durante o horário de trabalho, ou imediatamente antes ou depois, no local de trabalho ou em outro lugar que seja para ele mais conveniente. O trabalhador pode votar no mesmo local de trabalho, onde lhe for mais cômodo, garantido, em qualquer caso, o sigilo. A cédula pode ser devolvida através dos correios pelo empregado ao sindicato. Deve indicar as razões para a ação e ser formulada de tal forma que ao eleitor seja permitido escolher claramente entre as alternativas propostas. Finalmente, um *fac-simile* da cédula deve ser enviado ao empregador interessado na abstenção, com a notificação do pré-aviso legal. A desconfiança sindical em relação ao *postal ballot* que, particularmente em casos de greve de relevância nacional, presta-se a sofrer condicionamentos midiáticos, é relatada por M. Biagi, *Sindacato, democrazia e diritto. Il caso inglese del Trade Union Act del 1984*, Milano, 1986, p. 103.

A inversão de rota do legislador inglês em relação a sua precedente orientação, com o objetivo de exonerar organizadores da greve e participantes da responsabilidade penal e civil, revela-se claramente. O alcance da eficácia das imunidades concedidas aos sindicatos é reduzido, uma vez que a imunidade já não atua contra as organizações que proclamam greves sem antes ter cumprido a obrigação do voto relacionado. A margem de manobra de ação direta dos trabalhadores — observa M. Biagi, *op. ult. cit.*, p. 82-84 — restringe-se em benefício da gestão das situações conflituais por parte do poder público; aquela que é apresentada como uma necessidade de vincular o conflito ao respeito pela democracia sindical, na realidade, esconde a intenção de enfraquecer o sindicato através de uma forte institucionalização das tensões sociais, realizada dentro das mesmas regras do ordenamento intersindical.

I. Hutton, *Solving the Strike Problem: Part II of the Trade Union Act 1984*, in *Industrial Law Journal*, 1984, p. 212-226, viu em tais disposições legislativas, por trás da afirmação do governo promotor de querer por meio delas democratizar o sindicato, ao invés somente a busca de uma forma de reduzir o número de greves. S. M. BLOXHAM, *Breaking in the Trojan Horse*, in *Liverpool Law Review*, 1986, p. 131, comparou a armadilha do governo conservador dirigida contra os *Unions* ao mítico cavalo de Troia.

Por sua vez, M. BIAGI, *op. ult. cit.*, p. 195-196, compartilhando as preocupações expressas daquela que avalia a mais notável doutrina britânica, levanta uma questão interessante que transcende a reconstrução da legislação do Reino Unido. Uma regulamentação legislativa dos procedimentos de decisão da greve em base ao princípio da maioria apresenta-se unicamente como uma modalidade de exercício; ou acaba por incidir sobre a mesma titularidade do direito de greve, e, portanto, em seu caráter legítimo? Subordinar a legitimidade da greve à regra da maioria, de fato, poderia resultar em contraste com a titularidade do direito reconhecida aos trabalhadores individuais, que estaria sujeita à expressão de vontade dos outros. A dúvida está relacionada ao problema mais amplo, mencionado acima, da relação entre concertação e proclamação da greve, ao nível coletivo, e exercício do direito ao nível individual; e a superação da dúvida torna-se mais árduo, onde se postula a necessária sindicalidade da greve, porque não subsistiria a válvula de segurança representada por ações de lutas espontâneas.

Na Grécia, nos termos do art. 34 da Lei n. 330 de 1976, a assembleia geral dos filiados ao sindicato que programe a greve deve pronunciar-se sobre o mérito. Se o número dos componentes requerido pelos estatutos sindicais não é atingido na primeira reunião, na assembleia seguinte delibera-se a presença de pelo menos um quarto dos sócios e com a maioria de três quartos dos presentes, para questões de máxima importância, como prevê o art. 8º, alínea 4, da Lei n. 1.264 de 1982, que disciplina as votações na assembleia geral, órgão onde reside o poder supremo da organização sindical (ver A. STERGIOU, *L'organisatión interne des syndacats en droit grec: autonomie on democratie syndicale*, Thessalonique, 1990). Excepcionalmente, as diretorias nacionais dos sindicatos podem proclamar greves mesmo em desacordo com o procedimento mencionado, salvo disposições estatutárias em contrário. Deve tratar-se de breves suspensões do trabalho, de ordem de poucas horas, que, contudo, não podem se repetir mais vezes em uma semana. Cada decisão de greve deve ser tomada por meio de votação sigilosa. A violação das regras procedimentais ilustradas, em razão da proveniência de sua fonte legislativa, comporta a ilegitimidade da greve.

O relembrado Real Decreto-Lei espanhol n. 17 de 1977 subordina a legitimidade da greve à aprovação de sua proclamação da parte da maioria simples, sem *quorum* de votantes nem de presentes, dos trabalhadores interessados (nesse sentido se expressa a jurisprudência) e de seus representantes sindicais. Na verdade, são legitimados à proclamação sejam os trabalhadores diretamente, desde que constituam a maioria e subsista uma mínima correspondência entre os trabalhadores proclamantes e o âmbito previsto pela greve, sejam seus representantes sindicais (art. 3º); e nessa segunda hipótese não são requeridos requisitos, porque a liberdade sindical inclui a greve como componente fundamental da ação sindical.

Por A. MARTÍN VALVERDE, F. RODRÍGUEZ-SAÑUDO GUTIÉRREZ, I. GARCÍA MURCIA, é lembrado como o complexo de atos preparatórios da greve (transmissão de comunicados de imprensa, contatos, pedidos de reunião, protestos, manifestações etc.), que também desempenham um papel importante na determinação dos trabalhadores de entrar em luta, não é objeto de específica disciplina legislativa: exceto no que diz respeito à solução de contrastes e composição do comitê de greve (que não pode contar com mais de doze membros), para ser notificado no momento da proclamação (artigo 3º do mencionado real decreto-lei). Quanto ao resto, os atos preparatórios de relevância externa estão sujeitos às exigências que a lei geral dita para aos similares.

A contratação coletiva introduz ulteriores requisitos de validade da proclamação da greve, particularmente dirigidos ao prévio experimento de tentativas de conciliar o conflito.

A deliberação de entrar em greve deve ser formalizada por forma escrita e comunicada ao empregador ou empregadores interessados ou, quando se trata de abstenção de caráter nacional ou regional, às organizações patronais competentes: nesse sentido se expressa a jurisprudência, que isenta tal comunicação nos casos em que a greve constitui um fato em si notório. A proclamação da greve vai comunicada à autoridade estatal ou regional (de *Comunidad Autónoma*), para assegurar a salvaguarda dos interesses públicos afetados pela greve.

A comunicação, nos termos do mencionado art. 3º, deve incluir os objetivos da greve, a menção das tentativas de prevenir as soluções concialitivas, da data de início das abstenções do trabalho e, como já dissemos, a composição da comissão de greve. A comunicação requer um pré-aviso de pelo menos cinco dias (dez em caso de greve nos serviços públicos).

Em outro país ibérico, apesar das peculiaridades do sistema sindical, são prescritas modalidades de implementação da greve análogas àquela estabelecidas na Espanha. Quando, em Portugal, a greve é realizada na ausência das associações sindicais que são capazes de proclamar, pela lei é previsto, conformemente à lógica de duplo canal de representação de trabalhadores já mencionada, que os grevistas possam tomar iniciativa e ser representados por uma comissão escolhida por eles tendo em vista a greve. Nessa hipótese, a decisão de abster-se do trabalho deve ser alcançada em votação secreta em uma reunião convocada por pelo menos 20% dos trabalhadores interessados ou por pelo menos 200 desses. Para a validade da decisão é necessária a presença de 51% dos trabalhadores envolvidos; a greve deve ser aprovada por uma maioria de eleitores. À semelhança do que a lei diz, na Espanha, a greve deve ser informada com pelo menos cinco dias de antecedência (dez, se a abstenção diz respeito a serviços públicos).

15. O PRÉ-AVISO DE GREVE

É compreensível a importância revestida, de um lado, do procedimento por meio do qual se recebe a deliberação de entrar em greve, também aos ditos fins da conformidade da deliberação à efetiva opinião dos trabalhadores interessados; e por outro, do intervalo intercorrente entre a decisão (e respectiva comunicação) de entrar em greve e o cumprimento da decisão.

Cresce, de fato, o desconforto dos empregadores quando são confrontados com greves surpresa, cuja implementação não seja precedida por adequado pré-aviso, nem menos por uma tentativa de qualquer procedimento conciliativo.

Tal pré-aviso é colocado como elemento acessório da proclamação, direta — como dissemos — para tornar notável a abertura do conflito seja aos trabalhadores, que são de tal modo legitimados a exercer o direito de que são titulares, seja aos empregadores. É assim consentido a esses últimos não somente de ter acesso *in extremis* às reivindicações dos grevistas, a fim de evitar os danos do conflito, mas também para preparar, em caso contrário, os remédios idôneos a conter os danos ou então de evitar aqueles que incidam sobre a integridade e capacidade produtiva da empresa.

Apesar de tudo, em alguns Estados-membros da União Europeia, a legitimidade da greve não é subordinada ao cumprimento de particulares procedimentos para a formação da decisão de entrar em greve nem ao pré-aviso. Isso ocorre nos ordenamentos onde falte lei reguladora da greve, e a conclusão em sentido negativo é estabelecida, em via interpretativa, pela jurisprudência (por exemplo, na França e na Itália, onde, por outro lado, a obrigação do pré-aviso, como se verá, é imposta pela lei da greve nos serviços públicos essenciais).

Nos casos em que o legislador interveio para disciplinar os meios de luta sindical, no quadro de tal disciplina encontram-se regulamentações, tais como modalidades de implementação, além do procedimento que se deve seguir para se chegar à decisão da greve e sua forma, o aviso-prévio: por via indireta, quando a lei é endereçada à introdução de uma tentativa obrigatória de conciliação que, portanto, implica o pré-aviso da greve (Luxemburgo, Hungria), ou mesmo diretamente, esclarecendo, ao lado dos termos do procedimento deliberativo e da forma — escrita — da proclamação, a duração do intervalo entre a greve e a comunicação formal dos grevistas aos empregadores — e eventualmente à autoridade governativa competente — da data em que se iniciará a abstenção (Reino Unido, Grécia, Espanha, Portugal, como vimos, mas também Bulgária, Chipre, Estônia, Irlanda, Letônia, Lituânia, Polônia, República Tcheca, Romênia, Eslováquia e Eslovênia). A duração do pré-aviso varia, em cada ordenamento, de dois a quatorze dias (somente na Grécia é de 24 horas).

Acerca das disposições na matéria introduzida pelas legislações dos Estados da Europa centro-oriental, sugerimos a consulta ainda ao citado relatório sobre *Les modalités de réglement des conflits collectifs d'initeréts* de M. Sewerynski, cit.

Na ausência de previsão legislativa, cláusulas de contratos coletivos podem estabelecer que a greve seja precedida de pré-aviso ou de uma tentativa de conciliação (na Dinamarca, por exemplo). É discutida a validade de tais cláusulas, em relação à previsão constitucional que seja a lei a regular o exercício da greve (como na França e na Itália). A jurisprudência francesa reconheceu a validade das cláusulas, mas excluiu que a participação dos trabalhadores a uma greve efetuada em violação dessas cláusulas e, portanto, ilegítima, justifique a sanção da demissão dos grevistas, enquanto admitiu que o sindicato que proclamou tal greve seja chamado a responder pelos danos sofridos pelo empresário em consequência da greve. Cf., sobre o tema, P. Durand, que manifesta contrariedade à tese, proposta pela Confederação Geral do Trabalho, que interpreta literalmente a fórmula constitucional no sentido de que a greve tolera somente limitações produzidas pela disciplina legal, ao contrário considerando como nulas todas as limitações convencionais. Tal concepção é rejeitada com o fundamento de que os trabalhadores podem muito bem concordar, no âmbito de contratos coletivos, com as limitações de seus direitos, sem violar o direito positivo francês, que prevê a inserção, nos contratos coletivos, de cláusulas relativas a procedimentos de conciliação, sem limitar-lhes o conteúdo.

Na Itália — depois de fortes e, como dissemos, imotivadas resistências da parte da doutrina em relação à regulação da ação direta pela via da autodisciplina sindical, postulando-se, ao contrário, com uma leitura formalística da reserva da lei consagrada no art. 40 da Constituição, somente a regulamentação legislativa —, a combinação, estabelecida pela *supra* referida Lei n. 146 de 1990, de limites de origem legal e sindical confirma positivamente o devido papel da autonomia coletiva nessa matéria.

Por outro lado, o sucesso do argumento de que a mencionada reserva de lei constitucional, se exclui qualquer possibilidade de regular, através uma solução de cunho autoritário, com medidas administrativas, a greve, todavia, não comporta a ilegitimidade de cláusulas de contratos coletivos que regulem seu exercício, combinou, ao contrário, insucesso e abandono da tentativa, patrocinado pelas confederações CGIL, CISL, UIL, de difundir uma similar praxe contratual além do específico setor dos serviços públicos essenciais (cf. P. Pascucci, *La regolamentazione autonoma del diritto di sciopero nella dottrina italiana*, in *Riv. Trim. Dir. Proc. Civ.*, 1990, p. 185).

Nos ordenamentos nos quais, regra geral, a lei não intervém para regular as modalidades de implementação da greve, nem, portanto, entre si, a forma e o momento da decisão de entrar em greve, no entanto, regulamentos são encontrados em casos particulares. Assim, na França, a Lei n. 777 de 31 de julho de 1963, entre as outras modalidades do exercício da greve nos serviços públicos, inclusive a obrigação do pré-aviso, como paralelamente ocorreu na Itália, com a Lei n. 146 de 12 de junho de 1990.

16. INTERFERÊNCIA ENTRE MODALIDADES DE IMPLEMENTAÇÃO E NOÇÃO DE GREVE LEGÍTIMA. RECAÍDAS DE FORMAS PARTICULARES DE ABSTENÇÃO NA ORGANIZAÇÃO PRODUTIVA E NO FUNCIONAMENTO DOS SERVIÇOS DE UTILIDADE PÚBLICA

Interferência entre modalidades de realização e noção de greve legítima já vimos projetar-se em relação aos procedimentos que submetem a legítima proclamação da greve ao voto favorável da maioria dos trabalhadores interessados, duvidando-se de que em tal modo resulte comprometida a titularidade individual do direito de greve. Outras interferências são registradas em relação aos efeitos que formas particulares de abstenção do trabalho provocam na organização produtiva ou no funcionamento de serviços de pública e essencial utilidade.

Aquela que pode chamar-se de substância material da greve consiste numa abstenção do trabalho, causa de suspensão da atividade produtiva. Peculiares configurações modais e temporais da abstenção —

como ocorre nas hipóteses, *supra* mencionadas, de greve intermitente ou rotativa — causam um efeito multiplicador do dano que, na sequência da abstenção do trabalho dos dependentes, sofre o empregador.

A greve é um meio de luta e, por sua natureza, é endereçada a provocar danos. Sem a ameaça desses e sem a efetiva idoneidade, se necessário, para provocá-los, a greve não constituiria uma pressão eficaz. Em suma, é uma arma, mas nos ordenamentos examinados é perceptível a preocupação que essa arma, por assim dizer, não atire bala que, por sua conformação excepcional, atinja o alvo, causando danos extraordinariamente mais graves do que aqueles que se espera normalmente do seu uso. Ou difundem suas consequências num raio de ação muito maior do que o alvo ao qual a bala era direcionada.

Observamos que o problema, em alguns ordenamentos — esse é o caso daquele alemão — é definido em termos da noção de greve legítima que, segundo a jurisprudência do Tribunal Superior do Trabalho, deve respeitar o justo equilíbrio entre os sacrifícios dos grevistas, que renunciam à sua retribuição, e dos empregadores que perdem a produção: um equilíbrio que viria alterado pela anomalia dos tempos e modos nos quais a abstenção se realize e que, consentindo de qualificar como anômalas as greve parciais assim realizadas, as excluem do âmbito em que é colocada a greve legítima. B. Veneziani, cit., p. 214, na esteira das considerações a esse respeito expressas por T. Ramm, cit., p. 89, ressalta como a reconstrução da greve realizada pela jurisprudência alemã, em virtude da avaliação do conflito em termos de adequação social, não resulte abstratamente neutra. Pelo contrário, assim como a teoria do conflito como último recurso dos trabalhadores, resulta o propósito de limitar ao máximo os limites do próprio conflito. E de similar propósito deriva também a ilegitimidade da greve política, a qual passa desses estreitos, limites que demarcam um território exclusivamente econômico-profissional.

Em outros ordenamentos, a equação parcialidade-anomalia da greve não é apreciada pacificamente pela doutrina e pela jurisprudência, exigindo-se um elemento ulterior, aos efeitos do juízo de ilegitimidade: o efeito do dano não sobre a mera produção mas sim sobre a capacidade de produzir, ou sobre sujeitos estranhos ao conflito mas titulares de direitos que o conflito prejudica em grau inaceitável.

Entre as modalidades de atuação da greve, portanto, apresentam notável relevância — especialmente nas situações em que a ausência da atividade laboral possa causar graves danos aos interesses da coletividade em geral, como no caso dos serviços públicos, ou à incolumidade das pessoas e à eficiência das instalações — aquelas que garantem que a suspensão do trabalho não resulte em encerramento total do funcionamento do serviço ou da atividade produtiva. Resgata, a propósito, a prática da chamada "corveia", por meio da qual — geralmente por acordo entre empregadores e sindicatos — um grupo de trabalhadores, durante o período da greve, permaneça no local de trabalho para garantir o desenvolvimento da atividade inadiável.

A evolução tecnológica — que, de um lado, reduz o número dos trabalhadores adeptos a sofisticadas instalações e, de outro, exige que não se falhe, se não se quiser correr o gravíssimo risco de comprometer a atividade produtiva e incolumidade das pessoas, a presença dos funcionários que são responsáveis pelo controle de tais instalações, cuja ausência causa notáveis problemas no plano técnico e econômico — reflete-se sobre a própria modalidade da greve. Isso leva, de fato, na prática à "corveia total", pela qual os trabalhadores em causa, assim que seja proclamada a greve, não abandonem os locais de trabalho, mas permaneçam somente com a finalidade de assegurar a segurança das instalações.

Nos Estados-membros da União Europeia onde exista uma lei sobre a greve, não faltam normas para disciplinar a questão.

A lei grega obriga, em todo caso, ao sindicato que proclama a greve assegurar, por toda a sua duração, o pessoal necessário à segurança das instalações e à prevenção de infortúnios. As categorias e o número dos trabalhadores, em ordem, são identificados no acordo entre sindicatos e empregadores, ou, na falta de acordo, pelo juiz.

Previsão análoga é contida no repetidamente citado Real Decreto-Lei espanhol n. 7 de 1977, que, no art. 6º, alínea 7ª, considera entre as funções do acima lembrado comitê de greve a de garantir durante o desenrolar da greve os serviços necessários para a segurança das pessoas e das coisas. Trata-se — à luz de quanto é enfatizado por A. Martín Valverde, F. Rodríguez-Sañudo Gutiérrez e I. García Murcia — de assegurar aqueles que são conhecidos como os "serviços de manutenção e segurança", distintos seja dos "serviços essenciais" seja dos níveis mínimos de serviço que se deve prestar na hipótese que verifica-se a dita essencialidade do serviço.

A Constituição espanhola no mencionado art. 28, alínea 2ª, põe expressamente à greve o limite constituido pela exigência de assegurar a manutenção dos serviços essenciais da comunidade, querendo evitar que o sacrifício dos bens protegidos por tal garantia constitucional resulte mais grave daquele que experimentariam os grevistas, se suas reivindicações não tivessem êxito. Desta forma, expressa-se o Tribunal Constitucional que, em uma decisão de 17 de julho de 1981 e em outra posterior, individualizou os serviços essenciais, na ausência de uma disposição legislativa específica e em plena correspondência com o critério que foi adotado mais tarde pelo legislador italiano na Lei n. 146, de 1990, para realizar individualização análoga. O Tribunal Constitucional os configurou como aqueles que cumprem os direitos constitucionalmente protegidos, compreendendo, por isso, na noção não todos os serviços públicos, mas somente aqueles — mas trata-se da maioria — que objetivam tal satisfação (cf. A. P. Baylos Grau, *Derecho de huelga y servicios esenciales*, Madrid, 1988). Os serviços essenciais não devem ser confundidos com os supramencionados serviços de manutenção e segurança, que tutelam bens diversos, inerentes à empresa onde se faz a greve e ao pessoal envolvido na suspensão do trabalho.

É interessante notar a definição dada para a reconstrução dos referidos limites, que não são subsumidos entre os internos, relativos à fisiologia e configuração jurídica da greve, mas entre os externos. Ou seja, limites que derivam da necessidade de preservar — no exercício do direito de greve, que deve ser combinado com outros direitos protegidos pelo ordenamento — ulteriores bens, como os serviços essenciais à comunidade (e também a ordem pública e a segurança do Estado), que legitimam as autoridades públicas a intervir para impedir a greve em situações excepcionais: lei orgânica de 21 de fevereiro de 1992. O exercício do direito de greve também deve ser combinado com outros direitos das pessoas envolvidas na iniciativa dos grevistas, como, em primeiro lugar, o empregador e os trabalhadores que não participam da greve, bem como terceiros (A. Martín Valverde, F. Rodríguez-Sañudo Gutiérrez, I. García Murcia, cit., p. 387).

As legislações nacionais contemplam análogos limites relacionados ao exercício da greve no setor dos serviços públicos. A portuguesa requer a garantia de mínimas prestações em determinados serviços e dá a faculdade ao governo de garantir a prestação em caso de necessidade.

A lei búlgara requer que as partes, pelo menos três dias antes da greve, concluam um acordo que preveja que, durante a abstenção do trabalho, venha garantido o desenvolvimento das atividades em que a ausência poderia causar danos irreparáveis à vida e à saúde das pessoas, à produção, distribuição e fornecimento de energia, aos transportes públicos, às transmissões radiofônicas e televisivas, aos serviços telefônicos e, em geral, aos serviços públicos e à ordem pública. Contra os efeitos nocivos da greve deve-se garantir a propriedade, pública ou privada, e o ambiente. Da conformidade com as condições estabelecidas no acordo — ou na determinação arbitral que intervenha em sua falta — depende a legalidade da greve. Por esse, como por outros limites exteriores do direito de greve introduzidos pelas leis dos países da Europa Central e Oriental, faz-se ainda referência a M. Seweryński.

Analogamente dispõe a lei romena, que também autoriza o tribunal, a pedido do empregador, suspender, por um período máximo de trinta dias, a greve que se verificou não ser executada de acordo com os termos da lei, punindo os trabalhadores que não respeitaram a decisão, podendo ainda condená-los a ressarcir o dano sofrido pelo empregador. Este, quando a greve continua por mais de vinte dias sem uma solução, pode solicitar que o litígio seja definido por uma comissão especial de arbitragem. Da mesma forma, introduz um limite (eventual) de duração máxima da abstenção do trabalho.

Na Estônia, o governo tem o poder de elaborar uma lista de empresas e organizações cujas atividades atendam às necessidades básicas da população: durante as greves, as partes em conflito são obrigadas a concordar, a fim de garantir seus serviços essenciais, e, na ausência de acordo, o conciliador público, em relação ao mérito, pode proferir uma decisão vinculativa. Por proposta de um conciliador local, conselhos comunais ou provinciais podem suspender por duas semanas a greve, enquanto o adiamento pode ser de um mês, quando for adotado pelo governo sob proposta do conciliador público. O governo tem ainda a faculdade de suspender uma greve em caso de desastres e calamidades naturais com a finalidade de prevenir epidemias ou em caso de estado de emergência.

Também a legislação finlandesa prevê que, quando a greve ameace um essencial interesse geral e se retenha necessário um aumento de tempo destinado à tentativa de composição do conflito, o Ministro do Trabalho pode prorrogar a greve proclamada por duas semanas, e esta é a única previsão legal sobre os limites de atuação da greve.

Voltando à subsequente discussão do tema específico da greve nos serviços públicos, a exposição dos limites de implementação para tais serviços previstos pelos legisladores italiano e francês, lembre-se de que, bem como na Letônia, a implementação da greve dos trabalhadores dos serviços públicos essenciais deve equilibrar-se mutuamente com a proteção dos interesses atendidos por esses serviços; e que na Eslovênia requer-se que a greve seja organizada de tal modo a não prejudicar a segurança e saúde das pessoas e propriedades e permitir que, ao fim da suspensão do trabalho, a atividade produtiva possa ser retomada. Também na Hungria a greve é considerada ilegal quando coloca em perigo, direta ou indiretamente, a vida e a saúde humana, a integridade física e o ambiente, e é requerida a garantia de um suficiente nível de serviços públicos.

Na Itália, com a ausência de lei reguladoras da greve em geral, cabe aos intérpretes identificar as modalidades de implementação da abstenção do trabalho. Abandonada aquela que foi chamada (e criticada) técnica definitória, que queria obter por via interpretativa limites internos ao exercício do direito de greve com referimento a como a abstenção se desenvolvia, foram, então, substituídas as configurações que avaliaram como ilegal a greve sem aviso prévio e parcial: formas de luta que foram reputadas como anormais e ilegítimas em oposição à greve não repentina e não articulada, mas de todo o pessoal durante toda a jornada de trabalho.

A reconstrução que alavancava a mesma ordem de ideias que vimos inspirar os intérpretes alemães (e também holandeses), ou seja, aquela baseada no limite interno do dano justo, tal porque equilibrado em relação às consequências para os prestadores e empregadores (sobre o assunto, cf. R. FLAMMIA, *Sciopero e danno*, in *Not. Giur. Lav.*, 1961, p. 404), é substituída por outra baseada em limites externos que, em qualquer caso, se deparam as abstenções do trabalho. A jurisprudência decidiu que a greve pode ser livremente concertada e implementada de qualquer forma, desde que o comportamento substancial realizado pelos grevistas não integre hipóteses penalmente sancionadas, por ultrapassarem a cobertura constitucional, conforme o art. 40 e seja restrita à mera abstenção da prestação laboral e não de ulteriores condutas tidas como delituosas pelas normas gerais de Direito Penal: tais condutas causadoras de danos a instrumentos de trabalho e instalações, ocupação de empresas, piquete violento, bloqueio de entrada e saída de mercadorias da empresa com ulterior hipótese de violência privada e bloqueio de estrada.

Fora dessas hipóteses, a greve — segundo a opinião prevalente da doutrina e da jurisprudência italiana — não atende ao limite da importância dos danos causados à produção, mas deve evitar dano às pessoas e à produtividade das instalações (assim se expressou a citada sentença do Tribunal de Cassação n. 711 de 1980, commentada por M. DELL'OLIO, *Sciopero e impresa*, in *Giust. Civ.*, 1981, p. 294, e por V. SIMI, *Sui limiti dell'esercizio del diritto di sciopero*, in *Mass. Giur. Lav.*, 1980, p. 179). Ou seja, respeitar o limite exterior constituído por bens, como a vida e a saúde das pessoas e a idoneidade das instalações para continuar a produzir, que se revestem, na previsão constitucional, de um valor pelo menos igual ao direito de recorrer à ação sindical direta. A solução é confiada a modalidades adequadas para o exercício do direito de greve (ver G. GAROFALO, *Forme anomale di sciopero*, no *Digesto, Sez. Comm.*, Torino, 1997, Vi, p. 278).

17. AINDA SOBRE OS LIMITES INTERNOS DO DIREITO DE GREVE: DELICADAS TÉCNICAS DE INDIVIDUALIZAÇÃO; LIMITES RELACIONADOS À FINALIDADE

Retornando à análise das soluções que, nos vários ordenamentos europeus, foram encontradas, em via legislativa ou jurisprudencial, do problema da configuração daqueles ditos limites internos e, portanto, tomando o exame da noção de greve, cabe lembrar como a técnica de individualização desses limites sofreu, especialmente em alguns países europeus, fortes críticas. Foi censurada, na Italia, a "técnica definitória", nos termos da qual o intérprete sobreponha, aos dados obtidos pela experiência das relações e lutas sindicais, uma abstrata noção de greve, com a intenção — afirmam os críticos — mal disfarçada de restringir arbitrariamente o alcance da autotutela sindical (cf. G. Giugni, *op. ult. cit.*, p. 244).

De fato, quando — já vimos que se trata de hipótese frequente nos ordenamentos examinados — falta uma disciplina legislativa que defina os contornos do instituto, a questão torna-se delicada. De um lado, as propensões subjetivas do intérprete abrem, sem dúvida, grandes espaços; por outro, pode-se dizer que uma técnica definitória — em todo caso afastada de tendências redutivas *a priori* no confronto da questão do objeto de estudo — é instrumento insubstituível do jurista que não se resigna com o resultado de confiar ao sujeito titular do direito a delimitação de seu conteúdo.

A delicadeza do problema aumenta quando se considera que, no caso de uma greve, a referência aos dados que emergem da realidade social não se presta ao unívoco reconhecimento que lhes assiste nas outras numerosas vezes em que o ordenamento refere-se à própria realidade social, como interpretada por aqueles que trabalham lá, no que diz respeito ao conceito de instituições jurídicas.

Apenas o fato de que é uma ferramenta de conflito significa que a greve se revela suscetível a uma gama diversificada de expansão em relação às originárias e tradicionais manifestações: uma expansão guiada com a finalidade de tornar o instrumento mais eficaz. Por outro lado, para a referida natureza, a identificação do conceito de greve — legítima, e, assim, em conformidade com o que para seu reconhecimento postula o ordenamento — pode resultar em compressão, em vez de uma expansão do processo.

Mas se é compreensível que a inspiração única de quem emprega tal meio concerne a sua eficácia, o intérprete — a menos que se queira afirmar que qualquer tipo de luta social é identificada na greve como objeto de garantia da parte do ordenamento; e, na verdade, isso parece ser a orientação de qualquer sistema nacional, como o sueco, porém não dos outros europeus — não pode deixar de verificar se os desenvolvimentos mostrados na prática no sentido estendido da noção e se inserem no âmbito próprio da *ratio* que levou o ordenamento a legitimar o próprio meio.

Além disso, já tivemos oportunidade de referir como, em contextos caracterizados por tensões sociais menos pronunciadas, a função desempenhada por intérpretes — de respectivas matrizes jurisprudencial e doutrinária juntas em harmonia que dificilmente registra-se em outros sistemas mais conflituosos — revela-se imune às críticas, ao invés copiosas, em sistemas onde reina a conflituosidade.

A incerteza dos limites coessenciais, ou inerentes, à natureza da greve, é mais ou menos evidente, dependendo de como os intérpretes os identifiquem e os apresentem. Não é duvidoso, portanto, que a greve postule, por sua natureza, a prévia concertação, cuja necessidade deriva da função de instrumento de realização de interesses coletivos e da prevalência, de que resulta, com respeito aos interesses individuais das partes das relações individuais de trabalho afetadas pela greve.

O que queremos chamar de natural fisionomia estrutural da greve postula a concertação. Mas, ao lado do problema da fisionomia estrutural, põe-se outro, definível como o problema da sua congruência estrutural. Ou seja, o problema que consiste na determinação, para fins de individualização da noção de greve legítima, de equilíbrios registráveis após o exercício da autotutela e que — em uma parte dos ordenamentos examinados — acredita-se já estar implícitos nessa decisão de fazer uso dessa, além do resultado de seu desenvolvimento.

Em particular, a jurisprudência alemã mostrou-se sensível a esse critério de reconstrução, quando desenvolveu princípios do gênero daqueles — mostrados acima — de *extrema ratio*, exclusão do propósito de aniquilação da outra parte, proporcionalidade e adequação social, inerência à disciplina contratual.

Muitos desses princípios, em outros ordenamentos, foram coletados a partir das configurações, legislativas e jurisprudenciais, da greve desenvolvidas em diferentes países europeus. Assim para o quase geral repúdio à greve política; pelo reconhecido caráter de instrumento de *extrema ratio,* compartilhado por

Áustria, Bulgária, Dinamarca, Letônia, Holanda, Polônia, República Tcheca, Romênia, Eslováquia; para a proporcionalidade de seus efeitos, sobre a qual concordam os ordenamentos de Áustria, Bélgica e Holanda.

Limites internos, portanto, não se mostram unicamente em relação à estrutura dos meios de luta coletivos e, por conseguinte, em relação à natureza do interesse protegido, à determinação de fazê-lo e do consequente comportamento. Ulteriores limites coessenciais — estes, no entanto, com uma avaliação não assistida por unanimidade, nem pelo amplo consenso que os ordenamentos aqui comparados conferem aos perfis das greves que derivam de sua natureza de instrumento coletivo — emergem em relação ao conteúdo do interesse que a greve quer satisfazer e, portanto, ao perfil finalístico da ação.

A importância considerável da questão é representada, por um lado, pela incidência da solução que se prefere sobre a efetiva idoneidade do direito de greve como instrumento de promoção da justiça social, segundo uma visão que, enraizada a greve no local de trabalho e nas condições que ali se estabelecem, no entanto, não se esgota nessa dimensão. Por outro lado, a importância da solução está no medir, assim, a flexibilidade do instrumento para se adaptar à evolução que caracteriza a dinâmica da questão social e exigências de democracia substancial na sociedade contemporânea.

Esse perfil finalístico marca o debate sobre a legalidade da greve, pode-se dizer, em todas os ordenamentos da União Europeia, onde é evidente o rastro originário propriamente profissional do meio de luta: mas com traços diversamente marcantes, também em relação à expansão daquela originária fisionomia progressivamente realizada sob a influência da necessidade política e inspirações ideológicas. A diversa intensidade do desenho do perfil finalístico nos individuais ordenamentos é clara. As diversidades vão desde as nuanças da escolha portuguesa, em virtude da Constituição, que afirma que a esfera de interesse, para a proteção do que é dada a opção de decidir sobre o direito de greve, não pode ser restringida por lei (art. 57); e desde a ausência de qualquer indicação positiva legislativa sobre a finalidade em vista da qual a greve pode ser proclamada, que pode ser encontrada em outros ordenamentos, como no francês, italiano e alemão (mas com resultados interpretativos divergentes), e, ao contrário, a preocupação manifestada por outros ordenamentos, para canalizar positivamente a autotutela dos interesses coletivos a serviço da realização dos interesses exclusivamentes econômicos e não políticos.

Dessa natureza vimos ser a conclusão tirada pelos intérpretes acerca do direito belga; e tal resulta ser o expresso texto da Constituição búlgara (art. 50); aquele da referida lei da Estônia de 1993, que identifica o objetivo da abstenção na obtenção de concessões do empregador, excluindo, assim, a legitimidade das greves políticas dirigidas ao poder público; a delimitação na Constituição grega (art. 23) dos interesses tuteláveis com a greve no campo econômico e profissional dos trabalhadores; a definição de greve da lei irlandesa sobre relações industriais de 1990, que o reconduz ao fim de induzir o empregador a realizar o pedido referente às condições de trabalho; a disciplina legislativa da Letônia, *supra* mencionada; o art. 51 da Constituição da Lituânia, que reconhece aos trabalhadores o direito de entrar em greve para tutelar os próprios interesses econômicos e sociais.

Na ausência de atuação legislativa do preceito contido na Constituição, a jurisprudência francesa considera retirada daquela proteção a greve política; e observamos como — em análoga falta de uma lei geral sobre greve — na Itália se distingue a greve de imposição político-econômica da greve genuinamente política e se considera esse último não um direito, mas sim uma liberdade: exceto se, por seu caráter de rebelião e subversão, se caracterize ato criminoso.

A conexão com interesses profissionais que recebam adequada postura no contrato coletivo induz, na Dinamarca, a considerar ilegítima a greve política no período quando esteja em vigor o contrato coletivo aplicável aos grevistas, mas pela jurisprudência são reputadas legais as greves breves baseadas numa causa qualificada como sensata.

Na Finlândia, a greve política parece encontrar indireto reconhecimento em disposições de acordos sindicais de 1993, 1997 e 2002 que a isentam da submissão a procedimentos conciliativos e preveem um específico período de aviso prévio.

Na Alemanha, a natureza distinta dos interesses profissionais tutelados, postulada pela jurisprudência em vista da legitimidade da greve, não obstante a ausência de previsões legislativas, leva a excluir as greves políticas, mesmo se se capturam tendências mais flexíveis no confronto de conflitos nos quais se entrelaçam motivos econômicos e políticos. Análogo raciocínio pode ser repetido para a Suécia.

Em Luxemburgo, onde vimos que o direito de greve não é disciplinado pela Constituição, nem diretamente pela lei, a jurisprudência é orientada no sentido de afirmar que o conjunto dos dados normativos disponíveis sobre procedimentos de solução de conflitos coletivos de trabalho comporta a ilegalidade da greve política. E acredita-se que o motivo da suspensão do trabalho deve estar relacionado com assuntos de natureza profissional que provoquem conflitos entre as partes sociais suscetíveis de aplicação dos procedimentos mencionados.

No Reino Unido, a imunidade cobre a *industrial action* com a indefinição dos contornos *supra* ressaltada, mesmo que a referência, também no *T.U.L.R.C.A.* de 1992, da ação com uma *trade dispute* induza a circunscrever a noção de greve legítima. Em conformidade com o que é dado inferir a partir das soluções legislativas anteriores, a noção de greve legítima concerne às abstenções de trabalho em que, apesar de toda a ligação inegável entre razões econômicas e políticas agora encontrada, não são predominantes os motivos políticos. Logo, a greve política "pura" não é abarcada pelo guarda-chuva da *immunity*.

Em Malta, onde — já observamos — o direito do trabalho segue, muitos aspectos, o vigente no Reino Unido precedentemente a 1982, mesmo se com influências derivadas dos princípios da *Civil Law* continental, o direito de greve é reconhecido quando se atenha a conflitos coletivos de natureza claramente profissional ou relativos a relações intersindicais.

A jurisprudência holandesa, que descobrimos remediar a falta de uma específica legislação sobre greve, exclui a legitimidade da greve política.

Por sua vez, a lei polonesa de 1991 sobre conflitos coletivos do trabalho configura a greve como a suspensão organizada do trabalho com a finalidade detutelar interesses econômicos, sociais e sindicais e, logo, não políticos (cf. M. Sewerynski, *op. ult. cit.*, p. 21).

Prosseguindo na análise das soluções que nos Estados-membros da União Europeia foram dadas ao problema da finalidade da greve, observa-se que na República Tcheca, nos termos do art. 27 da Carta dos Direitos Fundamentais e da Liberdade e da lei de 1991 sobre contratação coletiva, a greve refere-se à conclusão de um contrato coletivo. As ações relacionadas a questões diversas, como as greves políticas, não podem se consideradas conforme a lei.

A Constituição romena, no art. 40, reconhece aos trabalhadores o direito de entrar em greve em defesa dos próprios interesses profissionais, econômicos e sociais. Considera a ilegitimidade da greve proclamada com finalidade política, mas o referimento aos interesses sociais, além dos profissionais e econômicos, pensa-se que pode sugerir uma reconsideração do problema e sua solução mais flexível.

Segundo a lei eslovaca de 1991 sobre contratação coletiva, a greve visa à celebração de um contrato coletivo, de acordo com o que temos observado ser estabelecido na República Tcheca. Trata-se de uma afinidade de soluções jurídicas derivadas do fato de que, no passado, as atuais duas distintas repúblicas tcheca e eslovaca constituíam a única República Tchecoslováquia, cuja antecedente legislação unitária foi, para aquilo que aqui interessa, preservada.

Em conformidade com uma fórmula que vimos adotada em outras "novas democracias", também na Eslovênia a greve é reconhecida como direito posto em defesa de direitos econômicos e sociais e de interesses correlatos ao trabalho, de modo que é reputada ilegítima a greve puramente política, exceto as possíveis aberturas a greves onde se conectam motivações econômicas e sociais com outras políticas.

O Real Decreto-Lei espanhol n. 17 de 1977, no art. 11*a)*, qualifica como ilegítimas greves proclamadas ou suportadas por motivos políticos ou com outras finalidades estranhas aos interesses profissionais dos trabalhadores envolvidos na ação de luta. A previsão, todavia, não impediu que a greve funcionasse como válido meio de tutela dos trabalhadores não exclusivamente ligado às relações de trabalho dos grevistas e como eficaz instrumento de pressão a favor da realização da efetiva igualdade dos indivíduos e dos grupos sociais. Nesse sentido se expressou o Tribunal Constitucional, em uma decisão de 1993; e a mesma orientação foi seguida por juízes ordinários e administrativos, declarando a legitimidade da greve com vista a obter melhores níveis de proteção social ou a influenciar decisões políticas destinadas a afetar as relações de trabalho, ficando, pelo contrário, excluídas de tal reconhecimento mais amplo da legitimidade as greves que perseguem apenas objetivos políticos. O paralelismo com a orientação doutrinal e jurisprudencial que em outros países europeus, e especialmente na Itália, levou à configuração e à legitimidade das greves denominadas político-econômicas ou de imposição econômico-política, de fato, parece evidente.

A fórmula habitual das leis sobre greves, decretadas nos Estados da Europa Central e Oriental e que deixaram a órbita soviética, ocorre também na Hungria, onde, na mente da lei da greve de 1989, os trabalhadores têm direito à greve para proteger seus interesses econômicos e sociais. A greve convocada por fins políticos é, portanto, excluída do âmbito da legitimidade reconhecida (cf. M. Sewerynski, *op. loc. ult. cit.*).

A análise da legislação europeia agora brevemente apresentada nos permite chegar às seguintes conclusões. Na generalidade dos Estados-membros da União Europeia, o perfil teleológico ou finalista da greve tem uma importância inquestionável. Entre as finalidades, emerge como aquela mais seguramente reconhecida como legítima, a finalidade de tutela econômico-profissional, na disponibilidade da contraparte dos grevistas. Finalidades econômicas, por outro lado, não se identificam necessariamente com finalidades contratuais. E isso seja porque as condições econômico-profissionais em disputa poderiam ser disciplinadas por meio de instrumento diverso do contrato coletivo (assim ocorre em boa parte dos Estados-membros da União Europeia, pela relação de trabalho dos dependentes públicos) seja porque as condições possam depender, mesmo de modo prejudicial, de iniciativas que competem não ao empregador, mas aos poderes públicos. Esses últimos se revestem, portanto, da posição de verdadeiros responsáveis dos conflitos — de trabalho — inerentes à proteção das próprias condições.

A progressão para o reconhecimento da greve como forma de promoção da democracia e da justiça social também fez que seu alcance fosse ampliado, sem invadir a esfera dos interesses e decisões estritamente políticas. Nela tem o direito de intervir, em veste individual e na coletiva, não o trabalhador, mas o cidadão: e por isso não através do sindicato, ou outro sujeito portador de interesses coletivos profissionais, mas por meio do partido ou outra força propriamente política: pelo menos em condições de normal legalidade democrática, quando não estejam em perigo as instituições por causa de ameaças subversivas.

Não é admissível, porém, negligenciar a relação intercorrente entre as forças políticas e as organizações sindicais; relações que, na tradição de alguns países, se resultaram estreitas até atingir a forma de colateralismo. Além disso, entre sindicatos e partidos são discerníveis até mesmo relações genéticas. A referência é dirigida, em particular, à história dos partidos de inspiração trabalhista e socialista.

Compreende-se, portanto, como à ordinária praxe de greves com fins contratuais e econômicos, mesmo em países que em tal cenário exclusivo queriam limitar a legitimidade da greve, foram sobrepostos, esporadicamente, episódios de greves políticas, além de greves definíveis de imposição político-econômica; e se compreende como foram registradas temporadas durante as quais foram proclamadas greves em apoio, ou concomitantemente, a iniciativas políticas de partidos próximos aos sindicatos proclamantes.

Em situações similares, a efetividade, que se revela critério essencial de uma não formalística avaliação jurídica da greve, prevaleceu sobre qualificações jurídico-formais, em razão principalmente da falta de reações, a tal ruptura do sindicato, da parte dos outros contrapostos sujeitos do sistema de relação industrial. A efetividade, que consentiu que se desenvolvessem greves em contextos jurídicos onde toda forma de autotutela dos interesses coletivos era vetada e penalmente sancionada por regimes repressivos da liberdade da ação sindical, permitiu também as reconhecidas exceções ao critério de distinção e correlativa legitimação entre finalidade pela qual são empregados os meios de luta dos trabalhadores, em ordenamentos que reconhecem o direito de greve.

18. LIMITES ATINENTES À TITULARIDADE DO DIREITO DE GREVE

Além do limite que — observamos quanto problematicamente — é inerente ao perfil finalístico, outro limite, interno, se refere à individualização dos titulares do direito de greve. Mas podem surgir, também nesse caso, dúvidas de que seja reconhecido como um autêntico e absoluto limite interno.

O direito de greve, em princípio, é atribuído a todos os trabalhadores, ou, pelo menos, a todos os trabalhadores subordinados, mas já registramos uma certa tendência expansiva em relação ao trabalho autônomo. Tendência que, por outro lado, encontra seu limite, quando se trata de ordenamentos que funcionalizam a greve ao fim da conclusão de contratos coletivos, na jurídica impossibilidade, ou na prática e grave dificuldade, de disciplinar em virtude de pactuações coletivas também determinadas formas de trabalho autônomo com conotação de uma relação de colaboração continuativa fornecida de elementos que, mesmo não o identificando com isso, o aproximam à relação de trabalho subordinado.

Por outro lado, nos lugares em que o direito de greve é reconhecido enquanto instrumento endereçado à realização do objetivo da justiça social — nota G. Giugni — aquilo que conta não é o dado formal do possível enquadramento dos seus titulares na área do trabalho subordinado. É decisiva, no entanto, sua colocação em uma das reais situações de subproteção social, para libertar-se das quais o instrumento está preparado.

Todavia, a atribuição do direito de greve, de tendência, à generalidade dos prestadores de trabalho subordinado não exclui que, para trabalhadores pertencentes a determinadas categorias — em geral, do setor público — o próprio direito venha reputato suscetível de limitações que dizem respeito não só a seu exercício, mas também a sua titularidade. A limitação é imposta pelo legislador, ou postulada pelos intérpretes, para resguardo à garantia de preeminentes interesses gerais, conexos a valores fundamentais, como a vida, integridade, liberdade, segurança das pessoas e de seus bens, eficiente desenvolvimento das funções públicas.

No passado — observa P. Horion, *Relazione ricapitolativa*, in *Sciopero e serrata*, cit. — o direito de greve era, em todos os lugares, negado aos empregados públicos, também àqueles de mais modesto nível; e tratava-se de um dogma tão absoluto que era razoável pensar que a abstenção de suas prestações fosse considerada um ato revolucionário de tal gravidade a superar a noção própria de greve. Atualmente, a visão do problema é significativamente alterada. A proibição geral e indiscriminada foi sucedida por uma disciplina pormenorizada, o que mantém o obstáculo em relação a situações específicas.

Na Alemanha, a jurisprudência constitucional, ordinária e administrativa nega que a titularidade do direito de greve caiba aos mais elevados funcionários públicos (*Beamten*) por meio dos quais — diferentemente de outras categorias de empregados públicos em que a greve não é vetada (*Arbeitern* e *Angestellten*) — se expressa a autoridade estatal. T. Ramm, lembra de como se tentou estender essa proibição pessoal e funcional, referindo-se à especial importância para a comunidade das tarefas realizadas, a todos os empregados públicos, mas a resistência dos sindicatos das categorias interessadas, que não hesitaram em entrar em greve em defesa do próprio direito, demonstrou a inviabilidade prática do propósito. Assim como ocorre na Áustria (acerca da distinção, no interno do pessoal público, que também se encontra nesse Estado, ver T. Tomandl e K. Fuerkoeck, cit., p. 34-35), a relação entre esses funcionários não é regida por um acordo coletivo e deve ser informada ao princípio constitucional de serviço e lealdade com o Estado (art. 33 da Lei Fundamental), que determina um *status* especial de subordinação considerado incompatível com a luta sindical.

Outra proibição de greve de caráter pessoal e funcional — recorda também T. Ramm, cit., — diz respeito, na Alemanha, aos aprendizes. Ainda que o contrato de aprendizagem venha a ser considerado um contrato de trabalho, alavancando sua causa mista — de trabalho e formação profissional contra retribuição — e atribuindo importância primordial ao aspecto formativo em relação à atividade laboral, foi sustentado que aos aprendizes fosse vetado fazer greve. O autor propende para a tese da proibição, ressaltando a circunstância que na relação de aprendizado os conflitos demonstram caráter predominantemente individual, até porque nesse caso, de modo frequente, falta um dos pressupostos da greve, ou seja, um número significativo de trabalhadores nas mesmas condições. No entanto, porque a aprendizagem é uma relação — especial — de trabalho, quando surge um conflito que afeta o coletivo, não há razão para impedir aos aprendizes o recurso à autotutela sindical.

Desde a titularidade do direito de greve, também foram excluídos os funcionários públicos holandeses, em conformidade com as disposições do Código Penal de 1903. Já mencionamos *supra* como, ao invés, a Suprema Corte considerou ilegítima tal proibição penal, definitivamente revogada em 1980. A questão da titularidade do direito de greve dos trabalhadores do setor público, portanto, nos Países Baixos, encontra-se sem base legislativa e a solução resulta de derivações jurisprudenciais. A sentença emanada da Suprema Corte em 1986, repetidamente citada, não estende ao pessoal de setor público o direito de greve, que descende da norma material presente na Carta Social do Conselho Europeu; norma que, no entanto, não se refere ao dito pessoal.

A Constituição de Chipre, no art. 27, exclui da titularidade do direito de greve, reconhecido aos outros trabalhadores, os componentes das Forças Armadas e da polícia, facultando à lei estender a proibição aos trabalhadores do serviço público.

A greve, que a lei búlgara garante a todos os setores da economia como solução dos conflitos de trabalho, quando se trata de servidores públicos não é mais que simbólica.

A referida lei da Estônia de 1993 veta a greve ao pessoal das administrações públicas centrais e locais, das Forças Armadas, dos tribunais, dos bombeiros e dos serviços de proteção e socorro. Os conflitos trabalhistas dessas categorias devem ser resolvidos através de mediação ou diante da autoridade judiciária.

Na França, aos funcionários públicos que trabalham em algum dos setores ditos "sensíveis", diferentemente dos demais trabalhadores do setor público, não é reconhecido o direito de greve. Logo, para os funcionários representantes do governo nacional, chamados na França de prefeitos, magistrados, pessoal de carreira das Forças Armadas e da polícia e os guardas carcerários.

Da mesma forma, na Itália, a titularidade do direito de greve pertence, como a todos os trabalhadores subordinados, também aos funcionários públicos, com a exceção apenas do militar (art. 8º da Lei n. 382 de 1978) e membros da Polícia do Estado (art. 84 da Lei n. 121 de 1981).

Na Grécia, por preceito constitucional (art. 23), a greve é proibida ao pessoal dos serviços de polícia e da magistratura; na Letônia, a magistrados, bombeiros, polícia, Forças Armadas, guardas de fronteira e carcerários e instituições estatais de segurança.

Na Letônia, as greves não são permitidas para o pessoal dos departamentos de assuntos governamentais internos, defesa e segurança nacional, bem como ao pessoal dos serviços médicos de primeiros socorros. A reivindicação dos trabalhadores nessas categorias deve ser apresentada ao governo, depois de ter sido obtido o parecer de um Conselho Tripartite.

A Polônia proíbe a greve de empregados de administrações públicas centrais e locais, dos escritórios judiciais, das agências do pessoal responsáveis pela segurança interna e dos serviços secretos internos e militares, do escritório central anticorrupção, da polícia e das Forças Armadas, serviços carcerários, os líderes dos guardas nacionais de fronteiras e do serviço anti-incêndio (ver M. SEWERY SKI, *op. ult. cit.*, p. 21, que aponta o particular rigor dessas restrições, mais forte até do que aquelas normalmente encontradas na legislação sobre a greve dos Estados da Europa centro-oriental). Para tutela e apoio dos interesses de tais categorias de trabalhadores, podem realizar greves de solidariedade sindicatos de outras categorias (e é a única hipótese em que é considerado legal a greve secundária, ou de solidariedade, na Polônia).

A lei portuguesa que reconhece o direito de greve em favor da generalidade dos trabalhadores excetua os militares e paramilitares, civis empregados em estruturas militares, além daqueles trabalhadores de quem depende o desenvolvimento das funções públicas.

Em Luxemburgo estão excluídos do direito de greve todos os funcionários de quem dependem os serviços públicos — como o pessoal dos serviços diplomático e judiciário, os dirigentes públicos, os diretores de escola, os que pertencem à polícia — cuja relação é regulada não por contrato coletivo de trabalho, mas por um estatuto de direito público.

Em outros Estados da União Europeia, nos quais se registra a tendência de aplicar à ação sindical a mesma disciplina vigente no setor privado, a atuação da luta sindical encontra significativos limites em relação às posições e funções que determinadas categorias de funcionários públicos se revestem. Na Suécia, a lei sobre emprego público (*LOA*), de 1976, para os funcionários que exercem função de autoridade pública, limita o recurso de ação direta somente à greve, à greve de zelo e ao piquete, excluindo outras formas de luta que em princípio não são vetadas pelo ordenamento sueco. É, também, proibida a greve política a todos os funcionários do setor público. Certamente, a norma do legislador sueco resulta em limitações da titularidade do direito de ação direta, no sentido de que para a mencionada categoria de sujeitos, seu conteúdo se restringe em relação às previsões gerais do ordenamento jurídico.

No que diz respeito aos empregados de fora do setor público, ocorre — em alguns dos ordenamentos examinados — a proibição de greve dos navegadores marítimos, fundamentada no perigo que a suspensão da atividade ocasiona à incolumidade das pessoas e dos bens transportados. Assim, na Alemanha, na Grécia, no Reino Unido onde, porém, a proibição sancionada penalmente pelo *Merchant Shipping Act* de 1894, que se baseia na sua relação histórica com o delito de motim e com o papel particular da marinha mercante no equilíbrio da economia inglesa, foi posteriormente modificado por intervenções legislativas em 1970 e 1974: cf. R. W. Rideout, enquanto na Itália a Corte Constitucional, na sentença n. 124 de 1962, reconheceu aos navegadores marítimos a titularidade do direito, reputando necessários limites ao seu exercício a bordo dos navios no período inteiro da navegação. Sobre o problema ver T. Ramm, cit.; AA. VV., *Lo sciopero dei marittimi*, Milano, 1969.

Ainda no que pertine ao setor privado e à diferença do que é disposto para o setor público (em alguns ordenamentos), não se encontram razões válidas para se negar a titularidade do direito de greve aos dirigentes, uma vez que a particular e — embora nem sempre — direta colaboração destes com os empreendedores não exclui que os interesses da categoria entrem em conflito com a empresa. Nem há razões válidas para considerar excluídos do direito de greve outras categorias de trabalhadores em particular, como os aprendizes (mas vimos que se discutiu a questão na Alemanha), os jovens com outros tipos de contrato de trabalho com eventuais fins de formação, os trabalhadores em fase de experiência e os com contrato a tempo determinado.

19. A GREVE NOS SERVIÇOS PÚBLICOS: DA PERSPECTIVA DA PROIBIÇÃO DA GREVE ÀQUELA DA CONCILIAÇÃO COM OS DIREITOS DOS USUÁRIOS

A questão a respeito da legalidade ou não da greve dos trabalhadores empregados em serviços públicos e eventual regulamentação relacionada é objeto de intervenção legislativa em numerosos Estados-membros da União Europeia; e está entre as mais debatidas no âmbito da doutrina justrabalhista, além do terreno político e sindical.

A solução da questão — ressalta R. Birk, *op. ult. cit.*, p. 437, varia de país a país, pois as avaliações são notavelmente influenciadas pelas concretas condições históricas. Não obstante, são registráveis alguns objetivos de base comum.

Cabe, primeiramente, ressaltar como a perspectiva com a qual abordar o debate mudou, com o passar do tempo, da legitimidade da greve dos empregados públicos à diversa e mais ampla temática da tutela dos interesses dos usuários dos serviços públicos essenciais. Prevaleceu, de fato, uma perspectiva a que não se atribui mais relevo prioritário somente à tolerabilidade do antagonismo direto dos trabalhadores contra administrações e empresas públicas empregadoras, mas avalia também e sobretudo o impacto social da greve. E, então, o conflito dos grevistas com os usuários do serviço público, independentemente da natureza jurídica do provedor de serviços (ver R. Zippelius, *Das Verbot ubermassiger gesetzlicher Beschrankung von Grundrechten* in *Deutsches Verw Blatt,* 1956, p. 353; P. Curzio, *Autonomia collettiva e sciopero nei servizi essenziali,* Bari, 1992). A fragmentação cada vez maior da administração dos serviços públicos, já não da competência exclusiva do Estado e, ao invés, geridos também por entidades privadas sob concessão ou convenções, coloca em segundo plano a questão focada no *status* de funcionário público dos trabalhadores.

Certamente, ao se mover o foco, da proibição de fazer greve suportada por membros de determinadas categorias de trabalhadores, à individualização de formas de realização da greve que não prejudiquem, em medida considerada inadmissível, outros direitos tutelados pelo ordenamento, estarão na ribalta não mais os limites internos da greve, mas seus limites externos.

Convém, no entanto, resumir os pontos mais importantes que trouxeram a questão da titularidade do direito de greve no setor público. As argumentações geralmente invocadas para negar a legalidade da greve no setor público, permanecendo, portanto, no terreno dos limites coessenciais para a noção de greve, são de várias espécies (cf. G. Pera, *Problemi costituzionali del diritto sindacale italiano.* Milano, 1960, p. 184; P. Horion, *Relazione ricapitolativa,* cit., p. 38; L. Mengoni, *Lo sciopero e la serrata nel diritto italiano,* in *Sciopero e serrata,* citado volume editado por C.E.C.A., p. 283; P. Durand, *Lo sciopero e la serrata nel diritto francese,* ivi, p. 212).

A primeira argumentação é baseada na natureza dos serviços prestados pelas administrações públicas que, sendo essenciais para a vida da comunidade, não poderiam sofrer interrupção. Tal regra sobre a absoluta necessidade de continuidade do serviço público tem sido por muito tempo reivindicada por uma parte da doutrina e jurisprudência para negar a legalidade da greve dos funcionários públicos. Perante esse cenário, pode-se lançar a objeção de que nem todos os serviços públicos são essenciais. Aliás, eles podem representar também alguns serviços executados por trabalhadores privados. Deve-se fazer uma distinção baseada não sobre a natureza jurídica do empregador, mas sim sobre a função de cada grupo de funcionários públicos.

Uma segunda argumentação baseia-se sobre a consideração pela qual, substancialmente, a greve realizada no setor público causa dano à comunidade, aos usuários, e não ao governo, que é certo não tem finalidade de lucro no desenvolvimento de tais serviços e que, portanto, não sofre um prejuízo econômico em razão da suspensão do serviço. Para negar o direito de greve no setor público, há influência, ainda, do caráter privilegiado do estatuto especial de que gozam — em vários ordenamentos — os funcionários públicos. Esse estatuto implicaria sua implícita disponibilidade em aceitar que certos direitos sofram limitações mais intensas do que as enfrentadas pelos trabalhadores do setor privado. Tal natureza privilegiada não é, porém, pacificamente reconhecida; de fato, poder-se-ia argumentar que, em certos âmbitos, o funcionário público é menos tutelado que o trabalhador privado, e essa situação levou a se pressionar que se realizasse a privatização do emprego público, ou seja, a mais ou menos completa assimilação da disciplina do emprego público à do emprego privado. E, de fato, encontra-se, em vários países europeus, a tendência à equalização das posições e dos tratamentos dos empregados públicos e privados (a assim chamada privatização ou contratualização do emprego público).

Uma terceira argumentação contrária à greve nega sua legitimidade em razão da natureza soberana de cada poder público e de cada órgão que seja depositário desse poder. O caráter coercitivo da greve a tornaria incompatível com o exercício de um poder soberano, já que seria de tal modo vinculada à faculdade de promulgar, em sede legislativa e regulamentar, e de implementar os objetivos de sua competência. Contra essa tese é possível sustentar que se trata não de vincular o poder de regulamentação, mas simplesmente de requerer modificações relativas às condições de emprego. Pode-se ainda argumentar que a soberania compreende a faculdade de associar outros ao poder; e que, assim, o poder público poderia legitimamente considerar o direito de greve como um elemento da sua política de administração do pessoal.

Essas contrastantes orientações teóricas a fim de obter a admissibilidade da greve no setor público resultaram em uma disparidade de regulamentações dentro dos vários sistemas examinados; regulamentações que, muitas vezes, são resolvidas na configuração da mencionada, diversa, questão das modalidades de atuação do direito de greve nos serviços públicos essenciais.

Com essa última expressão indicam-se serviços cuja prestação permite aos cidadãos exercitar direitos fundamentais da pessoa, quais sejam, direito à vida, à saúde, à liberdade, à segurança, à instrução, à circulação, à informação, muitas vezes constitucionalmente garantidos (tal como previsto no art. 1º da lei italiana n. 146, de 1990, e encontramos um cenário espanhol semelhante). A satisfação dessas finalidades não requer necessariamente a negação da titularidade do direito de greve, para todos os sujeitos a quem venha demandado o desenvolvimento da atividade laboral, cuja suspensão comprometa valores comuns e interesses de suma importância. Pode ser suficiente, pelo menos em alguns casos, permitir o exercício da greve, de modo a assegurar, em todo caso, prestações indispensáveis que respeitem os serviços essenciais.

Tal opinião foi manifestada pela doutrina e pela jurisprudência constitucional italiana (sentença n. 31, de 1969), que, para os trabalhadores do serviço público, foram consideradas suficientes que viessem impostas, com lei especial, modalidades de realização da luta sindical dirigidas a preservar a eficácia e a continuidade dos serviços. Portanto, a jurisprudência constitucional declarou a ilegitimidade das normas, contidas no Código Penal promulgado antes da entrada em vigor da Constituição de 1948, que incriminavam a suspensão de trabalho que não comprometa funções ou serviços públicos essenciais. Foi admitida, ao contrário, a legitimidade da proibição, e, portanto, a ilegalidade da greve, no que diz respeito a concretas formas de implementação que não preservam a continuidade de um serviço mínimo.

Em páginas precedentes, já tivemos oportunidade de acenar às medidas que, nos vários Estados-membros da União Europeia, o legislador efetuou, a fim de evitar que a execução da abstenção do trabalho dos trabalhadores do serviço público afete, em medida intolerável, a indispensável continuidade do núcleo essencial de seu desenvolvimento e viole o correspondente direito dos usuários de esperar que, mesmo no curso das abstenções do trabalho, o funcionamento do serviço não falhe de repente e totalmente. Examinaremos e confrontaremos agora mais particularmente algumas soluções legislativas que apresentam um interesse especial.

Seja como for, é facil verificar como a acão sindical suporta, em geral, na Europa, em ordenamentos também diferentes, limites que reduzem os conflitos, seja na indústria, por causa de exigências econômicas, seja no setor público, onde incide o direito, não econômico, de defesa do interesse público (ver G. ORLANDINI, cit., p. 3).

20. A DISCIPLINA LEGISLATIVA DA GREVE NOS SERVIÇOS PÚBLICOS: O OBJETIVO DA CONCILIAÇÃO ENTRE DIREITO DE GREVE E DIREITOS DOS USUÁRIOS; O CONCURSO DE LEI E AUTONOMIA COLETIVA NA PERSECUÇÃO DE TAL PROPÓSITO

É util aprofundar uma interessante experiência nacional de disciplina, realizada em concurso por lei e autonomia coletiva, com o objetivo da conciliação entre direito de greve e direitos dos usuários de serviços públicos.

Na Itália, a crescente conflituosidade no campo dos serviços públicos, sob impulso das mencionadas organizações de trabalhadores alternativas em relação ao sindicatos oficiais, mas não somente delas (ver A. ACCORNERO, *Conflitto terziario e terzi*, in *Giorn. Dir. Lav. Rel. Ind.*, 1985, p. 17; L. BORDOGNA, *Pluralismo senza mercato: rappresentanza e conflitto nel settore pubblico*, Milano, 1994), e a evidente inaptidão das vigentes formas de autorregulamentação do conflito, dispostas por meio de códigos de autodisciplina preparados dos mesmos sindicatos chamados a respeitá-los, suscitaram avaliações contrastantes.

A intervenção estatal, que condiciona o poder sindical indiretamente, por meio da obrigação que lhe é imposta de elaborar formas de disciplina autônoma de conflituosidade, assim como dispunha a, já revogada, lei-quadro sobre emprego público n. 93, de 1983, foi julgada, pela parte da doutrina mais cuidadosa quanto à oposição declarada pelos sindicatos a intervenções legislativas na matéria da greve (B. VENEZIANI, cit., p.225), uma técnica util de racionalização do mesmo ordenamento intersindical com solicitações provenientes do exterior. A eventual determinação por lei de um código sindical de autorregulamentação foi reputada instrumento eficaz de disciplina, do momento em que sua existência poderia representar, na falta de lei sobre a greve, uma objetiva referência normativa para a magistratura (ver G. Giugni, *Sciopero nei servizi pubblici: quale regolamentazione?*, in *Mondoperaio*, 1978, n. 5, p. 23). Todavia, persistiam as preocupações em relação à efetividade de uma solução semelhante: ver R. Scognamiglio, *Disciplina e autodisciplina del diritto di sciopero nei servizi pubblici essenziali*, in *Riv. Dir. Int. Comp. Lav.*, 1977, p. 31; S. Saetta, *Il codice di autoregolamentazione dello sciopero nei servizi pubblici essenziali*, in *Dir. Lav.*, 1980, I, p. 280; M. Dell'Olio, *Lo sciopero e la norma* e G. Perone, *Fonti legali e sindacali di disciplina dello sciopero*, ambos in *Dir. Lav.*, 1988, I, respectivamente, p. 16 e 21; M. Persiani, *Autoregolamentazione dello sciopero ed efficacia del contratto collettivo*; E. Gragnoli, *Sull'efficacia giuridica dei codici di autodisciplina del diritto di sciopero nel pubblico impiego*, ambos in *Dir. Lav.*, 1989, respectivamente p. 6 e 450.

As preocupações fizeram que, no fim dos anos 1980, as confederações sindicais, encorajadas pelo fundamento manifestamente encontrado na Constituição da iniciativa do legislador, declarassem a vontade de desistir da decisão de oposição precedentemente anunciada a uma intervenção legislativa na matéria (ver M. D'Antona, *Diritto di sciopero e collettività. Riflessioni a margine della proposta sindacale di regolamentazione del conflitto nei servizi pubblici essenziali*, in *Foro It.*, 1988, V, p. 188; M. Rusciano, *Lo sciopero nei servizi essenziali*, in *Gior. Dir. Lav. Rel. Ind.*, 1988, p. 389). Resultado de uma tal atitude de disponibilidade foi a promulgação da Lei n. 146, de 12 de junho de 1990, qualificável como lei-contratada, pela ativa participação das organizações sindicais na sua conclusão.

A lei pretende conciliar o exercício do direito à greve, constitucionalmente garantido, nos serviços públicos essenciais com o gozo de outros direitos da pessoa constitucionalmente garantidos (M. Persiani, *Diritti fondamentali della persona e diritto dei lavoratori a scioperare*, in *Dir. Lav.*, 1992, I, p. 24). Coloca-se, assim, na esteira de uma grande transformação da jurisprudência constitucional e ordinária, preocupada em equilibrar a proteção do direito à greve com outros direitos de igual valor constitucional, por meio da individualização de um insuperável limite de funcionamento mínimo dos serviços públicos investidos da abstenção do trabalho dos empregados (ver T. Pipan, *Sciopero contro l'utente. La metamorfosi del conflitto industriale*, Torino, 1989, que ressalta o poder obtido, graças à sua posição estatégica, por grupos pequenos de trabalhadores à beira de causar gravíssimos danos aos cidadãos por meio da greve).

O legislador escolheu uma noção de serviço público essencial, baseada na capacidade de satisfazer direitos da pessoa constitucionalmente garantidos — vimos que essa é a perspectiva adotada também na Espanha — dos quais é dada noção detalhada e precisa, e fornece uma lista, embora não exaustiva (como evidenciado pela expressão «em particular» utilizada pelo legislador ao abrir a mesma lista) dos serviços públicos assim reputados essenciais (art. 1º).

O critério escolhido para o reconhecimento da essencialidade do serviço é o do seu impacto sobre bens primários de usuários, independentemente do regime jurídico de suas operações e, portanto, a natureza pública ou privada do prestador. Ele pode ser tanto uma entidade da administração pública como uma empresa privada, concessionária ou convencionada. Portanto, os princípios e regras destinados a limitar os conflitos e limitar as consequências prejudiciais para o usuário, nessa área, interessam não apenas a trabalhadores públicos, mas também aos privados; bem como trabalhadores autônomos que prestam seu trabalho no âmbito desses serviços, como já mencionado acima no art. 2º *bis*, parágrafo 2º da Lei n. 83, de 2000, que altera a Lei n. 146, de 1990, e no art. 8º, n. 1º, dessa lei, tal como substituída pela Lei n. 83, de 2000.

São considerados essenciais os serviços voltados a permitir ao usuário o gozo dos direitos da pessoa constitucionalmente tutelado: direito à vida, à saúde, à liberdade, à segurança, à liberdade de circulação, à assistência e previdência social, à instrução e à liberdade de comunicação (art. 1º, parágrafo 1º). Entre esses serviços, a lei enumera: a saúde e higiene pública, a proteção civil, a coleta e eliminação do lixo, a intervenção da alfândega (limitada ao controle de animais e de produtos perecíveis), o fornecimento de energia e de bens de consumo de primeira necessidade, a administração da justiça, a prestação de benefícios previdenciários e salários, educação, serviços postais, telecomunicações, a informação da rádio e televisão pública (art. 1º, parágrafo 2º).

Para se alcançar o objetivo de conciliar o exercício do direito de greve com o gozo dos direitos da pessoa (art. 1º, parágrafo 2º), o legislador previu, em primeiro lugar, uma série de cumprimentos obrigatórios padrão com respeito ao exercício do direito de greve; e também a obrigação, para as organizações que proclamam a greve e para os trabalhadores que se abstêm do trabalho, de garantir aos usuários a oferta de prestações consideradas indispensáveis para assegurar a efetividade, em seu conteúdo essencial, dos direitos da pessoa (ver G. Perone, *Le tecniche di contemperamento tra diritto di sciopero e diritti costituzionalmente tutelati della persona*, in *Dir. Lav.*, 1995, I, p. 226). A fim de garantir a aplicação das suas disposições, a lei previu a criação de um órgão especial, chamado precisamente Comissão de Garantia, com poderes de impulso, fiscalização e sanção.

A literatura sobre essa lei é muito vasta. Uma abrangente e profunda ilustração de suas normas é contida em A. Vallebona, *Le regole dello sciopero nei servizi pubblici essenziali*, Torino, 2007.

Quanto às obrigações padrão, a fim de limitar, tanto quanto possível, a proclamação dessa espécie de greve, a lei exige que nos contratos e acordos coletivo, por meio dos quais o exercício da greve é regulado, as partes sociais insiram cláusulas relativas ao cumprimento obrigatório de procedimentos de "resfriamento" dos conflitos e conciliação, antes da proclamação da greve (art. 2º, parágrafo 2º, Lei n. 146 de 1990, como modificado pelo art. 1º da Lei n. 83 de 2000; V. Bavaro, *Le procedure di raffreddamento e conciliazione nei servizi pubblici essenziali*, in M. Ricci (Org.), *Sciopero e servizi pubblici. Commento alla legge n. 146/1990, modificata e integrata dalla legge n. 83/2000*, Torino, 2002, p. 113). Tais procedimentos, favorecendo o encontro das partes sociais, perseguem o objetivo de retardar e, se possível, evitar o recurso à greve por meio de uma benévola composição do conflito (E. Ales, *Le procedure*, in F. Santoni (Org.), *Le regole dello sciopero. Commento sistematico alla legge n. 83/2000*, Napoli, 2001, p. 6).

Também foi estabelecido (art. 2º, parágrafo 5º, Lei n. 146 de 1990) a obrigação de proclamar a greve respeitando-se um termo de pré-aviso não inferior a dez dias (a contratação coletiva pode prever um maior) e a obrigação de comunicar por escrito a duração (de modo que a greve que ultrapasse tal duração resulte ilegítima), as motivações e modalidades de implementação da mesma greve (art. 2º, parágrafo 2º, da Lei n. 146 de 1990, como modificado pelo art. 1º da Lei n. 83 de 2000). Tais comunicações devem ser endereçadas pelas organizações que proclamam a greve, ou que a essa aderem, às administrações ou empresas que prestam serviço público e à autoridade competente para a injunção que, por sua vez, comunicará à Comissão de Garantia (ver M. Dell'Olio, *Sciopero e preavviso nei servizi pubblici essenziali*, in *Giur. Cost.*, 1993, p. 1.956; F. Santoni, *Sciopero nei servizi pubblici essenziali e obbligo di preavviso: un limite procedurale inderogabile*, in *Mass. Giur. Lav.*, 1993, p. 609).

É considerada uma forma desleal de ação sindical a retirada espontânea — mas injustificada, porque não precedida de um acordo de composição do conflito, nem de uma intervenção nesse sentido da Comissão da Garantia ou da autoridade competente para a injunção — da greve, também legítima, proclamada e da qual já tenha sido dada informação aos usuários. Isso porque, abusando do instrumento da retirada, os sindicatos poderiam prejudicar os usuários por meio do dito "efeito anúncio" que, sem realmente implicar em greve e sem o correspondente sacrifício da retribuição, suportado pelos trabalhadores que se abstiverem, permite a quem proclame a greve gerar turbação na gestão dos serviços e em relação a seus usuários (art. 2º, parágrafo 6º, Lei n. 146, de 1990, como modificado pelo art. 1º da Lei n. 83 de 2000; ver T. Treu, *Il conflitto e le regole*, in *Giorn. Dir. Lav. Rel. Ind.*, 2000, p. 429, para uma avaliação positiva da norma; contra, G. Orlandini, cit., p. 99, adversário da assimilação de interesses do empregador e dos usuários, assim como a norma faria, na opinião do autor).

Para evitar o objetivo colapso do serviço, entre a realização de uma greve e a proclamação da seguinte — também da parte de organizações sindicais diversas, mas com incidência no mesmo serviço e na mesma área de influência — deve transcorrer um intervalo mínimo de tempo (chamada cláusula de rarefação objetiva) cuja quantificação diz respeito à contratação coletiva, que deve especificá-lo, de acordo com as características de cada setor (art. 2º, parágrafo 2º, Lei n. 146 de 1990, como modificado pelo art. 1º, Lei n. 83, de 2000). G. Ghezzi, *Un'importante riforma tutta in salita: la disciplina dello sciopero nei servizi pubblici essenziali*, in *Riv. Giur. Lav.*, 1999, p. 687, critica a norma, porque bloquearia o recurso à greve por organizações sindicais mais lentas.

Um aspecto de grande relevância diz respeito às prestações mínimas que devem ser salvaguardadas no curso da greve.

No quadro dos serviços públicos essenciais, o direito de greve será exercido em relação a medidas idôneas a garantir prestações consideradas indispensáveis, algumas das quais são identificadas diretamente pelo próprio legislador, mas que são remetidas, em primeiro lugar, à determinação da autodisciplina sindical por via consensual (ou seja, são individualizadas por contratos e acordos coletivos) e por via unilateral, com códigos de autorregulamentação sindical (art. 2º da Lei n. 146 de 1990).

A lei, não podendo prover uma pontual regulamentação para cada serviço público, se limita a fixar um parâmetro geral, em virtude do qual, exceto em casos especiais, as prestações mínimas a serem garantidas devem estar contidas em uma quantidade não superior a 50% das prestações normalmente prestadas e dizer respeito a quotas extremamente necessárias de pessoal não superiores, em média, a um terço do pessoal normalmente utilizado para a plena prestação do serviço (art. 13, letra *a*, Lei n. 146, de 1990, como substituído pelo art. l0 da Lei n. 83 de 2000). A norma mostra-se respeitosa do princípio de que a greve suporte o sacrifício menor possível. Às organizações sindicais e, a título subsidiário, à Comissão de Garantia é dada a tarefa de especificar o preceito legal, de acordo com as necessidades específicas de cada serviço (ver G. Santoro Passarelli, *Art. 2*, in M. Rusciano e G. Santoro Passarelli, *Lo sciopero nei servizi pubblici essenziali. Commentario alla legge 12 giugno 1990, n. 146*, Milano, 1991, p. 39).

Tal técnica normativa não contrasta com a previsão de regulamentação legislativa da greve que se encontra no art. 40 da Constituição, que, porém, não introduz uma reserva de lei absoluta (ver U. Romagnoli, *Le fonti regolative dello sciopero nei servizi essenziali*, in *Lav. Dir.*, 1991, p. 550), mas permite à lei se remeter a outras fontes — quais sejam, o contrato coletivo ou decisões de uma autoridade independente, como a Comissão de Garantia — para a especificação do preceito enunciado (T. Treu, *Le prestazioni indispensabili*, in T. Treu, M. Roccella, A. Garilli, P. Pascucci, *Sciopero e servizi essenziali. Commentario sistematico alla legge 12 giugno 1990, n. 149*, Padova, 1991, p. 14). Sobre a eficácia dos acordos sindicais que identificam as prestações indispensáveis expressou-se a Corte Constitucional, com as sentenças n. 57, de 1995, e n. 344, de 1996.

O método de autorregulamentação, na Itália, não se apresenta como uma novidade absoluta, na experiência das relações sindicais e no mesmo terreno legislativo. A mencionada lei-quadro sobre emprego público, n. 93, de 29 de março de 1983, posteriormente revogada pelas normas sobre a privatização do emprego público, condicionou a legitimidade para negociar os respectivos acordos sindicais à adoção, por parte dos sindicatos, de códigos de autorregulação da greve. A peculiar novidade da Lei n. 146, de 1990, reside, no entanto, na contratualização das regras do conflito, que na prática se é imposta como itinerário privilegiado, depois que a autorregulação unilateralmente ditada pelos códigos emitidos pelos sindicatos confirmou sua fragilidade constitutiva. E isso apenas por conta da relevância unicamente endossindical das eventuais violações dos códigos por parte de trabalhadores individuais e da hesitação dos sindicatos em sancionar as respectivas responsabilidades dos próprios associados.

A disciplina da ação direta dos trabalhadores de serviços públicos essenciais visa a obter sua eficácia na convergência e cooperação de fontes legais e da autonomia coletiva, superando sua tradicional oposição e a antiga oposição dos sindicatos no que diz respeito a limitações não legislativas do direito, consagrado pelo art. 40 da Constituição. Permanece, porém, a cautela, em relação à idoneidade autorregulativa do sistema sindical, manifestada pela sujeição dos resultados de suas fontes de autodisciplina ao controle de uma autoridade administrativa independente: a Comissão de Garantia, implementada pela Lei n. 146, de 1990, chamada a avaliar a idoneidade das medidas que assegurem a conciliação do exercício do direito de greve com o gozo dos direitos da pessoa constitucionalmente tutelados (art. 12).

A legitimidade da greve dos trabalhadores de serviços públicos essenciais é condicionada, além do requisito substancial do cumprimento das prestações indispensáveis — assegurada, não obstante, a abstenção do trabalho — daqueles formais *supra* acenados e correspondentes ao pré-aviso mínimo de dez dias e a indicação da duração da abstenção do trabalho (art. 2º).

A finalidade do pré-aviso — esclarece o próprio legislador — é, de fato, aquela de consentir à administração pública ou às empresas prestadoras dos serviços predispor as prestações indispensáveis, e favorecer o conhecimento dos usuários acerca das modalidades de abstenção e das medidas que administração pública e empresas devem preparar em substituição, e informar aos usuários. Além disso, a preventiva notícia da greve favorece o experimento de tentativas de conciliação do conflito. As disposições em tema de pré-aviso mínimo e de indicação da duração da greve introduzem um limite procedimental inderrogável, já que as disposições não se aplicam somente nos casos, extraordinários, de abstenção do trabalho em defesa da ordem constitucional, ou de protesto por graves eventos lesivos da incolumidade e da segurança dos trabalhadores (art. 2º, parágrafo 7º).

A lei não prevê nada acerca dos sujeitos legitimados a estipular os contratos coletivos e os acordos de autodisciplina da greve; nem acerca da legitimidade de proclamá-la. No silêncio do legislador, tais competências não são reservadas a sujeitos dotados de particulares requisitos: nem às organizações sindicais de maior representatividade, nem mesmo a sujeitos que necessariamente tenham caráter de associação sindical, podendo a competência ser exercitada até por outros organismos portadores de interesses coletivos dos trabalhadores.

Na falta de autodisciplina coletiva, a jurisprudência dominante admite que a regulamentação das prestações indispensáveis seja emanada pela administração pública ou empresas (obrigadas a realizar, com os trabalhadores e os sujeitos que proclamam a greve, tais prestações: art. 2º, parágrafo 3º), mas em conformidade com as diretivas em questão, formuladas pela Comissão de Garantia, depois do êxito negativo das tentativas de conciliação promovidas, na hipótese de ausente acordo sobre as prestações indispensáveis.

A Comissão de Garantia é — como dito — uma autoridade independente, composta por nove membros nomeados pelo presidente da República, a partir de designação dos presidentes da Câmara dos Deputados e do Senado, mediante escolha entre expertos em matéria de direito constitucional, direito do trabalho e relações industriais (art. 12, parágrafo 2º, Lei n. 146 de 1990). Sobre o tema ver S. Cassese, *La commissione di garanzia per l'attuazione della legge sullo sciopero nei servizi pubblici essenziali — una prima valutazione*, in *Riv. Giur. Lav.*, 1991, I, p. 403; M. V. Ballestrero, *La commissione di garanzia dieci anni dopo*, in *Quad. Dir. Lav. Rel. Ind.*, 2001, n. 25.

Entre as atribuições da Comissão de Garantia destaca-se a de avaliar a idoneidade dos contratos e dos acordos coletivos que disciplinam prestações indispensáveis e procedimentos de "resfriamento" dos conflitos; e a de promulgar a já mencionada provisória regulamentação, em caso de inércia das partes sociais na obtenção de um acordo sobre as prestações indispensáveis. À Comissão são comunicadas, por meio das partes sociais, todos os contratos e acordos estabelecidos, na implementação das remissões feitas por lei para a determinação das regras da greve em cada setor.

Se a Comissão avalia positivamente o acordo, as empresas e a administração pública prestadora de serviço público essencial têm a obrigação de aplicar aos seus empregados, em caso de greve, as regras ali contidas. No caso de avaliação negativa de idoneidade, a própria Comissão formula uma proposta, sobre a qual as partes sociais devem pronunciar-se em quinze dias. Quando, não obstante a proposta formulada, as partes sociais não conseguem obter um acordo, a Comissão de Garantia adota uma regulamentação provisória para o setor, que substitui o acordo sindical, até a chegada de um idôneo (P. Pascucci, *Tecniche regolative dello sciopero nei servizi essenziali*, Torino, 1999, p. 210, salienta o valor dinâmico da iniciativa da Comissão, funcional a procurar o acordo entre as partes sociais).

Além desse poder fundamental de determinação das regras, a Comissão de Garantia, em vista do citado art. 13, desenvolve também uma série de importantes tarefas relacionadas a específicas greves. A Comissão, de fato, pode convocar as partes sociais, para tentar uma solução amigável do conflito; com esse fim, eventualmente formula um convite para adiar a greve convocada. Pode também avaliar a proclamação da greve em relação ao respeito do termo do aviso-prévio, do intervalo de rarefação, da realização de procedimentos de conciliação ou mesmo das comunicações a serem feitas aos usuários, podendo também, na hipótese de violação de uma das obrigações descritas, adotar uma resolução com o objetivo de pedir o adiamento, para permitir uma nova proclamação (legítima) da greve; pode solicitar o adiamento de uma greve também legitimamente proclamada, quando é concomitante com a proclamada por outros sindicatos em serviços de transportes públicos alternativos (por exemplo, transporte aéreo e ferroviário) no campo da mesma área de influência.

A Comissão deverá igualmente tomar uma decisão, na conclusão de um procedimento que envolve as partes em conflito, associações de usuários e autoridades públicas que tenham interesse, sobre aplicação das sanções previstas pela violação das regras prescritas, em relação aos trabalhadores, subordinados ou autônomos, que tenham feito parte de uma greve ilegítima e em relação às respectivas organizações de categoria que tenham proclamado tal greve. A Comissão, finalmente, eleva as sanções administrativas contra os empregadores que não tomam medidas para impor as previstas sanções disciplinares contra os trabalhadores que participaram da greve ilegitimamente. Isso porque, no caso de greve dos trabalhadores e de serviços públicos, o empregador não é livre de sancionar ou não quem tenha feito greve ilegitimamente, mas deve fazê-lo. Todavia, por expressa previsão em lei, o empregador nunca pode impor a sanção de demissão disciplinar ao funcionário que entrou em greve de forma ilegal. No caso de sanções disciplinares de caráter pecuniário, o montante é pago pelo empregador ao Instituto Nacional da Previdência Social (art. 4º da Lei n. 146 de 1990, como modificado pelos arts. 3º e 4º da Lei n. 83 de 2000).

Junto ao freio representado pelas sanções previstas para a proclamação ou implementação de uma greve ilegal, quando subsista fundado perigo de que a greve cause um prejuízo greve e iminente aos direitos da pessoa constitucionalmente tutelados, a lei previu uma específica medida para tutelar os direitos dos usuários.

Trata-se de uma medida de regulamentação heterônoma da greve, excepcional com respeito à geral inspiração, baseada no consenso das partes envolvidas da Lei n. 146 (U. Romagnoli, *op. loc. cit.*; G. Ghezzi, *Prime riflessioni in margine alla legge sullo sciopero nei servizi pubblici essenziali (legge 12 giugno 1990, n. 146)*, in *Riv. Giur. Lav.*, 1990, I, p. 162).

O presidente do Conselho dos Ministros, ou um ministro por ele delegado, no caso de conflitos de relevância nacional, ou até mesmo o prefeito (isto é, na Itália, o funcionário que representa o governo no âmbito provincial), no caso de conflitos de relevância circunscrita, por recomendação da Comissão de Garantia ou por sua própria iniciativa em casos de necessidade e urgência, podem convidar as partes a desistir dos comportamentos que provoquem situação de perigo e efetuar uma urgente tentativa de conciliação. Se isso não funcionar, podem aprovar uma injunção aos trabalhadores (incluindo os autônomos) com o objetivo de permitir as prestações indispensáveis. A ordem pode prever o adiamento da greve ou prescrever que essa respeite modalidades idôneas a garantir o serviço aos usuários (ver M. Roccella, *La precettazione "rivisitata"*, in T. Treu, M. Roccella, A. Garilli, P. Pascucci, cit., p. 81).

A disciplina descrita, por meio da extensão introduzida pela Lei n. 83, de 2000, também se aplica às abstenções coletivas (que não são greve no sentido próprio) proclamadas por trabalhadores autônomos, quando forem suscetíveis de influenciar a funcionalidade de um ou mais serviços públicos essenciais (art. 2º *bis*, Lei n. 146 de 1990). Também nesse caso a lei impõe o respeito de prestações mínimas indispensáveis; todavia, faltando muitas vezes nesse âmbito sindicatos em conflito, tais regras não serão dispostas em acordos coletivos, mas em códigos de autorregulamentação promovidos pela própria Comissão de Garantia e adotados pelas associações de representação das categorias interessadas.

Mesmo tais códigos — como ainda aqueles que, com o objetivo de regular a greve, os sindicatos dos empregados concordem em aprovar em vez da conclusão, mais prevalente na experiência efetiva, de contratos coletivos — são examinados pela Comissão de Garantia que, em caso de avaliação negativa, poderá recorrer a provisória regulamentação.

A Lei n. 146, de 1990, previu — como acenado acima — um articulado sistema sancionatório para as hipóteses de avaliação das obrigações impostas no exercício do direito de greve. Revogadas as sanções penais dos arts. 330 e 333 do Código Penal, o legislador introduziu um complexo sistema de sanções, civis e administrativas, concernentes seja aos trabalhadores, seja aos sindicatos e a outros sujeitos que proclamem a greve, seja aos entes da administração pública e empresas prestadoras do serviço (arts. 4º e 9º).

Quis-se, de tal modo, superar o ineficiente modelo da autorregulamentação unilateral efetuada por meio dos mencionados códigos sindicais, mas também em relação à efetividade do novo sistema foram apresentadas perplexidades, que dizem respeito ao tamanho das sanções disciplinares individuais, de uma parte dos comentaristas da Lei n. 146, de 1990, julgada demasiada branda, porque excluiu a demissão.

Estabeleceu-se a sanção da suspensão dos benefícios de ordem patrimonial derivados aos sindicatos, previstos nos arts. 23 e 26, parágrafo 2º, da Lei n. 300, de 20 de maio de 1970 (licenças sindicais e facilidades na coleção das contribuições sindicais). A Corte Constitucional, com a sentença n. 57, de 1995, declarou que a sanção deve ser aplicada na conclusão do procedimento, com garantia do contraditório perante a Comissão, cuja respectiva deliberação constitui pressuposto da sanção do empregador, e nesse sentido previu a repetidamente citada Lei n. 83 de 2000.

21. RESTRIÇÕES IMPOSTAS À GREVE NOS SERVIÇOS PÚBLICOS COM BASE EM MEDIDAS DE AUTORIDADES ADMINISTRATIVAS E LIMITES FORMAIS INTRODUZIDOS PELAS NORMAS LEGISLATIVAS; REGULAMENTAÇÕES CONTRATUAIS

A disciplina da mencionada greve nos serviços públicos é estabelecida por várias legislações europeias (ver E. Ales, *Lo sciopero nei servizi pubblici in Europa*, cit.). Na França, mostra aspectos semelhantes aos que foram observados estar em vigor na Itália, mas também algumas diferenças não negligenciáveis.

As semelhanças derivam da mencionada coincidência da formulação das duas disposições constitucionais em matéria de autotutela sindical e se estendem até a crucial importância apresentada, em ambos os sistemas, pela jurisprudência — na França, em particular pelo *Conseil d'État* — que abriu caminho para a iniciativa do legislador.

Note-se, particularmente, a sentença de 7 de julho de 1950 — o *arrêt Dehaene* — que, de um lado, alegando o valor global do reconhecimento constitucional do direito de greve, o refere também aos empregados públicos, de outro, enfatiza os limites da sua ação. A decisão considera a existência de limites postulados pela Constituição, quando atribuiu ao legislador a tarefa de regular o exercício do direito; e, no entanto, considera que eles sejam suscetíveis de justificar a intervenção da administração pública, sob o controle dos juízes.

Delineia-se, assim, um quadro que visa à conciliação da autotutela dos interesses coletivos profissionais e da proteção do interesse geral, que exige a continuidade dos serviços públicos e a conexa garantia da ordem pública. Essa exigência tem vindo sacrificar, com proibições estabelecidas em regras específicas, a titularidade do direito de greve para algumas categorias de empregados públicos (*Compagnies Républicaines de Sécurité* — lei de 27 de dezembro de 1947; polícia federal — lei de 28 de setembro de 1948; guardas carcerários — decreto de 6 de agosto de 1958; magistrados ordinários — decreto de 22 de agosto de 1958; oficiais designados para o controle de tráfego aéreo e pessoal de segurança aérea — lei de 2 de julho de 1964).

Em vez disso, para o restante do pessoal — lembra G. Adam —, a administração pública, impulsionada pela necessidade de garantir, no interesse geral, uma certa continuidade dos serviços públicos, vetou, mediante circulares internas, a greve de algumas categorias ou restringiu seu âmbito. Decisões semelhantes foram tomadas — já dissemos — sob o controle do juiz administrativo, da mesma forma que a orientação do Conselho de Estado, segundo o qual o direito de greve garantido pela Constituição é reconhecido, em princípio, aos funcionários públicos de toda categoria e a todos os servidores públicos, somente com a exceção daqueles a quem a lei proíbe. Todavia, a autoridade pública pode validamente vetar, com seus atos de natureza não legislativa, o exercício desse direito, quando exigissem a segurança das pessoas e dos bens e o funcionamento de atividades essenciais à vida da nação.

As incertezas aplicativas da acenada orientação jurisprudencial, bastante vaga, aconselharam fazer clareza graças à aprovação de uma lei. Por isso, foi promulgada uma normativa da qual é destinatário um vasto pessoal individualizado, mais do que em razão do *status,* em relação ao caráter do serviço, incluindo, assim, os empregados de empresas nacionalizadas, e aqui retorna a afinidade com aquela que observamos ser a configuração italiana do problema.

Buscou-se uma disciplina legislativa geral que regulasse o exercício do direito e consequentemente reduzisse a hipóteses excepcionais a intervenção, que se tornou frequente, das administrações públicas.

O legislador francês, independentemente da natureza jurídica, pública ou privada, do trabalho a que disciplinou, homogeneamente, o exercício do direito de greve, pareceu querer rebater a concepção clássica do "Estado poder público", ao invés da concepção do "Estado empregador", especificamente mais apropriada à questão regulamentada (G. ADAM, cit., p. 54). A reconstrução da *ratio* legislativa, porém, deve ter em conta a inevitável responsabilidade do Estado em relação ao interesse da generalidade dos cidadãos, que se enxerta na relação conflitual de tais trabalhadores e as qualifica de maneira peculiar.

O trabalho do legislador francês mostra características de menor organicidade e de diversa intensidade, em comparação com as do legislador italiano. A Lei n. 63.777, de 31 de julho de 1963, exige, para organizações de trabalhadores especificamente nela listadas — o elenco, no entanto, é consideravelmente ampliado pela jurisprudência — apenas a observância de dois requisitos formais: aviso-prévio de cinco dias e da comunicação das modalidades da agitação. Não é, porém, previsto o limite substancial do exercício do direito de greve, consistente na garantia de prestações indispensáveis. Mas isso não significa falta de freios, procurados em outros lugares, à implementação da autotutela dos interesses coletivos por parte dessa categoria de trabalhadores. De fato, de um lado, a proclamação da greve compete somente a uma das organizações sindicais mais representativas no âmbito da categoria ou da empresa ou do ente em questão. São, portanto, impedidas as greves "selvagens", e no setor dos serviços públicos G. ADAM, cit., p. 55, registra o monopólio sindical da gestão dos conflitos. Por outro lado, são impedidas também as greves anômalas, porque a lei veta expressamente, nesse âmbito específico, a greve rotativa.

Também na Bélgica à greve nos serviços públicos podem ser impostas restrições em via administrativa e legislativa, mas em forma diversa. A já mencionada lei de 1948, integrada em 1963, sobre prestações indispensáveis em tempo de paz, atribui a especiais Comitês mistos, compostos por representantes dos trabalhadores e dos empregadores, a tarefa de definir as modalidades de prestação de serviços essenciais. No caso em que as decisões sejam apoiadas por uma maioria qualificada, elas podem ser estendidas, mediante decreto real. Se, porém, não se chega a um acordo no âmbito do Comitê, a definição das prestações diz respeito ao Ministro do Trabalho.

No Reino Unido, o legislador interveio para regular, mas também para proibir, a ação direta em determinados serviços públicos, sem, porém, disciplinar de modo homogêneo o quadro geral do *essential service,* sendo reconhecidos também a administrações públicas poderes de aprovar excepcionais medidas restritivas da greve *(emergency powers).* Característica do sistema inglês foi fornecer restrições legais indiretas que — mesmo não implicando em si próprias limitações ao recurso aos meios de luta sindical — colocam seus freios e limites. Em obediência ao princípio de *collective laissez-faire,* a intervenção do poder público não causou uma legislação sistemática na matéria da greve nos serviços públicos, influenciando negativamente nesse sentido também a identidade do *status* jurídico entre trabalhadores privados e públicos (G. ORLANDINI, cit., p. 120).

R.W. RIDEOUT, lembra que nenhum trabalhador jamais foi condenado em violação das proibições, penalmente sancionadas, de greve dispostas por uma lei de 1875, para os empregados das empresas de gás e água, e por uma lei de 1919, para as empresas elétricas. As proibições foram revogadas pelo *Industrial Relations Act* de 1971, na adesão a seu propósito de reformar globalmente o direito sindical inglês; propósito demonstrado irrealista, dada a vida efêmera das inovações introduzidas. Ressalta-se que as empresas interessadas expressaram opinião de que as proibições, em todo caso, funcionassem como impedimento antigreve.

Com a finalidade de afrontar as situações mais graves da greve, no mesmo período, operou-se o mecanismo dos tribunais de inquérito, presididos por um juiz da *High Court*. Função desses organismos, que não tinham poderes arbitrais dos conflitos, foi a de estabelecer e fazer de conhecimento público, de forma imparcial, os fatos a partir do qual os conflitos podem surgir, revelando as razões e os erros das partes envolvidas. R. W. Rideout, nota que esse mecanismo, ainda que abrangido pelo sistema de composição voluntária dos conflitos industriais, tem sido usado com pouca frequência. Nos casos em que, porém, o mecanismo foi ativado, principalmente no setor de transporte público, as conclusões dos tribunais de inquérito — que não são limitadas exclusivamente a apurar os fatos, mas expressaram sua opinião sobre o assunto — forneceram a base para a resolução definitiva do conflito. Por outro lado, uma notável parte do sucesso dos tribunais de inquérito dependia da excepcionalidade de sua intervenção: um uso excessivo teria feito expirar sua autoridade. Mais uma vez foi revelado o pragmatismo, estranho a preocupações formais e de sistematicidade, que caracteriza o direito sindical britânico.

Inversamente, foi acompanhada pelo fracasso real a solução prevista pelo *Industrial Relations Act* de 1971, do recurso do governo para a *National Industrial Relations Court*, a fim de acabar com greve suscetível de causar interrupções no fornecimento de serviços e produtos, com perigos de desordem e pela vida e incolumidade das pessoas.

A revogação da norma deixou, no Reino Unido, apenas as disposições do *Emergency Powers Act* de 1920. Em virtude de tal lei, também pelo controle público da ação sindical, é possível aprovar medidas governativas de emergência de duração temporária, com as quais enfrentar as consequências na coletividade dos conflitos nos serviços públicos essenciais.

Nessa situação, foi fundamental o papel da autodisciplina sindical, pelo menos até o advento do "thatcherismo" e da sua já assinalada legislação cheia de limitações ainda pela ação direta, até agora sindicalmente regulamentada pelos *codes of practice*, que estabeleciam as *emergency covers*, isto é, as prestações indispensáveis dos grevistas.

O *self-restraint* inspirador de trabalhadores e empregadores (ver G. Morris, *Strikes in Essential Services*, London, 1986), pareceu não mais suficiente. Contudo, o poder público renunciou a utilizar assiduamente as tradicionais formas de intervenção, considerando bastante o controle da conflituosidade no setor público por meio do geral sentido limitativo da legislação sindical e das transformações na organização dos serviços públicos (ver S. Bach, L. Borgogna, G. della Rocca, D. Winchester, *Public Service and Employment Relations in Europe. Transformation, Modernization or Inertiar?*, London, 1999).

Em outros ordenamentos europeus, além das ilustradas limitações da titularidade do direito de greve dispostas sobre algumas categorias de funcionários públicos, a regulamentação do conflito nos serviços públicos é delegada à negociação coletiva, nacional (Suécia) ou empresarial (*Notdienstvereinbarungen* na Alemanha). Na Dinamarca, os defensores da legalidade da greve nessa área têm se centrado no fato de que os funcionários públicos são recrutados com frequência crescente a título contratual, mas nem toda a doutrina e jurisprudência estão de acordo. Na Holanda, as primeiras dificuldades para uma orientação unívoca derivam da mencionada ausência de uma normativa sobre os efeitos da greve em geral. Na Suécia, o Acordo Fundamental sobre o Governo Nacional (HA) de 1978 instituiu o Conselho paritário de consulta no emprego público, que pode, a pedido de qualquer das partes, avaliar o perigo social do conflito que se pretende iniciar. Durante a fase de avaliação é proibido recorrer-se à greve. Não tendo o presidente direito de voto, em caso de empate, a função do Conselho se revela na prática de pouca relevância.

22. LIMITES AO EXERCÍCIO DO DIREITO DE GREVE CONEXOS A PECULIARIDADES TÉCNICAS DA ORGANIZAÇÃO PRODUTIVA. A DISCIPLINA EM MATÉRIA DE DANOS

O gênero de limitações, concernente às modalidades de implementação da abstenção do trabalho, que foi mencionado no item anterior, não se refere apenas à greve em serviços públicos essenciais.

Observamos acima como a jurisprudência constitucional italiana admitiu limitações penetrantes sobre o exercício do direito de greve dos marinheiros em navegação. Na Itália, limites ao exercício de greve foram introduzidos pelo legislador para os trabalhadores em instalações nucleares, evidentes os riscos à incolumidade pública, que podem surgir a partir da suspensão do trabalho não acompanhada de medidas e precauções adequadas (art. 40 do Decreto do presidente da República n. 185, de 13 de fevereiro de 1964). Na França, pela Lei n. 80.572, de 25 de maio de 1980, é prevista a proibição de greve para os trabalhadores de tais instalações e, portanto, vigora um limite interno sobre a titularidade dos direitos. A proibição da greve é estabelecida para tal categoria de trabalhadores também pela lei da República Tcheca, que a estende aos trabalhadores que lidem com material físsil e aos empregados em oleodutos e gasodutos. A greve sofre as mesmas proibições na Eslováquia, dada a já detectada originária unidade com a disciplina legislativa tcheca.

Uma outra limitação é definida pela lei húngara, pela qual são ilegítimas as greves que põem em perigo, direta e seriamente, a vida e a saúde humana, a integridade física e o meio ambiente, ou que possam prejudicar a prevenção dos efeitos dos desastres naturais. O limite pode qualificar-se de acordo com as funções dos trabalhadores envolvidos em tal espécie de greve. Se as funções são mais amplas do que aquelas que exigem o limite, inabalável, nas circunstâncias descritas, é dado concluir que se trata de um limite relativo, verificável somente nas situações de fato, que não comporta a exclusão da titularidade da greve; exclusão, por outro lado, subsistente, se a função essencial de tais trabalhadores resulte na prevenção dos perigos mencionados.

Mais em geral, apresenta-se — com intensidade acrescida dos reflexos das recentes evoluções tecnológicas sobre organização produtiva — a extrema delicadeza das greves em instalações industriais a ciclo contínuo, onde, em relação aos processos produtivos e aos materiais laborais, delineia-se exigência de racionalizar as situações de conflito sindical. Com o advento de tecnologias de sempre mais elevada complexidade e sofisticação, os direitos do trabalhadores ao conflito requerem a conciliação com as exigências de segurança, no interior e exterior dos locais de trabalho, e com a exigência de afrontar as consequências das paradas nas instalações que, para serem reativadas, necessitam de longas e custosas operações e que, em todo caso, como resultado de paradas repetidas e não planejadas, sofrem um considerável "*stress* tecnológico" (ver F. Alleva, *L'esercizio del diritto di sciopero nelle aziende con impianti a ciclo continuo*, in Riv. giur. lav., 1976, I, p. 311).

As mencionadas necessidades de segurança e integridade das instalações, de um lado, solicitam cautelas, de modo que o chamado "multiplicador tecnológico" do potencial ofensivo do conflito coletivo, nesses casos, seja enquadrado em procedimentos adequados, mesmo nos lugares em que os ordenamentos em geral não as prevejam para o exercício do direito de greve; por outro lado, levanta-se a questão da avaliação e as consequências do dano complessivamente causado pela parada das próprias instalações. A capacidade conflitual, particularmente elevada para seus empregados, de fato, configura como necessária a regulamentação dessa greve: de onde a previsão específica de maneiras de conter os efeitos perturbadores, relacionada a um aviso-prévio razoável e à provisão — por meio de controle — do número de prestadores capazes de assegurar, se não a continuidade da produção, pelo menos que as estruturas produtivas sejam afetadas pela greve na menor medida possível (chamado mínimo técnico).

Foram relatadas acima as precauções legislativamente introduzidas na Espanha e na Grécia, em relação às consequências disruptivas da greve contra as estruturas produtivas em causa. Análoga preocupação é sentida na Bélgica, onde a lei é expressa no sentido de que o direito à greve deve ser equilibrado com outros direitos, bem como com os interesses gerais da sociedade. Exigência que impõe, durante o exercício do direito de greve, preservar o capital e as instalações da empresa.

Precauções e limitações nesse âmbito podem achar implementação por meio de exigências procedimentais, como foi estabelecido pela disciplina da Lituânia, que atribui a tutela de empresas com instalações de ciclo contínuo ao pronunciamento de um termo de aviso prévio da greve, que tenha a mesma duração do aviso prévio requerido para as abstenções de trabalho dos funcionários de serviços públicos. Na Eslovênia, a garantia de um nível operacional mínimo das estruturas produtivas cujos funcionários entrem em greve prevê, a fim de proteger a segurança de pessoas e bens e permitir a cumprimento de compromissos internacionais do país, que a decisão de entrar em greve seja acompanhada da declaração sobre o nível mínimo de trabalho garantido de qualquer maneira. A declaração é dirigida ao empregador, à autoridade pública competente e à organização sindical adequada, quando a greve não seja proclamada pelo sindicato.

Ressaltamos como a situação presente tem semelhanças com aquela da greve nos serviços públicos. Mais específico, e delicado, é o problema do dano causado pela greve a tais instalações (ver A. FONTANA, *Attività realizzata con impianto a ciclo continuo con fermate periodiche. Scioperi implicanti fermate ulteriori*, in *Nuova Giur. Civ.*, 1990, I, p. 622). Dano que pode transcender à perda de produção durante o período da greve, de acordo com o fisiológico equilíbrio dialético do conflito coletivo, e pode investir, em razão das pausas, mas também da desaceleração na operação de máquinas de alta complexidade, que facilmente são afetadas pelas alterações da atitude normal de circulação na própria capacidade produtiva das instalações. Sobre esse assunto, ver os trabalhos do seminário realizado em Santa Maria di Pula, de maio de 1987, do Centro de Estudos em Direito do Trabalho "Domenico Napolitano" com o tema *Instalações de ciclo contínuo e relações industriais*.

R. BIRK, observa que constitui uma consequência inevitável de qualquer greve a de que a provoque danos econômicos mais ou menos graves, não só para o empregador, mas também para terceiros e para a economia nacional. Discute-se o quanto o dano tem de ser suportado pelas pessoas afetadas pela greve. O autor enfatiza que é universalmente aceita a ideia de que os danos causados "por uma greve ilegal devem ser compensados", pois para esses não opera nenhuma imunidade especial e o comportamento dos grevistas permanece sujeito às normas que regem o ilícito civil. Questão mais delicada é se uma greve, por outros motivos legítima, possa resultar ilegítima em razão de danos desproporcionais causados ao empregador.

Nos ordenamentos em que se afirmou, em via legislativa ou jurisprudencial, o princípio da necessária proporcionalidade do dano produzido pela greve e aquele suportado pelos trabalhadores grevistas por meio da perda das retribuições, ações de luta do gênero daquelas *supra* delineadas, implementadas em particulares instalações incorrem na qualificação de ilegitimidade, se em tais instalações não sejam garantidas as chamadas prestações de manutenção *(Erhaltungsarbeiten)*. Onde, ao contrário, não se pensa que o ordenamento acolha o lembrado princípio de proporcionalidade do dano causado pela greve, a legitimidade dessa poderia vir em questão, nas situações ilustradas, em relação ao prejuízo causado à capacidade produtiva das instalações.

Foi recordada a orientação da jurisprudência italiana, que reconduz a ilegitimidade da greve ao dano à produtividade empresarial, isto é, à capacidade produtiva da instalação, garantida pelo art. 41 da Constituição, por meio do princípio da liberdade de empresa.

Trata-se, porém, de estabelecer se a avaliação deve ser exclusivamente do ponto de vista material, senão também a partir de um caráter econômico. Nesse caso, o exame não deve parar na mera constatação da irremediabilidade técnica do dano material provocado ao funcionamento da instalação empresarial. A empresa é uma realidade econômica e, nessa perspectiva, se for julgado conveniente economicamente, cada falha técnica da empresa pode ser reparada, eventualmente com o preço da substituição integral dos equipamentos danificados. Mas, então, a ilegalidade da greve deveria ser medida não só pelo custo anormal exigido por recondicionamento após paralisações anormais e lentidão de produção.

23. ESTRUTURA E NATUREZA DO DIREITO DE GREVE

Nos ordenamentos dos Estados-membros da União Europeia, o fenômeno da greve vem identificado — conforme o critério que é geralmente adotado para esse fim — em uma abstenção coletiva e concertada do trabalho, postas em prática para exercer pressão sobre a outra parte (mas, para alguns ordenamentos, também sobre poderes públicos que sejam capazes de influenciar a condição dos trabalhadores), com vista a alcançar o cumprimento de certos pedidos. E os efeitos jurídicos de abstenção são detectados na suspensão das relações de trabalho dos grevistas.

Na greve se entrelaçam duas posições: a do grupo que detém o interesse coletivo assim defendido — associação sindical ou outra espécie de organização de trabalhadores, segundo o que os vários ordenamentos requeiram, como no caso de muitos daqueles examinados, ou não, para sua legitimidade, a sindicalidade desse meio de autotutela dos interesses coletivos — e a posição dos trabalhadores individualmente considerados. Quando a titularidade do direito de greve for reconhecida a eles, cada trabalhador escolherá participar ou não da abstenção do trabalho; ou, quando se considera que os titulares do direito de greve sejam, ao contrário, as organizações que a proclamam, os trabalhadores estão vinculados à abstenção.

Dependendo das circunstâncias, da finalidade e dos métodos de organização e implementação, são registráveis várias espécies de abstenção juridicamente relevantes, como as greves por salário e outras condições de trabalho, de protesto, simbólicas, de solidariedade, seletivas, oficiais, selvagens etc. (R. Birk, *op. ult. cit.*, p. 407). Todas, se o ordenamento jurídico de sua referência as considera legítimas, colocam o problema de construir, em termos jurídicos, o direito que justifique a abstenção.

Assim que são promulgadas as leis reguladoras, a relação entre perfil coletivo e individual é disciplinada, e a solução do mencionado problema é facilitada. Ressaltou-se como uma parte dos ordenamentos europeus definam por lei os meios de luta empregáveis nos conflitos de trabalho, porém — observa ainda R. Birk, *op. ult. cit.*, p. 407-408, referindo-se a J. de Givryahn, *Prevention and Settlement of Labour Disputes, Other than Conflicts of Rights*, in O. Kahn-Freund (Coord.), *International Encyclopaedia of Comparative Law*, v. XV, cap. 14, p. 3-4 — com o objetivo, frequente, não tanto para facilitar a construção jurídica do conceito, mas sim para especificar e circunscrever os instrumentos da aplicação de suas leis. No entanto, existem definições legais e devem ser levadas em conta, não só em termos de interpretação normativa concernente ao ordenamento no qual as definições são registradas, mas também em termos de apoio ao trabalho que o intérprete tem de enfrentar quando, a respeito da solução que outros ordenamentos oferecem ao problema, encontra-se de frente a um vazio normativo gerado pela inércia do legislador nacional. Naturalmente, pode tratar-se de um simples apoio e não de uma automática transposição das soluções que, em diversos contextos jurídicos, se beneficiam do crisma da positividade jurídica.

A maioria dos sistemas examinados que disciplinam legislativamente o conflito industrial reconhece a titularidade do direito de greve para os trabalhadores individualmente considerados, de modo que cada um deles, depois que a greve seja concertada e proclamada, tem a responsabilidade de decidir acerca do concreto exercício do direito. E isso — cabe repetir — sempre supondo que a greve pode ser implementada apenas para a defesa de um interesse coletivo cuja avaliação será encaminhada para a organização portadora do interesse.

Essa reconstrução do direito de greve atinge também os ordenamentos em que falte uma lei reguladorea, porque a reconstrução pode basear-se na natureza própria do instrumento de autotutela dos interesses coletivos e nos princípios não só de liberdade de ação sindical, mas também de liberdade do trabalho, em que se baseiam as escolhas sobre o tema dos indivíduos. A greve, portanto, configura-se como um direito subjetivo individual do trabalhador que, para o exercício, fica condicionado às determinações do grupo (sindicato ou outra organização de trabalhadores).

Como resultado, qualifica-se a greve como um direito individual a ser exercido coletivamente, pela natureza do interesse tutelado. Podem ser úteis, a esse respeito, os referimentos à elaboração, feita pela doutrina de direito público, da categoria dos direitos subjetivos públicos: como esses direitos são atribuídos ao privado para tutela de um interesse geral, do qual participa, assim o direito de greve é atribuído ao trabalhador para a tutela do interesse coletivo por ele compartilhado, e o da greve é definível, por analogia à elaboração juspublicista, um direito subjetivo coletivo. Também é assim esse direito, em razão da necessária pluralidade dos grevistas: mesmo onde se considere admissível a greve feita por um só trabalhador, permaneceria sempre a necessidade da defesa de um interesse coletivo, e se trataria de hipóteses muito marginais, acadêmicas, porque a realidade da greve é aquela de um fenômeno intrinsecamente coletivo.

Foi especificado (F. Santoro-Passarelli, *Nozioni*, cit., p. 60) que tal direito subjetivo é um direito potestativo, porque o efeito imediato de seu exercício consiste na suspensão da relação de trabalho, em virtude da qual a abstenção do trabalho não constitui infração. O empregador nada deve ou pode fazer para que o direito seja realizado. Ele permanece em uma posição de respeito, como acontece com todos os sujeitos passivos de um direito potestativo, e não de obrigação, como, ao contrário, ocorre em relação a um direito de crédito. O trabalhador tem o poder de influenciar, por sua mera vontade e por exercer seu direito, na situação jurídica do empregador, que está sujeito a essa iniciativa.

À ilustrada elaboração doutrinária sobre a estrutura e natureza do direito de greve foram dirigidas críticas de outra parte da doutrina, a qual, cuidadosa para se que sejam consideradas legítimas também as greves implementadas com fins não estritamente contratuais, temeu as consequências negativas que poderiam surgir por tal estendida legitimação das formas de greve, a partir de uma construção, segundo a qual o direito dos trabalhadores refletia uma mera posição, passiva, de sujeição do empregador. De fato, temeu-se que tal construção pudesse acabar por legitimar unicamente a greve realizada em função da negociação coletiva, preferindo-se, portanto, definir a greve diversamente: ou seja, como direito da personalidade ou como direito de liberdade, ou mesmo como mero fato jurídico. Uma pesquisa das várias teorias sobre o direito de greve é realizada por L. GAETA, *Lo sciopero come diritto*, in M. D'ANTONA, *Letture di diritto sindacale*, Napoli, 1990, p. 403.

A crítica, portanto, revela-se motivada mais do que por argumentos técnicos jurídicos, por concepções de política do direito. Mas, mesmo nesse terreno, as preocupações podem ser dissipadas. Nos ordenamentos onde o direito de greve não seja, pelo legislador ou pela interpretação doutrinária e jurisprudencial, estritamente funcionalizado à contratação coletiva — na verdade, existem muitos ordenamentos na Europa orientados à funcionalização semelhante — a legitimidade da greve convocada em vista dos objetivos econômicos e sociais mais amplos, ou, como já foi dito, à imposição político-econômica, nada tem a temer da construção da greve como um direito potestativo. Observamos como as greves com fins não contratuais podem encontrar uma própria legitimidade, que não seja manchada pela construção acima mencionada, porque não é duvidoso que sujeito passivo do direito de greve, mesmo em suas versões abertas ao mais amplo leque de finalidades, continua a ser o empregador: sujeito passivo direto, que é acompanhado, em posições juridicamente indiretas, mesmo que substancialmente significativas, por outro sujeitos institucionais.

Entendemos plausível considerar juridicamente o direito de greve, nos ordenamentos em que não seja exclusivamente funcionalizada à negociação coletiva, de acordo com um duplo ponto de vista.

Do ponto de vista do contrato de trabalho, a classificação mais correta continua sendo aquela do direito potestativo do trabalhador que, exercitando-o, suspende a execução da prestação laboral. Essa reconstrução, naturalmente, é também válida para os ordenamentos que funcionalizam a greve à negociação coletiva. Todavia, vimos que outros ordenamentos, no âmbito da mesma União Europeia, considerem a greve de um ponto de vista mais amplo, como um dos principais instrumentos para a realização da justiça social e a consolidação da democracia. Em tal perspectiva, que transcende a relação com o empregador, é admissível qualificar a greve como direito absoluto de liberdade, tendo em vista a tutela dos fundamentais interesses de desenvolvimento da pessoa do trabalhador e de sua participação social. Em tão ampliada perspectiva, permanece ainda sempre a necessidade de individualizar os efeitos jurídicos do exercício do direito absoluto de liberdade sobre a relação de trabalho que pertence ao trabalhadores grevistas, e por isso deve se referir ao primeiro dos enunciados pontos de vista.

Cabe enfatizar outros valores subjacentes à exposta construção jurídica do direito de greve. É admissível crer que, além do mais ou menos fundado temor de restringir o âmbito da greve legítima à greve somente por fins contratuais, a construção da greve como direito individual do trabalhador, a ser exercido coletivamente, apresenta uma dupla potencialidade. De um lado, é destinada a influenciar a competição que, em dados ordenamentos e em determinados períodos históricos, eventualmente se desenvolve entre sindicatos oficiais e novas formas de organização, espontâneas, dos trabalhadores. Poder dispor da arma da greve reforça tais organizações e aquece o clima contratual, retirado à *pax* social, com cuja consolidação os sindicatos tradicionais estão dispostos a contribuir. Por outro lado, o retorno à livre decisão do indivíduo da participação à abstenção do trabalho proclamada pelo sindicato pode contribuir, pelo contrário, a frear as pressões conflituais. Nesse caso, aquelas que inspirem também a organização sindical oficial, que não poderia contar com o automatismo da obediência a suas proclamações de luta. A questão assume uma particular relevância nas hipóteses em que o modelo de organização sindical é aquele em que opera uma pluralidade de sindicatos de categoria pertencentes a diversas confederações; modelo em que a resposta dos indivíduos a greves proclamadas não unitariamente acaba por construir uma medida da respectiva força representativa das organizações sindicais discordantes.

24. A PREVENÇÃO DA GREVE

À luz das observações que já tivemos a oportunidade de antecipar, nos ordenamentos examinados encontram-se diversas formas de prevenção da greve, através de procedimento especial voltado a conter os perigos dos efeitos indesejados e do abuso, especialmente em relação aos interesses gerais, como também os da parte contrária. Os institutos de prevenção, porém, caso não pretendam encerrar-se em uma negação da greve, devem sempre ser compatíveis com um genuíno exercício do direito, não o restringindo senão em casos absolutamente excepcionais ou naqueles em que perca sua eficácia.

Consequências excessivamente restritivas da greve, ao contrário, causariam a arbitragem obrigatória que viesse prevista como condição geral da luta sindical. Através de tal arbitragem, na realidade, resultaria, mais do que a prevenção da ação direta, a substituição dela e da autonomia das partes coletivas pela determinação do árbitro, a quem seria garantida a função de compor o conflito no lugar das partes e de ditar a disciplina dos interesses coletivos com base na sua própria avaliação. Compreende-se, portanto, a hostilidade com a qual as organizações sindicais enxergam uma similar forma de prevenção do conflito coletivo.

Nos Estados-membros da União Europeia, a arbitragem obrigatória era prevista na Grécia, antes da reforma de 1990. Estabelecia-se que funcionasse pela iniciativa da parte empreendedora e do Ministério do Trabalho, caso não houvesse êxito nas tentativas sindicais entre as partes e falidas as conciliações propostas pelos órgãos administrativos competentes. No período transcorrido entre a falha na conciliação e a abertura do procedimento arbitral, ficava a greve vetada, civil e penalmente.

A arbitragem era cumprida em tribunais arbitrais administrativos, compostos não por magistrados, mas por representantes de partes sociais. Contra a determinação arbitral não cabia recurso. Em consequência da mencionada lei de 1990, o procedimento arbitral resulta agora facultativo. Todavia, a parte que havia aceitado proposta de conciliação rejeitada pela parte contrária tem o poder de ativar o procedimento arbitral sem o consenso desta última. O Ministério do Trabalho, ao contrário, perdeu a faculdade de iniciar o procedimento, que se desenrola perante um organismo arbitral munido de personalidade jurídica de direito privado. Contra suas decisões pode-se propor apelação ao Poder Judiciário ordinário.

Instrumentos de intervenção autoritários do poder público, com o objetivo da prevenção do conflito coletivo, são registrados na Holanda, sob o pálio da vinculação estatal da autonomia coletiva, sobre a qual se tratou *supra*; e na Dinamarca, onde, todavia, a arbitragem e a atuação cogente da autoridade estatal — o Tribunal do Trabalho — é recurso extremo para a solução dos conflitos, remetidos ordinariamente aos mecanismos postos pelas partes sociais ou da conciliação concluída em especiais órgãos públicos (ver P. Jacobsen, *Den kollektive arbejdsret*, Copenaghen, 1975).

É supérfluo destacar a diferença essencial entre arbitragem obrigatória e facultativa, a segunda contemplada em várias legislações europeias (assim é na França — G. Adam, cit., p. 79-80 —, no Reino Unido — R. W. Rideout, cit., p. 306-322, na Suécia — F. Schmidt, *Il conflitto di lavoro in Svezia*, cit., p. 161-165 —, em Portugal, na Espanha, na Áustria e na Holanda); nesse segundo caso, a escolha de remeter à arbitragem a solução do conflito de interesses é facultada às partes, cuja autonomia não é ferida.

Nos Estados europeus recorre-se, também, a meios de solução de conflito nos quais não é remetida a decisão a um terceiro, ficando somente baseada na autonomia das partes. Isso é, a conciliação, por meio da qual o terceiro não substitui as partes, mas opera pela aproximação das posições opostas e pela conclusão de um acordo (*Bureau international du travail — BIT, La conciliation et l`arbitrage des conflits du travail*, Geneve, 1933). Com frequência, portanto, a lei regula a tentativa de conciliação dos conflitos coletivos, criando para a matéria regime legal permanente. Assim na Alemanha, Luxemburgo, França, Irlanda, Suécia e Portugal.

Em outro lugar, a introdução da tentativa de conciliação é deixada para a negociação coletiva (assim, além do que aos órgãos públicos, ocorre na Alemanha).

O recurso a um similar instrumento de regulamentação negocial do conflito coletivo foi considerado (L. CARAZZA, *Il nuovo conflitto collettivo. Clausole di tregua nel declino dello sciopero*, Milano, 2012) meio para consertar a perda de eficácia da greve em uma economia globalizada. Nesse quadro, o sindicato se encontra defronte a empresários prontos para furtar-se do terreno nacional, transferindo para fora da fronteira seus estabelecimentos. Concluiu-se, portanto, que o sindicato pode suprir o enfraquecimento do tradicional meio de ação direta, ao construir um sistema de relações sindicais projetado para governar consensual e sistematicamente os conflitos laborais; ou, também, pela iniciativa de mediação, no decorrer de cada conflito coletivo, pelas autoridades públicas, num sistema em que a regulamentação coletiva não fornece formas de negociação institucionalizada.

A conciliação aqui examinada pode ser obrigatória (assim em Luxemburgo e na Dinamarca: F. DI CERBO, cit., p. 35) ou facultativa e, em ambos os casos, diz respeito a conflitos coletivos de interesse, concernentes à determinação de uma nova disciplina coletiva, bem como de litígios coletivos já consolidados, que digam respeito à aplicação e interpretação das normas já vigentes. Na Dinamarca muda o órgão competente: o Tribunal do Trabalho (*Arbejdsretten*), para conflitos de interesse, e um Conselho de Sábios (*Faglig Volgift*), para controvérsias jurídicas (F. DI CERBO, cit., p. 36).

Cabe, enfim, recordar o método adotado pelo Reino Unido, de qualquer modo, dentro do pressuposto — repetimos — de que o ordenamento britânico não reconhece o direito à greve, mas só a imunidade das organizações sindicais e dos trabalhadores grevistas: a atividade conciliadora dos conflitos coletivos era tradicionalmente desenvolvida por vários órgãos públicos aos quais, no tempo, era dado tal encargo, até a assunção do complexo de funções de conciliação em 1975, seguindo o *Employment Protection Act*, pelo *Advisory Conciliation and Arbitration Service* (*ACAS*). Além da conciliação administrativa, operam o procedimento conciliatório dos conflitos sindicais frequentemente estabelecidos nos contratos coletivos (R. W. RIDEOUT, cit., p. 291).

Além disso, o instrumento que foi usado frente aos mais graves conflitos coletivos foi aquele, já mencionado, da instituição de uma corte de inquérito (*Court of Inquiry*), com a função de conciliar ou decidir o conflito, de determinar as razões das partes e de publicar um relatório final. A eficácia do instrumento foi confiada, essencialmente, ao prestígio dos membros da corte de inquérito, designada pelas partes envolvidas, mas presidida por uma pessoa independente e à persuasão das suas análises e conclusões (R. W. RIDEOUT, cit., p. 286-290).

A sobrecarga das competências do *ACAS* provocou um declínio desse instituto, hoje raramente utilizado.

Revogado, em 1974, o *Industrial Relations Act* de 1971, até mesmo na parte em que introduzia uma forma direta de controle público das greves, entre as quais a da *National Industrial Relations Court* (Corte Nacional para as Relações Industriais), podia ordenar a cessação quando a entendesse prejudicial à economia nacional, à ordem pública ou à saúde dos cidadãos (R. W. RIDEOUT, cit., p. 290), restam em vigor, como já dito acima, além dos indicados gerais objetivos políticos dos governos conservadores, os instrumentos de controle de conflito coletivo, isto é, os *Emergency Powers Act* de 1920 e de 1964. Por força de tais normas são possíveis provimentos governamentais necessários a suprir a exigência pública, em situações de emergência que privem a comunidade de meios essenciais de subsistência (ver G. MORRIS, cit., p. 165).

Em uma perspectiva análoga se enquadram medidas presentes em vários ordenamentos estudados (França, onde se utiliza a *réquisition,* sobre a qual consulte-se J. C. JAVILLIER, *Droit du Travail,* Paris, 1998, p. 604, e Bélgica, Luxemburgo, Portugal e Itália, com a limitação trazida pela Lei n. 146, de 12 de junho de 1990), que consentem à autoridade governamental, quando verificadas urgentes situações de necessidade, de intimar trabalhadores em greve cuja abstenção do trabalho resulte em danos irremediáveis à comunidade.

25. FORMAS DE LUTA SINDICAL DIFERENTES DA GREVE

O comportamento que, com base na definição legal ou, na ausência de lei reguladora, segundo a interpretação jurisprudencial, é garantido como exercício do direito de greve, nos ordenamentos examinados, vem geralmente definido pela suspensão negociada e coletiva da atividade laboral. A experiência assevera, por outro lado, a adoção, em várias formas, de diferentes meios de luta: isto é, de comportamentos que não consistem em abstenção de trabalhar ou que, dependendo do caso, a exceda.

A casuística em estudo é ampla. Abarca o dano voluntário aos instrumentos de produção (sabotagem); a ocupação das empresas; a greve branca, durante a qual os trabalhadores permanecem no posto de trabalho sem realizar suas atividades, mas sem bloquear a gestão empresarial, diferentemente de quando se propõe a ocupar a empresa (ver G. GIUGNI, *Diritto sindacale,* cit., p. 217; G. ADAM, cit., p. 48); o bloqueio de mercadorias que saem da empresa; e outras formas de luta, também concertadas e coletivas, não violentas, mas de duvidosa lealdade no confronto com os patrões. Assim deve-se dizer da obstrução, da lentidão no ritmo produtivo, da greve de tarefas (negação ao cumprimento de todas as atividades relativas à qualificação do trabalhador e adimplemento, à sua escolha, somente de algumas delas) e da não colaboração. Em todos esses casos, os trabalhadores não se abstêm de trabalhar, mas se recusam a cumprir, diligentemente e de boa-fé, a obrigação de trabalhar, efetuando uma prestação diversa daquela que o empregador tem direito de receber.

É extensa, nos Estados-membros da União Europeia, a orientação em sede jurisprudencial, de entender essas formas de luta como ilegítimas e, assim, cominá-las com sanções disciplinares e reparação dos danos causados na esfera civil (ver G. MAZZONI, *Aspetti giuridici della non collaborazione,* in *Iustitia,* 1949, p. 118). A ilegitimidade é valorada, também, no plano penal, nas hipóteses mais graves, quando o comportamento dos trabalhadores em luta resulte em crime que não se enquadre na excludente de ilicitude fundada no exercício do direito de greve.

Enquadram-se no âmbito do ilícito penalmente sancionável a sabotagem, a ocupação de empresa e o piquete violento ou ameaçador.

Quanto ao primeiro dos comportamentos mencionados, a Corte Constitucional italiana considerou, na sentença n. 220, de 1975, legítima sua criminalização, prevista no art. 508, parágrafo 2º, do Código Penal, pois a garantia de greve não pode acobertar ações de danificação feita por qualquer pessoa ou efetuada em qualquer circunstância. Entretanto, como é indiferente se o dano foi cometido por um trabalhador grevista ou por qualquer outro, a Corte, na sentença n. 119 de 1970, declarou inconstitucional o disposto no art. 635, parágrafo 2º, n. 2 do Código Penal, que agravava a pena do dano cometido em ocasião de conflito coletivo (ver M. PERSIANI, *Diritto di sciopero e delitto di danneggiamento,* in *Giur. Cost.,* 1970, p. 1.499).

Foi, também, considerada legítima pela Corte Constitucional italiana, por meio da sentença n. 220 de 1975, a incriminação, nos termos do art. 508, parágrafo 1º, do Código Penal, da ocupação da empresa, por se tratar de conduta estranha à noção de greve, que não tem por meio indispensável a ocupação das instalações empresariais (ver F. SANTONI, *Sull'occupazione di azienda per motivi sindacali,* in *Dir. Giur.,* 1979, p. 189). A fim de que se consuma o delito, a jurisprudência penal requer o dolo específico, ou seja, que a atuação tenha o específico escopo de impedir ou perturbar o normal desenvolver do trabalho. Dessa forma, está fora da hipótese do delito, como havíamos dito, a greve branca. Na França, o *Juge des réferés* (Tribunal de Grande Istância), sob pedido do empregador, ordena a liberação das instalações ocupadas, mas agora não mais automaticamente, requerendo-se o requisito do dano grave à empresa e a falta de abuso dos direitos do empregador (G. ADAM, cit., p. 50).

O piquete, em todos os Estados da União Europeia, é considerado legítimo, quando consistir em mero e civilizado esforço de persuasão verbal. É, ao contrário, vedado, quando constituir uma forma de violência física ou moral. A tutela da liberdade de trabalho aos que não aderirem à greve e a exclusão de toda forma de violência conduziram a Corte Constitucional italiana, nas sentenças n. 31, de 1969, e 220, de 1975, a excluir do âmbito do direito de greve o piquete, uma vez que constitua obstáculo ao trabalho de outros sujeitos, uma barreira humana não superável senão pela força ou, também, integrante de uma forma de violência ou ameaça contra trabalhadores não grevistas, a quem se deseja impedir o ingresso na empresa ou impor o abandono do trabalho (ver R. De Luca Tamajo, *Per la riconsiderazione dei profili giuridici del picchettaggio*, in *Riv. Giur. Lav.*; 1981, I, p. 617; F. Santoni, *Questioni in tema di sciopero articolato e di picchettaggio* in *Riv. It. Dir. Lav.*, 1986, II, p. 508). Para a solução da jurisprudência francesa, ver G. Adam.

O bloqueio de mercadorias, mediante o qual os grevistas impedem a entrada e saída de produtos da empresa, foi avaliado pela jurisprudência italiana como constituidor do delito de "violação privada" (*violenza privata*).

O boicote que objetive a impedir que o empregador venda seus produtos ou se reabasteça de matérias-primas e recursos necessários à produção não consiste em comportamento próprio da greve. Enquanto tal, pode ser objeto de criminalização, mas a previsão do delito encontra limite na tutela do "direito de propaganda", expressão da liberdade de manifestação do pensamento, garantida também aos trabalhadores em greve.

A Corte Constitucional italiana resolveu a intrincada questão ao afirmar, por um lado, o boicote extravagante da garantia constitucional de greve, mas valorando contrastante à liberdade de pensamento criminalização, *ex vi* art. 507, parágrafo 1º, do Código Penal, da propaganda dos trabalhadores contra um empreendedor que constitua — assim afirmou a Corte — expressão de puro pensamento e de pura ação e requerida pela autoridade do grupo de trabalhadores em luta, sem que eles façam valer seu peso. Na verdade, não é possível determinar em qual comportamento concreto ficará aparente essa distinção.

Entre as formas de luta adotadas no curso dos conflitos de trabalho, mas das quais é duvidosa a referibilidade à garantia do direito à greve, deve-se recordar alguns comportamentos dos grevistas nos quais a abstenção não é total: mas não porque não implementada por todo o pessoal da empresa ou pela inteira jornada de trabalho, como na greve parcial da qual se falou em item anterior. Aqui, o caso é diferente e pertine à circunstância de que o trabalhador grevista atue com forma de luta que comporte a suspensão não de sua inteira atividade laboral, mas sim de apenas alguns elementos e aspectos dessa atividade, escolhidos por força de critérios pessoais.

Assim ocorre na greve de tarefas, no curso da qual os trabalhadores grevistas decidem os deveres que cumprirão e aqueles que serão suspensos. Desse modo, porém, pode-se acreditar usurpado o poder empresarial de organizar a atividade laboral. O exercício da greve pode bloqueá-lo temporariamente, suspendendo a obrigação de trabalhar, mas sem que o direito sobreponha tais determinações às escolhas de competência empresarial.

A greve de tarefas foi, por isso, considerada ilegal na Bélgica, Dinamarca, França, Itália e Espanha; o não cumprimento integral, pois, autoriza o empregador a refutar a prestação parcial ofertada.

Quanto à forma de luta realizada por meio da greve de rendimento, é tida por legítima quando os trabalhadores, que a tal comportamento recorrem no curso de um conflito de trabalho, reduzem o rendimento até o limite devido. Apesar desse limite, a jurisprudência consente a redução proporcional da retribuição (assim na Itália). Todavia, considera-se que, nessa hipótese, trate-se de execução inexata da prestação devida e, assim, de inadimplemento, com a consequência de que o empregador, desinteressado em receber a prestação inexata do serviço, poderia refutá-la, desonerando-se inteiramente da obrigação retributiva.

Ao inexato adimplemento da prestação laboral são, também, relacionadas a obstrução, a greve a "contagem regressiva" (capciosa aplicação de diretivas e regulamentos) e a de não colaboração (para a jurisprudência francesa, ver G. ADAM, cit., p. 47).

Exceção relevante ao princípio da ilegitimidade dessas formas de luta sindical diversas da greve aparece nos ordenamentos sueco e finlandês, nos quais são assimiladas à greve em sentido estrito.

26. *LOCKOUT*

O *lockout* é o meio de luta sindical oposto à greve e que consiste na suspensão, por parte de um empregador, ou de um grupo de empregadores organizados, das atividades da empresa, com fim de tutelar os interesses empresariais e contra os interesses de uma coletividade de trabalhadores.

P. HORION, *Relazione ricapitolativa*, in *Sciopero e serrata*, cit., p. 72, nota — discorrendo sobre os seis membros da Comunidade Europeia do *Carvão e do Aço* em 1961, mas o dito é válido para os outros países-membros da União Europeia — como os *lockouts* são de toda forma raros. Apenas na Alemanha, pelos empregadores, é atribuída grande importância ao reconhecimento do direito de *lockout*, mas o autor nota como, no lado prático, sempre se hesitou na utilização desse meio de pressão.

Mesmo após o tempo de quando se formulava tais observações e até no atual alargado espaço da União Europeia, os *lockouts* eram e são pouco numerosos. Isso não exclui que, em determinados momentos da história sindical de alguns países europeus, o *lockout* tenha assumido importância considerável, como no caso, comentado no segundo capítulo, dos eventos suecos, que trouxeram, depois, a instauração e a consolidação do sistema de relações industriais naquele lugar ainda existente. Fato é que os empregadores possuem outros e eficazes instrumentos de pressão, intervindo na organização de sua empresa e na direção de forças e instituições políticas, por eles chamado de derramamento, sobre a coletividade, dos custos causados pelas reivindicações sindicais.

O fechamento temporário da empresa pode, em abstrato, ser concebido com o propósito de impor aos trabalhadores modificações das vigentes condições de trabalho (*lockout* ofensivo *Aggresivaussperrung*, segundo a terminologia alemã das relações sindicais). Porém, na realidade o *lockout* revela-se dotado, sobremaneira, do intento de responder a reivindicações dos trabalhadores entendidas inaceitáveis (*lockout* defensivo, *Abwehraussperrung*) e, especialmente, a suas formas de luta sindical consideradas ilegítimas pelos empreendedores. Nessa hipótese, usa-se a expressão *lockout* de retorsão.

A temporariedade do fechamento empresarial e a consequente suspensão, e não cessação, da atividade, parecem pressupor a necessária vontade dos empregadores de manter, findo o conflito, os trabalhadores fora da empresa. Nesse sentido, A. HUECK, H. C. NIPPERDEY, *Lehrbuch des Arbeitsrechts*, 5· ed., 1957, p. 611, conforme orientação do Tribunal Federal do Trabalho (*Bundesarbeitgericht*). A solução, contudo, foi colocada sob dúvida no âmbito da própria doutrina alemã. De fato, no pressuposto de que a vontade do empregador que efetua o *lockout* pode ser não uma suspensão, mas uma rescisão das relações de trabalho com seu pessoal, tal empregador pode, após o conflito, contratar trabalhadores totalmente novos. É a essa conclusão que induz G. BOLDT, cit., p. 99, ao afirmar, seguindo o entendimento expresso de F. SIEBRECHT, *Das Recht im Arbeitskampf*, 1956, p. 24 e 29, que, na circunstância, a intenção dos empresários deve se restringir à continuação da gestão da empresa, findo o conflito.

Não se pode esconder que nos ordenamentos europeus onde, diversamente do alemão (e do sueco), não são considerados em posição paritária os meios de luta sindical dos trabalhadores e dos empregadores, uma reconstrução do *lockout*, como exposto, aumenta a dúvida sobre sua legitimidade. De resto, os ordenamentos europeus nos quais que está em vigência a norma ditada pela União Europeia, com a diretiva n. 129, de 1975, e sucessivas modificações e integrações, sobre licenciamento coletivo, encontrar-se-iam em desacordo com tal disciplina, caso acolhesse a predita configuração do *lockout*, legitimando tais licenciamentos coletivos derrogativos da disciplina legal mencionada.

Não diferentemente da greve, o *lockout* pode ser endereçado contra — ao invés da parte diretamente contrária (neste caso, os trabalhadores) — sujeitos terceiros interessados com respeito a relações de emprego privadas, quais sejam, o Estado e os outros entes públicos. Diz-se, em tal hipótese, genericamente, de *lockout* político (P. DURAND, cit., p. 239).

Antecipa-se que a legitimidade dos *lockouts* efetuados para constranger as autoridades públicas a tomar, ou a desistir de tomar, determinadas medidas encontra limites que não correspondem àqueles registrados na situação inversa de luta sindical. De fato, enquanto observávamos que a greve pode-se dizer, na avaliação dos numerosos ordenamentos examinados, legítima mesmo quando é direcionada ao exercício de coação em relação a autoridades públicas, para fazer valer, também, interesses profissionais e obter — ou rechaçar — intervenções públicas que resguardem as condições socioeconômicas dos trabalhadores (diga-se greve econômico-política), os *lockouts* analogamente finalizados não seriam legítimos naqueles mesmos ordenamentos.

Surge, assim, subitamente, o problema fundamental que concerne a esse instrumento de luta profissional: a opinável simetria — conceitual e, consequentemente, de tratamento jurídico — no que diz respeito à greve. A propósito, registram-se soluções diversas no âmbito dos Estados-membros da União Europeia.

A única norma constitucional que equipara plenamente o *lockout* à greve é o já recordado instrumento de governo sueco de 1974, que reflete a completa paridade das partes coletivas nesse sistema de relações sindicais. Destaca-se que o sueco é um dos ordenamentos europeus que majoritariamente se filia à autodisciplina coletiva das relações de trabalho, limitando as interferências — assim percebidas — do Estado. No livre jogo dialético quer-se que os sujeitos do sistema sindical se confrontem com paridade de armas.

Tivemos já modo de destacar como o direito de *lockout* dos empregadores, meio de luta simétrico ao direito de greve dos trabalhadores, fora afirmado da doutrina e repetidamente confirmado pela jurisprudência na Alemanha, sob os ditames do princípio segundo o qual as partes do conflito coletivo devem ser postas em situação de paridade (*Kampfsparität*).

No direito alemão, como a greve, nem o *lockout* encontra direto reconhecimento constitucional, mas sua tutela é deixada, em vias interpretativas, à liberdade de associação sindical e do recordado princípio de paridade das partes do conflito.

Durante o *lockout* não se espera dos trabalhadores a retribuição, porque a relação fica suspensa, assim como na greve, já que se trata igualmente do exercício de um direito, no ordenamento alemão. Por outro lado, o *Bundesarbeitgericht*, em um primeiro momento, regulou, segundo aquilo que dissemos, até mesmo os *lockouts* que tivessem efeitos resolutivos sobre o contrato de trabalho (cf. G. BOLDT, cit., p. 101). A razão extraída da sentença de 1955, que afirmou o princípio dito, é a seguinte: o *lockout* defensivo, por sua natureza mesma, traz de imediato a rescisão coletiva dos contratos de trabalho, pois os trabalhadores grevistas, com sua participação na greve, já suspenderam as relações de trabalho e também já provocaram a cessação da obrigação de retribuir por parte dos empregadores.

O entendimento do Tribunal Federal do Trabalho, todavia, foi modificado. Portanto, após a sentença de 1955, que reconhecia ao *lockout* defensivo, em geral, efeito resolutivo, uma sentença posterior, de 1971, atribuiu-lhe normalmente somente efeito suspensivo (cf. T. RAMM, cit., p. 175-176).

O sindicato alemão fornece aos trabalhadores inscritos, como no caso da greve, mesmo no período de *lockout*, um subsídio, que pode se constituir numa arma eficaz para exercer pressão sobre o sindicato, fazendo gravar sobre esse último o custo do conflito. Para os trabalhadores não sindicalizados, e assim não pertencentes ao grupo dos trabalhadores, contra os quais seja direcionado o *lockout* defensivo do respectivo empregador, afetados também esses pelo *lockout*, é o empregador responsável por prover o pagamento de um valor igual ao subsídio sindical. Acredita-se que, de fato, contrariamente a uma primeira direção da jurisprudência, segundo a qual o *lockout* não deveria ser limitado, necessariamente, somente aos trabalhadores grevistas (ver. G. Bolt, cit., p. 99), é mais plausível que tais trabalhadores sejam estranhos ao conflito e não devem sofrer as consequências.

Uma sentença de *Bundesarbeitsgericht*, em 1980, porém, limitou notadamente o exercício do *lockout*, legitimando-o somente no caso da greve a que se responda com o *lockout* envolvendo um número de trabalhadores não superior a 50% do total, no âmbito da aplicação do contrato coletivo. Em particular, se 25% dos trabalhadores fazem greve, os empregadores podem pôr em prática o *lockout*, de maneira a atingir uma outra fração de 25%: ao aumentar o número dos grevistas diminui proporcionalmente o âmbito do *lockout* legítimo, até anular-se, se os trabalhadores envolvidos representam metade ou mais do total. A decisão enquadra-se na concepção do *lockout* como medida coletiva, não tanto porque deve ser um grupo de empregadores (ou mesmo um único empregador) a implementá-lo, mas porque tem a intenção de atingir um outro grupo, o dos trabalhadores. Considerava-se, assim (ver G. Boldt, cit., p. 99), que o *lockout* devesse, portanto, referir-se a um considerável número de trabalhadores, mas agora, em essência, a decisão enquadra a legitimidade do *lockout* e sua equiparação à greve, num contexto em que a luta dos trabalhadores não envolva um número assim imponente, de forma a tirar do *lockout* a função de contrapeso ordinário.

A preocupação que constantemente inspira a jurisprudência alemã em tema de conflito coletivo de trabalho é aquela de preservar o equilíbrio de fundo do cenário em que o conflito se desenvolva.

O ordenamento austríaco, que observamos ser silente em relação à greve, também está em silêncio sobre o *lockout*. O silêncio, porém, não impediu de considerar igualmente os dois instrumentos de luta, no entanto, utilizados com muita parcimônia (*lockout* mais raramente do que nunca). Assim que T. Tomandl e K. Fuerboeck, cit., p. 55, convidam o leitor de seu livro para aplicar ao *lockout* as considerações expressas em relação à greve.

O *lockout* não é formalmente reconhecido pela Constituição grega, mas a Lei n. 330, de 1976, no art. 32, estabelece que as disposições relativas à greve são, por analogia, aplicáveis aos empregadores e às associações de empregadores, em caso de *lockout*. Por alguns autores é defendida a legitimidade da norma, mas a tese não encontrou consenso na doutrina e jurisprudência predominante.

Já observamos que a Constituição espanhola — que reconhece, no art. 28, especificamente o direito de greve dos trabalhadores —, no art. 37, reconhece, genericamente, também o direito dos trabalhadores e dos empregadores de adotar meios de conflito coletivo. A doutrina interpreta, por outro lado, a norma no sentido de não se operar a igualdade entre os meios de luta sindical dos empregadores e dos trabalhadores, enquanto a norma se refira somente ao *lockout* defensivo, ou melhor, de retorsão (ver A. Martín Valverde, F. Rodríguez-Sañudo Gutiérrez, J. García Murcia, cit., p. 403). No mesmo sentido expressava-se o real Decreto-Lei n. 17, de 1977 (arts. 12-15), legitimando o mesmo *lockout* feito em oposição a perigos de violência às pessoas e de danos às coisas, ou mesmo a ocupações de empresas ou a suspensões de trabalho que impeçam gravemente o normal processo produtivo. Somente nessas hipóteses, o *lockout* tem como efeito a suspensão da relação e especificamente da obrigação retributiva (ver A. García, *La huelga y el cierre empresarial*, Madrid, 1979; F. Rodríguez-Sañudo Gutiérrez, *El cierre patronal*, in AA.VV., *Sindicatos y relaciones colectivas de trabajo*, Colegio de Abogados, Murcia, 1978; M.M. Ruiz Castillo, *El cierre patronal*, Madrid, 1990).

Nos outros ordenamentos europeus, falta semelhante equiparação entre os dois opostos instrumentos de luta profissional.

Quanto aos ordenamentos que reconhecem o direito de greve nos respectivos textos constitucionais, observa-se que a Constituição francesa nada diz sobre o *lockout*. A circunstância que o *lockout* seja privado de reconhecimento constitucional e que nem mesmo a mecionada lei de 11 de fevereiro de 1950, mesmo estabelecendo um comportamento penalmente lícito, no entanto não prevê sua qualificação como direito, induziu parte da doutrina, próxima ao C.G.T., a considerá-la penalmente ilícita, como delito contra a liberdade de trabalho; a tese, porém, é rejeitada pela opinião dominante, que não vê no *lockout* elemento de violência ou ameaça (P. Durand, cit., p. 240). Por outro lado, a licitude do *lockout* continua fortemente contestada, apesar de o Código Penal, que prevê o crime de atentado à liberdade de trabalho, reprimir o emprego da violência e de ameaças ou manobras fraudulentas, ao invés da cessação do trabalho em si (G. ADAM, cit., p. 62). Em todo caso, a falta de qualificação como direito (a *Cour de Cassation* a qualifica, diferentemente da greve, como um fenômeno social sem disciplina jurídica própria) faz que o empregador, embora realizando comportamento penalmente lícito, contudo, permaneça vinculado às obrigações assumidas em relação aos empregados e por isso deva pagar-lhes a retribuição.

A diferença de tratamento jurídico tem seu pressuposto no diferente valor dos dois instrumentos: enquanto a greve envolve o sacrifício de remuneração suportado por trabalhadores para obter mais justas condições de trabalho e de vida, com o *lockout* os empregadores fazem sentir sua preponderância, mas não deverá afetar os meios normais de subsistência dos trabalhadores, que consistem na remuneração (ver P. DURAND, cit., p. 240-241). Considera-se diverso o caso em que ao empregador venham ofertadas, por causa do exercício de formas anormais de greve, prestações de trabalho inutilizáveis. A jurisprudência considerou — não sem dissenso da doutrina — que ele possa assim recorrer ao *lockout*, invocando o princípio *inadimplenti non est adimplendum*, diante dos grevistas e o da força maior em relação aos não grevistas, recusando-se de receber e retribuir a cada prestação.

Veja-se G. ADAM, que recorda como a jurisprudência francesa reconheceu a legitimidade do *lockout*, mesmo se tal medida fosse justificada pela necessidade de ordem e segurança, reconhecendo aos empresários o direito de valer-se do encerramento da empresa em caso de necessidade e de não pagar salários durante esse período de fechamento.

A formulação das disposições nessa matéria, na Itália, é idêntica à francesa. De fato, o art. 40 da Constituição italiana, enquanto reconhece o direito de greve, não se pronuncia sobre o *lockout*, que, todavia, o Código Penal de 1930, emanado quando vigorava o sistema corporativo, vetou em suas várias possíveis formas, assim como proibia a greve.

A Corte Constitucional, aderindo às orientações unânimes da doutrina — volta a ressaltar somente a aparente simetria entre greve e *lockout*, faltando uma real igualdade de posição entre trabalhadores e empregadores, mas decidida no considerar a proibição penal do *lockout* própria ao sistema corporativo, incompatível com o sistema de lliberdade sindical — esclareceu a questão.

Acerca da doutrina sobre o *lockout* e sua relação com a greve veja-se L. MENGONI, *Lo sciopero e la serrata nel diritto italiano*, in *Sciopero e serrata*, cit., p. 314-317; G. PERA, *Serrata e diritto di sciopero*, Milano, 1969.

Destacado que só a greve é reconhecida constitucionalmente como direito, a Corte declarou, contudo, inconstitucional a proibição estabelecida pelo art. 502 do Código Penal, no que diz ao *lockout* efetuado para impor aos empregados modificações nos pactos estabelecidos ou de opor-se às suas modificações (sentença n. 29 de 1960). A proibição foi julgada inconciliável com a liberdade sindical garantida pelo art. 39 da Constituição, de modo que o *lockout*, para fins contratuais, foi qualificado como ato penalmente lícito.

Discute-se, por outro lado, se a liberdade de *lockout* postulada pela Corte possuía o significado de uma simples descrição de uma situação de fato ou de configuração autônoma de uma situação jurídica. Em outras palavras, trata-se de esclarecer se o *lockout* para fins contratuais não constitua delito unicamente porque falta, após a sentença da Corte, uma norma que o incriminasse, ou mesmo se o delito de *lockout* para fins contratuais não pode sequer figurar no ordenamento italiano, uma vez que violaria normas constitucionais.

Favorece, ao fim da resposta do quesito, considerar uma outra decisão da Corte Constitucional, com a qual foi, ao contrário, considerado ilegítimo o *lockout* de protesto, sancionado no art. 505 do Código Penal (sentença n. 141 de 1967). A legitimidade da vedação penal dessa forma de *lockout* foi derivada da circunstância que a ação de luta, aqui, transcende os confins da relação de trabalho, sem que o sujeito passivo agisse como patrão.

Deriva dessa abordagem como a referência à liberdade de ação sindical, para legitimar o *lockout*, enquadrar-se-á no estreito âmbito do conflito contratual. Deve-se concluir que, propriamente porque a lógica do conflito coletivo, no vigente ordenamento constitucional, é uma lógica de liberdade, a atividade de pressão advinda dos empreendedores na relação conflitual deve estar ausente, por sua natureza, de sanção penal, prescindindo da ilicitude no plano civil. Uma norma penal que vete o *lockout* para fins contratuais alteraria o quadro constitucional do conflito coletivo.

Por outro lado, a garantia de preferência pela posição dos trabalhadores dá razão para a admissibilidade do emprego — da parte trabalhadora, mas não dos empregadores — daqueles instrumentos de luta, mesmo fora do quadro de conflito direto com a parte contrária, a fim de reivindicar a satisfação do complexo de interesses considerados tutelados pela Constituição, com o escopo de realizar justiça social.

De fora do âmbito do conflito coletivo, ao invés, as razões que conduzem a doutrina e a jurisprudência italianas a justificarem a finalidade político-econômica da greve não valem para o *lockout*. São, assim, consideradas legítimas constitucionalmente as proibições penais do *lockout* com fins políticos, de coação à autoridade pública e de protesto (arts. 503, 504 e 505 do Código Penal). Nem mesmo poderia ser reputada coerente com os princípios constitucionais uma eventual lei ordinária que sancione o direito de *lockout*.

No plano civil, porém, o *lockout* constitui um ilícito, por uma parte da doutrina qualificado como inadimplemento contratual, e por outra como *mora accipiendi* (ver F. Santoro-Passarelli, *Diritto di sciopero e libertà di serrata*, in Riv. Dir. Lav., 1960, I, p. 10; U. Prosperetti, *Serrata, lotta sindacale e protezione dei lavoratori*, in Giur. Cost., 1960, p. 515; G. Mazzoni, *I rapporti collettivi di lavoro*, Milano, 1967, p. 388), e assim como falta de cooperação, sem motivo legítimo, dos patrões, credores do adimplemento da prestação devida pelo trabalhador devedor (ver L. Mengoni, cit., p. 317). A consequência prática da escolha entre as duas opções é, para a primeira, que, na determinação do dano efetivamente suportado pelos trabalhadores, poderia subtrair-se do valor de retribuição não percebida o ganho do empregado que trabalhou remuneradamente em outro lugar, enquanto, acolhida a segunda tese, o patrão permaneceria sempre obrigado ao pagamento de toda retribuição correspondente às prestações ilegitimamente rejeitadas (ver L. Mengoni, *op. ult. cit.*, p. 317-318).

Também na Itália, debatida é a admissibilidade do *lockout* de retorsão contra greves anômalas. A jurisprudência admite a legitimidade de tal *lockout*.

Pode-se discutir se, nessa hipótese, se trata, em sentido técnico, de autênticos *lockouts* de retorsão, ou mais simplesmente, segundo aquilo que entendeu a jurisprudência, de refutação legítima à prestação de trabalho que, pelo motivo da anomalia de atuação da greve, constitui inexato e inútil adimplemento da obrigação de trabalho.

Melhor se adapta a qualificação de *lockout* de retorsão, ao invés, as situações nas quais o modo cuja greve é feita provoque, nos patrões, a impossibilidade de gerir a empresa. Por consequência pode haver a mencionada retirada da direção: a empresa é deixada aos trabalhadores que, pelo caráter da sua luta, causam a ingerencialidade da empresa, e a direção declina de toda responsabilidade, incluindo a de pagar salários (cf. G. Pera, *op. ult. cit.*, p. 81; V. Simi, *La serrata nell'ordinamento costituzionale*, in Mass. Giur. Lav., 1960, p. 386).

Enquanto a Constituição portuguesa, no art. 60 e na Lei n. 65 de 1977, art. 14, e a lei grega n. 1.264 de 1982, no art. 22, sancionam a ilegitimidade do *lockout*, as demais legislações examinadas não lhe emprestam atenção, fazendo dele um fenômeno social ainda muito marginal.

Doutrina e jurisprudência, na Bélgica, não dedicaram muita atenção ao problema do *lockout*. O legislador belga também não se preocupou em ditar uma norma específica sobre o assunto. As poucas intervenções registradas tiveram por objeto a assimilação das jornadas de trabalho perdidas por causa de *lockout* nos dias efetivamente trabalhados, com o fim de adquirir o direito à prestação da previdência social. Em uma sentença de 1984, a Corte de Cassação estendeu o *lockout* ao âmbito de aplicação da Lei 19, de agosto de 1948, que concerne às prestações de interesse público em tempos de paz que os empresários são obrigados a garantir. A doutrina ocupou-se de distinguir o *lockout* ofensivo e defensivo; todavia, a distinção de tipo lógica não comportou uma elaboração doutrinária acerca das diversas consequências da atuação das duas formas de *lockout*.

O *lockout* representa também nos Países Baixos — onde, de resto, escarsa é a propensão conflituosa entre as partes sociais — um meio raramente usado pelos empregadores e considerado de duvidosa legitimidade. Isso se explica não somente pela motivação político-social válida para todos os países da União Europeia, mas também à luz do art. 1.638 do Código Civil, do qual se extrai a obrigação de correspondência do salário por parte dos empregadores, mesmo em caso de *lockout*, não podendo ser invocado motivo de força maior. A obrigação — se existe — poderia, como nunca, vir quando os próprios prestadores de trabalho são já inadimplentes com as obrigações contratuais.

No Reino Unido, por fim, é igualmente modesto o desenvolvimento do *lockout*. O *Industrial Relations Act* de 1971 havia tentado enquadrar o problema no contexto geral de sua disciplina da ação sindical, mas, como observou-se, a tentativa foi vã e a referida normativa foi rapidamente revogada. Na ausência de disposições específicas, a regulamentação é aquela deduzida da *common law*, para a qual o *lockout* é considerado legítimo, respeitado o prazo de aviso-prévio.

Provocando a rescisão do contrato, o *lockout* causa a menor retribuição dos trabalhadores que, porém, não obtêm automaticamente o tratamento de desempregados, uma vez que o sistema de seguridade social inglês é inspirado por um rígido critério de neutralidade acerca dos conflitos de trabalho.

Em Luxemburgo, onde a prática conhece meros *lockouts* defensivos, e na Dinamarca onde o *lockout* tem efeito resolutivo do contrato de trabalho, o instrumento tem, no entanto, escassa utilização.

27. GREVE E OUTROS MEIOS DE LUTA SINDICAL NO BRASIL

É permitido fazer, no Brasil, um paralelo entre a greve e a reforma agrária. Dois institutos consolidados no mundo civilizado que correm o risco de se verem ultrapassados — a reforma agrária porque incompatível com os novos modelos de produção agropecuária, que supõem grandes inversões de capital, e as greves porque contemporaneamente costumam vitimizar mais consumidores (o setor que mais emprega atualmente é o terciário, de prestação de serviços) do que patrões, o que as faz impopulares — antes mesmo de serem efetivamente testados em terras tupiniquins.

Como já acenado em linhas anteriores, é dificílimo deflagrar um movimento grevista no Brasil que não incida nas iras da Lei n. 7.783, de 28 de junho de1989, que parece ter tido mesmo tal objetivo, tamanhas as formalidades nela estabelecidas. Também foi dito que a construção jurisprudencial a propósito não é nada favorável. O mais comum é uma greve ser declarada abusiva, ordenado o retorno ao trabalho, sob pena de rescisões contratuais por justa causa e pesadas multas impostas aos sindicatos.

Ainda assim, contudo, o ano de 2012 registrou 873 greves, o maior número desde 1996 (1.228). Totalizaram-se 87.000horas paradas, a maior quantidade desde 1990.

A maior parte dos movimentos objetivou um aumento dos pisos salariais ou um reajuste dos mesmos salários (56,9%). De tais movimentos, 26,9% reivindicaram (somente ou também) uma melhoria do auxílio-alimentação. Implantação de um plano de cargos e salários foi o objetivo de 23% dos movimentos. Negociação de uma participação nos lucros e resultados foi o alvo (ou também o alvo) de 19% dos movimentos. Um protesto prosaico contra o atraso no pagamento dos salários respondeu por 18,3% dos movimentos.

Grande parte das greves (75%) foi vitoriosa, ao menos parcialmente.

Num fenômeno tipicamente brasileiro, a reação dos próprios empresários foi menos incisiva do que a das autoridades públicas. (Os dados foram capturados em 14 de janeiro de 2014 no seguinte sítio eletrônico: <bologosfera.uol.com.br/2013/05/23/pais-tem-maior-numero-de-greves-dos-ultimos-16anos-diz-dieese>).

É que, como já defendia nosso maior literato, Machado de Assis, sob o Brasil oficial vive o Brasil real, que costuma funcionar melhor que o primeiro. Delfim Neto, ministro da Fazenda por tantos anos, já dizia que o país crescia enquanto o governo dormia.

Outro meio de luta utilizado no Brasil pelos sindicatos traduz-se na pressão sobre os poderes públicos no sentido de melhoria das condições sociais do trabalho, ou, o que não é pouco nesses tempos de ultraliberalismo, manutenção de tais condições. Existe no Brasil um influente instituto, aliás já por nós aludido, o Departamento Intersindical de Assessoria Parlamentar — DIAP, que atuou de forma importante na constitucionalização de não poucos direitos individuais e que teve grande influência nas eleições, inclusive presidenciais, seguintes à promulgação da atual Constituição, pelas referências que fazia a atuação dos então constituintes, classificando-os como mais ou menos favoráveis à causa trabalhista. Por outro lado, as maiores centrais sindicais se uniram, até agora com êxito, para impedir a aprovação de lei (PL n. 43.330/2004 e PLS n. 87/2010), que autorize amplamente a terceirização das atividades de uma empresa, por ora só admitida, segundo a jurisprudência dominante no TST, quanto a funções relacionadas à atividadefim do tomador. Nessa luta os sindicatos conseguiram mobilizar atores de telenovelas — muito populares no Brasil — e até entidades internacionais, como a Global Labour University.

Faremos, para finalizar, uma breve referência a meios de luta excelentemente elencados e analisados por MÁRCIO TÚLIO VIANA (*Direito de Resistência*, São Paulo: LTr, 1996, p. 314-7): "O boicote, a sabotagem e o 'ratting' (privar os responsáveis pelo almoxarifado de ferramentas os colegas, de forma a retardar a execução dos serviços). São meios que costumam se relacionar à greve ou a ela preceder. Realizadas no anonimato, por poderem implicar dispensas e até criminalização, não costumam deixar rastros que permitam sua exemplificação, com indicação de datas e sindicatos eventualmente envolvidos". O referido autor dá-nos, entretanto, interessantes exemplos, os quais destaca como formas inominadas de luta. Menciona que nos anos 1970, os trabalhadores de uma determinada siderúrgica, cientes de que uma greve seria certamente declarada ilegal, optaram por simular que tinham se esquecido (todos eles!) de seu crachá de identificação, na entrada da fábrica. A estratégia fora combinada nos banheiros. A liberação do pessoal para o trabalho virou um tormento, com perigo de danificação dos altos-fornos. A empresa tratou de negociar. Cita também o caso dos carteiros de Curitiba, que rasparam suas cabeças com forma de protesto contra os baixos salários.